Planen und Bauen mit Holz • Holzhäuser im Detail

Planen und Bauen mit Holz

Wolfgang Ruske

Holzhäuser im Detail

mit 149 farbigen
und 290 schwarzweißen
Abbildungen

WEKA-VERLAG, Verlag für Baufachliteratur

Holzhäuser im Detail
1. Auflage

Herausgeber
Dipl.-Ing. Wolfgang Ruske
Seidenweberstraße 35
4050 Mönchengladbach 4
Telefon 02166/51080

Der Herausgeber

Wolfgang Ruske, Dipl.-Ing. (Holz), bis 1974 Referent für Öffentlichkeitsarbeit der Arbeitsgemeinschaft Holz e.V., seit 1975 freier Fachpublizist und Autor vieler Veröffentlichungen und Bücher zum Thema Bauen mit Holz.

Die Autoren

Till Behrens, Dipl.-Ing., Architekt und Städteplaner, Professor an der Fachhochschule Wiesbaden.
Karl Gösele, Prof. Dr.-Ing. habil., Hochschullehrer i.R., ehemal. Leiter des Instituts für Bauphysik der Fraunhofer-Gesellschaft e.V., Inhaber eines Ing.-Büros für Schallschutz.

Gerd Hauser, Dr.-Ing., Professor an der Gesamthochschule Kassel, Fachgebiet Bauphysik.

Erich Kabelitz, Dipl.-Ing., bis 1986 stellvertr. Geschäftsführer der Arbeitsgemeinschaft Holz e.V.

Jochen Karrenbrock, Dipl.-Ing., Architekt, Professor an der Fachhochschule Aachen.

Otto Steidle, Dipl.-Ing., Architekt, Professor an der Technischen Universität Berlin.

Peter Stürzebecher, Dr.-Ing., Architekt, Professor an der Fachhochschule Rosenheim.

CIP-Kurztitelaufnahme der deutschen Bibliothek

Holzhäuser im Detail / Wolfgang Ruske. – Kissing:
WEKA-Verlag, Verlag für Baufachliteratur 1986.
(Planen und Bauen mit Holz; Bd. 1)
ISBN 3-8111-1040-3
NE: Ruske, Wolfgang [Hrsg.]; GT

Telefon (08233) 23-0, Telex 533287 wekad, Telefax (08233) 2933
WEKA-VERLAG · Kissing
Zürich · Paris · Mailand · Amsterdam · Barcelona · Wien · London

Umschlaggestaltung: Peter Rößler, Issing
Umschlagfoto: Wolfgang Ruske, Mönchengladbach
Layout: Peter Rößler und Wolfgang Ruske
Gesamtherstellung: Kessler Verlagsdruckerei GmbH, 8903 Bobingen 1
Printed in Germany 1986
ISBN 3-8111-1040

Inhalt

Bild 1.1: Haus in Aachen, Architekt Erich Schneider-Wessling, Köln

1 Holzhäuser zwischen Naturverbundenheit und Extravaganz

Vom Bauen mit Holz heute

Holz ist kein synthetisches Produkt, sondern wächst bekanntlich in Form von Bäumen als Teil unserer natürlichen Umwelt – den Begriff *Wachstum* geradezu symbolisierend.

Nun sagen die einen, man solle das Holz lieber im Wald lassen, dort sei es ökologisch sinnvoller. Doch wer nur die leiseste Ahnung von den Gesetzen des Waldes hat, weiß, daß Durchforstungsmaßnahmen für seine Existenz notwendig sind. Der Wald wird ohnehin nach dem Nachhaltigkeitsprinzip bewirtschaftet, das heißt, es wird höchstens soviel Holz eingeschlagen, wie jährlich nachwächst. Eine Bewirtschaftung unserer Wälder (im Endeffekt die Verwendung von Holz, auch beim Bau) garantiert erst die Erholungs- und Wohlfahrtswirkungen, die wir vom Wald erwarten.

Der Wald als Sauerstoffproduzent, Wasserspeicher, Lärmminderer, Strahlenfilter, Luftbefeuchter, Windschützer und Staubschlucker ist nun durch eben diese Wohlfahrtswirkungen mehr oder weniger erkrankt, und dies weltweit. Die Schadstoffbelastung unserer Wälder ist zwar ein ökologisches Problem für uns alle, keineswegs jedoch ein technologisches Problem für Architekten und Holzverarbeiter. Untersuchungen verschiedener Institute und Universitäten haben nämlich bewiesen, daß Nutzholz aus immissionsgeschädigten Waldbeständen eine einwandfreie Gebrauchsqualität und ungeminderte Festigkeitseigenschaften besitzt. Der Einsatz von Holz ist daher heute in jeder Beziehung sinnvoller denn je.
Dessen ungeachtet sind für die technische Qualität des Bauholzes bestehende Gütenormen maßgebend, die völlig ausreichen, wenn es um eine statische und gestalterische Klassifizierung von Hölzern aus immissionsgeschädigten Beständen geht. Allerdings wird in den kommenden Jahren mit einem erheblich größeren Holzangebot zu rechnen sein, das aus volkswirtschaftlicher Sicht in einer möglichst hochwertigen Form – also beim Bau und Ausbau – eingesetzt werden sollte. Dem kommt aber auch eine einmalige Eigenschaft des Holzes entgegen, die man früher allenthalben ausnutzte und die heute fast in Vergessenheit geraten zu sein scheint: Die Qualität geschnittenen Holzes wird bei längerer, fachgerechter Lagerung immer besser, da es auf natürliche Weise langsam und ohne Rißbildung trocknet. Die Wirklichkeit sieht doch heute so aus, daß die VOB *trockenes* Bauholz mit maximal 20 Prozent Holzfeuchte vorschreibt, solches Holz aber so gut wie nicht zu bekommen ist. Also wird im Regelfall halbtrockenes Holz eingesetzt, was unter bestimmten Voraussetzungen zu Bauschäden führen kann. Planer schreiben deshalb häufig Brettschichtholz aus, nur weil es trocken ist, obwohl Vollholzquerschnitte genügen würden.

Die natürliche Entstehung des Holzes mit allen erwähnten, für die Umwelt nützlichen Begleiterscheinungen geht einher mit einer energiesparenden Gewinnung und Weiterverarbeitung. Werkstoffe werden heute nicht nur nach ihren technologischen Eigenschaften, nach den Verwendungsmöglichkeiten, nach verarbeitungstechnischen Kriterien beurteilt, sondern in zunehmendem Maße auch danach, wieweit unser ökologisches Gleichgewicht durch die Gewinnung, Verarbeitung und spätere Beseitigung gestört wird. Diese Gesichtspunkte haben mit zu einer weltweiten Aufwertung des Holzes beigetragen. Das Material Holz kann, nachdem es seiner Aufgabe gerecht geworden ist, leicht wiederverwendet und weiterverarbeitet werden. Auch wenn Holz bei richtigem Einsatz äußerst widerstandsfähig und dauerhaft ist, auch wenn die heutige Forschung Methoden und Mittel zur Holzkonservierung auf den Markt bringt – Holz ist ein organisches Material, das leicht und unschädlich zu beseitigen ist: es verrottet. Sein Verrotten ist nutzbringend, es trägt zur Humusbildung bei. Die bisher als Vorteil weitgehend unbeachtet gebliebene Abfallbeseitigung von Holz (im Gegensatz dazu beispielsweise Beton) kommt der Forderung der begrenzten Nutzungsdauer unserer Zeit entgegen. Außerdem ist die Verwendung von Holz umweltfreundlich. Denn aufgrund seiner Struktur aus einer Vielzahl luftgefüllter Zellen hat es einen ausgezeichneten Wärmedämmwert (mittlere Wärmeleitzahl von lufttrockenem Nadelholz 0,139 W/mK). Der Einsatz von Holz im Bauwesen bringt also bereits ohne zusätzliche Dämmstoffanwendung eine Reduzierung des Energieverbrauchs und damit verbunden eine Verminderung der Emissionen. Ein Vergleich des Energieaufwands für die Herstellung der geläufigsten Baustoffe zeigt die Relation Holz: Zement: Kunststoff: Stahl: Aluminium = 1:4:6:24:126.

Weil Holz an sich den Menschen emotional anspricht, werden Konstruktionen aus diesem Baustoff im allgemeinen sichtbar belassen. Ablesbare Statik wird so gleichzeitig zur Dekoration. Das ist nicht neu; die raumprägende Wirkung hölzerner Dachtragwerke wurde schon immer eingesetzt. Ein Beispiel ist die frühchristliche Kirche San Apollinare in Classe bei Ravenna aus der ersten Hälfte des 6. Jahrhunderts. »Auch die Teile des Ganzen«, sagt der Stuttgarter Architekt Günter Behnisch, »sollen für sich und in ihrer Aufgabe im Ganzen erkennbar sein. Ein Teil trägt, der andere schließt ab, dieser schützt vor Sonne, und jener hält den Sonnenschutz fest. Wir sollen daran arbeiten, daß unsere Welt verständlich ist, nicht, daß sie sich noch mehr verwirrt. Und das, was wie Holz aussieht, sollte auch Holz sein . . .« Nun tendieren die Architekten nicht nur zum Vorzeigen der Konstruktion im Holzbau, sie tendieren gemeinhin zu einer möglichst einfachen, möglichst ursprünglichen Verwendung des Holzes. Das bedeutet, daß wieder vermehrt Vollholzkonstruktionen eingesetzt werden, was wiederum zu gegliederten, filigranartigen Tragwerken führt. Dabei werden bewußt Rißbildung, Verzugserscheinungen und Astigkeit in Kauf genommen, Erscheinungen, die früher als *Fehler* des Holzes abgelehnt wurden, heute aber Echtheitssymbol eines naturgewachsenen Werkstoffs sind. An der Fassade dominiert massives, sägerauhes Holz ohne Profilierungen, in einfachster Form als Stülpschalung oder Deckelschalung angebracht und – ohne Oberflächenbehandlung – sich selbst überlassen, dem natürlichen Vergrauungsprozeß ausgesetzt. Holz versteht, ohne seine Eigenschaften zu verlieren, in Würde zu altern.

Bei aller Kargheit des Baustoffs zeigen sich die neuen Holzbauten phantasievoller denn je; phantasievoller in der Baukörpergliederung, in der Grundrißgestaltung, in der Fassade. Wenn der Münchener Architekturprofessor Georg Küttinger sagt, Holz sei der einzige Baustoff, der das *Ganze* aus einem Stoff ermögliche, auch sagt, daß die Verringerung der eingesetzten Mittel meist zu besseren und wirtschaftlicheren Lösungen führe, meint er ganz sicher nicht das, was mancher Bauherr mit dem Begriff vom *Wohnen in einer Holzkiste* bezeichnet. Vom Gegenteil überzeugen die hier vorgestellten Beispiele neuer Holzhäuser. Daß sich so scheinbar gegensätzliche Richtungen wie die der *Baubiologie* (der immerhin der Geruch des Deftigen, Bodenständigen anhaftet) und die des *postmodernen* Stilmittels gekonnt verbinden lassen – auch das zeigen in diesem Buch vorgestellte Häuser.

»Es ist das Detail, das unterhält und lebendig macht.« Zweifellos ist dieser Satz von Georges Braque richtig und beim Holzbau angebrachter als bei irgendeinem anderen Baustoff. Doch abgesehen vom Dekorativen, Unterhaltenden ist – wie bei keinem anderen Baustoff sonst – die Detailausbildung im Holzbau aus konstruktiver und bauphysikalischer Sicht das Wichtigste und Schwierigste zugleich. »Gerade in der Planung mit Holz ist ein ungeheures Maß an Genauigkeit notwendig«, so der Münchener Architekt Hans Busso von Busse. Deshalb stehen die Details – nachvollziehbare Details – bei diesem Buch im Vordergrund.

Wolfgang Ruske

2 Objekt: Einfamilienhaus in Roetgen bei Aachen

Steckbrief

Objekt:	Einfamilienhaus
Standort:	Roetgen bei Aachen
Baujahr:	1984 – 1985
Reine Baukosten:	180.000 DM
Planung:	Dipl.-Inge. Bernd Matthiesen, Heinz Wirtz, Roetgen
Statik:	Dipl.-Ing. Norbert Behler, Langerwehe
Ausführung Holzbau:	Wilhelm Gier, Aachen
Wohn-/Nutzfläche:	109 m^2
Umbauter Raum:	454 m^3 + 48 m^3 Garage

2.1 Lage

Das Wohnhaus liegt auf einem ebenen, 626 m^2 großen aber nur 11 m breiten Grundstück. Ein Bachlauf bildet die rückwärtige Grundstücksgrenze.

2.2 Bau- und Raumkonzeption

Die geringe Grundstücksbreite wirkte sich auf die Entwurfsidee in zweierlei Hinsicht aus. Zum einen mußte der schmale hohe Baukörper (die Grundfläche des Gebäudes beträgt 5,00 m × 14,00) durch differenzierte Fensterelemente auflockernd strukturiert werden, ohne dabei die strenge Grundform aufzuheben. Zum anderen sollten im Inneren des nur fünf Meter breiten Hauses bei offener Grundrißplanung gegliederte Raumbereiche entstehen, die durch vielfältige Sichtbeziehungen das Gefühl der Enge verhindern.

Im Erdgeschoß gehen Wohnraum, Eingangsbereich und Küche direkt ineinander über. Außerdem befinden sich dort ein Abstellraum und ein Gäste-WC. Im Obergeschoß sind Kinderzimmer (bzw. Arbeitszimmer) Bad und Schlafraum angeordnet. Zwei kleine »Galerien« neben dem in Hausmitte gelegenen Bad trennen die einzelnen Bereiche und schaffen eine Verbindung zum Wohnraum im Erdgeschoß. Zusätzliche zu den Galerien gelegene Innenraumfenster in Arbeits- und Schlafraum ermöglichen vielseitige Ein- und Durchblicke in andere Wohnbereiche.

Bild 2.1: Gartenseite

Bild 2.2: Straßenseite

Bild 2.3: Eßbereich

Bild 2.4: Wohnraum mit Erker

2.3 Konstruktion und Außenverkleidung

Das Tragwerk ist eine Holzständerkonstruktion mit Einfachstützen und Einfachträgern, wobei hier Haupt- und Nebenträger in einer Ebene liegen. Für alle sichtbaren Stützen, Haupt- und Nebenträger wurde Brettschichtholz gewählt und natur belassen. Die Fundamente des nicht unterkellerten Gebäudes sind als Streifenfundamente ausgebildet.

Bild 2.5: Eßbereich

Bild 2.6: Offene Küche

Die Aussteifung erfolgt über »Wandscheiben« und Diagonalverbände aus Stahl. Die Außenverkleidung besteht aus einer hinterlüfteten Boden-Deckel-Schalung aus Lärchenholz.

Dach
Heidelberger Betondachsteine, Farbe Ziegelrot, Lattung 2,4/5 cm, Konterlattung 2,4/5 cm, Unterspannbahn, Sparren 6/16 cm, Mineralfaser-Wärmedämmung 12 cm, Lattung 2,2/4,5 cm, Gips-Paneel-Element 20 mm (im ausgebauten Bereich).

Bild 2.7: Durchblick vom Obergeschoß nach unten

Bild 2.8: Wohnbereich

Decke über Obergeschoß
Spannplatte V 100 E1 19 mm, Kehlbalkenlage 6/14 cm, Mineralfaser-Wärmedämmung 10 cm mit Dampfbremse, Lattung 2,2/4,5 cm, Gips-Paneel-Element 20 mm.

Decke über Erdgeschoß
Teppichboden, Zementestrich 45 mm, Trennlage, Trittschalldämmplatte 29/25 mm, »Deckenscheibe« Spanplatte V 100 E1 25 mm, Profilbretter Fichte 12,5 mm (ohne Schattenfuge).

Fußboden Erdgeschoß
Grobkeramischer Plattenbelag, Zementestrich 50 mm bewehrt, Trennlage, Trittschalldämmplatten 251 T 2 × 23/20 mm, PVC-Folie 0,8 mm quellverschweißt, Dämmplatte 30 mm, extrudierter Polystyrol-Hartschaum, Bitumenschweißbahn, Bitumen-Voranstrich, Stahlbeton-Bodenplatte.

Fundamente
Stahlbeton-Streifenfundamente

Außenwand
Boden-Deckel-Schalung aus Lärchenholz 22 mm (hinterlüftet), Lattung 2,4/5 cm, Spanplatte V 100 G E1 19 mm, Mineralfaser-Wärmedämmung 10 cm im Ständerwerk 6/10 cm, Spanplatte V 100 E1 19 mm, PE-Folie als Dampfbremse Gipskartonplatte 12,5 mm. (Die beiden im Wandaufbau enthaltenen Spanplatten sind Bestandteil der stat. erf. Aussteifung – Wandscheibe –).

Bild 2.9: Erker

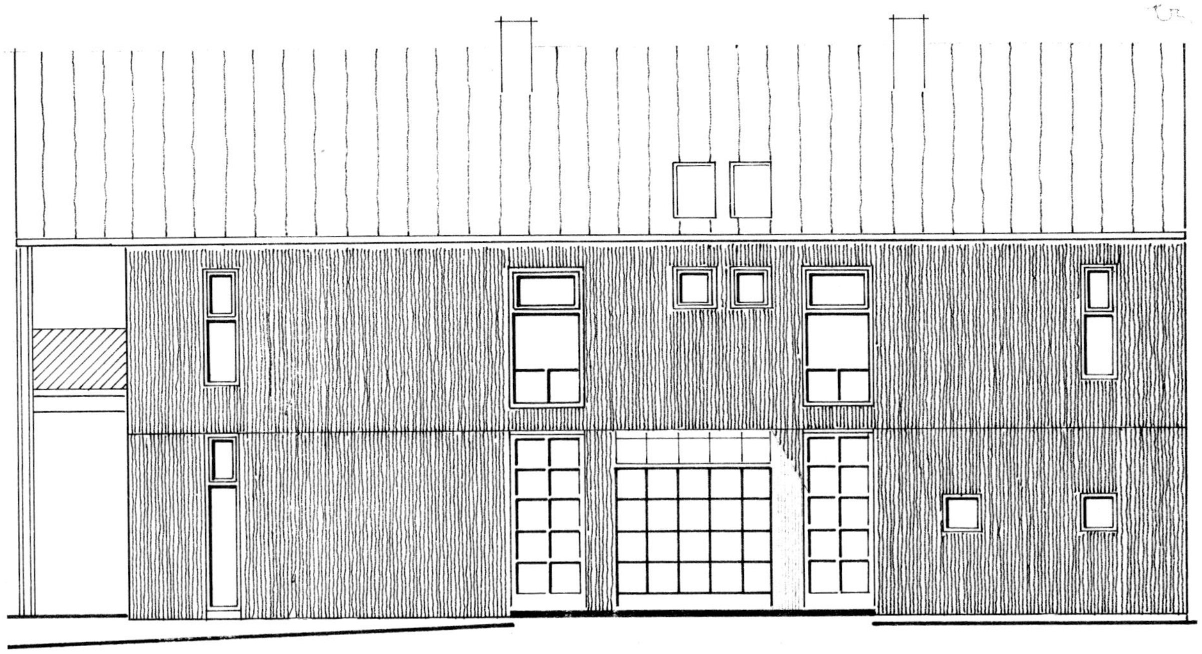

Bild 2.10: Südwest-Ansicht, M 1:100

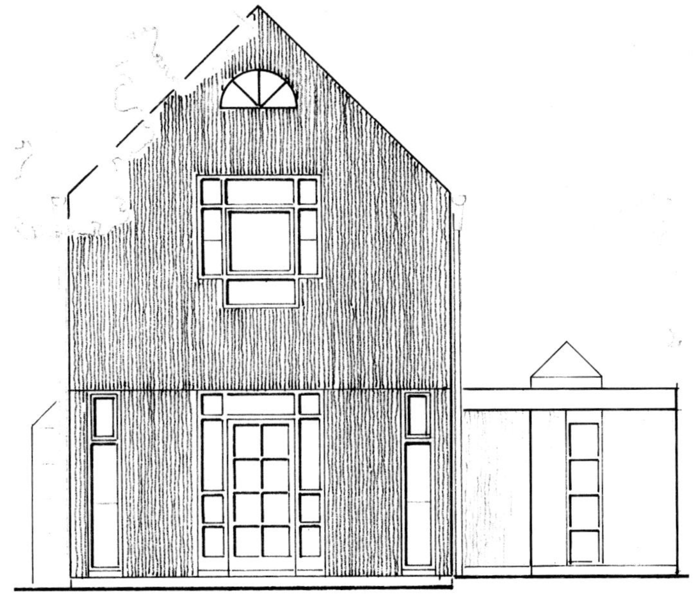

Bild 2.12: Südost-Ansicht (Straßenseite), M 1:100

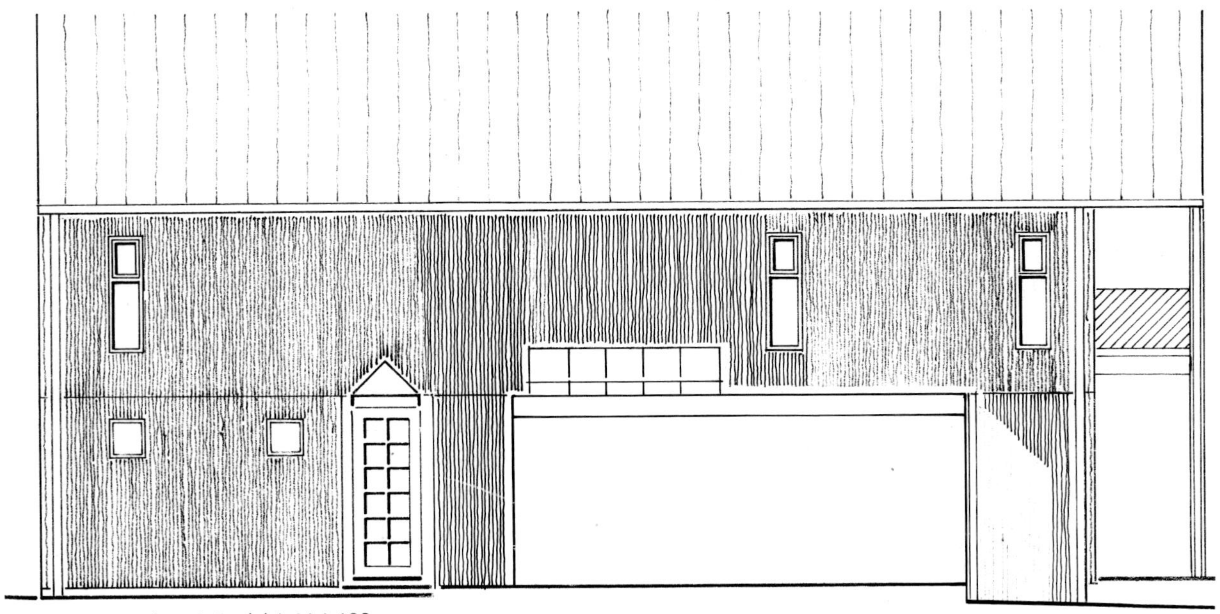

Bild 2.11: Nordwest-Ansicht, M 1:100

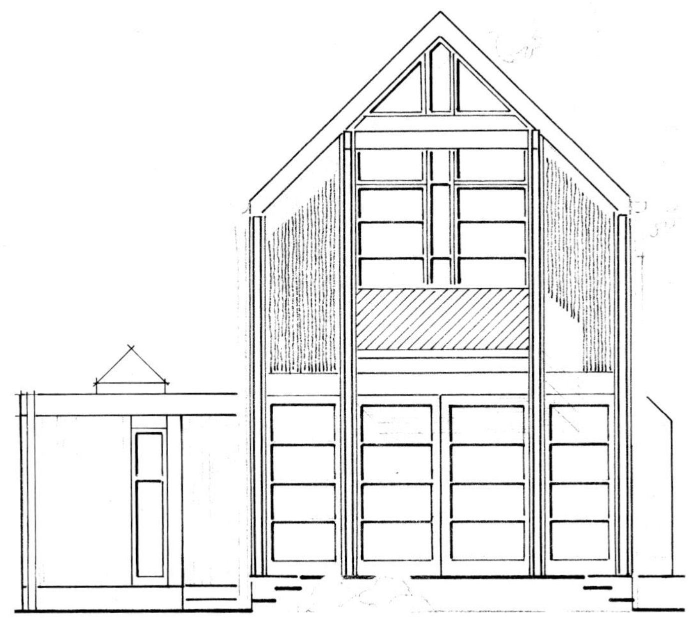

Bild 2.13: Nordost-Ansicht, M 1:100

Innenwände
Gipskarton-Bauplatte 12,5 mm, Ständerwerk 6/10 cm, Mineralfaser-Wärmedämmung 5 cm, Gipskarton-Bauplatte 12,5 mm.

Fenster und Außentüren
Einfachfenster aus Fichtenholz mit Isolierverglasung. Die Elemente haben einen äußeren Zargenrahmen als umlaufenden Anschluß an die Boden-Deckel-Schalung der Außenwände. Die Außenmaße der Zargenrahmen sind auf das Rastermaß der Boden-Deckel-Schalung abgestimmt.

Innentüren
Rahmentüren aus Kiefernholz mit Oberlicht und einer senkrechten Sprosse. Verglasung des Oberlichtes mit Normalglas, Verglasung der Türen mit Drahtspiegelglas.

Fenster im Innenraum
Einfachfenster aus Fichtenholz mit Normalverglasung (z.T. Sicherheitsglas).

Heizung
Eingebaut ist eine Radiatorenheizung (Röhrenradiatoren) mit Gaskesseltherme (Gebläsegerät), die als Kombi-Gerät mit Warmwasser-Bereitung für das Bad angeschlossen ist.

Bild 2.14
Grundriß Erdgeschoß, M 1:100

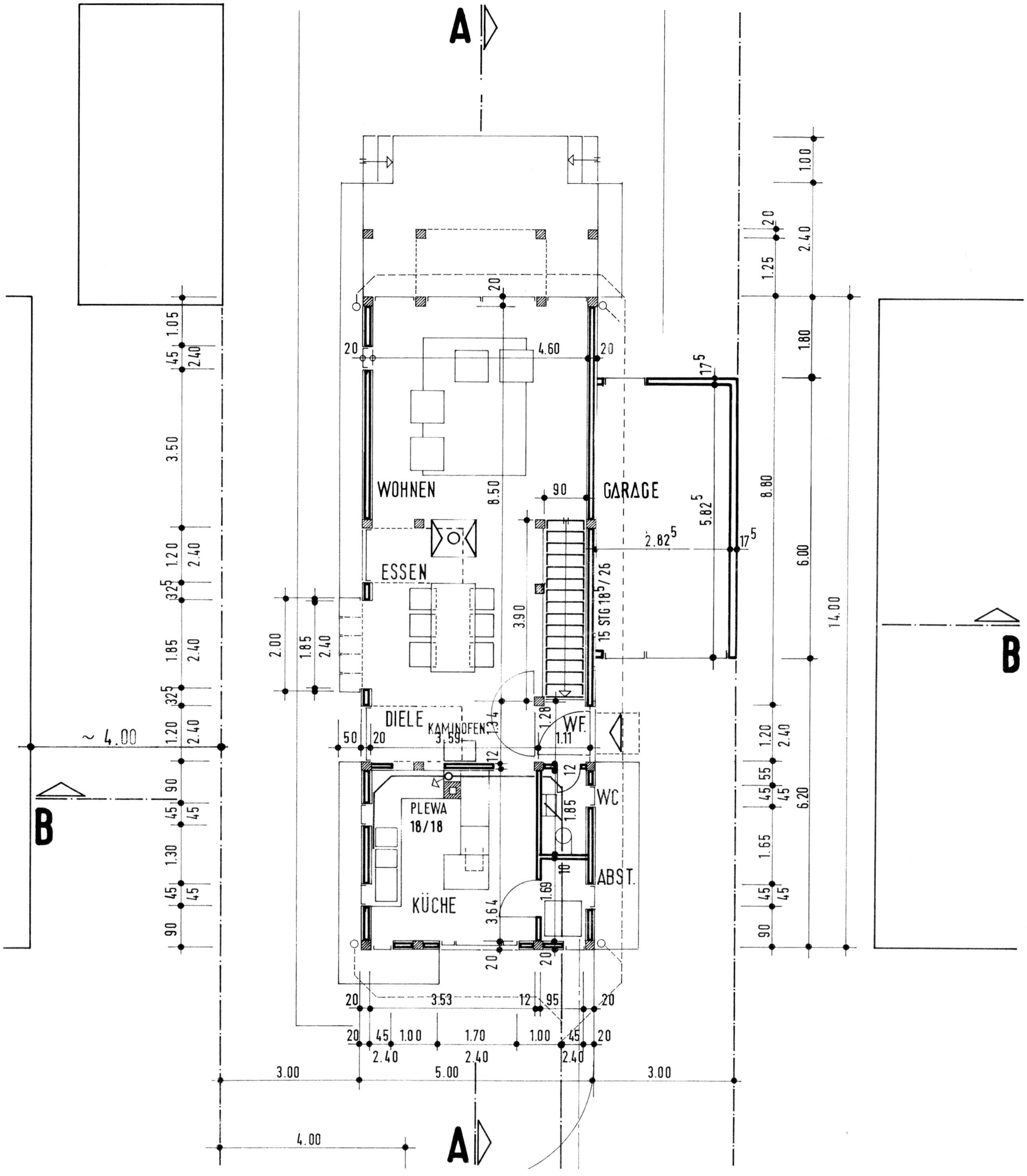

bracht. Werden beide besonnt, werden beide schlaff.

Der Einbau der Glasscheiben direkt in die tragende Konstruktion verlangt aber eine unveränderliche Aussteifung. Für das vorliegende Bausystem wurde eine Lösung gefunden, bei der die Kreuze aus Flach- oder Rundstahl wärmegedämmt zwischen zwei Lagen Dämmatten eingebaut werden. Neben der Vermeidung unerwünschter Längenänderungen hat diese Anordnung zudem den Vorteil, daß die Kreuze in den statischen Kraftachsen liegen. Es treten keine unerwünschten statischen Momente auf.

3.7 Verbindungselemente

Es wurde ein spezielles, jedoch sehr einfaches Verbindungselement entwickelt, das die vier Teile – Stütze, Querriegel, Binder und Aussteifungskreuz – zusammenschließt. Ein Rundstab mit oberem Gewinde wurde an eine Flacheisenplatte angeschweißt. Das so gebildete Verbindungselement wird mit der Flacheisenseite in die oberen Schlitze der Holzstützen geschoben und quer dazu mit Stabdübel verankert. Für das Anschließen der Kreuze läßt man die Flacheisenplatten etwas über die Stützenbreite überstehen. Auf die oben aus der Stütze herausragenden Rundeisen werden Querriegel und Balken aufgesetzt und mit der Stütze fest verschraubt. Die Verbindung ist im fertiggestellten Bau unsichtbar.

3.8 Fenster und Türen

Bei dem Bausystem können nach Belieben Fenster, Hebe- und Schiebetüren angeordnet werden. Die Raumbelüftung sollte am besten unter der Decke zwischen Bindern oder Riegeln erfolgen, dort, wo sich die verbrauchte Luft sammelt (siehe Abb. 3.8). Bewährt haben sich Hahn-Lamellenfenster, die eine nahezu zugfreie Querlüftung sowie geregelte Dauerlüftung ermöglichen.

Bild 3.1

Bild 3.2

Bild 3.3

Bild 3.4

Bild 3.5

Bild 3.1: Holzstütze vor dem Einbau. Man sieht die bereits eingefügte Flachstahlplatte mit seitlichem Ohr und das angeschweißte Rundeisen mit Gewinde.

Bild 3.2: Riegel und Deckenbalken sind auf die Holzstützen aufgesetzt. Man sieht die Verdübelung der Flachstahlplatte.

Bild 3.3: Senkrechtes Unterteilungsholz mit eingeschobenem Flacheisen.

Bild 3.4: Zwei tragende Holzstützen und eine nicht tragende Unterteilungsstütze sind eingebaut und mit Aussteifungsdiagonalen verbunden worden. Die herausragenden Rundeisen zur Aufnahme der Deckenbalken sind sichtbar.

Bild 3.5: In die Nuten der Stützen wurden die Profilhölzer eingefügt. Ferner wurden die waagerechten Unterteilungen eingebaut. Die innenseitige Lage der Dämmschicht ist bereits hinter den Stahlbanddiagonalen eingebracht worden. Die äußere Lage fehlt noch.

Bild 3.6

Bild 3.7

Bild 3.8

Bild 3.6: Auf die Holzstütze wurde der Riegel aufgesetzt. Der obere Teil des Rundeisens zur Aufnahme des Deckenbalkens ist noch frei. Eine Diagonalstrebe wurde bereits angeschlossen.

Bild 3.7: Unterer Anschluß einer Flacheisenstrebe.

Bild 3.8: Belüftung zwischen Binder und Riegel durch Lamellenfenster.

3.9 Beheizung

Bei den ersten Bauten wurden Plattenheizkörper hinter den Brüstungen angebracht. Diese Platten wurden so dimensioniert, daß sie das Brüstungsrasterfeld in Breite und Höhe jeweils passend ausfüllen. Dadurch sind sie optisch integriert und ergeben eine gute Verteilung der Wärme.

Die zuletzt geplanten Bauten wurden mit einer energiesparenden Niedertemperatur-Fußbodenheizung ausgerüstet. Durch die beschriebene gute Wärmedämmung konnten die bei Fußbodenheizungen im allgemeinen üblichen Zusatzheizkörper eingespart werden. Die Fußbodenheizung war somit preiswert. Bei 8 cm Wärmedämmung in Decken und Wänden ergab sich folgender Energieverbrauch einschließlich ganzjähriger Warmwasserbereitung:

1. Für ca. 300 m^2 durch Plattenheizkörper beheizte Fläche beträgt der Heizölverbrauch 7000–7500 Liter pro Jahr;
2. für ca. 175 m^2 durch Niedertemperatur-Fußbodenheizung beheizte Fläche beträgt der Heizölverbrauch 3000–3500 Liter pro Jahr.

3.10 Passive Solarheizung

Zu den genannten günstigen Verbrauchswerten trägt die absolute Fugendichtigkeit der feststehenden Verglasung ebenso bei wie große Glasflächen auf der Südseite, die als Sonnenkollektoren wirken. Während die hochstehende Sommersonne durch große Dachüberstände abgeschirmt wird, kann die im Winter flach einfallende Sonnenenergie insbesondere in Klinkerböden gespeichert werden. An sonnigen Tagen steht die Heizung ab 10 oder 11 Uhr vormittags. Die Energiebilanz kann durch Einbau stärkerer Dämmschichten in den geschlossenen Wandfeldern noch weiter verbessert werden. Wichtiger wären aber die Verwendung schwarzer Fußbodenplatten und vor allem der Einbau von Dämmläden. Vor beiden Maßnahmen schreckten die Bauherren bisher zurück. Schwarze Platten werden von den Hausfrauen wegen ihrer Schmutzempfindlichkeit abgelehnt und Dämmläden meist vom Bauherrn, da sie zusätzliches Geld kosten.

Bei dem hier beschriebenen Bausystem ist das Anbringen von Dämmläden sehr einfach, da die Raumlüftung über den Läden zwischen den Bindern erfolgt. Dämmläden könnten sogar die Fassaden zusätzlich gliedern und beleben.

3.11 Ausbau

Bei den meisten ausgeführten Bauten sind hinter den Längsträgern der Außenfront durchlaufende Holzblenden mit indirekter Beleuchtung und Vorhangschienen angebracht worden.

Bei der Verlegung von 12/24 cm großen Klinkerplatten auf dem Fußboden wurde der Belag so detailliert, daß das Stützen- und Deckenraster der Konstruktion auf dem Fußboden wiederholt wurde. Die Fassung der Bauten in strenge räumliche Ordnung wurde hierdurch und durch die Farbgebung noch unterstützt.

3.12 Farbgebung

Tragende Holzteile	schwarz
Ausfachende Elemente (Glasal, Gipskartonplatten etc.)	weiß
Decken und Wandschalung	fichtenholzfarben natur
Dächer: Ziegel	rot
Wellasbestzement-Platten	grau

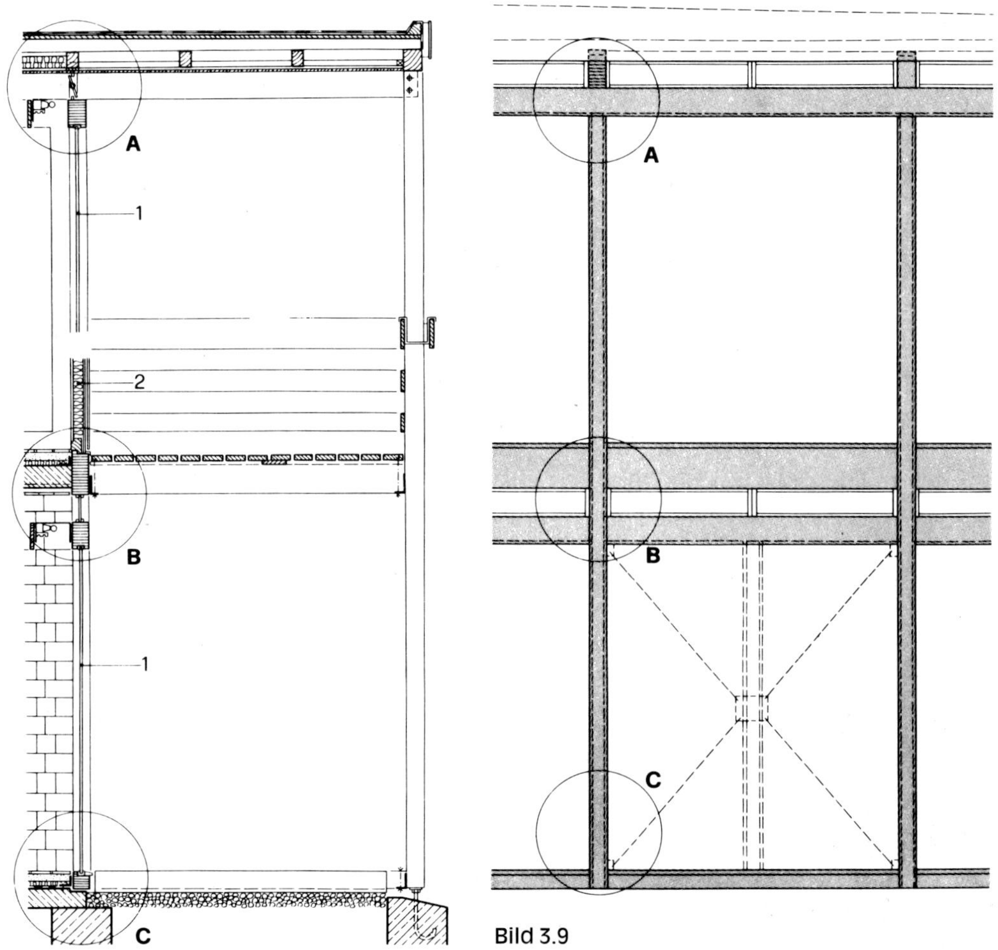

Bild 3.9

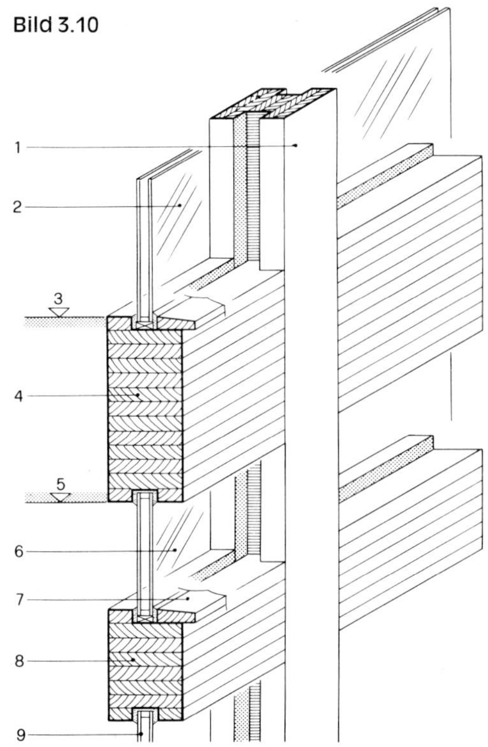

Bild 3.10

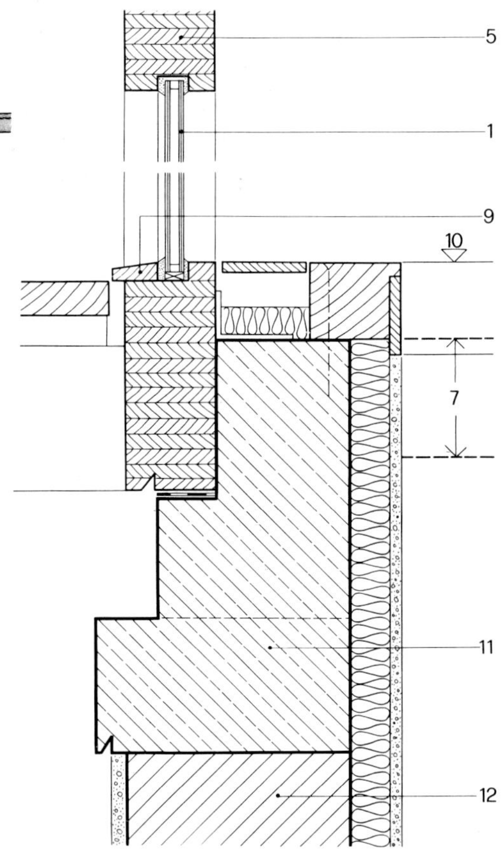

Bild 3.12

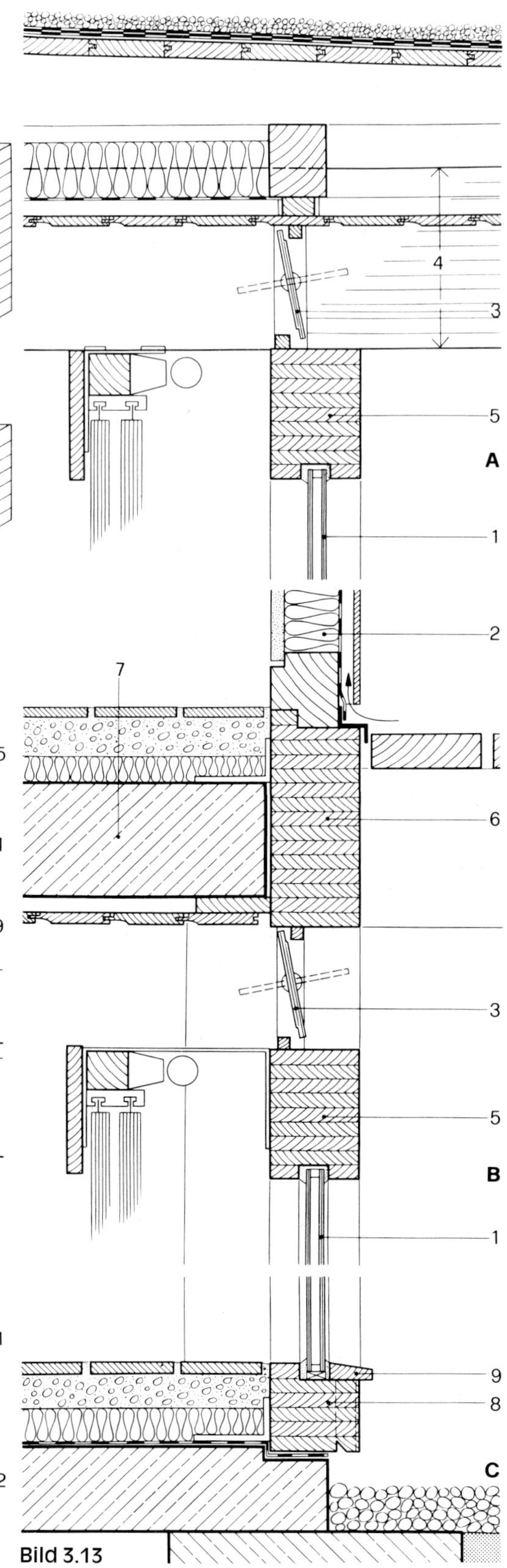

Bild 3.13

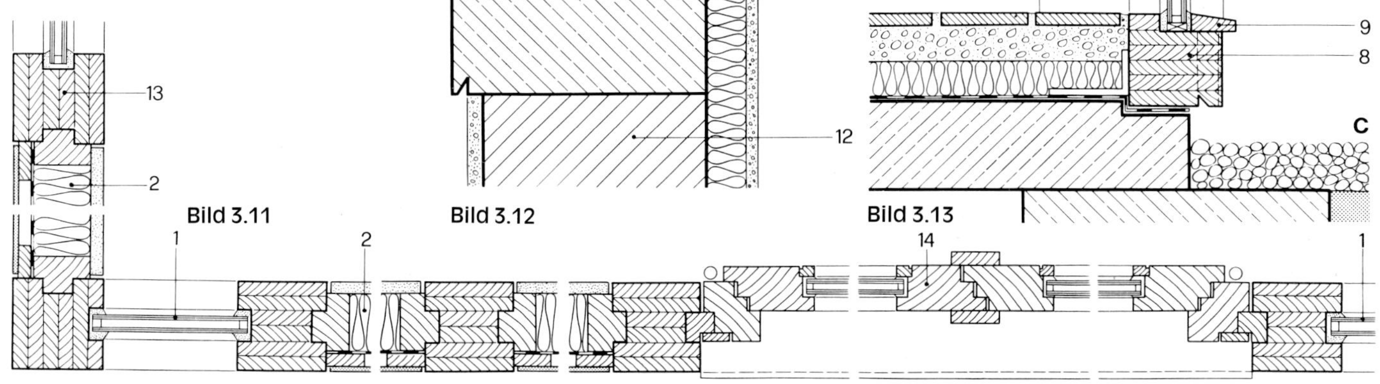

Bild 3.11

Bild 3.9: Schnitt und Ansicht Fassade mit vorgelagertem Balkon, M 1:50

Bild 3.10: Systemskizze Anschlüsse Verglasung – Holzskelett
1 Stütze 12/12 mit Nuten zum Einschieben der Isolierverglasung (bzw. anderer Anbauelemente)
2 raumhohe Verglasung
3 Oberkante Fußboden
4 Randträger 12/30 aus Brettschichtholz
5 Unterkante Decke
6 Oberlichtband bzw. Lamellenfenster zur Entlüftung
7 Glasleiste
8 Riegel 12/18 (BSH)
9 Isolier-Verglasung

Bild 3.11: Horizontalschnitt Fassade Obergeschoß, M 1:10

Bild 3.12: Fensteranschluß am Mauerwerk des Untergeschosses, M 1:10

Bild 3.13: A–C Vertikalschnitt Fassade, M 1:10

Bild 3.11: bis 3.13:
1 Anschluß der raumhohen Festverglasung in Nuten bzw. Falz der Holzprofile der Tragkonstruktion
2 Anschluß der Wandausfachungen in gleicher Weise
3 Lamellenfenster
4 Dachträger h=25 cm
5 Außenwandträger Brettschichtholz 12/18
6 äußerer Deckenträger (BSH) 12/30
7 Stahlbetondecke
8 Schwellholz (BSH) 12/12 bzw. 12/30
9 Glasleiste
10 OK Fußboden
11 Stahlbeton
12 Mauerwerk Untergeschoß
13 äußere Stützen (BSH) 12/12
14 Hebetüren

4 Objekt: Einfamilienhaus mit abtrennbarer Einliegerwohnung in Bad Homburg

Steckbrief

Objekt:	Einfamilienhaus mit abtrennbarer Einliegerwohnung
Standort:	Bad Homburg
Baujahr:	1977 – 1978
Reine Baukosten:	273.961 DM
Architekt:	Prof. Dipl.-Ing. Till Behrens, Frankfurt
Statik:	Dipl.-Ing. Wolfgang Engelbach, Frankfurt
Ausführung Holzbau:	Schröder, Burgholzhausen / Steiner Bau GmbH + Co. KG, Frankfurt
Wohn-/Nutzfläche:	155 m² + 54 m²
Umbauter Raum:	ca. 1000 m³ einschließlich überdachter Terrassen

Bild 4.1 und **Bild 4.2** Gartenansichten Tag und Nacht

Bild 4.4: Wohnraum

4.1 Lage

Letzter Bauplatz in einem bereits allseitig bebauten eingeschossigen Einfamilienhaus-Baugebiet. Er war wegen nachträglicher Bebauungsplanänderung nicht bebaubar. Es mußte eine Befreiung erwirkt werden.

4.2 Aufgabe

Die Bauherren wünschten für sich und ihre zwei Kinder ein Einfamilienhaus mit der Möglichkeit, später eine Einliegerwohnung abzutrennen. Der Bau sollte preiswert, bequem zu bewirtschaften, mit großzügigen Raumsituationen und einem persönlichen architektonischen Ausdruck sein.

4.3 Konzeption

Das 600 m² große Grundstück liegt am Ende einer Stichstraße. Von der Erschließungsseite her hat es ein Gefälle nach Südosten. Für Besonnung und Gartenanlage ist diese Seite wertvoll. Es galt, Fläche zu sparen, um Raum für den Garten zu gewinnen.

Der Bau wurde so in das Gelände eingepaßt, daß die Höhe der unteren Grundstücksgrenze gleich der Höhe des Untergeschoß-Fußbodens ist. Es ergab sich eine einseitig offene Kuhle. Das Untergeschoß konnte dadurch ebenso wie das Erdgeschoß in ganzer Breite zum Garten hin orientiert und geöffnet werden. Die Untergeschoßräume können als Einliegerwohnung von der Diele abgetrennt werden.

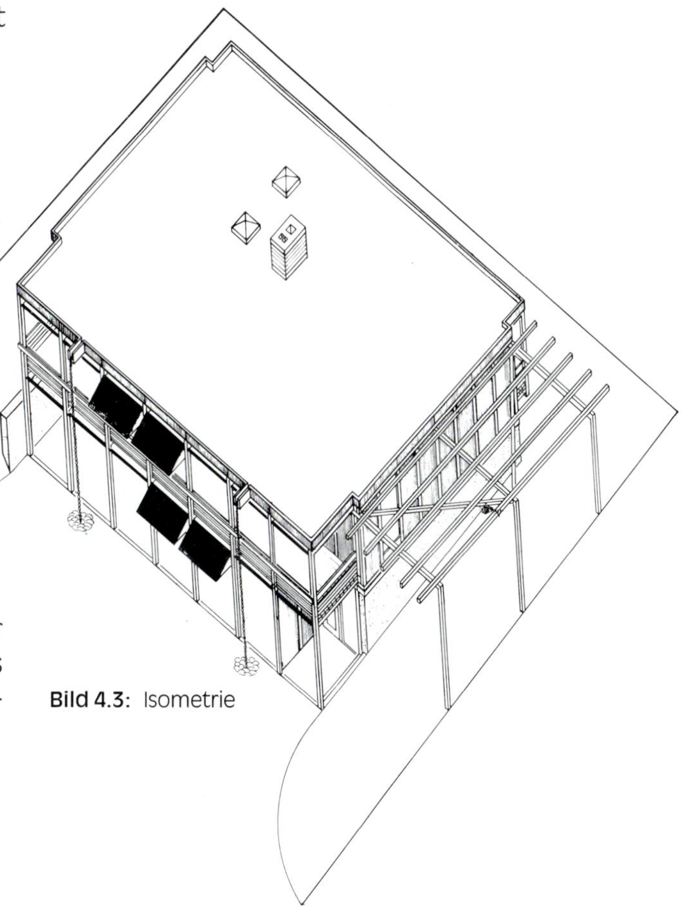

Bild 4.3: Isometrie

4.4 Konstruktion

Über einem massiven Kellergeschoß wurde ein Holzskelettbau in Holzleimbauweise errichtet. Ausgefacht wurde die Konstruktion mit 8 cm Wärme-Kälte-Dämmung und außenseitig mit Glasal-Asbestzementtafeln sowie innenseitig mit Gipskartonplatten verkleidet.

Die großen Fensterscheiben reichen bis auf den Boden herunter, so daß die 2,00 m bzw. 1,00 m breiten Terrassen in die Räume mit einbezogen werden und diese optisch entsprechend erweitern.

4.5 Ausbau

Es gibt keine störenden Heizkörper. Der gesamte Bau wurde mit einer energiesparenden Niedertemperatur-Fußbodenheizung ausgestattet. Zur besseren Wärmeabstrahlung sind außer in den Schlafzim-

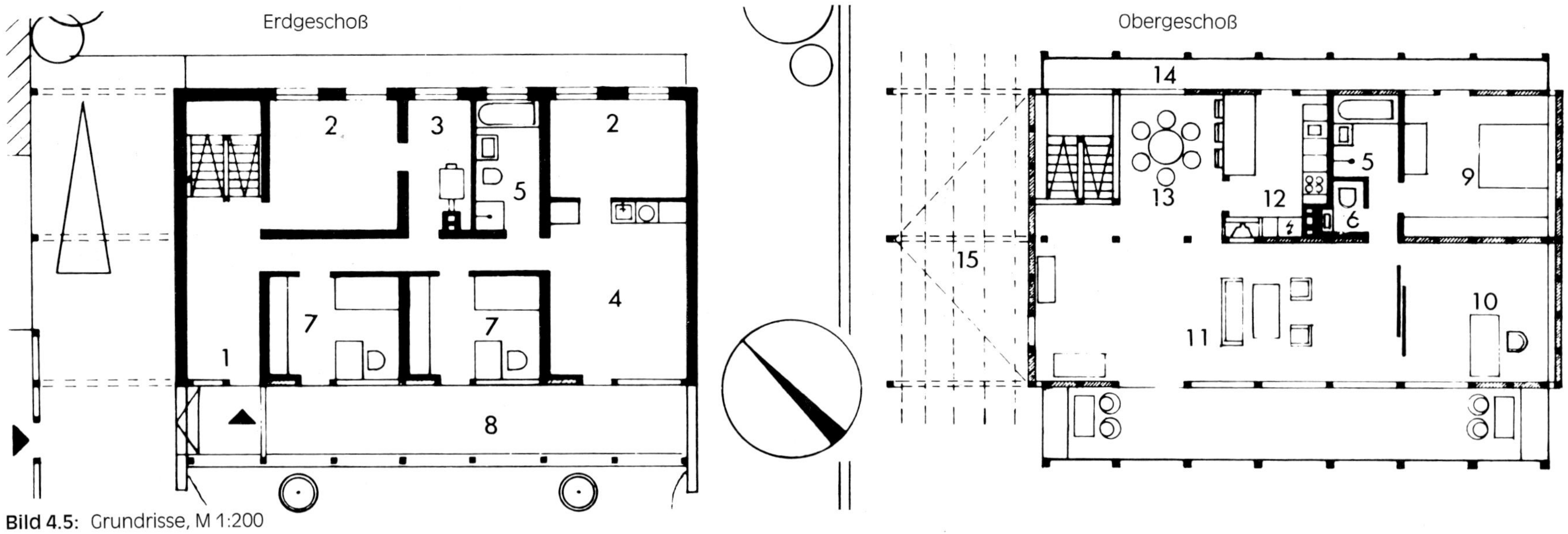

Obergeschoß

1 Eingang + Diele
2 Keller
3 Heizung
4 Hauswirtschaftsraum
5 Bad
6 WC
7 Kind
8 Überdachter Spielplatz im Freien
9 Eltern
10 Arbeitszimmer
11 Wohnzimmer
12 Küche
13 Eßplatz
14 Überdachte Terasse
15 Pergola
z. Teil abgedeckt als KFZ-Abstellplatz

Bild 4.5: Grundrisse, M 1:200

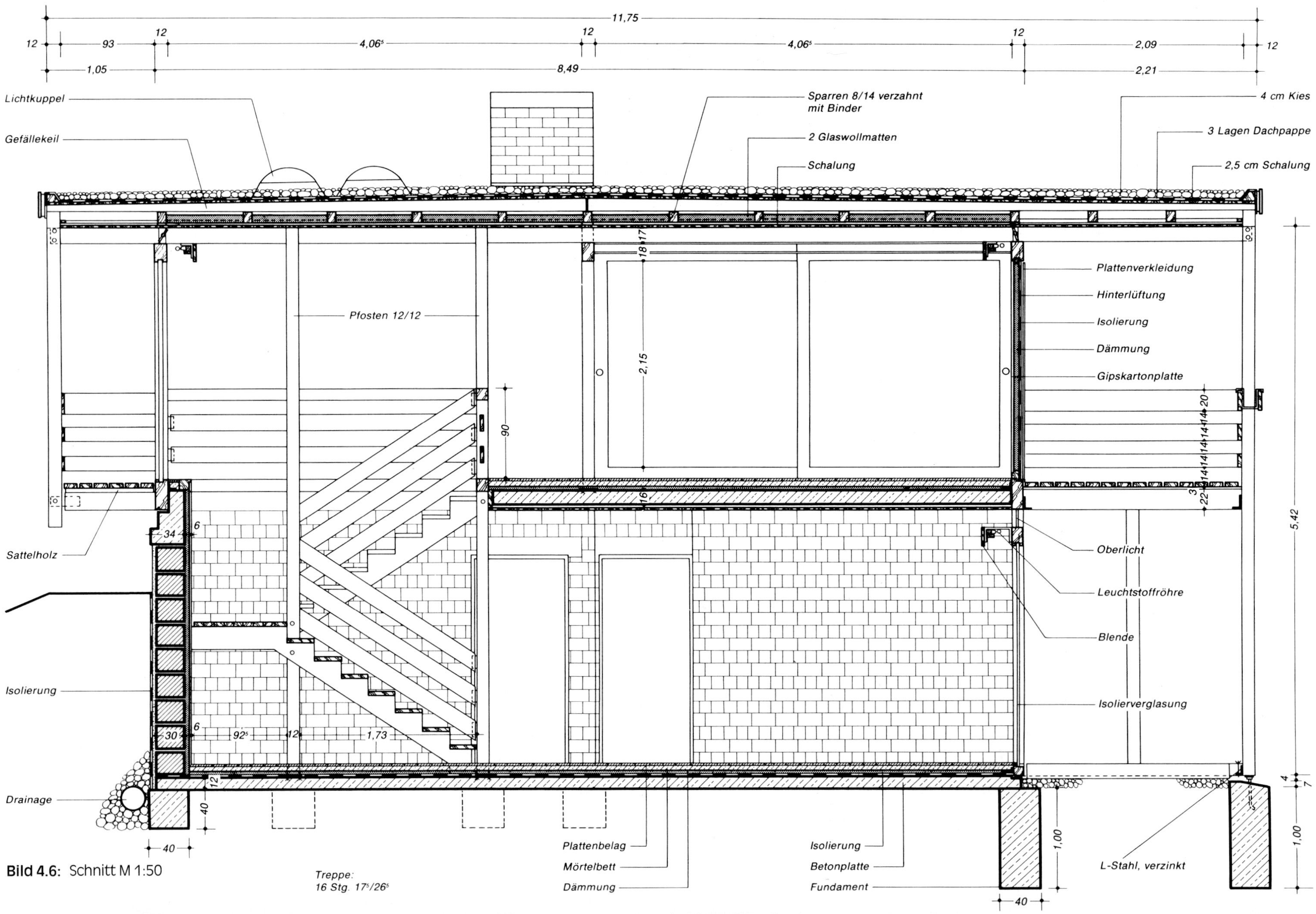

Bild 4.6: Schnitt M 1:50

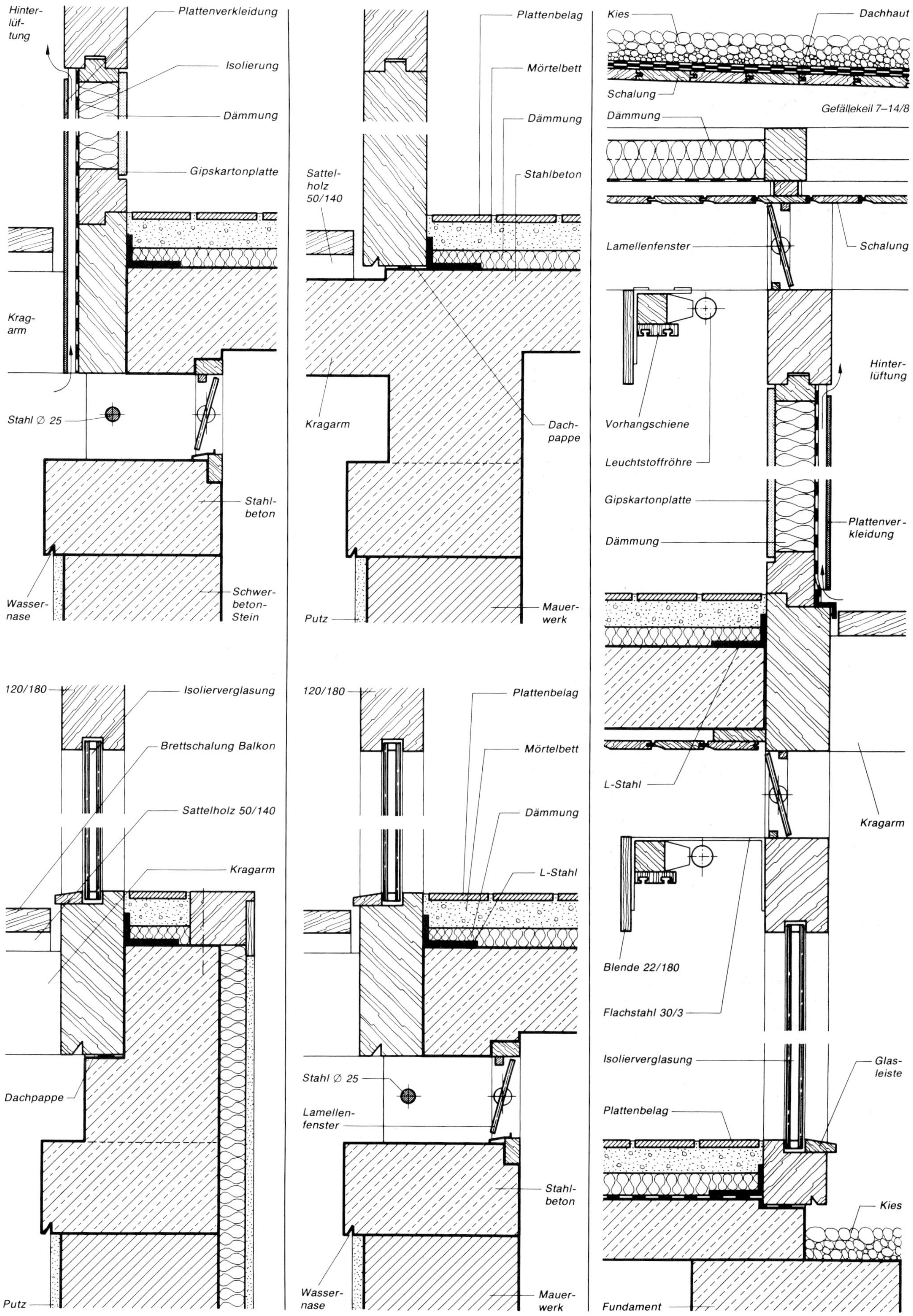

mern überall keramische Fußbodenplatten verlegt worden. Das Muster des Plattenbelages wurde vom Architekten entworfen und wiederholt auf dem Boden das Raster der Stützen und Deckenbalken. Hierdurch wird die strenge räumliche Ordnung des Baues betont. Gleichfalls durch die Farbgebung: Tragende Holzteile sind schwarz, ausfachende Elemente hell, z.B. Asbestzement- und Gipskartonplatten sind weiß, Deckenschalung Holz natur, der Fußboden aus Klinkerplatten ist rot.

Zwischen den Bindern wurden im Erdgeschoß wie im Untergeschoß Hahn-Lamellen-Fenster unter der Decke angeordnet, die energiesparende Lüftung dort ermöglichen, wo sich die verbrauchte Luft staut – schnelle Querlüftung – zugfreie Dauerlüftung. Sie wurden auch als Kellerfenster verwendet.

Die Badezimmer wurden mit Holz verschalt. Die hinterlüftete Verschalung wird beim Duschen naß. Die Holzverschalung hat sich ausgezeichnet bewährt.

Für den Bereich zwischen Küche und Eßplatz ist speziell eine Anrichte entworfen worden, die auch zum Essen benutzt und mit einem Rolladen nach Gebrauch geschlossen werden kann.

Dank der guten Wärmedämmung lag bei ca. 180 m^2 beheizter Fläche der Heizölverbrauch bei nur ca. 3000 l/Jahr. Die großen Glasscheiben auf der Südseite wirken bei flachstehender winterlicher Besonnung wie ein Sonnenkollektor.

Hinter den Längsträgern der Außenfront sind Holzblenden mit verdeckten Vorhangschienen und durchgehender indirekter Beleuchtung. Sie macht den Baukörper auch nachts zu einem lebendigen, filigranen Gebilde.

Bild 4.7: Fassadenschnitte, M 1:10

5 Objekt: Ökologischer Energiespar-Bungalow in Mommenheim

Steckbrief

Objekt:	Bungalow
Standort:	Mommenheim
Baujahr:	1978 – 1979
Reine Baukosten:	390.600 DM einschließlich Außenanlagen
Architekt:	Prof. Dipl.-Ing. Till Behrens, Frankfurt
Statik:	Dipl.-Ing. Friedrich Hofmann, Frankfurt-Höchst
Ausführung Holzbau:	Gottfried Josef Anspach, Mainz
Wohn-/Nutzfläche:	156 m² + 144 m²
Umbauter Raum:	1480 m³ einschließlich überdachter Terrasse

5.1 Aufgabe

Der sonnenempfindliche Bauherr, ein verwitweter, noch praktizierender Landarzt, wünschte einen praktischen, leicht zu bewirtschaftenden Bungalow mit besonderem Schutz gegen die steil stehende Sommersonne und guter Durchsonnung im Winter, niedrigen Beheizungs- und geringen Unterhaltungskosten, ferner mit Verbindung zu Natur und Garten.

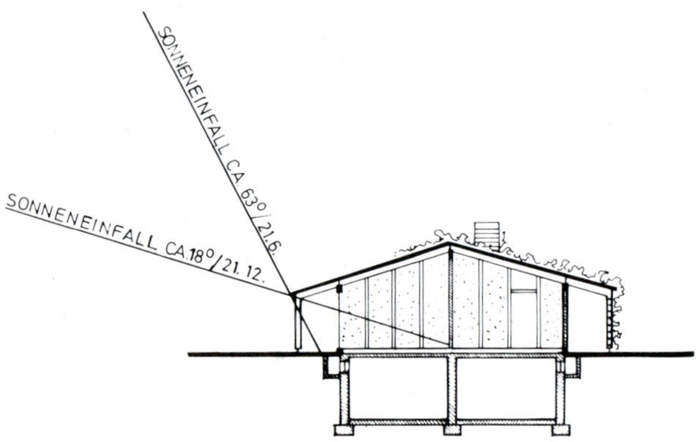

Bild 5.1: Besonnungsstand am 21.6. und 21.12.

5.2 Konzeption

Langgestreckter erdgeschossiger Baukörper in Ost-West-Richtung. Ost- und Nordseite sind nahezu vollständig geschlossen und einschließlich Dach hochwärmegedämmt (12 cm). Die Ostseite ist durch die Garagenanordnung zusätzlich gepuffert. Die Süd- und Westseiten sind hauptsächlich mit raumhoher Verglasung ausgestattet zur passiven Gewinnung von Solarenergie und zur Verbindung von Haus und Garten. Die großen Glasflächen wirken wie Sonnenkollektoren. Die eingestrahlte Sonnenenergie wird im Keramikboden gespeichert bzw. in nicht besonnte Räume durch Laufenlassen der Umwälzpumpe bei Niedertemperatur-Warmwasser-Fußbodenheizung bei abgeschaltetem Brenner transportiert und dort abgestrahlt.

Bild 5.2: Gartenseite

Bild 5.3: Dachüberstand und Rankgerüste

Ein vor Witterungseinflüssen schützender großer Dachüberstand wurde so dimensioniert, daß die Sonne am 21. Juni nicht und am 21. Dezember voll in die Räume scheinen kann.

Zur Klimatisierung des Baues dient Pflanzenbewuchs auf Rankgerüsten. Diese erhielten auf der Südseite zur guten Winterbesonnung laubabwerfenden und auf der Nordseite zur Erhöhung der Wärmedämmung immergrünen Pflanzenbewuchs, der auch über das Dach ranken kann. Bewuchs kühlt im Sommer und wärmt im Winter. Zwischen dem Blattwerk halten sich Luftpolster, die dämmend wirken. Ebenso bilden sich dämmende Polster. Ein Pflanzenbewuchs am Haus produziert Sauerstoff, filtert Staubpartikel aus der Luft, ist Lebensraum für Tiere und Augenweide für den Menschen.

Das Regenwasser sollte vom Dach abtropfen und wieder in das Gelände geführt werden, um das übliche Absinken des Grundwasserstandes zu vermeiden.

Die Lüftung erfolgt unter der Decke durch schmale Lamellenfenster. Für die gewünschte Stoßlüftung ist diese Anordnung besonders günstig, weil sie die bei hochgedämmten Bauten stark ins Gewicht fallenden Lüftungswärmeverluste reduziert.

Vertikale Dämmläden, die den Bau zu einer Art »Energiefalle« machen würden, kamen wegen ihrer Kosten nicht zum Zug, können jedoch später noch angebracht werden.

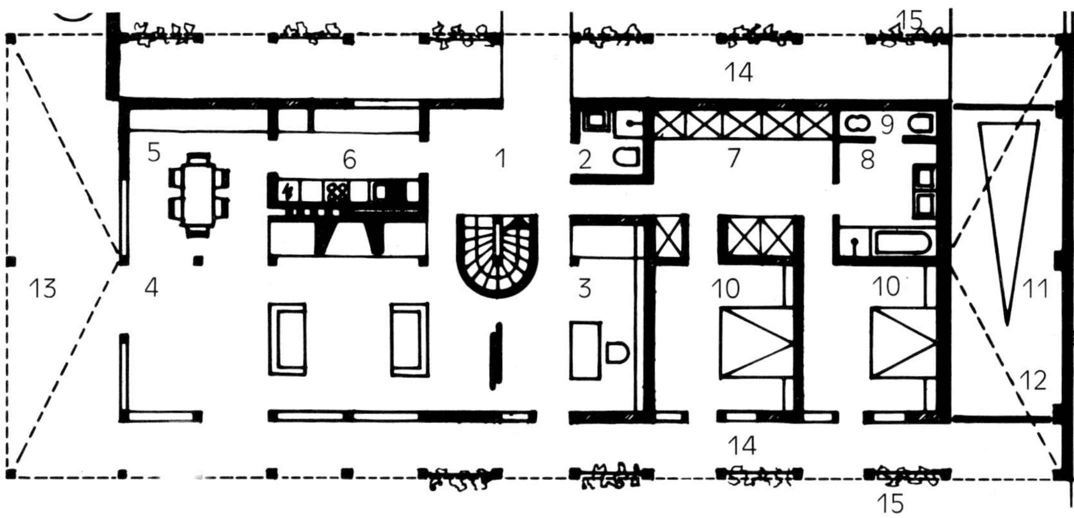

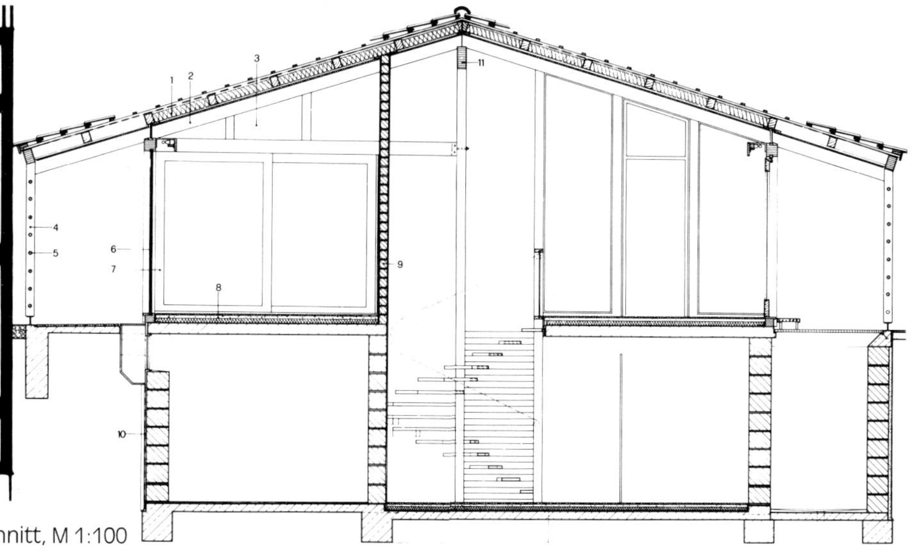

Bild 5.5: Schnitt, M 1:100

Bild 5.4: Grundriß, M 1:150

1 Eingang + Diele
2 WC + Dusche
3 Arbeitsraum
4 Wohnraum
5 Eßzimmer
6 Küche
7 Ankleideraum
8 Bad
9 WC
10 Schlafzimmer
11 Garage + Durchfahrt in Garten
12 Geräteabstellraum
13 überdachte Terrasse
14 Dachüberstand + Umgang
15 Rankgerüste

Bild 5.5:

1 Dachaufbau mit 12 cm Dämmung
2 Binder BSH 12/22 cm
3 Festverglasung
4 außenstehende Stützen
5 Rankgerüst
6 Festverglasung
7 Schiebetür
8 Decke
9 gemauerter Schacht für Spindeltreppe
10 Kellerwand
11 Firstpfette 12/30 cm

5.3 Konstruktion

Gemauertes Kellergeschoß, darauf Holzskelettbau laut System (2,00 m Stützachsenabstand), der im Dach und in den Wänden mit 12 cm Glaswolle gedämmt und durch Stahlkreuze ausgesteift wurde. Walmdach mit Ziegeldeckung. Das Regenwasser sollte vom Dach abtropfen und wieder in das Gelände geführt werden, um das übliche Absinken des Grundwasserstandes zu vermeiden. Die von der Bauherrenseite angebrachte Dachrinne ist überflüssig.

5.4 Ausbau

Entlüftung und Belichtung der Küche, des Ankleideraumes, des WCs und des Bades durch Dachflächenfenster. Im übrigen erfolgt die Lüftung unter der Decke durch schmale Lamellenfenster. Für die gewünschte Stoßlüftung ist diese Anordnung günstig, weil sie die bei hochgedämmten Bauten stark ins Gewicht fallenden Lüftungswärmeverluste reduziert.

Bild 5.6: Rohbauskelett

Bild 5.7: Ansicht von Süden (Gartenseite)

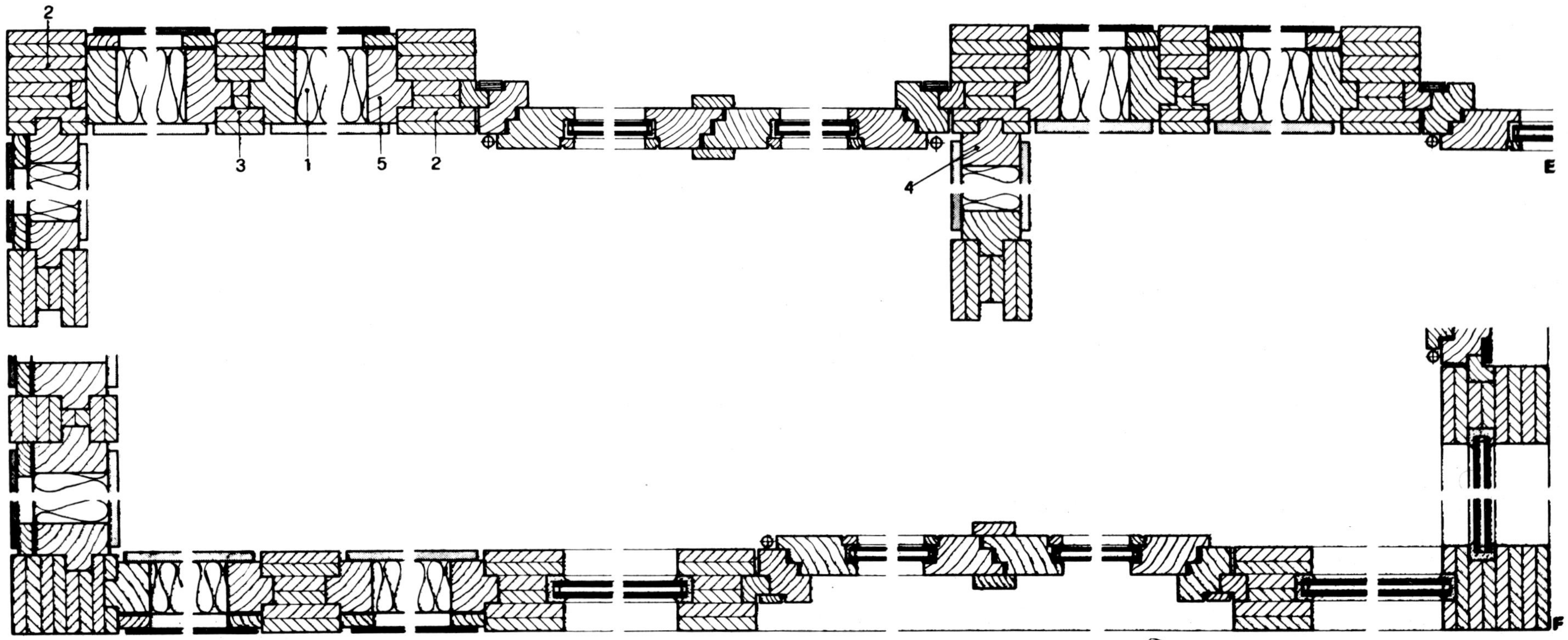

Bild 5.8:
Horizontalschnitte
E = Fensterwand Nord
F = Fensterwand West
M 1:10

1 Außenwandaufbau (von außen nach innen) 6 mm Eternit-Glasal, weiß, Lattung Perkalor Diplex-Pappe 120 mm Glaswolle Gipskartonplatten
2 Fensterwandstütze Brettschichtholz 12/16 cm
3 Zwischenstütze 7/16 cm
4 Trennwandanschluß
5 Rahmenholz der Außenwandelemente 7/12 cm

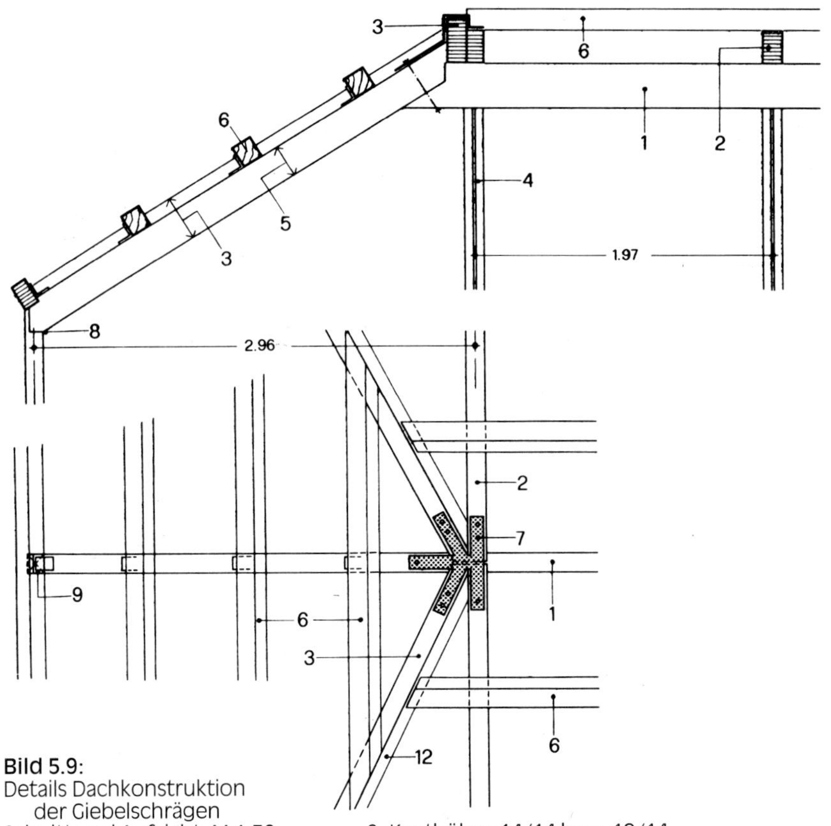

Bild 5.9:
Details Dachkonstruktion der Giebelschrägen
Schnitt und Aufsicht, M 1:50

1 Mittelpfette 12/30
2 Dachsparren 12/22
3 Gratsparren 12/30
4 Vertikale der Dreiecksbinder im Giebelfeld
5 Mittelpfette 12/22 mit UK Gratsparren bündig
6 Kanthölzer 14/14 bzw. 10/14
7 Knotenblech, abgekantet
8 an UK Mittelpfette und Gratsparren horizontales Auflager
9 Holzstütze 12/12
10 Stütze für Auflager ausnehmen
11 Rundstahl mit Gewindeenden
12 Streichbalken für Auflager

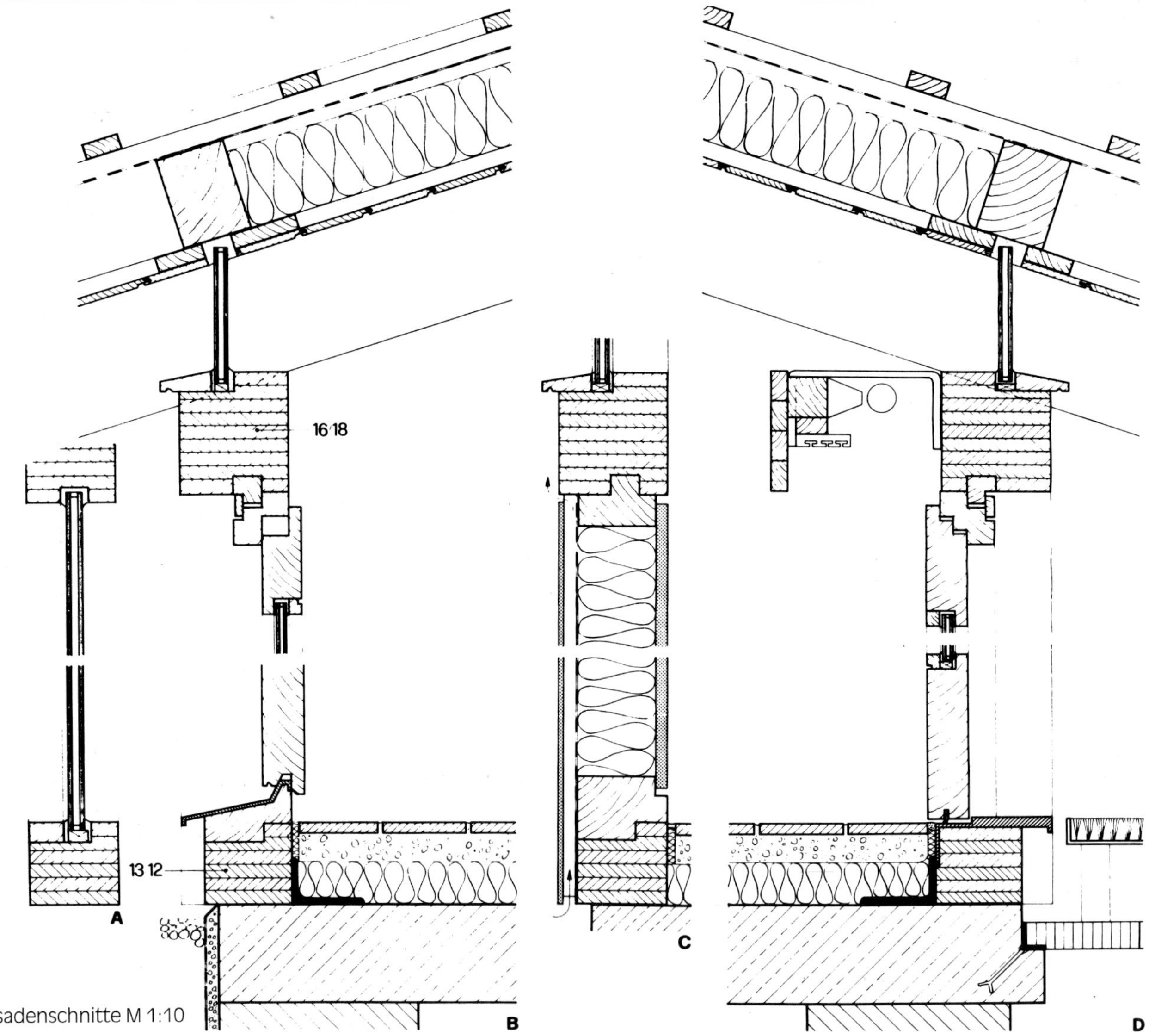

Bild 5.10: Fassadenschnitte M 1:10

6 Entwurfsüberlegungen für Holzhäuser

»Wo können wir größere strukturelle Klarheit finden als in alten Holzhäusern? Wo gibt es sonst noch eine solche Einheit von Material, Konstruktion und Form? Welch ein Gefühl für Material und welche Ausdruckskraft liegen in diesen Bauwerken! Welch eine Wärme und Schönheit haben sie! Sie scheinen der Widerhall alter Lieder zu sein!«

LUDWIG MIES VAN DER ROHE[1)]

Einen Eisen- und Glasbauer wie Mies van der Rohe als Bewunderer des Holzbaues kennenzulernen, kann nur primär überraschen. Grundlage für alle skelettierten Bauweisen war der Holzfachwerkbau. Nicht gemeint ist hier und im weiteren die vom Prinzip her dem Mauerwerksbau ähnliche Holzblockbauweise. Der Holzfachwerkbau ist die frühe Entmaterialisierung des Bauens. Er wurde auf andere Bauweisen übertragen wie den modernen Stahl- und Stahlbeton-Skelettbau. Während diese über die Erfindungsgabe des im 19. Jahrhundert an wissenschaftlichen Erkenntnissen geschulten Ingenieurs entstanden, ist der klassische Holzfachwerkbau vom Zimmermann – also vom Handwerker – her in einem langen historischen Prozeß entwickelt worden. Mit der Herausbildung stählerner Holzverbindungsmittel und industrieller Vorfertigungsmethoden ist der Holzfachwerkbau in neuer Form als Holzskelettbau wiederbelebt worden. Er blieb aber eine Disziplin mit Schwergewicht auf dem Detail.

6.1 Werkstoffgerechter Holzeinsatz

Dem Material Holz liegen bestimmte Gesetzmäßigkeiten zugrunde, die der Verwender berücksichtigen muß, um mit ihm werkstoffgerecht umzugehen. Holz ist ein natürliches und somit unregelmäßiges Material. Es besteht aus langgestreckten, jeweils einige Millimeter langen Zellen, die in Längsrichtung des Stammes als Röhrenbündel liegen. Dieses Gefüge bedingt, daß Holz parallel zur Faserrichtung – also Zellenrichtung – relativ hohe Belastung und quer dazu nur ca. 1/8 bis 1/35 dieser Beanspruchung aufnehmen kann. Quer zur Faserrichtung belastete Hölzer müssen größer dimensioniert werden. Konstruieren mit Holz heißt somit, bevorzugen von parallel zur Faserrichtung auf Druck (Stützen) oder Zug (Diagonalen) belasteten Holzgliedern und Reduzierung oder Vermeidung von quer zur Faserrichtung (Schwellen etc.) beanspruchten Teilen.

Holz brennt, wenn es ausreichend Luftzufuhr erhält. Auf der Oberfläche entsteht dann eine Kohleschicht mit geringer Wärmeleitfähigkeit, die einen schnellen Abbrand verzögert (Holz ist hier Stahl, der sich bei Erhitzung sofort verbiegt, weit überlegen). Da es zur Zeit noch kein Mittel gibt, um Holz unbrennbar zu machen, sind tragende Holzbauteile nicht nur nach statischen, sondern auch nach feuerbedingten Gesichtspunkten zu dimensionieren. Vor statischen entscheiden oft feuertechnische Anforderungen über die notwendige Größe eines Holzquerschnittes. Dort, wo Holzbauteile besonders sicher vor Feuerangriff sein müssen, wie z.B. bei Treppen, Heizräumen, Garagen, Labors usw., sind sie durch Verputz, Gipsplatten, Mauerwerk, Beton usw. feuerhemmend oder feuerbeständig je nach Anforderung zu schützen. Während Fachwerkhäuser in der Geschichte sechs bis sieben und mehr Geschosse besaßen, liegt die Grenze des Holzskelettbaues heute bei maximal drei Geschossen. Wie beim Fachwerkhaus darf auch bei einem Holzskelettbau ein massives Sockelgeschoß als klassische Form betrachtet werden.

Mit seinen vielen eingeschlossenen Luftporen ist trockenes Holz ein gewachsenes Wärmedämm-Material, das konstruktiv belastbar ist. Wärme-/Kältebrücken lassen sich bei ihm fast zwangsläufig vermeiden. Gering ist dagegen die Schalldämmung. Holz ist relativ leicht. Schall, insbesondere tiefe Frequenzen, ist aber durch Gewicht zu dämmen. Die Luftschalldämmung von Wänden kann durch Ausmauern des Skelettes und die von Holzbalkendekken durch Sand- oder Schlackenschüttung oder heute einfacher durch Auflegen von Betonplatten oder Verbundpflaster erheblich verbessert werden.

Holzskelettbauten sind von ihrem Prinzip her leichte Bauten, deren Stärke und besonderer optischer Reiz gerade in ihrer Leichtigkeit – der Entmaterialisierung – bestehen.

Einer der wichtigsten Gesichtspunkte des Konstruierens mit Holz ist die strikte Fäulnisverhinderung. Holz verträgt Naßwerden, wenn es schnell wieder abtrocknen kann. Dies gelingt nur durch ausreichende Belüftung. Frei liegende, dem Regen oder Spritzwasser ausgesetzte Holzbauteile sollen so angeordnet werden, daß sie von Luft umspült sind. Bei eingebauten Holzteilen muß sich möglicherweise bildendes Kondenswasser durch Belüftung (Zu- und Abluft) abtransportiert werden. Auf keinen Fall darf stauende Feuchtigkeit auftreten.

Holz *arbeitet*, es nimmt Feuchtigkeit auf und gibt sie wieder ab. Dabei quillt und schwindet es, und zwar quer zur Zellenlängsrichtung – also radial und tangential – ca. 20- bis 60mal soviel wie axial – also parallel zur Achse des Baumstammes. Bauen mit Holz heißt folglich, so zu konstruieren, daß das Holz entweder arbeiten kann, ohne Schäden anzurichten (z.B. Nut- und Federschalung), oder so, daß das Arbeiten kompensiert (z.B. Holzrahmen mit Füllung) oder ausgeschaltet wird (z.B. Verleimung).

6.2 Möglichkeiten vergüteter Baustoffe

Die spezifischen Nachteile des Holzes, wie Arbeiten, Verdrehen, Werfen, Verziehen usw., lassen sich durch das Verleimen von Holz (Sperrholz, Spanplatten, Brettschichtholz) fast vollständig vermeiden. Durch die Holzleimbauweise, bei der Nadelholzbretter von maximal 3 cm Dicke mit einem wasserbeständigen Kunstharzleim verklebt werden, sind dem Baustoff Holz Dimensionen eröffnet worden, die weit über die Länge und Breite des Baumstammes hinausgehen. Es wurden Binder mit Spannweiten über 100 m möglich und ausgeführt. Die Begrenzung liegt inzwischen weniger in der Spannweite der Bauteile als in der Größe der Produktionsanlagen und der Transportmöglichkeiten. Holzleimbauteile sind teuerer als normales Bauholz. Ihre größere Tragfähigkeit, die geringere Rißbildung und

1) Zitiert nach FRANZ SCHULZE *Mies van der Rohes letzte Lebensjahre*, Bauwelt 11/1986, S. 359.

der verbesserte Feuerwiderstand gleichen durch Querschnittsverminderung einen kleinen Teil der erhöhten Kosten aus. Der Einsatz von Holzleimbauteilen wurde nicht nur bei weitgespannten Hallen üblich, sondern auch bei kleineren Holzskelettbauten.

6.3 Berücksichtigung der raumprägenden Wirkung des Baustoffes

Ein Baum hat Äste. Äste sind keine Holzfehler, sie beeinflussen aber das Verhalten von Holzteilen. Astfreie Hölzer besitzen eine hohe Güteklasse, die für Bauteile reserviert bleiben sollte, bei denen es auf exakte Form und Maßhaltigkeit ankommt, wie z.B. Fenster, Türen, Möbel usw. Astfreie Decken- oder Wandgestaltungen sind nicht nur teuer, sie sind auch langweilig. Der lebendige Charakter des Holzes entsteht erst durch die Äste. Er sollte zur Geltung gebracht, nicht unterdrückt werden.

Durch seinen Ligningehalt nimmt im Innenraum verwendetes Nadelholz bei Lichteinwirkung einen hellen warmen Goldton an. Er ist ein natürliches und bleibendes Gestaltungselement. Mit Holz kann ein ganzer Bau aus einem Material errichtet werden. Dies macht unter Umständen optische Differenzierungen notwendig. Sie sind durch farbliche Absetzungen, Rahmungen, Fugenbildungen oder durch unterschiedliche Strukturierungen, zum Beispiel Diagonalschalungen, erzielbar. Eine Diagonalschalung in Verbindung mit einer Querschalung stellt konstruktiv ein aussteifendes Element dar, das sich durch Sichtbarlassen gestalterisch nachvollziehen läßt.

6.4 Ablesbarkeit sichtbarer Konstruktionen

Skelettbauten werden sowohl horizontal als auch vertikal meist auf Rastern (Bandrastern) konzipiert. Im Prinzip besitzen Holzskelettbauten zwei Rasterstrukturen, eine für den tragenden Teil (Primärraster) und eine für den ausfachenden (Sekundärraster). Das Sekundärraster läßt sich über das Primärraster schieben und fällt dann mit diesem zu einem Raster zusammen. Während bei einer räumlichen Trennung von Primär- und Sekundärraster die im Primärraster stehenden Stützen sichtbar vor oder hinter den im Sekundärraster stehenden Trennwänden bzw. der Hülle stehen, befinden sie sich bei einem gemeinsamen Raster in der Bandbreite des Rasters. Um die Tragstruktur bei einem Zusammenfallen von Primär- und Sekundärraster ablesbar zu machen, ist sie hervorzuheben. Die Tragstruktur ist feingliedrig – stabförmig – und erfordert nur wenige statische Konstruktionsteile. Sie werden beim modernen Holzskelettbau mit stählernen Verbindungsmitteln – gegenüber früher hölzernen – zusammengebaut.

Die Aussteifung ist beim Entwurf des Skelettes von vornherein mit zu bedenken. Der klassische Fachwerkbau löste sie mit Holzdiagonalen (u. a. dem sog. *Wilden Mann*). Der moderne Holzskelettbau verwendet entweder massive Kerne oder Wandscheiben (Beton, Mauerwerk) in Verbindung mit Horizontalscheiben (Spanplatten oder Diagonalschalung). In den meisten Fällen stellt die einfachste, preiswerteste und im Sinne der Entmaterialisierung konsequenteste Lösung das vertikale bzw. horizontale Auskreuzen von Stützen bzw. Binderfeldern mit Rund- oder Flachstählen dar. Wie bei den Verbindungsmitteln werden hier Stahlbauelemente auf den Holzbau übertragen. Auf Zug beanspruchte Stahlteile sind äußerst schlank (Hängebrücke). Die Stahlkreuze treten entweder als filigranes Gestaltungselement vor oder hinter dem Skelett sichtbar in Erscheinung oder liegen in der Ausfachung. Über die Ablesbarkeit der Konstruktion entscheidet vor allem die Lage der Gebäudehülle. Sie besteht prinzipiell aus drei Teilen: regenwasserabführende Außenhaut, Dämmung, Innensichtschale. Die Gebäudehülle ist in folgenden Lagen möglich:

- frei vor oder hinter den Stützen
- an den Stützen anliegend, vor oder dahinter
- in die Stützen eingreifend (eventuell von innen und von außen)
- mit den Stützen bündig oder schmaler als diese verlaufend.

Nur im letzten Fall ist das Skelett beidseitig sichtbar, sonst erscheint es einseitig (innen oder außen) oder gar nicht (z.B. Holzrippenbauweise). Ein Bau ist durch *Verschalen* der Tragkonstruktion zweifellos leichter und zuverlässiger abzudichten als bei ihrem Sichtbarlassen. Das Zeigen der Konstruktion kann aber gerade bei einem Holzskelettbau (Fachwerkhaus) sehr reizvoll sein.

6.5 Möglichkeiten flexibler Raumnutzung

Ein Vorteil aller Skelettbauten liegt in der Möglichkeit, raumabschließende Bauteile relativ unabhängig von der tragenden Konstruktion anordnen zu können. Bei entsprechender Planung sind Abtrennungen und Wände auch später noch veränderbar. Die Nutzung eines Gebäudes wird nicht auf eine anfangs einmal bestimmte Art endgültig festgelegt. Auf geänderte Anforderungen wie Mischungen von Funktionen, Erweitern, Zusammenlegen oder Teilen von Wohneinheiten läßt sich reagieren. Statt beispielsweise einen zeitweise pflegebedürftigen Großelternteil der teuren Unpersönlichkeit eines Altersheimes auszuliefern, kann er durch Wohnungsteilung (Altenteilbildung) mit geringem finanziellem Aufwand wieder in die Nachbarschaft der Familie verlegt werden, wo er am aktuellen Leben beteiligt wird und noch Aufgaben übernimmt (Kinder hüten etc.). Durch flexible Gebäude läßt sich die Zerlegung unserer Gesellschaft und der Familie in getrennte Altersstufen und darauf zugeschnittene Bauwerke wie Kindergarten, Schule, Ausbildungsbetrieb, Arbeitsstätte, Altenheim minimieren. Holzskelettbauten sind flexibel. Die Grundrißflexibilität wirkt sich sowohl stadtplanerisch-soziologisch als auch finanziell aus. Flexible Gebäude lassen sich durch ihren gesteigerten Nutzwert besser verkaufen.

6.6 Kostensenkung durch Vorfertigung und Eigenleistung

Bauholz benötigt wenig künstliche Energie zu seiner Herstellung. Holz ist, selbst in verleimter Form, kein teurer Baustoff. Teuer wird er erst, wenn durch Kompliziertheit hoher Zeitaufwand in der Verarbeitung entsteht. Holzkonstruktionen können daher nicht einfach genug geplant werden. Sie sollen so konstruiert sein, daß die Holz- und Stahlelemente in der Werkstatt nach dem Leitsatz der Maschine preiswert vorzufertigen sind: Produktion vieler gleicher, jedoch verschieden verwendbarer Teile, die eingebaut Vielfalt in einem Ordnungsrahmen entstehen lassen.

Holzbau ist Trockenbau. Wie keine andere Bauweise erlaubt das Bauen mit Holz dem Ungelernten, Eigenleistungen zu erbringen. Holzteile sollen dabei nicht zu groß ausfallen, damit sie leicht transportabel und von maximal zwei Personen einbaubar sind. Sie dürfen andererseits auch nicht zu klein dimensioniert werden, um zu viele Verbindungsstellen und damit zu viele Verbindungselemente wie Stahlschuhe, Schrauben, Nägel etc. zu vermeiden, die den Bau spürbar verteuern können.

Neben der Verwendung kommerzieller Verbindungsteile haben sich Verbindungsbleche (verzinkt) bewährt, die in Holzschlitze, die mit der Säge leicht einzuschneiden sind, eingeschoben und mit konischen Stabdübeln gehalten werden. Alleine schon aus zeitlichen Gründen sind die meisten Bauherren nur in der Lage, Teilleistungen in Eigenhilfe zu erbringen. Die Errichtung der Tragstruktur sollte einem guten Zimmermann überlassen werden. Der Selbstbauer konzentriert seine Kräfte vorteilhafter auf Hülle und Ausbau, der in Teilabschnitten erfolgen kann. Voraussetzungen dafür, daß nicht ein *Bastelgebäude* statt eines Do-it-yourself-Hauses entsteht, sind stets das Vorliegen einer bis ins Detail hinein gut durchdachten Planung und die beratende Unterstützung des Architekten, vielleicht auch des Handwerkers.

6.7 Wahl der richtigen baulichen Form und architektonischen Gestalt

Holzhäuser sind keine Objekte, die um des Gestaltens willen Gestaltung erfahren müssen. Ein Holzskelettbau bezieht seine Form aus der Aufgabe, den konstruktiven Bedingungen und dem Klima. Die Gestalt von konsequent erarbeiteten Holzbauten resultiert stets aus der Meisterung eines bestimmten Sachverhaltes. So ist auch ein massiver Kern für viele Holzbauten charakteristisch. Er nimmt in den Geschossen Installationen, Rauch-, Entlüftungs- und Fallrohre, bei entsprechender Größe auch Naßzellen, wie Bäder und Küchen, einen offenen Kamin und den Heizraum auf. Ein solcher Kern kann vorteilhaft zur Aussteifung des Gebäudes dienen und falls mehrgeschossig, mit Betondecken versehen werden. Um den Kern herum wird die leichte Holzskelettbauweise dann lediglich *angebunden*.

Es lag nahe, die guten Wärmedämmeigenschaften von Holz zum Bau von Energiesparhäusern mit passiver Solarenergiegewinnung zu nutzen. Dem einmal getanen Schritt *alternative Energiegewinnung* werden weitere folgen, zum Beispiel Wärmegewinnung mittels lichtdurchlässiger Wärmedämmung und Stromgewinnung durch Wind, Wasser und Sonne. So sind mit Solarzellen gedeckte Hausdächer denkbar, die in der Lage wären, in Verbindung mit Akkumulatoren die Elektrizität zu speichern, um die öffentliche Stromversorgung ganz oder teilweise zu substituieren. Charakter und Gestalt von Gebäuden werden in Zukunft vermutlich wesentlich vom Streben nach Energieautonomie geprägt werden.

6.8 Bauen in Beziehung zum Ort

Der Gedanke an Holzgebäude assoziiert den an Gebirge, Wald und Heimat. Die germanische Kultur ist in ihrem Ursprung sicher eine Holzbaukultur. Doch auch in Japan wurde das Bauen mit Holz zur Hochform kultiviert, die der europäischen keineswegs nachsteht, sie beim Verbindungsbau sogar weit übertrifft.

Holzhäuser bewähren sich in allen Klimazonen der Erde. Die Einwanderer in die Neue Welt bauten fast ausschließlich mit Holz. Sie taten es in heißen Regionen ohne Wärmedämmung und mit großem Dachüberstand und in kalten mit Wärmedämmung ohne Dachüberstand. Ohne örtliche Traditionen negieren zu wollen, orientiert sich modernes Bauen mit Holz heute nicht an *Seppelhaus*-Vorstellungen, sondern an der Lösung von Problemen, wie sozialen Bedingungen, klimatischen, landschaftlichen, topografischen Voraussetzungen, energetischen Fragen und Fertigungsmethoden.

Holzbau eignet sich nicht für das Bauen *von oben,* wie es Kommunen durch steuermittelgeförderte Baugesellschaften betreiben ließen, die ohne Rücksichtnahme auf örtliche Situationen den Bürger mit Typenplanungen zum Einheitskonsumenten entmündigten. Holzbauten sind auch nicht in der Lage, Macht zu repräsentieren. Sie verkörpern Selbständigkeit, Eigeninitiative und je nach ihrem konstruktiven und gestalterischen Niveau auch Intelligenz, Witz und Heiterkeit.

6.9 Bauunterhalt und Pflege

Holz ist ein Baustoff, der mit Würde altert und ein hohes Alter erreicht, wie bis zu 1000 Jahre alte Fachwerkbauten und 4000 Jahre alte ägyptische Mumiensärge beweisen. Voraussetzung dafür ist, daß keine Fäulnis entsteht. Pilze und Insekten befallen trockenes Holz selbst in Holzrissen kaum und verleimtes noch seltener.

Innenpflege: Gestrichene Innenräume besitzen auch bei Massivbauten stets einen hohen Pflegeaufwand, der sich bei Bildung von Rissen, die immer wieder auftreten, wenn sie einmal vorhanden sind, noch weiter steigert. In Holzskelettbauten lassen sich Rissebildungen in starren Flächen, wie z.B. Gipskartonplatten, dadurch vermeiden, daß diese mit Fugen in Felder unterteilt werden, die mit der Holzunterkonstruktion arbeiten können. Besser ist es, naturbelassene Holzverschalungen oder -verkleidungen zu verwenden, die keinen laufenden Anstrich benötigen, schon gar nicht aus PCP- oder Lindan-haltigen Mitteln. Um die Wärme und Schönheit des Holztones zu erhalten, genügt meist Abkehren oder Abwischen des Staubes. Die Verarbeitung von Holz mit Holz (Nut- und Federschalung, Holzverkleidung etc.) hat zudem den Vorteil, daß Rissebildung, soweit sie hier nicht überhaupt vermieden wird, nicht erkennbar ist.

Außenpflege: Spätere Außenpflege läßt sich durch vorbeugende Schutzmaßnahmen konstruktiver Natur bereits bei der Planung ganz wesentlich einschränken. In diesem Sinn ist der beste Verwitterungsschutz ein großer Dachüberstand, der es außerdem zuläßt, bei Regen Fenster und Türen offenzuhalten und im Freien zu leben. Hat ein Bau mit sichtbarem Holzskelett eine Hülle aus Glas, Glasal o.ä., beschränkt sich die gesamte Außenpflege – außer dem obligatorischen Fensterputzen – auf den kleinen Skelett-Teil. Holzverschalungen läßt man am besten silbrig vergrauen. Offenporige Anstriche können nach Jahren der Bewitterung problemlos erneuert werden, wenn eine Farbgebung gewünscht wird. Holz besitzt eine beachtliche Widerstandsfähigkeit gegen chemische Einflüsse. Verdünnte Säuren und Basen greifen es nicht an. Hierin liegt auch der Grund dafür, daß Holz der aggressiv gewordenen Luft besser standhält als Beton oder Stahl. Richtig geplante Holzbauten verursachen einen äußerst geringen Pflegeaufwand.

7 Objekt: Einraumhaus/Gästehaus/Gerätehaus in Nordburg bei Celle

Steckbrief

Objekt:	Wohn- und Ferienhaus
Standort:	Nordburg bei Celle
Baujahr:	1983
Reine Baukosten:	75.000 DM
Architekt:	Prof. Dr. Peter Stürzebecher, Berlin, München
Statik:	Prof. Claus Scheer, Berlin
Ausführung Holzbau:	Eigenleistung
Wohn-/Nutzfläche:	85 m^2
Umbauter Raum:	325 m^3

7.1 Vorgaben

Es sollte ein Holzhaus entstehen – wie in Skandinavien: problemlos in winterharter und sommerwarmer Beanspruchung.

Die Planung sollte Raum für die Mitbeteiligung am Entwurfsprozeß lassen. Das Konzept sollte für alle Bauphasen Eigenleistungen und Selbsthilfe der Bauleute (Bauherr, Bauherrin und die beiden Kinder, handwerklich geschickt, doch nicht gerade vorgebildet) garantieren.

Das schmale Budget: 90.000 DM brutto.

Die Bauzeit: sechs Wochen vom Beginn bis zum Einzug, der Zeitraum der Schulferien.

Das Entwurfskonzept hatte zum Ziel, das kleine Wohnhaus, das Gästehaus und das Gerätehaus in der Außenwirkung einheitlich und sich gegenseitig ergänzend zu gestalten. Besondere Berücksichtigung fand der vorhandene Baumbestand. Der kreuzförmige Grundriß des Wohnhauses wurde nicht nur gewählt, um durch Licht-Schatten-Wirkung den Eindruck großflächiger Fassadenteile zu vermeiden, sondern es mußte dadurch auch kein einziger Baum gefällt werden. Wohnhaus, Gästehaus und Gerätehaus werden durch Einzelfundamente vom Waldboden abgehoben, so daß die Entfaltung der Kleinvegetation und der Tierwelt berücksichtigt wird.

Bild 7.1

Bild 7.2

Bild 7.3

Bild 7.4

Bild 7.5:

Bild 7.1 und **7.2**: Das Haus im Wald
Bild 7.3: Südansicht

Bild 7.5: Der zweigeschossige Hauptraum ist 6,50 Meter hoch
Bild 7.4: Oben auf der Galerie

Bild 7.6

Bild 7.7

Bild 7.8

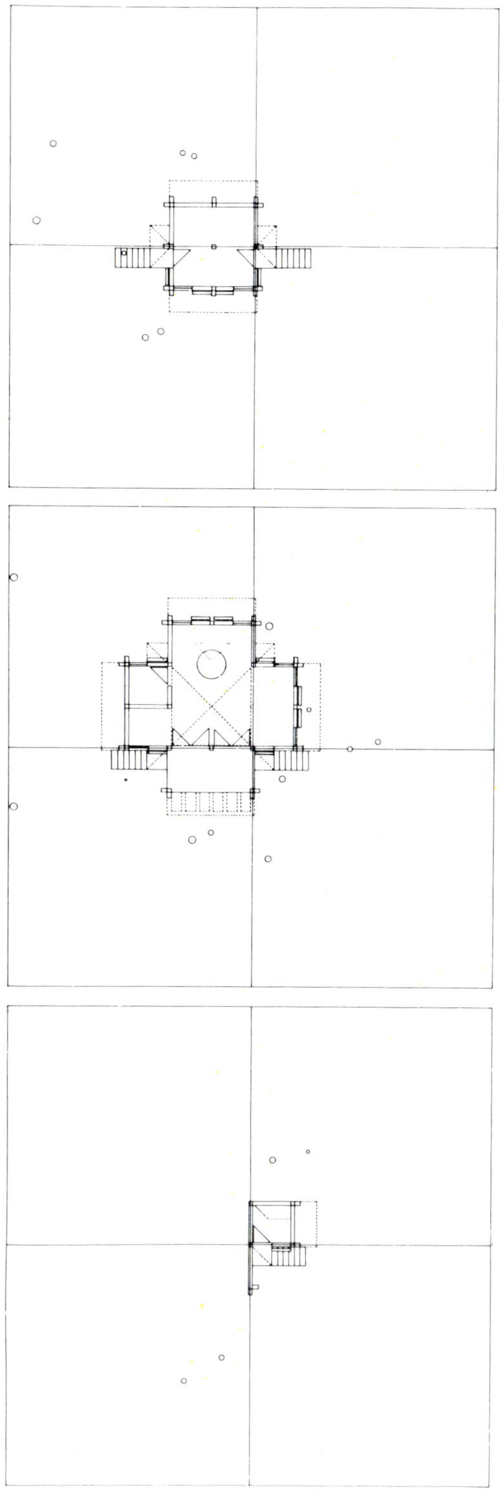

Bild 7.9:
Grundrisse, M 1:400
Schnittlinien durch den Grundriß des Wohnhauses trennen segmentartig Gebäudeteile ab, die dann als selbständige Baukörper für Gästehaus und Gerätehaus genutzt werden.

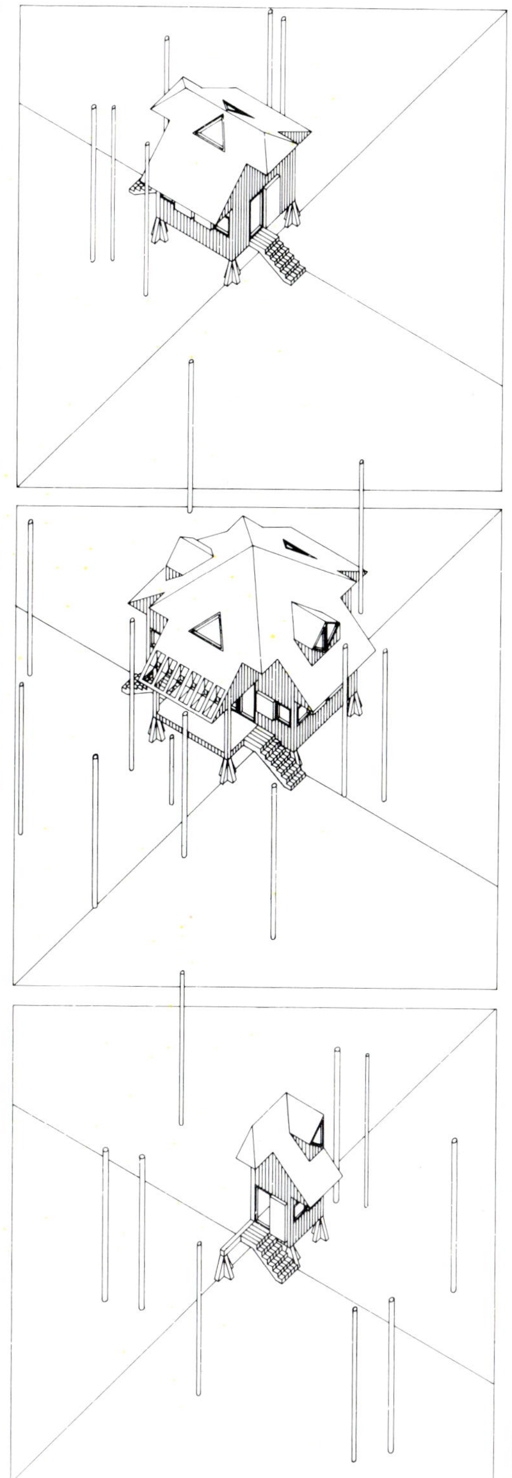

Bild 7.10: Isometrien, M 1:400

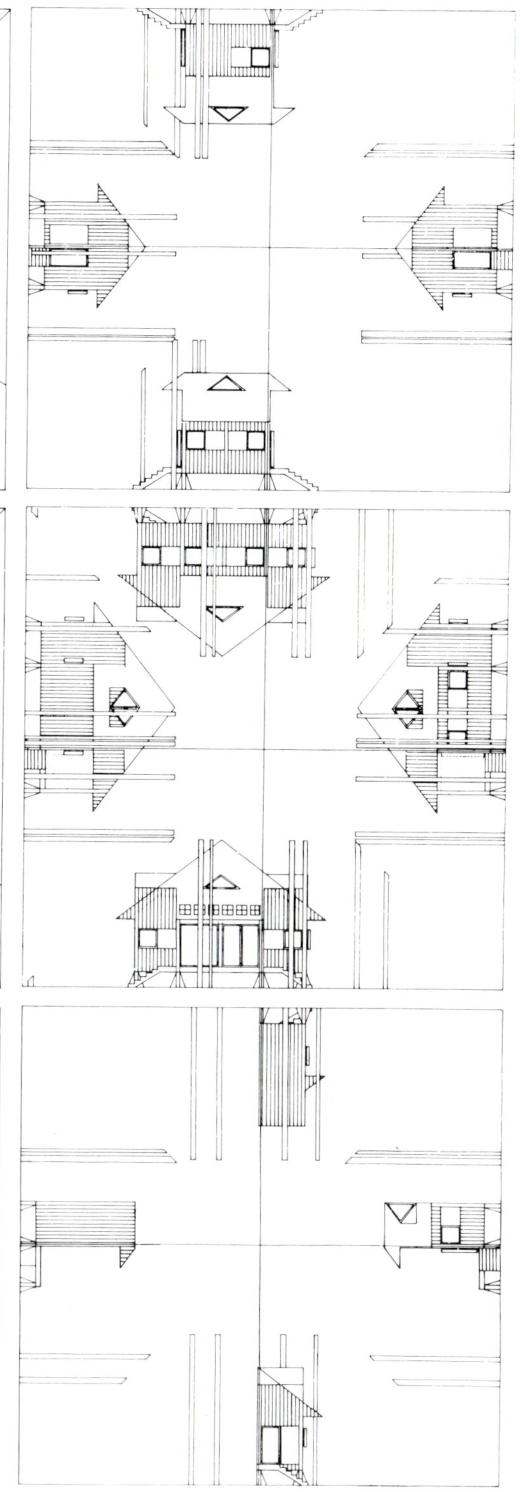

Bild 7.11: Ansichten, M 1:400

Bild 7.6 – 7.8: Die Terrasse mit dem darüber gezogenen Dach

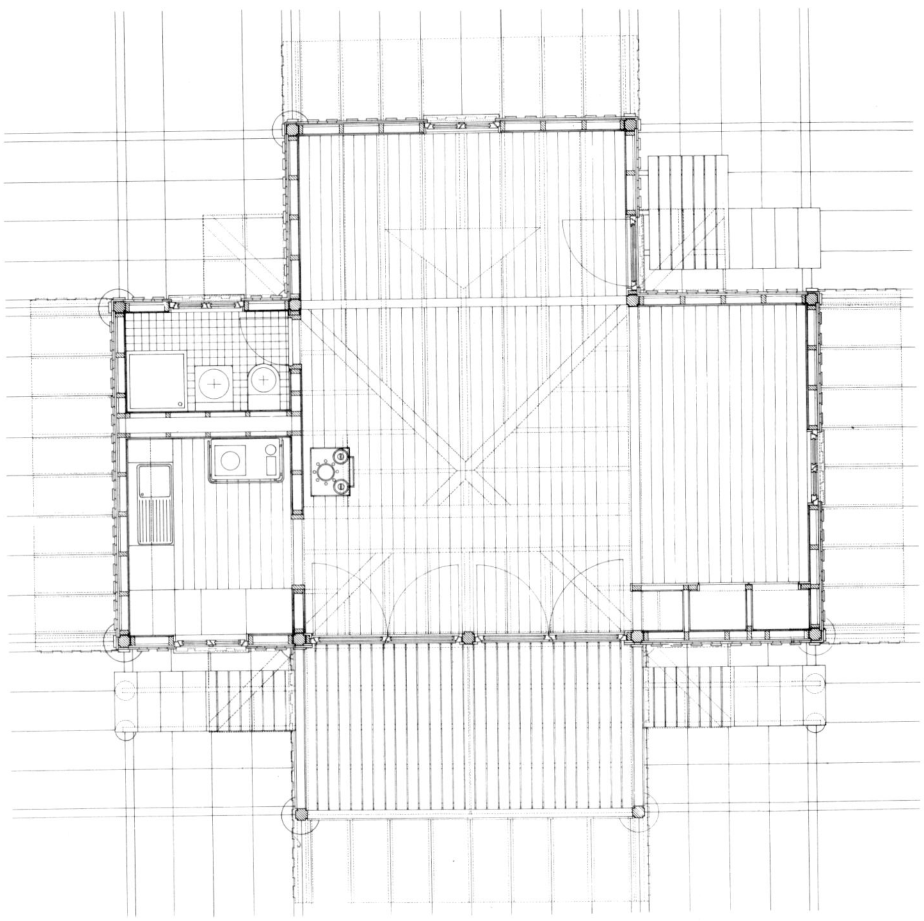

Bild 7.12: Grundriß Erdgeschoß, M 1:100

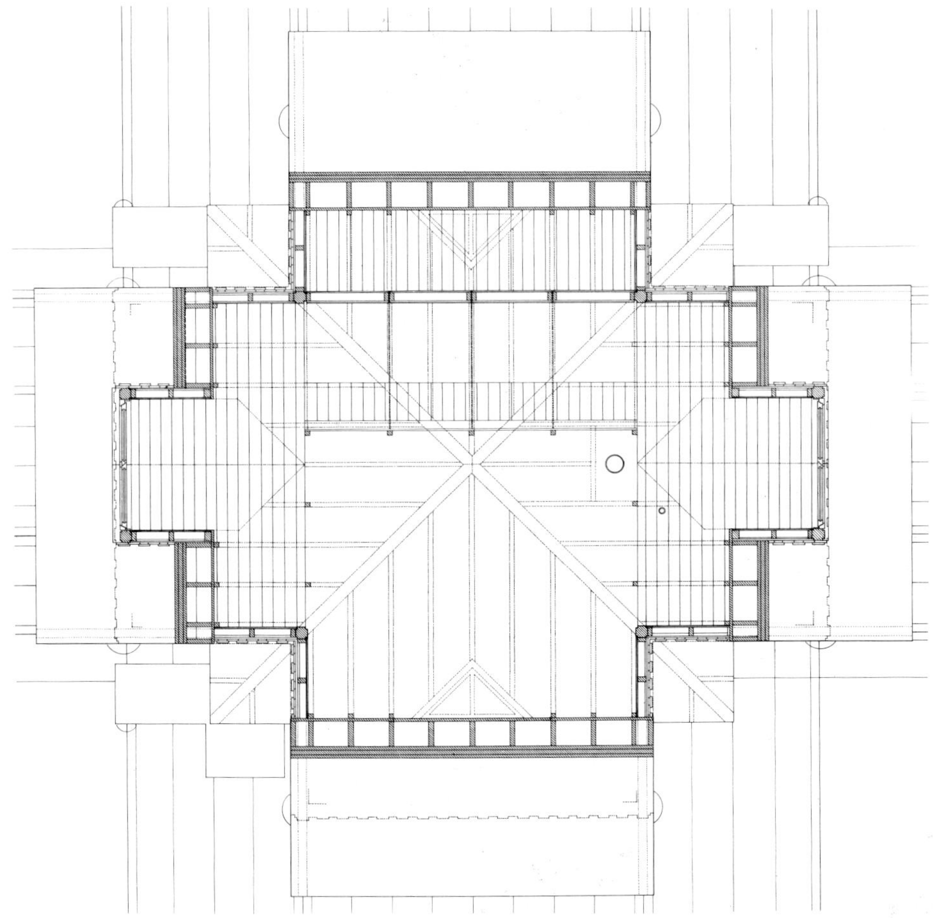

Bild 7.14: Grundriß Obergeschoß, M 1:100

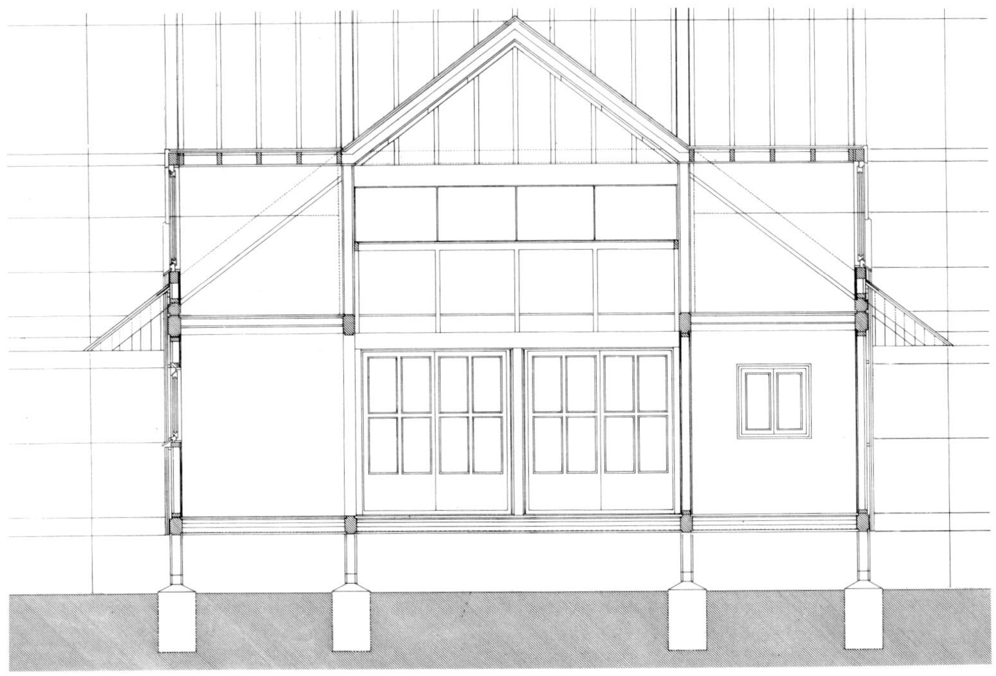

Bild 7.13: Schnitt, M 1:100

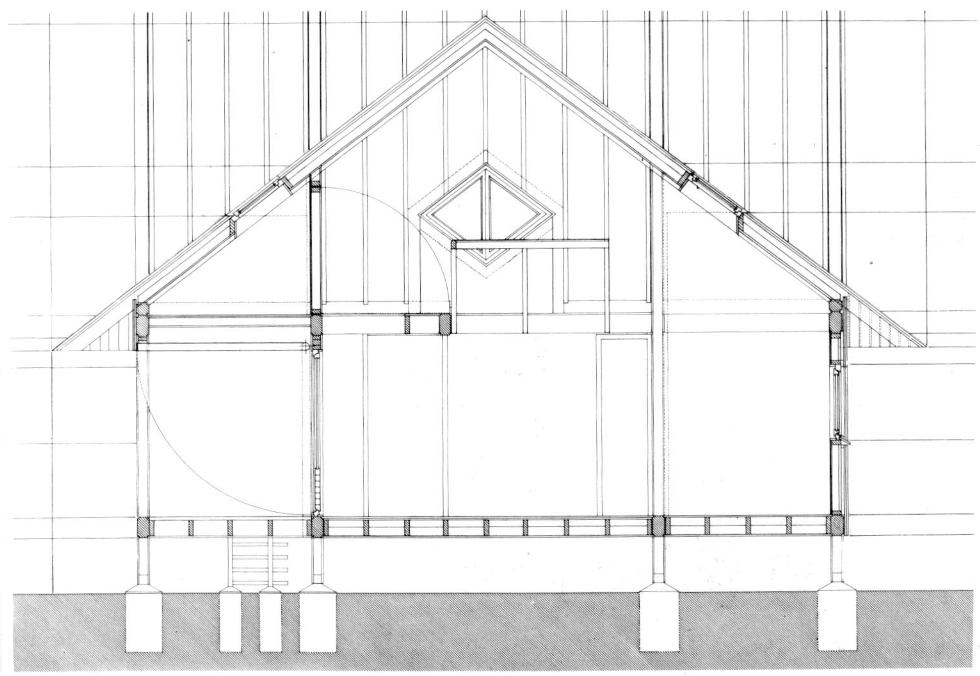

Bild 7.15: Schnitt, M 1:100

7.2 Bausystem

Das Haus ist als reiner Holzbau in Skelettkonstruktion mit ausfachenden Rippenwänden konzipiert: Tragkonstruktion, Decken und Wände in Holz. Die Konzeption geht von nur zwei Achsabständen der Skelettkonstruktion – 4,51 m und 2,39 m – aus, der Abstand zwischen den Wandrippen, zwischen Deckenträgern und Dachsparren ist einheitlich 0,47 m. Für neue und weitere Nutzung kann jederzeit verändert und weitergebaut werden, als Aus- und Umbau innerhalb oder als Anbau außerhalb. Erleichternd ist die Tatsache, daß an jeder Koordinate von Wand, Decke und Dach beliebig Türen, Fenster und Treppen eingebaut werden können, denn das durchgängige Maß zwischen zwei Rippenfeldern – 1,0 m – ist passend für den Einbau beliebiger Fertigfabrikate.

7.3 Konstruktion und Ausbau

*Tisch*förmige Skelettkonstruktion in Riegelbauweise. Die kreuzförmigen Stützen und Träger sind aus Vollholz mit 2 cm Ausnehmungen in den Ecken. Verbindung von Stütze und Träger mit T-förmigen Blechteilen. Über dem *Tisch* pyramidenförmige Dachkonstruktion. Lastabtragung über Einzelfundamente. Die Windkräfte werden über die Wandtafeln abgeleitet.

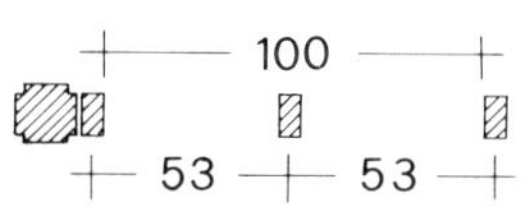

Bild 7.16: Rastermaß Wandstiele

7.4 Selbsthilfe und Eigenleistungen

Das Korrigieren, Kosteneinsparen, Kalkulieren, Entscheiden, Verhandeln, Terminieren, Beschaffen, das Bauen (!) ist für Bauleute erlernbar, auch das Schuldenmachen. Bauen, steigende Anschaulichkeit wecken bautechnisches Verständnis. Die aus dem benachbarten Dorf vermittelten Helfer – Schüler und Lehrlinge – wirkten als Verstärker der Gruppe. Der Architekt schließlich, kompetent als planerisch-technischer Berater und Instrukteur, wurde darüber hinaus zum handwerklich Beteiligten, durch Anpacken zum Baumeister.

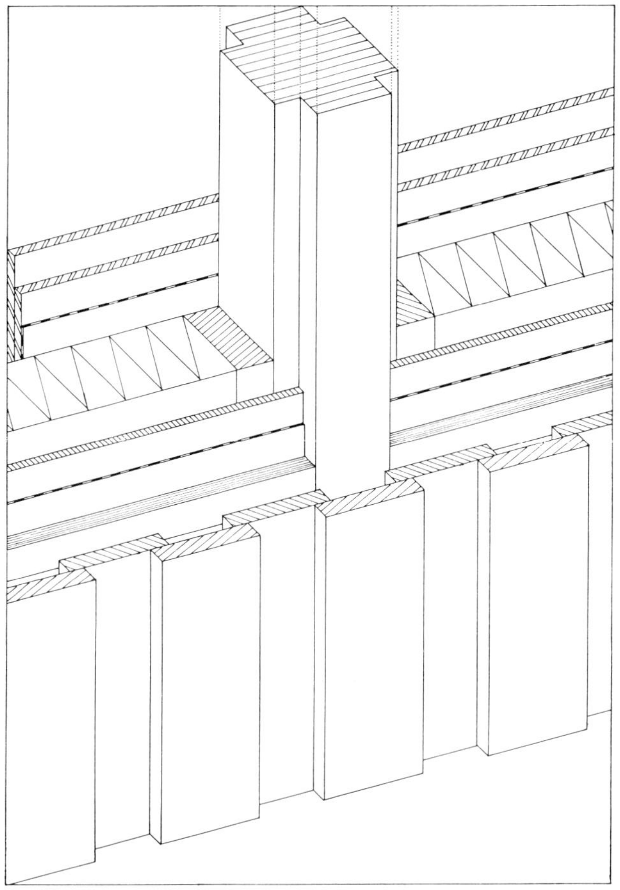

Bild 7.17: Isometrie Wandausbau mit Kreuzstütze 20/20 cm

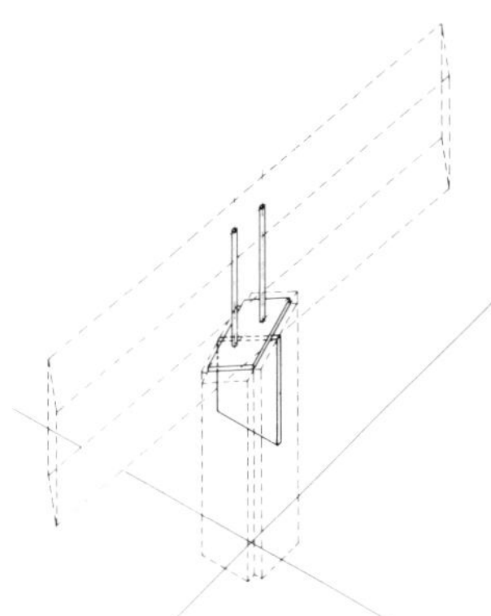

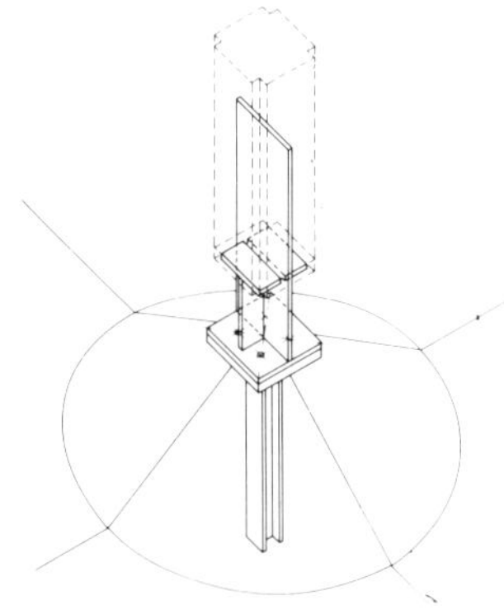

Bild 7.18: Anschluß Stütze – Sparren **Bild 7.19:** Stützenfuß

Bild 7.20: Schnitte

Konstruktionsdetails, M 1:20
1 Außenwand: Stütze 200 x 200 mm, Boden-Deckelschalung 24 × 160, Lattung, Windpappe, Spanplatte 13 mm, Wärmedämmung 120 mm, Dampfsperre, Konterlattung, Brettschalung 19,5 × 150 mm
2 Fensterladen, offen – geschlossen
3 Decke für späteren Ausbau: Hauptträger 200 × 280 mm, Nebenträger 60 × 120 mm, Holzdielen 24 × 150 mm, Lägerhölzer 24 × 100 mm, Trittschallfolie, Bohlen 40 × 150 mm, Mineralfaserplatten 50 mm, Lattung 30 × 50 mm, Paneel 9 mm
4 Geländerstiel 60 × 60 mm
5 Gratsparren 120 × 280 mm
6 Dachaufbau: Zedernholzschindeln, Schalung 18 × 100 mm, Unterspannbahn, Sparren 60 × 180 mm, Mineralfaserdämmstoff, Dampfsperre, Schalung 19,5 × 150 mm

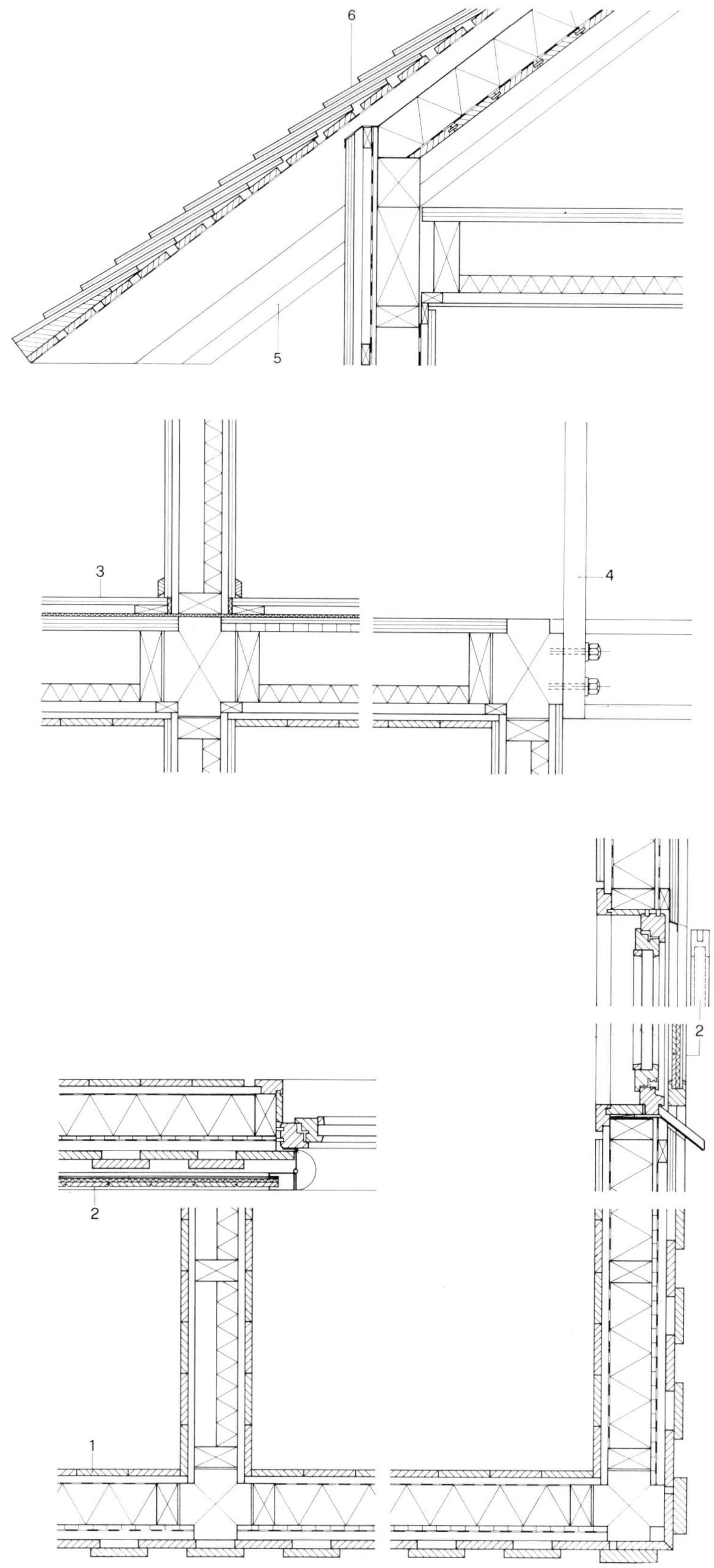

Bild 7.20

8 Objekt: »Stadt-Villen« in Berlin

Steckbrief

Objekt:	Einfamilienhäuser
Standort:	Berlin
Bauherr:	DEGEWO, Berlin
Baujahr:	1985
Reine Baukosten:	Typ I 330.000 DM Typ II 270.000 DM Typ III 300.000 DM
Planung:	Prof. Dr. Peter Stürzebecher mit Kjell Nylund, Berlin, München
Statik:	Prof. Claus Scheer, Berlin
Ausführung Holzbau:	Holtmann, Langenhagen
Wohnfläche:	Typ I 135 m^2 Typ II 107 m^2 Typ III 127 m^2
Umbauter Raum:	Typ I 650 m^3 Typ II 430 m^3 Typ III 550 m^3

Im Rahmen des Projekts *Grüne Häuser* der Bundesgartenschau Berlin 1985 wurden Architekten beauftragt, alle Möglichkeiten der Integration von Außenhaus und Innenhaus zu erproben, Begrünung und Ökologie in ihren Überlegungen einzubeziehen und preiswert zu bauen.

8.1 Einzelhäuser im Verbund

Der Bautyp der umliegenden Vielfalt frei stehender Häuser und Villen wird thematisiert. Die benachbarte Siedlungsstruktur – eher zufällig entstanden als zusammenhängend geplant – wird arrondiert.

Spiegelung des Umfeldes und Ordnung prägen die Zielsetzung der städtebaulichen Entscheidung. Der geometrische Verbund einzeln plazierter Häuser versinnbildlicht das Wohnquartier.

Die Einlagerung der Gebäudehüllen im Kontinuum des neuentstandenen Grünraumes – Perforation des Grünraumes – löst sich von herkömmlicher Sequenz (Haus, Garten, Gartenzaun, Haus, Garten, Gartenzaun etc.).

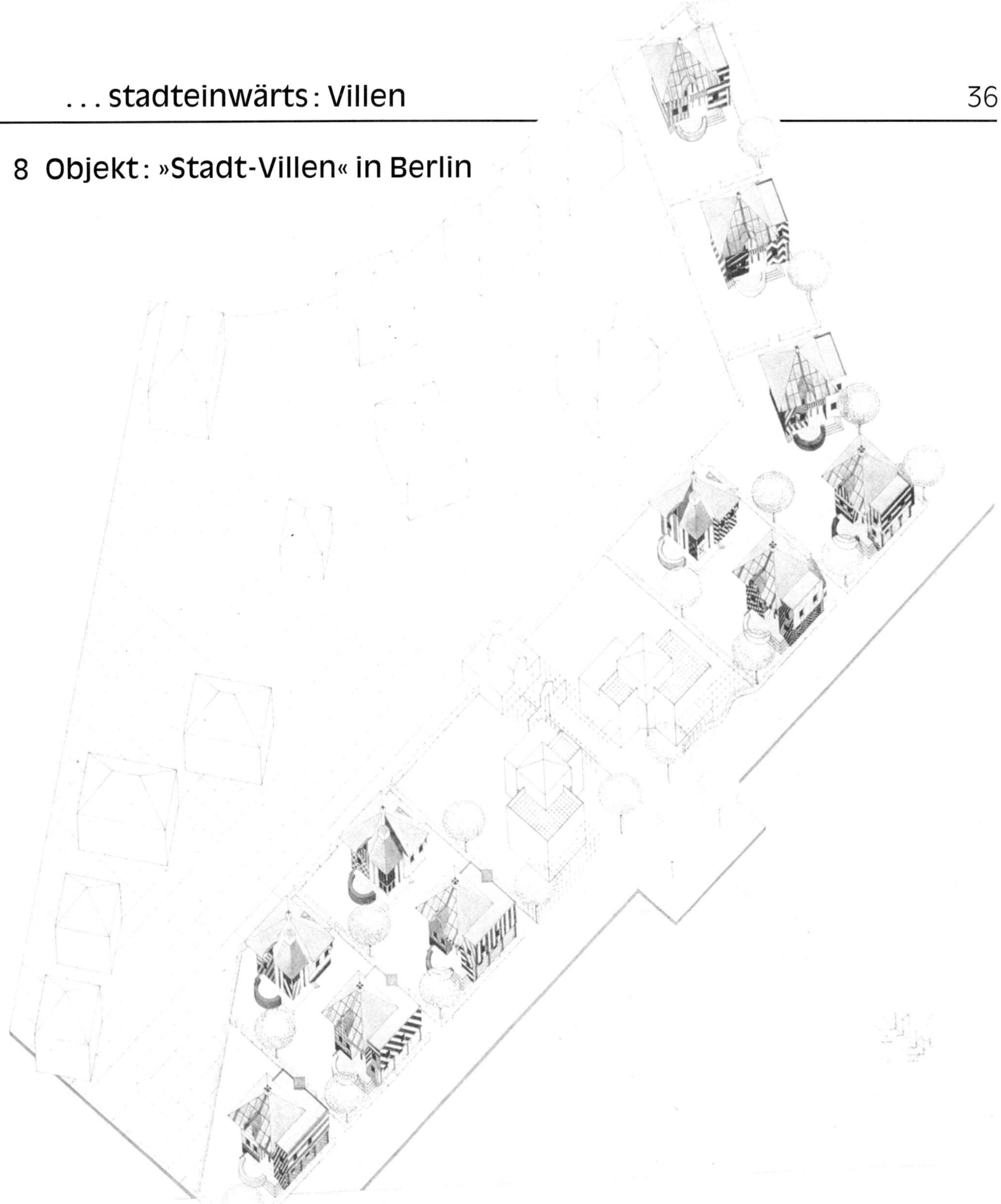

Bild 8.1: Lageplan »Stadtvillen«

Private Grundstücksgrößen werden festgelegt durch verordnete Regeln:

Grenzabstandsfläche, Abstandsfläche der Häuser untereinander. Private Nutzbarkeit rund um das Haus wird eingegrenzt, gleichzeitig bieten Wohnstraße und Platz Angebote zu gemeinschaftlicher Nutzung.

Im größeren Zusammenhang betrachtet, bilden die *Einzelhäuser im Verbund* auf der nordwestlichen Seite der Wohnstraße sowohl Schnittpunkt als auch Verknüpfung zwischen der vorhandenen Siedlungsstruktur und der neu entstehenden Hauszeile auf der südöstlichen Seite der Wohnstraße.

Bild 8.2:

Bild 8.3:

Bild 8.4:

Bild 8.2: Haus 1 Südansicht
Bild 8.3: Haus 1 Nordost-Ansicht mit Eingangsbereich
Bild 8.4: Haus 1 – eingebunden ins Grün
Bild 8.5: Haus 1 Fassadendetail
Bild 8.6: Haus 1 Südwest-Fassade mit verglastem Runddach
Bild 8.7: Eingang Haus 1, im Hintergrund Haus 2

Bild 8.5:

8.2 Für wen gebaut werden soll

Für Großfamilien mit 3 bis 4 Kindern oder für Familien, die noch wachsen wollen und erst das Erdgeschoß bewohnen, um dann später die obere(n) Etage(n) auszubauen (Haus 1).

Für Kleinfamilien, die es auch bleiben werden oder für einen bestimmten Lebensabschnitt ein Zeit- und Zweckbündnis mit einem kompakten Haus eingehen wollen (Haus 2).

Für Familien, um deren Lebensverhältnisse herum immer wieder von neuem aus-, um- und weitergebaut werden können muß (Haus 1, 3).

Die Folgen sich verändernder Lebensverhältnisse werden bei diesen Häusern einbezogen durch flexiblere Herstellungsmethoden (Holz-Skelettbau) mit offeneren Variationsmöglichkeiten für Umbau, Ausbau, Erweiterung – auch durch Selbstbau.

Bild 8.6:

Bild 8.7:

8.3 Gebäudekonzept – Entwurf

1. Mehr projektieren als ausführen: Erstellung der Tragkonstruktion durch Bauträger und Ergänzung des Ausbaues in vollem Umfang oder teilweise in Selbsthilfe.
2. Das wachsende Haus: Erweiterung nach innen (zunächst nur Nutzung des Erdgeschosses) und außen (Anbau von Kinderzimmern) in Selbsthilfe.
3. Verzicht auf *Scheinflexibilität*: Vermeidung teurer Konstruktionen und Zwischenwände.
4. Rationale, orthogonale Grundrißentwicklung (kleine Oberfläche, wenig Staffelungen und Auskragungen), größere Gebäudetiefe.
5. Zwei- bis dreigeschossige Bauweise als Serienbau. Ausführung von 100 bis 120 Wohneinheiten pro Jahr nach holländischem Vorbild.
6. Optimierung von Raumproportionen und Minimierung (bzw. Mehrfachnutzung) der Verkehrsfläche.
7. Keine Unterkellerung, Gründung auf Stahlbetonplatten, darunter ventilierte Kriechräume.

8. Verzicht auf Garagen, dafür Unterstellplätze oder Pflanzenkolonnaden als Spar- und Pufferzone.
9. Kleine Fenster, Berücksichtigung ihrer energetischen Orientierung.
10. Keine teuren Installations- und Haushaltsgeräte, einfache Bäder und Küchen.
11. Vereinfachte Elektroinstallation: je Raum 1 Steckdose, 1 Lichtschalter, 1 Deckenleuchte, dafür mehr Leerrohre.
12. Ausstattung des Außenraumes auf das Notwendige beschränken, dafür Möglichkeiten für Selbstgestaltung, für Produktionsgärten und Selbstversorgung.

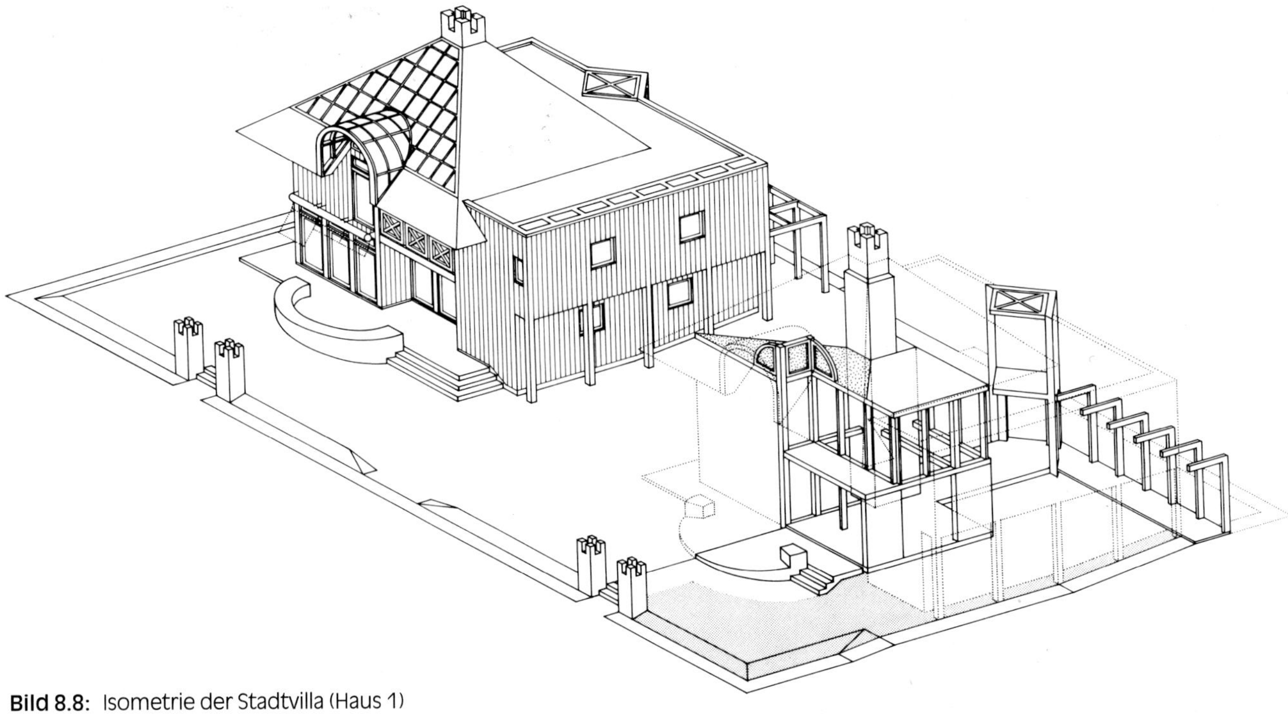

Bild 8.8: Isometrie der Stadtvilla (Haus 1)

8.4 Häuser mit Variationen

Der historische Bautypus der Villa mit seinen ästhetischen Figurationen wird aufgegriffen: Strenge Dachform, kantige Wandstellung, Balkon, Freitreppe, Terrasse und die Dachlaube kreisrund im Äußeren, Galerie und Wendeltreppe, offene Raumüberlagerung und kleinteilige Raumfolge im Inneren. Aus der Beschränkung auf klare geometrische Grundkörper, die Pyramide des Daches und den Kubus, entstehen Variationen: Spiegelung und Durchdringung, Reduktion und Addition.

Durchgängig bei der Variation der Haustypen aus der Logik der zentral im Hause plazierten Wärmequelle Kachelofen, Kaminofen, Kamin wird abgeleitet: der Schornstein des Hauses über der Spitze des Zeltdaches. Jedes Haus erhält, was landläufig üblich und energetisch für Häuser aus Holz notwendig ist als Teil des Grünkonzeptes: Hecke und Hausbaum für Raumbildung und Sonnenschutz.

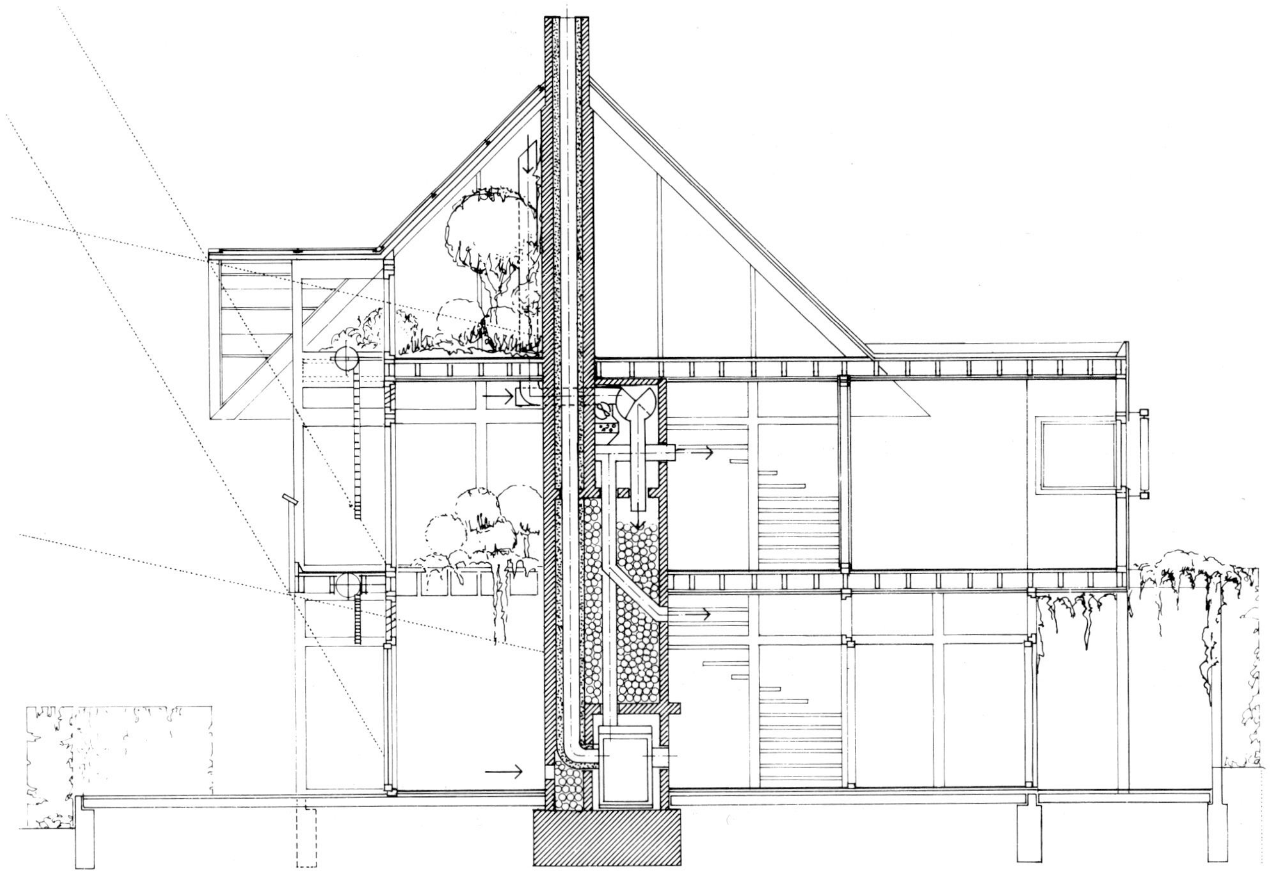

Bild 8.9: Schnitt Heizsystem, M 1:200

8.5 Gebäudekonzept – Konstruktion und Material

1. Einfache bewährte Holzbauweise, Vorteile: günstige statische Eigenschaften bei geringem Gewicht, leichte Verarbeitbarkeit prädestiniert für Element-Bausatz und Selbsthilfe, gute Eigenschaften in bezug auf Wärmeisolation.
2. Sparsamer Umgang mit dem Baumaterial.

3. Fenster nach Möglichkeit fest verglasen, keine komplizierten Beschläge.
4. Kurze Leitungsführung für Installationen.
5. Kurze Bauzeit, rationeller Produktionsablauf durch Element- und Leichtbausatz.
6. Katalog für die Bewohner mit technischen Angaben und Hilfen für mögliche Selbsthilfeausbauten und -erweiterungen.
7. Ausführung nur durch Firmen, die Erfahrung nachweisen im kostensparenden Bauen, Konstruktionsdetails nur auf der Basis dieser Erfahrungen.

8.6 Häuser mit System: ganz aus Holz

Das Haus ist als reiner Holzbau in Holzskelettkonstruktion mit ausfachenden Rippenwänden konzipiert: Tragkonstruktion, Decken, Wände in Holz. Die Konstruktionskonzeption geht praktisch von nur zwei Achsabständen der Skelettkonstruktion (3,45 m und 2,92 m) aus, der Abstand zwischen den Wandrippen, zwischen Deckenträgern und Dachsparren ist durchgängig einheitlich (0,47 m).

Durch Veränderung kann das Häuserbauen für neue und weitere Nutzung zeitlich verlängert werden, als Aus- und Umbau innerhalb, oder als Anbau außerhalb. Erleichternd ist die Tatsache, daß an jeder Koordinate von Wand, Decke, Dach, beliebig Türen, Fenster und Treppen eingebaut werden können, denn das durchgängige Maß zwischen zwei Rippenfeldern (1,0 m) ist passend für den Einbau beliebiger Fertigfabrikate.

Die Bauausführung wird vereinfacht durch die überschaubare transparente Entwurfs- und Konstruktionslogik. Es muß eben nicht mehr an jeder Ecke das individuelle Detail gesucht, entwickelt und verstanden werden. Durchgängige gleiche Abmessungen für Stützen, Hauptträger und Gratsparren, für Nebenträger und Dachsparren und für Rippen, reduzieren die Vielfalt des konstruktiven Aufwandes.

8.7 Gebäudekonzept – Energie

1. Hohe Wärmedämmung (k_m max. 0,50 W/m^{2}K)

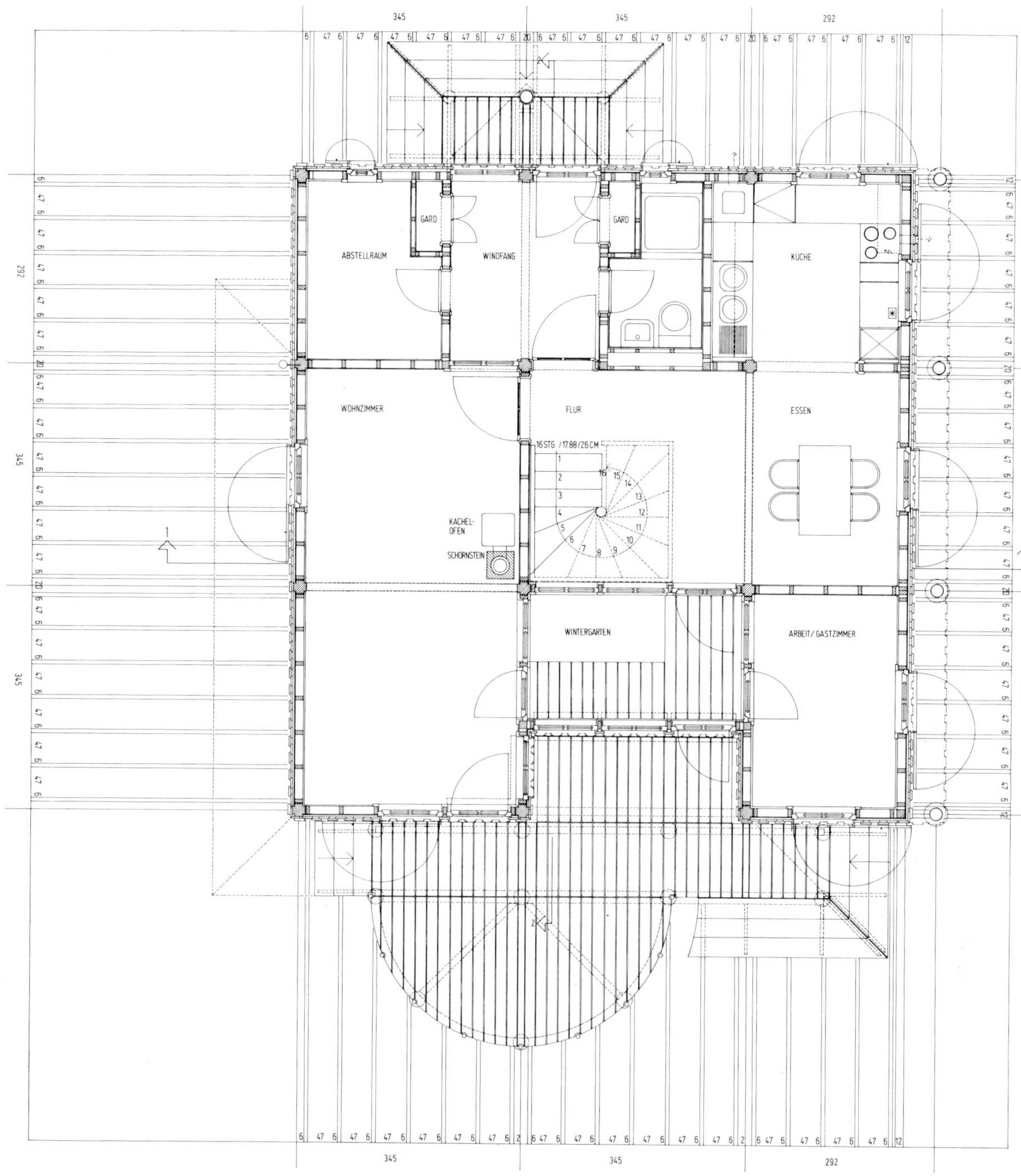

Bild 8.10: Grundriß Erdgeschoß Haus 1, M 1:100

2. Temporäre Wärmeschutzvorrichtungen
3. Insolationswärmegewinnung
4. Optimaler Sonnenschutz
5. Speicherfähige Innenbauteile
6. Nachtauskühlung im Sommer
7. Dynamisches Warmluft-Heizsystem
8. Intermittierende Heizungsbetriebsweise

8.8 Wirtschaftlichkeit

1. Kosten- und Energieeinsparung beginnt mit der Teilnahme der Siedler am Planungs- und Bauprozeß.
2. Auswertung von Erfahrungen bei Wohnbau-Experimenten senken Risiken und Kosten.
   In Holland wurden über 1000 Wohnungen nach einheitlichen Konstruktionsvorgaben – Holzrip-

Bild 8.11

Bild 8.12

Bild 8.13

Bild 8.11: Haus 2 Nordost-Ansicht
Bild 8.12: Haus 2 Südseite
Bild 8.13: Haus 2 Südost – Ansicht

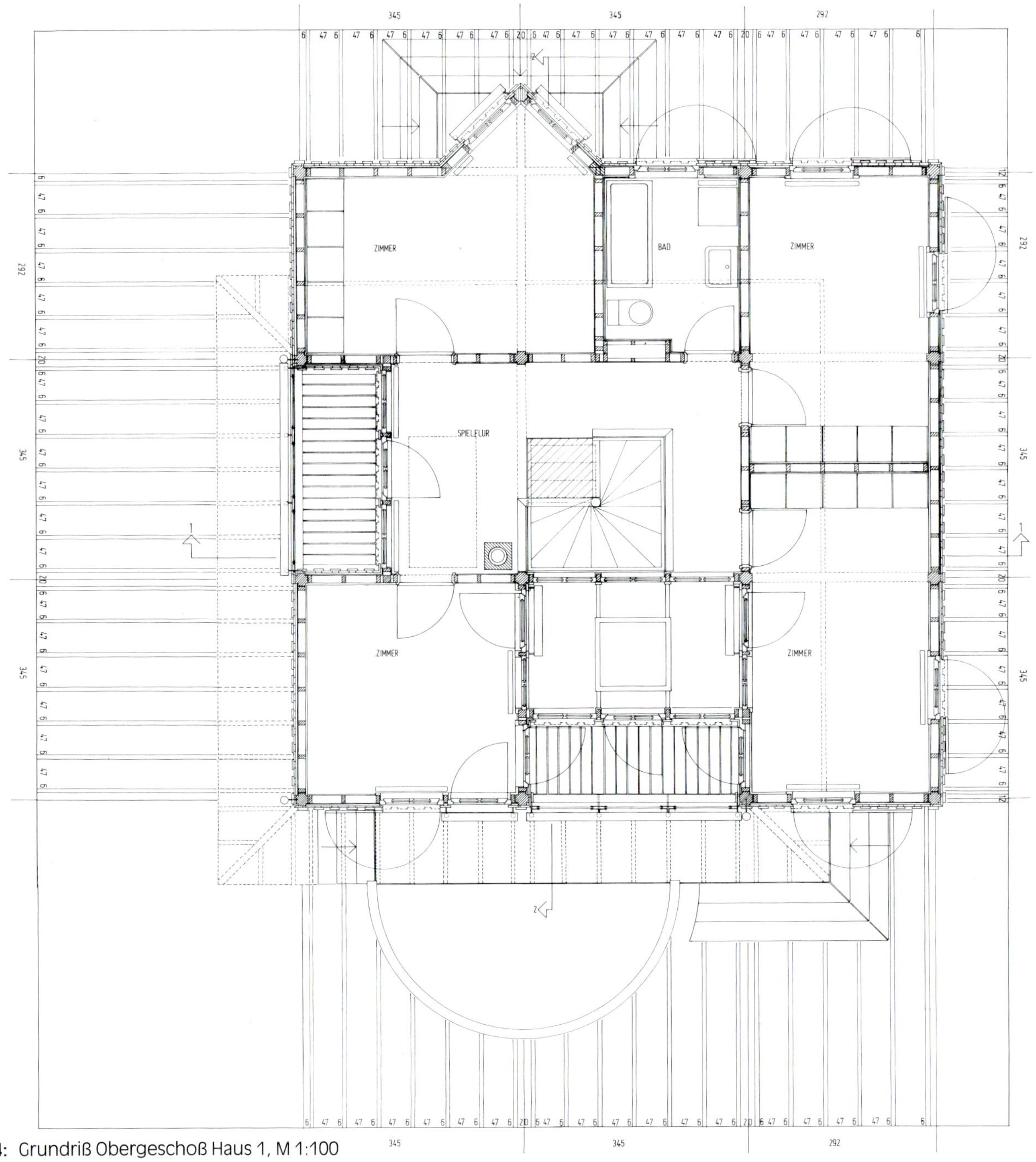

Bild 8.14: Grundriß Obergeschoß Haus 1, M 1:100

penbau – zwischen 1978 und 1981 in verschiedenen Städten gebaut. Die Ergebnisse sind beispielhaft, die Kosten beneidenswert: DM 300,- pro m^2 reine Baukosten 1981.

3. Abkehr von Wohnklischees und verstärkte Nutzung von Kostenreserven.
4. Kleine Grundstücksgrößen im Bebauungsplan: 328 m^2 für die *Stadtvilla*.
5. Einführung Kostenobergrenze bei der Förderung.

8.9 Überlegungen zur Wahl der Leichtbauweise

Die exergetisch nutzbare Solarenergie hängt von der Einstrahlungsdauer und -intensität des Standortes während der Heizperiode sowie der möglichen Strahlungswärmegewinne aufgrund der städtebaulichen und architektonischen Gegebenheiten ab.

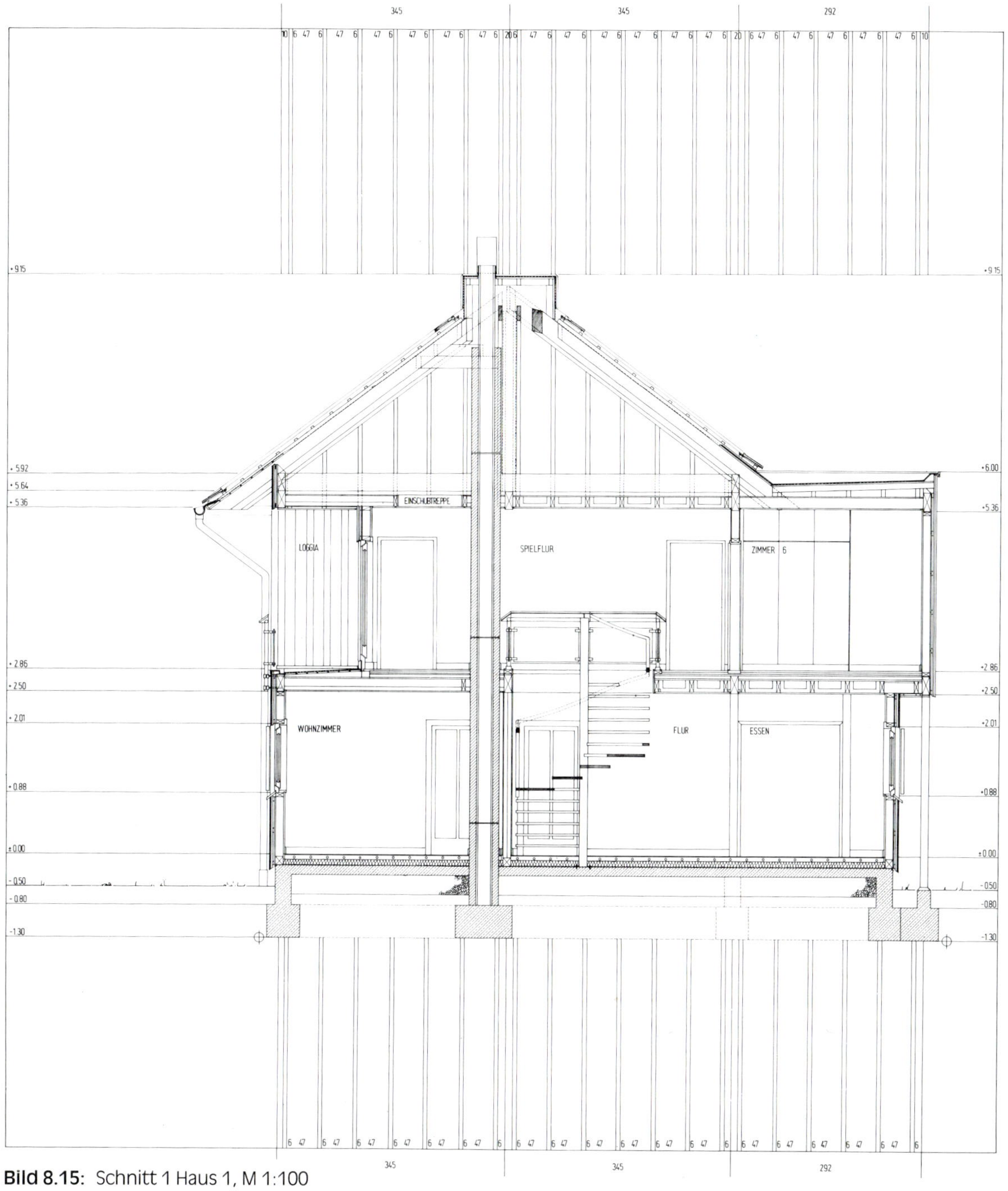

Bild 8.15: Schnitt 1 Haus 1, M 1:100

Optimale Nutzung der Solarenergie kann nur bei offener Bebauung ohne Verschattung erfolgen. Dies ist jedoch bei kleinen Grundstücken und hoher Baudichte selten möglich.

In Orten mit ausgewogenem Klima und niedrigen sommerlichen Temperaturschwankungen zwischen Tag und Nacht können im Gegensatz zu warmen südlichen Klimaten stark wärmegedämmte, relativ wenig speicherfähige Leichtbaukonstruktionen mit nur geringer Einschränkung der sommerlichen Behaglichkeit gebaut werden.

Relativ häufiger Windanfall und hohe Windgeschwindigkeiten unter sommerlichen Temperaturbedingungen begünstigen die Ausführung von

Bild 8.16: Haus 3 Nordost-Ansicht

Leichtbaukonstruktionen, da hier die Vorteile der Nachtauskühlung speicherfähiger Innenbauteile optimal genutzt werden können.

Unter winterlichen Temperaturbedingungen führt die Leichtbauweise bei intermittierender Heizungsbetriebsweise nach Gertis und Hauser zu Energieeinsparungen von 10 bis 19% gegenüber der Schwerbauweise. (Bei der Schwerbauweise wird das Verhalten der Raumtemperatur träger, was bei instationärem Heizzyklus oder Nachtabschaltung zu einem erhöhten Verbrauch gegenüber der Leichtbauweise führt.)

Eine geringe Wärmekapazität der Baukonstruktion erleichtert relativ rasche Änderungen der Raumlufttemperaturen entsprechend der jeweiligen Nutzung (z.B. berufstätiges Ehepaar: morgens ca. 1,5 h, abends ca. 4,5 h Wärmebedarf).

Die Vorteile der intermittierenden Heizungsbetriebsweise können in allen Räumen eines Gebäudes genutzt werden, wogegen der exergetisch nutzbare Anteil der Solarenergie in der Regel nur bei besonnten Räumen in Verbindung mit speicherfähigen Außenwänden und trägen Heizsystemen möglich ist.

An strahlungsarmen Tagen (In Berlin beträgt die Sonnenscheindauer im Dezember insgesamt etwa

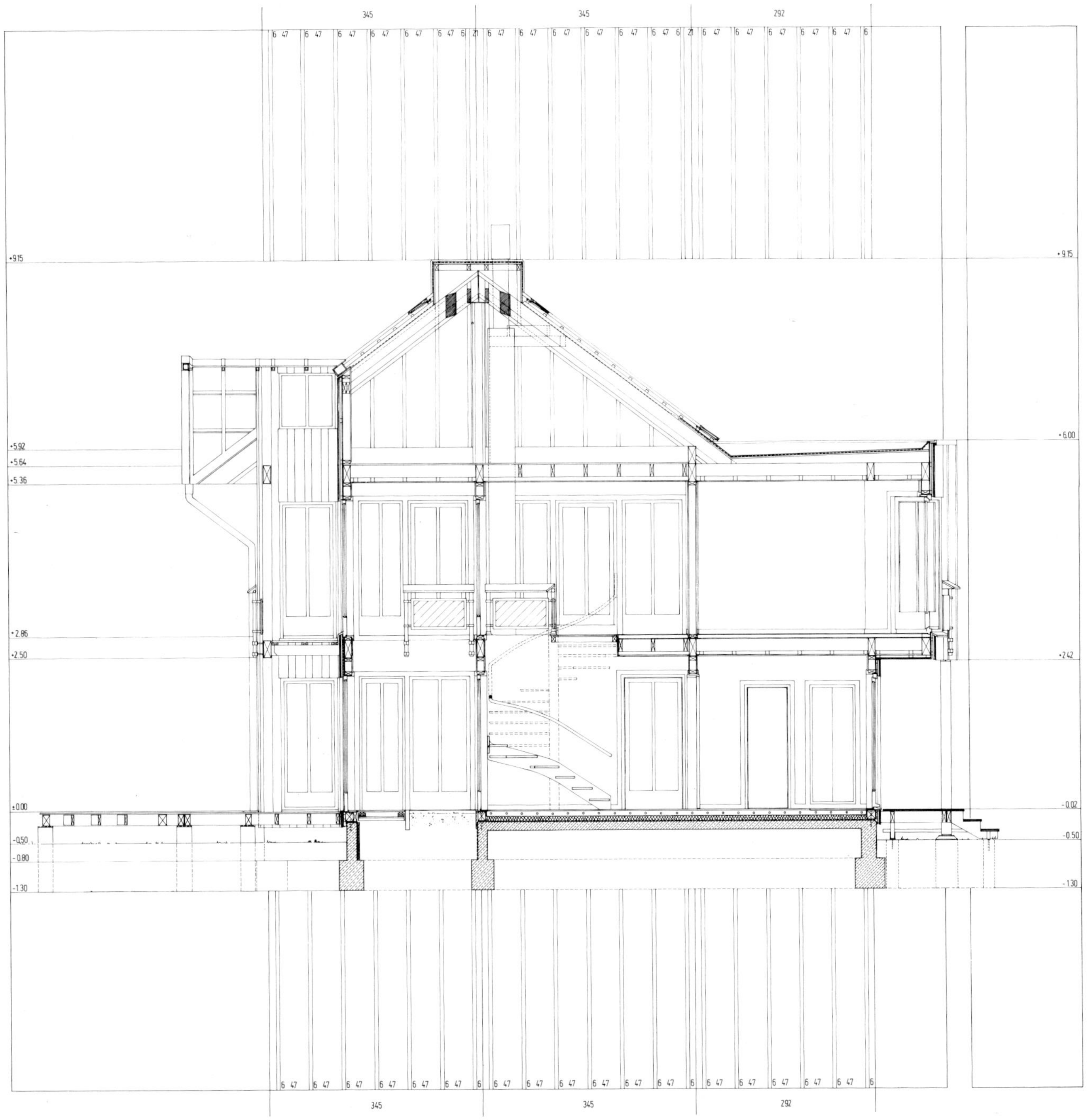

Bild 8.17: Schnitt 2 Haus 1, M 1:100

24 Stunden.) führt die architektonisch-energetisch konzipierte Leichtbauweise (hohe Wärmedämmung, kleinere Fenster etc.) bei intermittierender Heizungsbetriebsweise zu erheblichen Energie-Einsparungen gegenüber der Schwerbauweise.

8.10 Winterlicher Wärmeschutz

8.10.1 Kenndaten

Dachhaut	k_D	=	0,30 W/m²K
Außenwände	k_W	=	0,30 W/m²K
Innenwände	k_W	=	0,50 W/m²K
Fenster	k_F	=	2,50 W/m²K
Decken	k_G	=	0,40 W/m²K

Durch optimale, an der dämmenden Außenwandschicht weit außen angebrachte Wärmedämmung werden eine Verminderung der Transmissionswärmeverluste und eine hohe Wandoberflächentemperatur auf der Innenseite erreicht. Dadurch kann die Raumlufttemperatur gesenkt werden, da der Behaglichkeitszustand schon bei geringerer Lufttemperatur erreicht wird.

8.10.2 Wärmeschutz von Außenwänden

Durch Bewuchs sowie durch winddichte und hygrophobe Außenwände wird eine Reduzierung des wind- und feuchtigkeitsbedingten Energie-Mehrverbrauches erreicht.

Das turbulenzarme und weitgehend laminar geschichtete Luftpolster zwischen Außenwand und Bewuchs erhöht die Thermostabilität des Hüllsystems. Günstige Orientierung und Dimensionierung der Fenster vermindern den windbedingten Lüftungswärme-Mehrbedarf während der Heizperiode erheblich. Der windbedingte Mehrbedarf steigt nach Reidat im Verhältnis der Wurzel aus der Windgeschwindigkeit.

Durch orografische Maßnahmen kann der Windeinfluß jedoch erheblich reduziert werden.

8.10.3 Wärmeschutz von Innenwänden

Bei intermittierender Heizungsbetriebsweise sollte die Wärmedämmung entsprechend der Temperaturhierarchie der Wohnräume und ihrer instationären Nutzung sowie dem erforderlichen Luftschallschutzmaß angelegt sein. Die Innenwanddämmung eignet sich auch zur Verhinderung von Kondensatbildung bei Taupunktunterschreitung.

8.10.4 Wärmeschutz der Fenster

Die Ausführung der Verglasungsarten sollte entsprechend den voraussichtlichen Transmissionswärmeverlusten bzw. den möglichen passiven Strahlungswärmegewinnen erfolgen.

Nordfenster/Dreifachglas:
$k_F = 1{,}90\ W/m^2K$, da kaum Strahlungsgewinne
Ost-Westfenster/Zweifachglas:
$k_F = 3{,}00\ W/m^2K$
Südfenster/Einfachglas:
$k_F = 5{,}30\ W/m^2K$, da max. Strahlungsgewinne

Die vor dem Fenster angebrachte, verstellbare Sonnenschutzanlage dient im Winter zugleich als dichtschließender Thermoladen und vermindert die Auskühlverluste während der Nachtstunden.

8.10.5 Wärmegewinne durch Insolation

Exergetisch nutzbare Wärmegewinne sind während der Heizperiode hauptsächlich nur aus Südrichtung möglich. Durch die geringe maximale Sonnenhöhe im Winter ist sowohl am Vormittag von Osten als auch am Nachmittag von Westen kaum Energiegewinn möglich.

Um das mögliche Strahlungsangebot optimal nutzen zu können, sollten Fenster keine wärmereflektierenden oder -absorbierenden Verglasungen haben und keine Verschattungen durch Bebauung oder Bepflanzung erfolgen. Während der Strahlungszeit sollten hinter Fenstern keine Vorhänge, Rollos etc. den Wärmeeintritt verhindern, damit

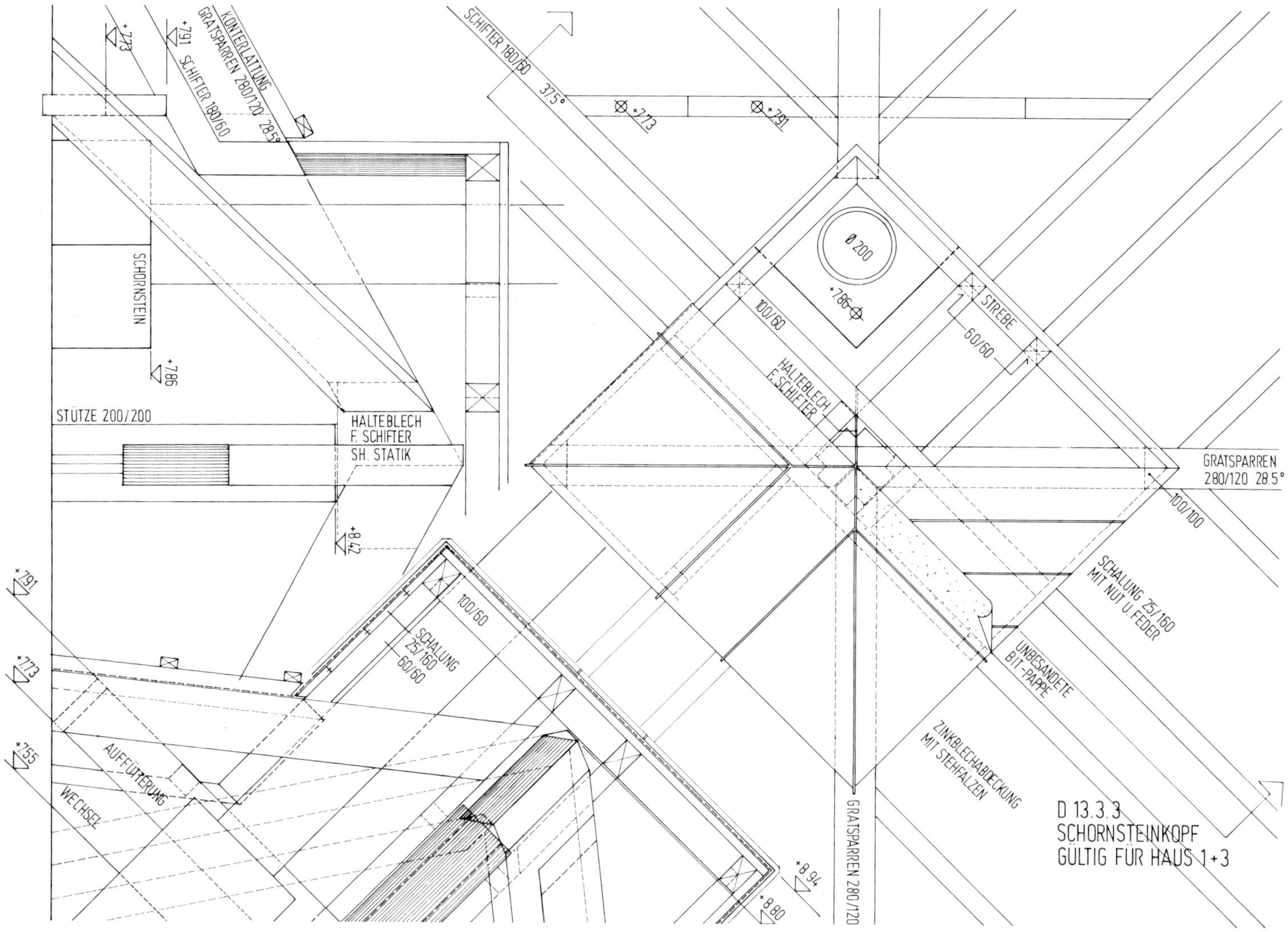

Bild 8.18: M 1:20

8.10.6 Reduzierung der Lüftungs-Wärmeverluste

Der Luftwechsel sollte sich an der CO_2-Konzentration der Raumluft orientieren. Ein Minimum an Außenluftrate wird bei zentraler Lüftung erreicht.
Hier wird statt der üblichen Fensterlüftung die interne Abluft einem regenerativen oder rekuperativen Wärmeaustauscher zugeführt. Die benötigte Frischluft wird im Wärmeaustauscher an der Abluft vorbeigeführt und dadurch vorgewärmt.

8.11 Sommerlicher Wärmeschutz

Die für den sommerlichen Wärmeschutz wichtigen Parameter sind der Beitrag der in den Raum gelangenden Strahlungsenergie, die Größe der inneren Wärmeproduktion, die thermische Speicherfähigkeit des Raumes sowie der im Raum vorhandene Luftwechsel.

Der Betrag der Strahlungsenergie ist proportional dem Produkt Glasfläche × Durchlaßfaktor. Die Speicherfähigkeit der Innenbauteile hängt von der Schwere der Bauweise und dem konvektiven Strahlungsanteil ab.

Das sommerliche Raumklima wird entscheidend durch das Bewohnerverhalten und durch eine sinnvolle Betätigung des Sonnenschutzes beeinflußt.
Die optimale Fenstergröße und Anordnung der Fenster sollte sich an den tageslichttechnischen und psychischen Anforderungen der Nutzer sowie an der ganzheitlichen Betrachtung aller Energieströme orientieren. So erreicht z.B. die Südfassade wegen des hohen Sonnenstandes im Sommer nur 70% der Energie, welche auf die Ost- und Westfassade trifft, da die Größe der Sonneneinstrahlung vom Sonneneinfallswinkel zur Glasfläche abhängt.

Größte Sonnenlufttemperaturen treten im Hochsommer bei Westorientierung am späten Nachmittag auf. Diese Tatsache ergibt sich aus der tagsüber steigenden Lufttemperatur, der Sonnenhöhe und dem Strahlungswinkel der Wand.

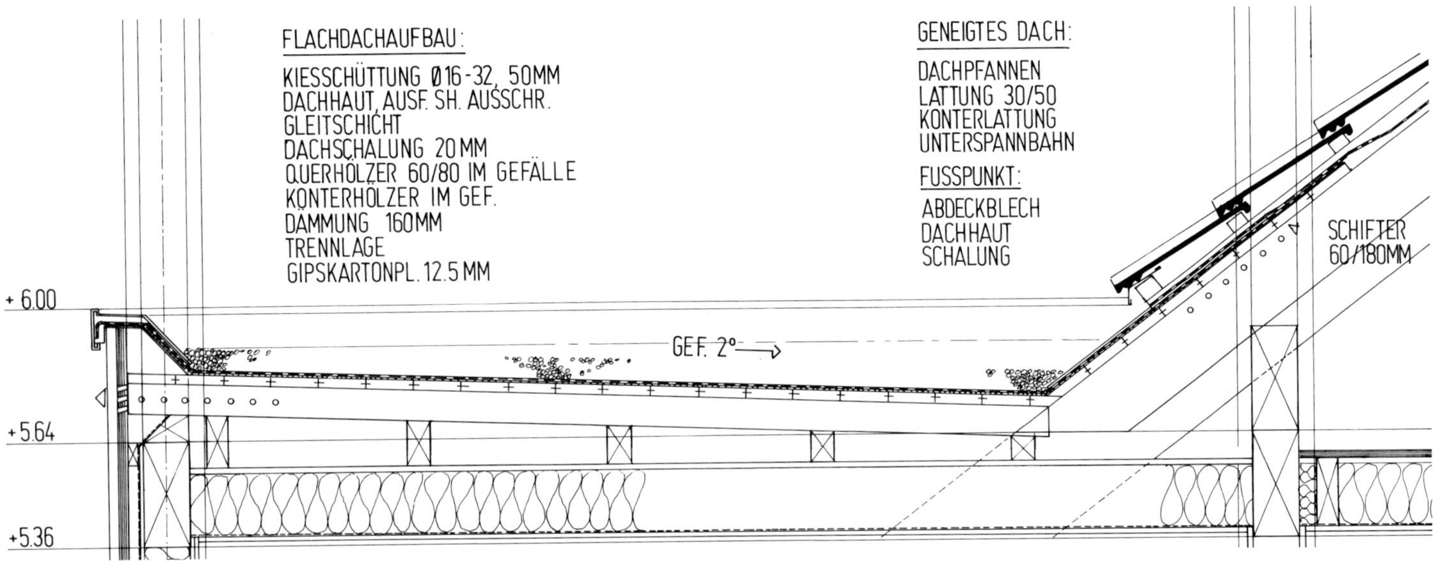

Bild 8.19: Dachaufbauten, M 1:20

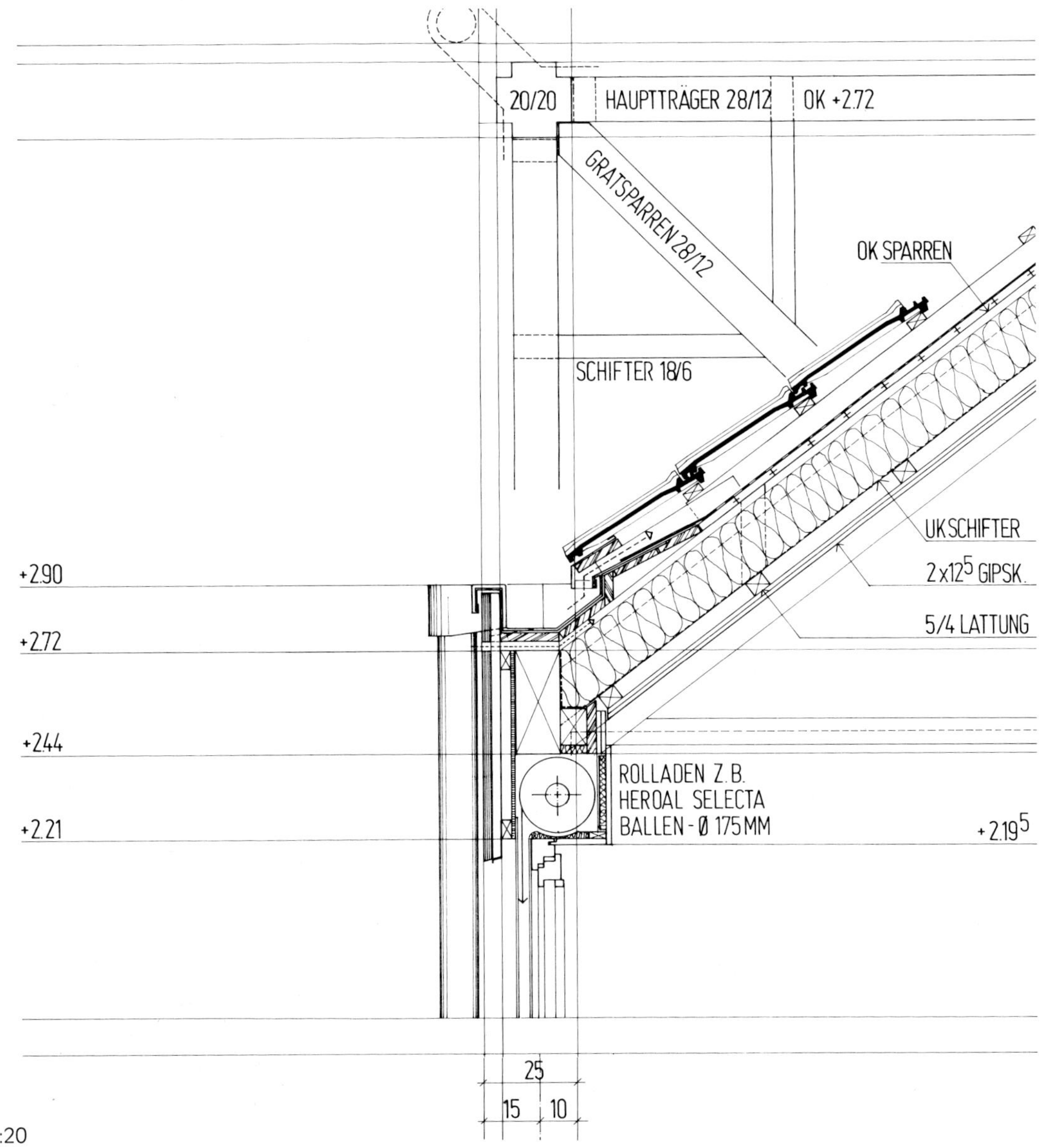

Bild 8.20: Schnitt Traufe Haus 2, M 1:20

Durch optimale Wärmedämmung und kleinem Strahlungsabsorptionskoeffizienten, d.h. heller Oberflächenbeschaffenheit der Außenbauteile, wird ein günstiges Temperatur-Amplitudenverhältnis (TAV) erreicht.

Je kleiner TAV ist, desto besser ist die Außenwand im Hinblick auf ihren sommerlichen Wärmeschutz. Die thermische Abführung der sich vor der Fassade bildenden Wärme erfolgt durch temperaturinduzierte Vertikallüftung. Da die Leichtbauweise im Gegensatz zur Schwerbauweise keine hohe Amplitudendämpfung aufweist, sollte die Außenschale nach dem *Prinzip der belüfteten Außenschicht* hinterlüftet werden.

Rankgerüste für Fassadenbewuchs sowie die Sonnenschutzanlagen vor Fenstern sind punktweise im Abstand von ca. 30 cm vor der Außenwand angebracht. Durch die so entstehende Kamin-Auftriebswirkung wird die Sekundärkonvektion gegen die Außenwand verringert.

Grünflächen vor Gebäuden reduzieren bei dichter Bebauung die negativen Auswirkungen der anthropogenen Umweltwärme und führen – verstärkt z.B. durch Rasensprengen – zu einer Absenkung der Außenlufttemperatur am Gebäude.

Die Verschattung der Fassade mit Laubbäumen erreicht die optimale Wirkung, wenn nicht nur der Abstand zum Gebäude und die Wuchshöhe, sondern auch der Kronendurchmesser und die Stammhöhe berücksichtigt werden.

8.11.1 Reduzierung der Solareinstrahlung durch Fenster

Eine gute Abschirmung vor Solareinstrahlung wird durch die Wahl eines beweglichen – außen angebrachten und von der Außenluft umströmten – Sonnenschutzes mit freier Ausblickmöglichkeit und hoher Eigenstabilität erreicht (Lamellen-Raffstoren, helle Ausführung, f = 0,15 bei 45° Anstellwinkel). Außenstoren können dem jeweiligen Strahlungsanfall dynamisch angepaßt und bei trübem Wetter hochgezogen werden (Anstellwinkel 10 bis 45°). Es

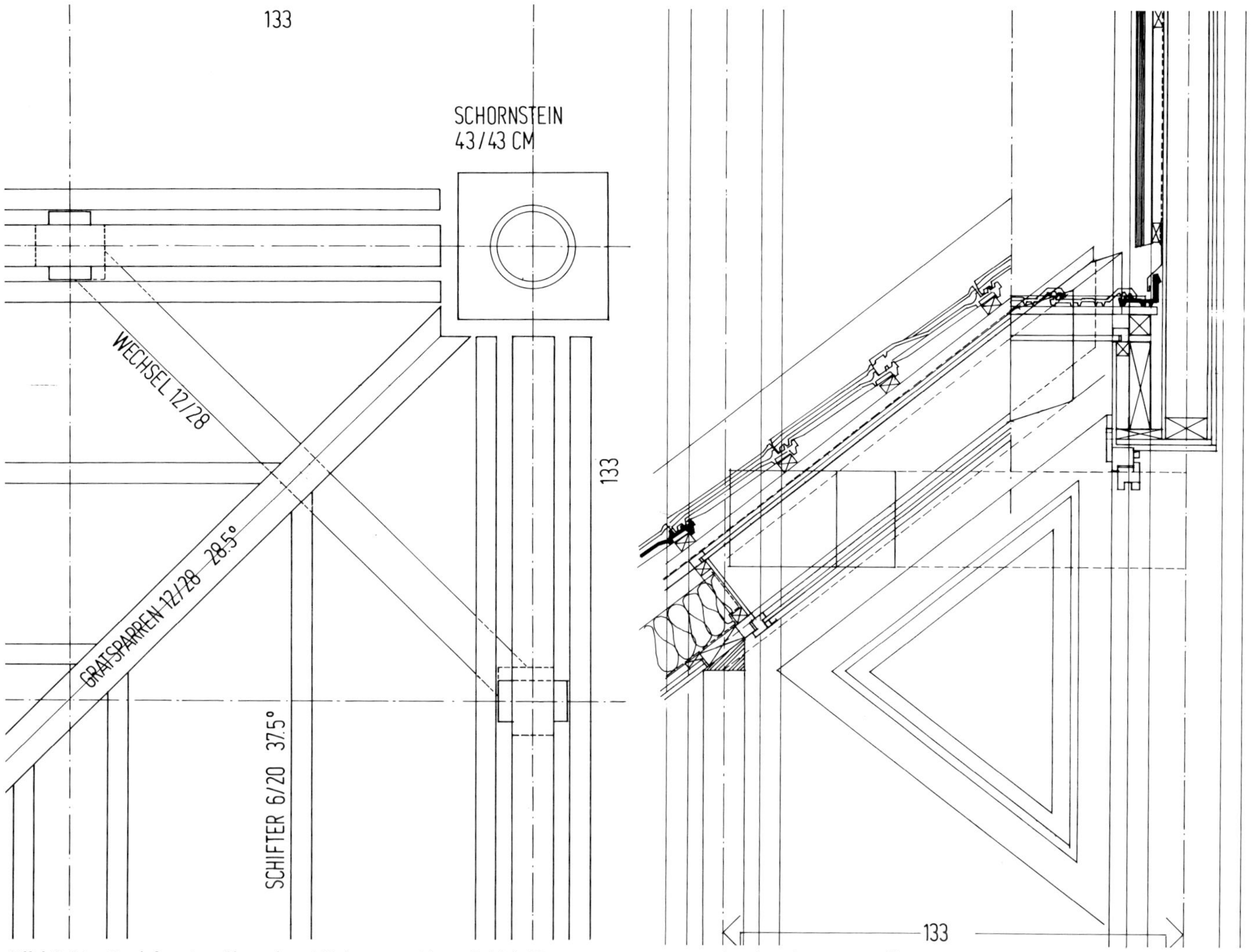

Bild 8.21: Dachfenster über dem Wohnraum Haus 2, M 1:20
Aufbau Oberlicht:
Plexiglaspfanne
Unterspannboden (transparent)
Plexiglasscheibe
Deckenfenster

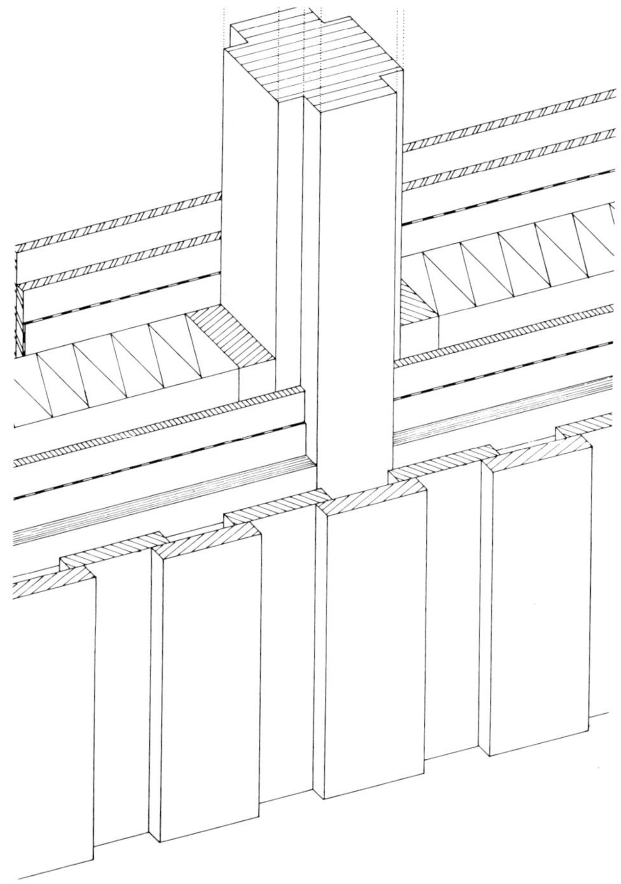

Bild 8.22: Isometrie Wandaufbau

ist zu beachten, daß die Strahlungsdurchlässigkeit mit der dritten Potenz des Anstellwinkels wächst. Die Anordnung der beweglichen bzw. drehbaren Lamellen sollte bei Südfenstern waagerecht, bei Ost- und Westfenstern senkrecht sein, um auch bei flachem Sonneneinfall einen ausreichenden Schutz zu gewährleisten.

Die Lamellen-Rückseiten sind wegen möglicher Sekundär-Strahlungsreflexion mit absorbierender Oberfläche ausgeführt.

Bei Kippstellung der vor der Sonne ungeschützten Fenster erhöht sich die Solareinstrahlung erheblich. Schrägstellung der Fenster nach außen würde dagegen den direkt in den Raum einfallenden Strahlungsanteil reduzieren. Der Fensterflächenanteil sollte bei Leichtbauten 40% der Süd- bzw. West-Fassadenflächen nicht überschreiten.

Solarbestrahlte Räume sollten Fenster nur nach einer Himmelsrichtung aufweisen. Alle tagsüber bestrahlten Fenster im Gebäude sollten zu öffnen sein und eine (wärmegedämmte) Drehlüftung haben, um bei reduzierter Außenlufttemperatur eine maximale Spülluftmenge durch das Gebäude strömen lassen zu können.

8.11.2 Nachtauskühlung im Sommer

Die Kühlung während der Nachtstunden führt im Sommer zu einer Temperaturreduzierung der speicherfähigen Innenbauteile. Durch wind- und temperaturinduzierte Horizontalventilation wird den Räumen und Geschoßdeckenhohlräumen dabei Kaltluft zugeführt.

Eine weitere Möglichkeit der Nachtauskühlung bietet sich aufgrund der günstigen Strömungsmechanik bei steilen Dächern. Die Belüftungsstromgeschwindigkeit steigt dabei mit zunehmender Dachneigung. Bei steiler Dachneigung und schuppenförmiger Dachoberfläche wird die Hinterlüftung

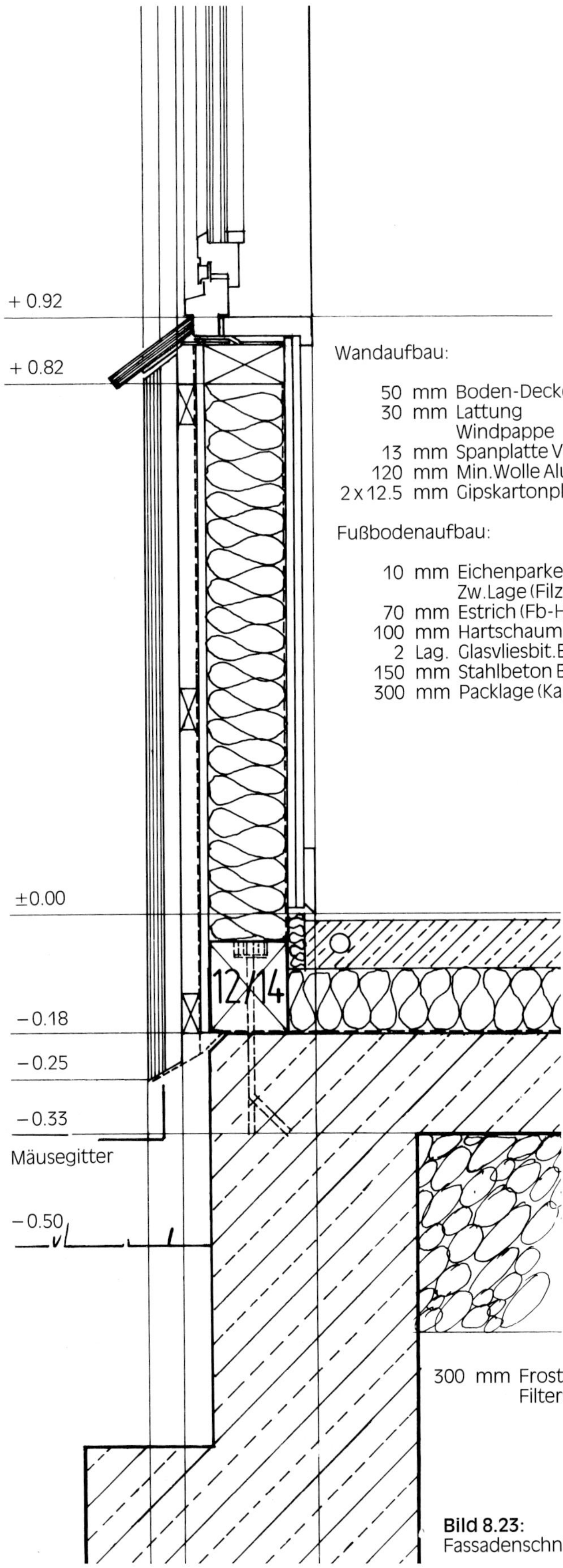

Wandaufbau:

50 mm Boden-Deckelschalung
30 mm Lattung
Windpappe
13 mm Spanplatte V 100
120 mm Min.Wolle Alu-Kasch.
2 x 12.5 mm Gipskartonplatten

Fußbodenaufbau:

10 mm Eichenparkett
Zw.Lage (Filzpappe)
70 mm Estrich (Fb-HZG)
100 mm Hartschaum
2 Lag. Glasvliesbit.Bahnen
150 mm Stahlbeton B 25
300 mm Packlage (Kapp.brechend)

Bild 8.23: Fassadenschnitt, M 1:10

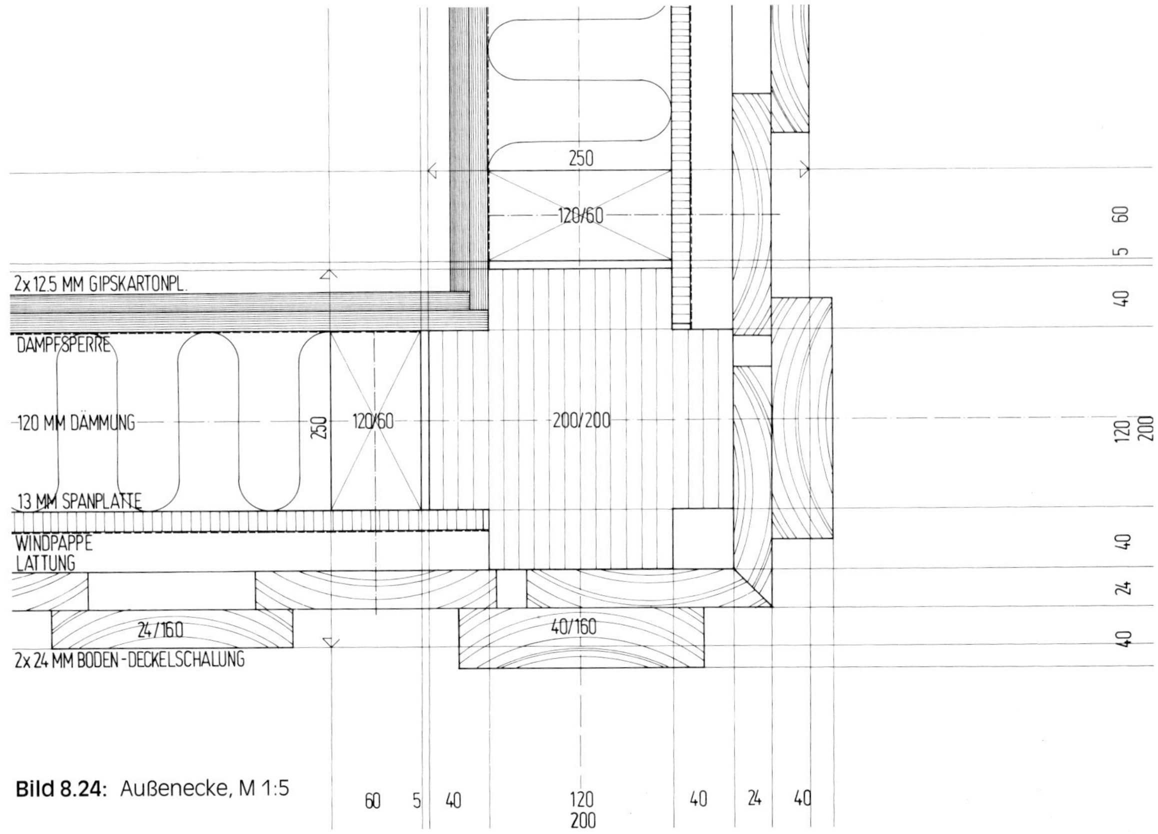

Bild 8.24: Außenecke, M 1:5

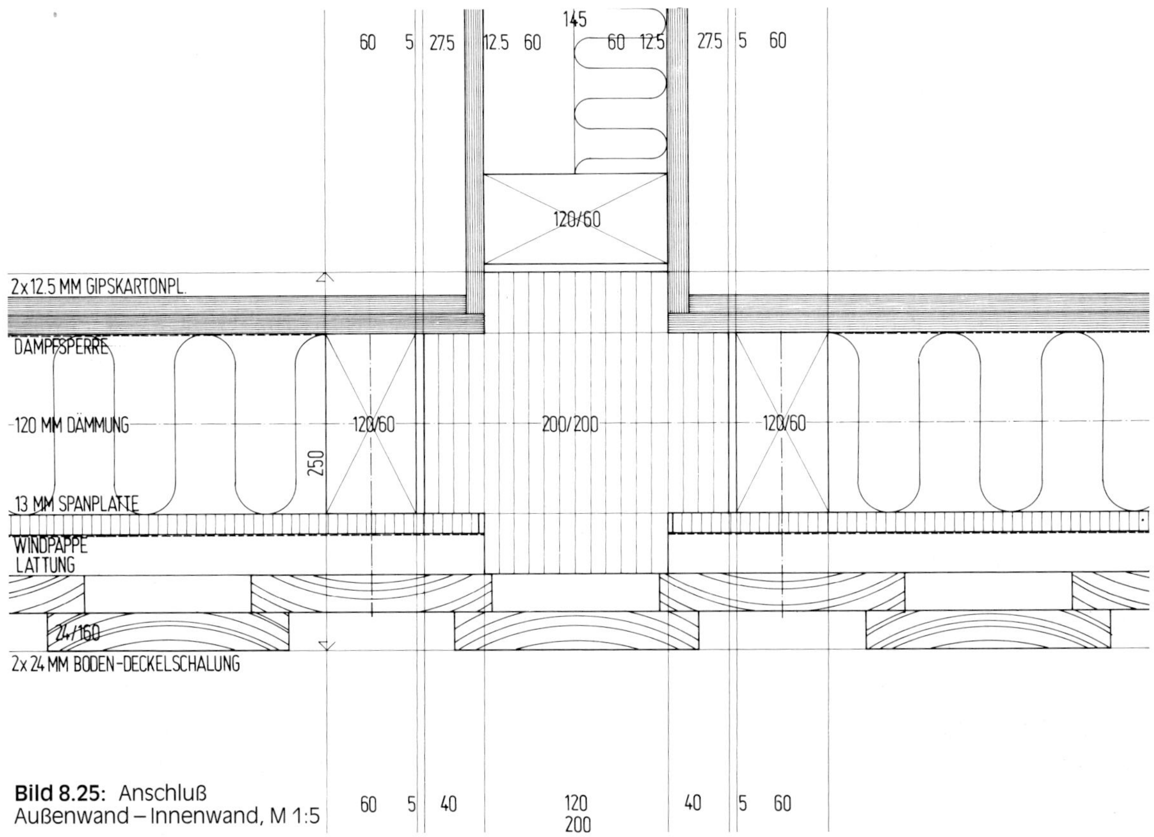

Bild 8.25: Anschluß Außenwand – Innenwand, M 1:5

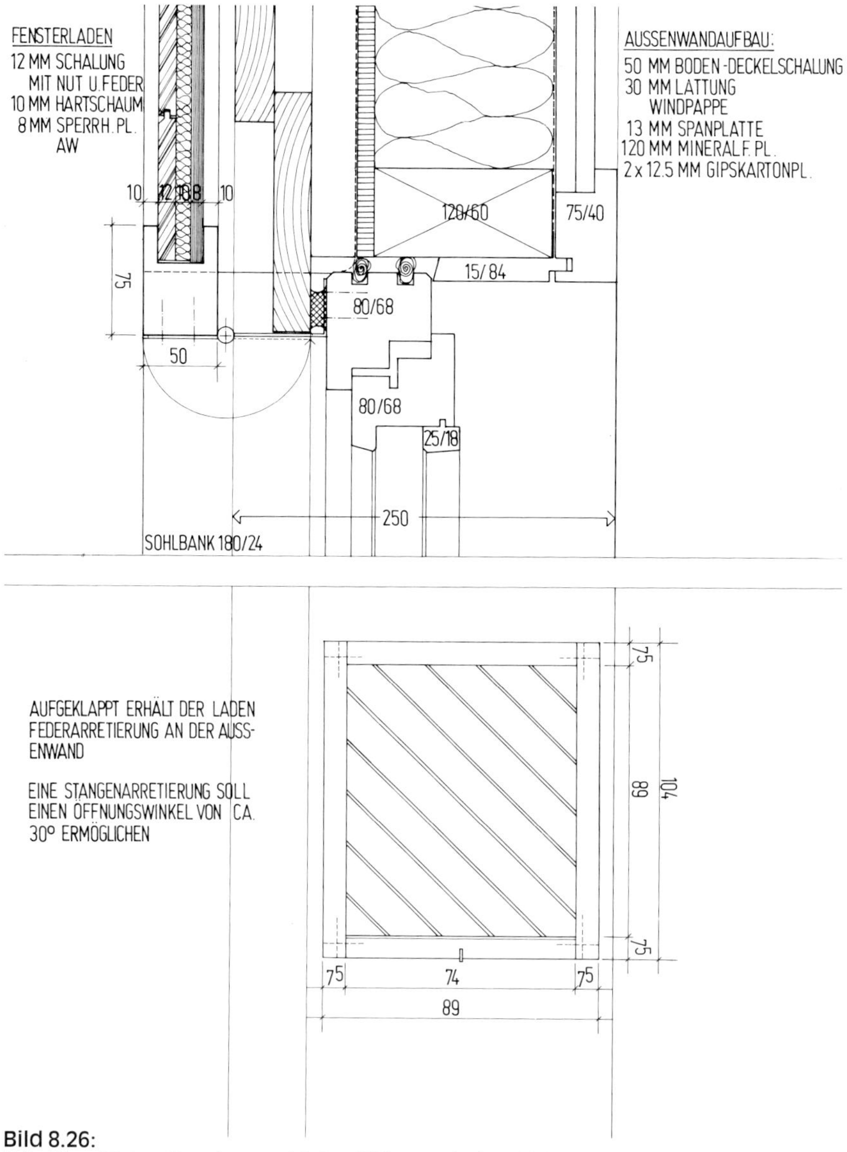

Bild 8.26:
Schnitt seitlicher Fensteranschluß mit Thermoladen, M 1:5
Ansicht Thermoladen für Normfenster 98/11, M 1:25

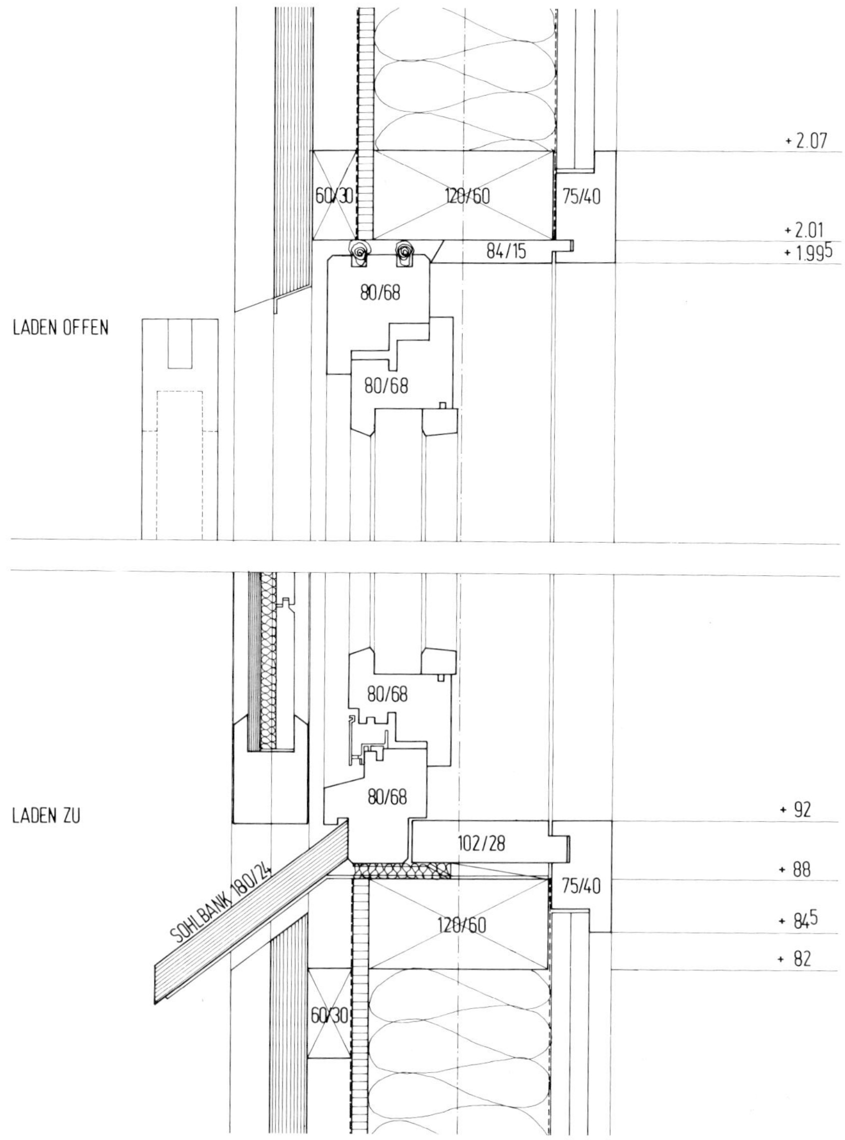

Bild 8.27: Vertikalschnitt Fensteranschluß, M 1:5

nicht nur durch Thermik und Windeinfluß bewirkt, sondern auch durch die Perforation der Dachhaut selbst.

Die optimale Wirkung der freien Nachtauskühlung speicherfähiger Innenbauteile hängt wesentlich von der Windhäufigkeit, der Windgeschwindigkeit und der Windrichtung während der Nachttiefsttemperaturen im Sommer ab.

8.11.3 Speicherfähige Innenbauteile

Die Wärmespeicherfähigkeit von Innenbauteilen beeinflußt bei instationärem Heizbetrieb oder Oberheizung von Räumen wesentlich die Wärmebilanz eines Gebäudes (Ausschlaggebend für das Wärmebeharrungsvermögen von Räumen ist die Speicherkapazität der raumseitigen Grenzschichten von Bauteilen).

Die Wahl speicherfähiger Innenbauteile für Wände und Decken schafft einen thermodynamischen Ausgleich durch Reduzierung der mittleren Raumumschließungstemperatur bei sommerlichen Klimabedingungen und beeinflußt damit wesentlich die Behaglichkeit im Rauminneren.

Speicherfähige Innenbauteile absorbieren die durch Fenster gelangende Strahlungsenergie sowie die innere Wärmeproduktion und bestimmen damit wesentlich das thermische Einschwingverhalten von Leichtbauten unter hochsommerlichen Klimabedingungen.

Die durch Fenster einfallende Solarstrahlung wird in der Regel zu 75% auf den Boden und zu 25% auf die Wände verteilt. Helle Oberflächen von Böden, Innenwänden und Möbeln erhöhen die Strahlungsreflexion und mindern die äquivalente Temperaturdifferenz.

Es ist zu beachten, daß speicherfähige Innenbauteile nicht durch Textilbeläge, Stoffbespannungen, Tapeten etc. abgedeckt werden.

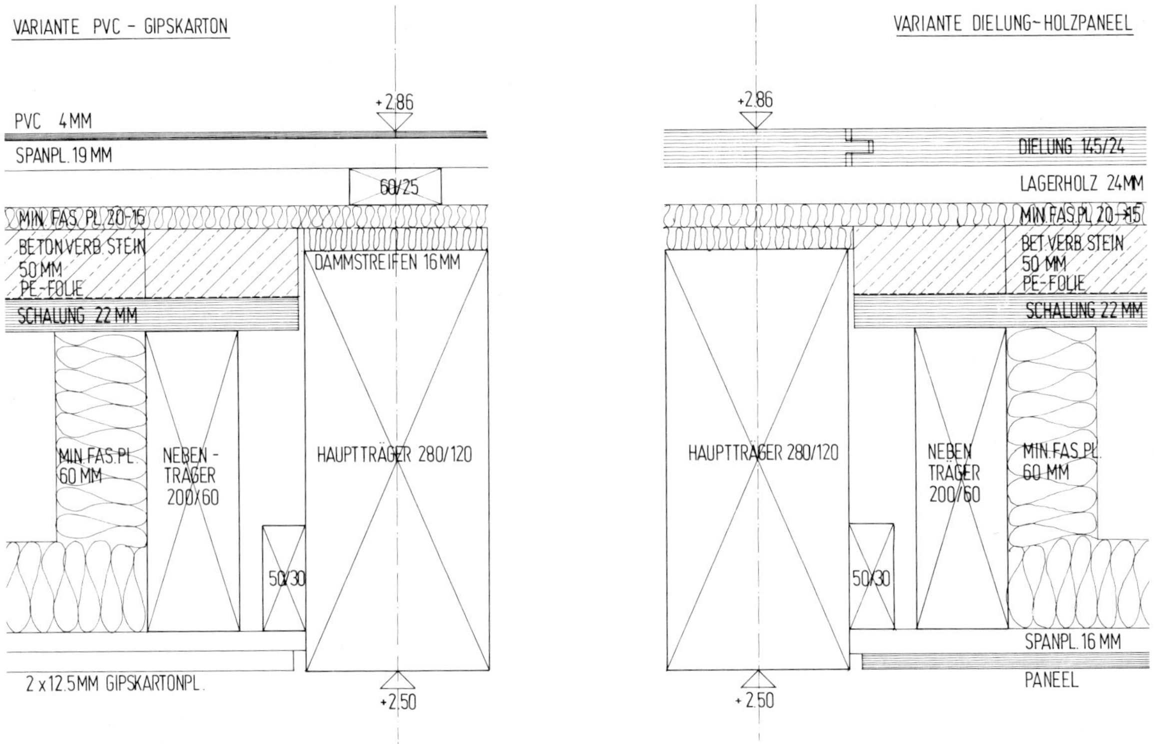

Bild 8.28: Decke über dem Erdgeschoß, M 1:5

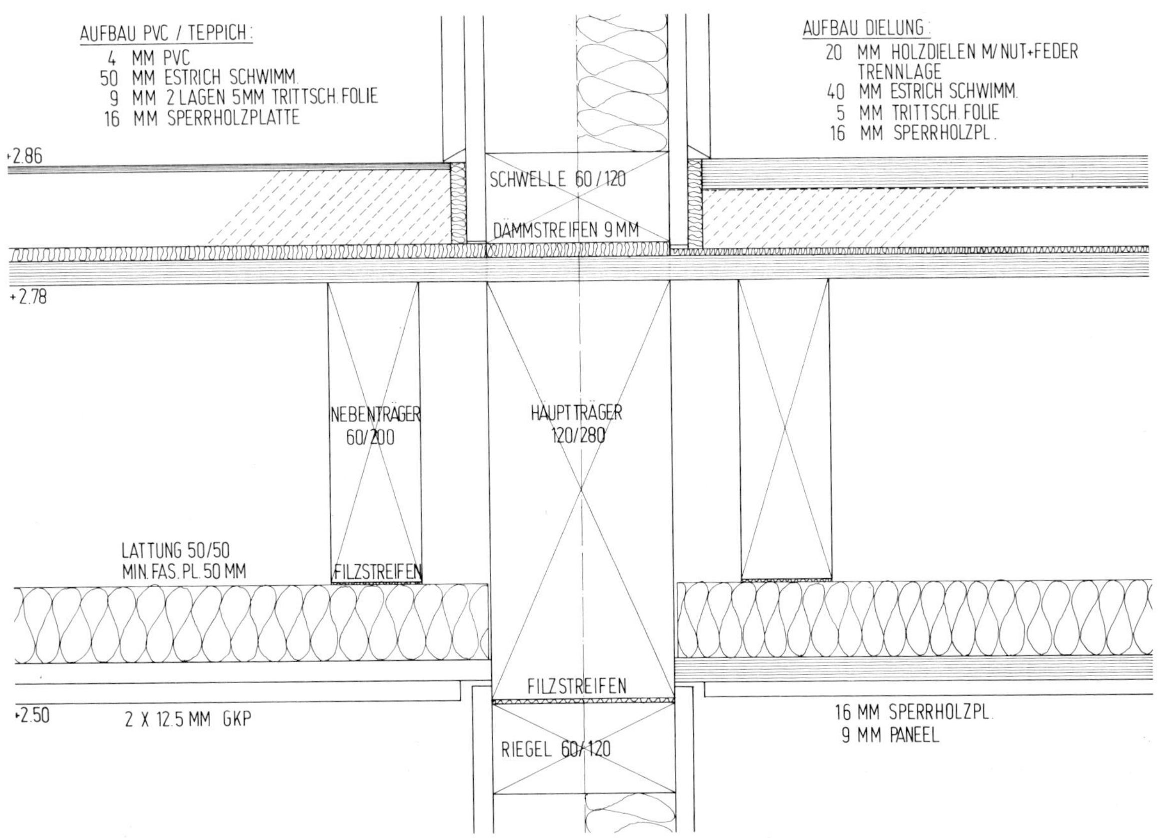

Bild 8.29: Geschoßdecke Variante 1, M 1:5

8.12 Heizsystem

Das thermische Verhalten von Gebäuden in Leichtbauweise beeinflußt die Wahl möglicher Heizsysteme.

Ein ideales Heizsystem muß wechselnden Lasten – beispielsweise Solareinstrahlung und innere Wärmeproduktion – dynamisch folgen können. Wegen der trägheitsarmen Baukonstruktion eignet sich für Leichtbauweise ein instationärer Heizzyklus mit einer schnell reagierenden Wärmeverteilung. Präzise dimensionierte Ventilator-Warmluftzentralheizungen erreichen in Verbindung mit bi- oder multivalenten Heizsystemen einen hohen Wirkungsgrad und eignen sich – mit zentraler Lüftung kombiniert – vorzüglich für eine intermittierende Heizungsbetriebsweise.

8.13 Warmwasserbereitung

Warmwasserbereitung sollte nur für den unmittelbaren Bedarf erfolgen, um die durch kontinuierliche Bereitstellung bewirkten Speicherwärmeverluste zu vermeiden.

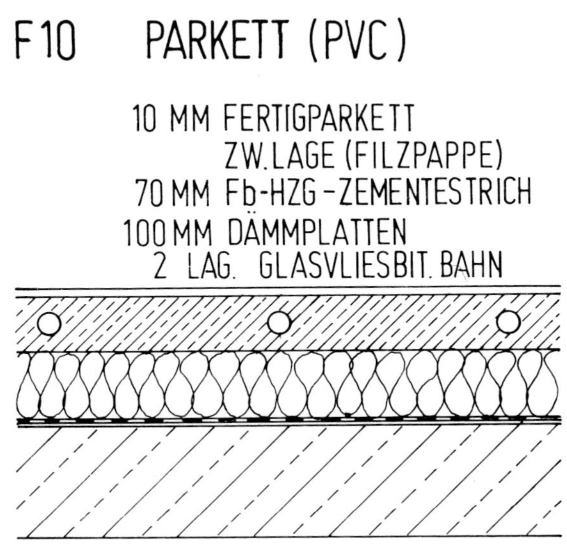

Bild 8.30: Fußbodenaufbauten Erdgeschoß

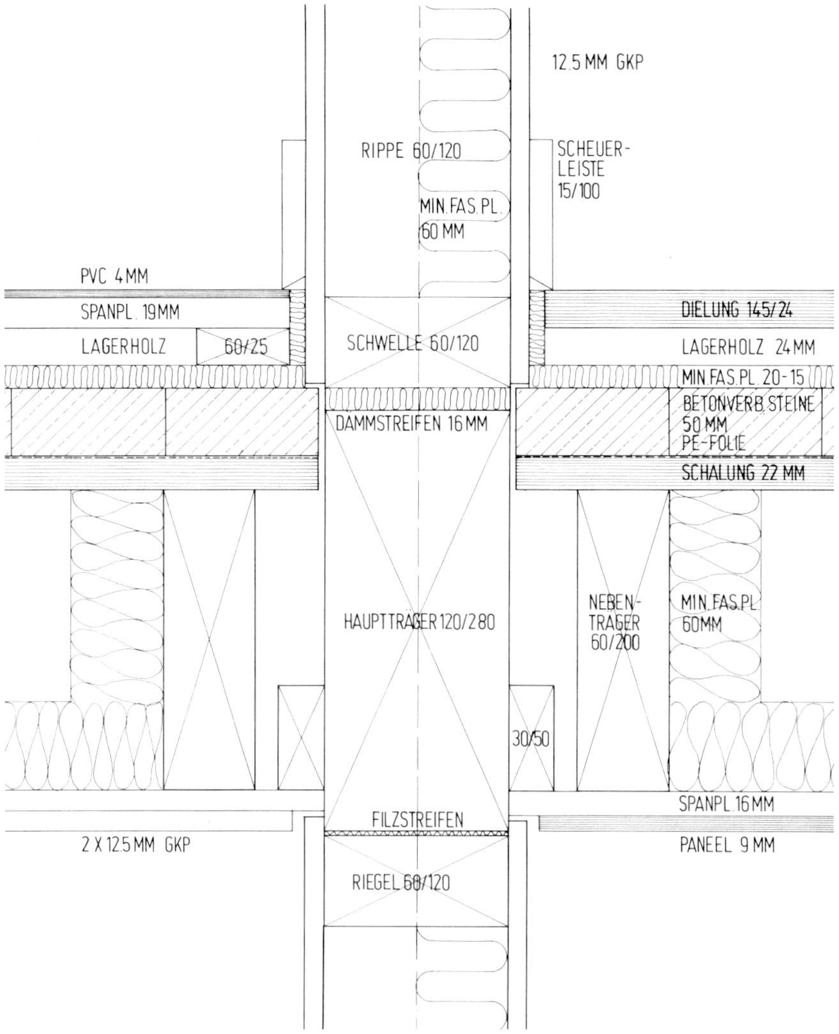

Bild 8.31: Zwischendecke mit Innenwand, M 1:5

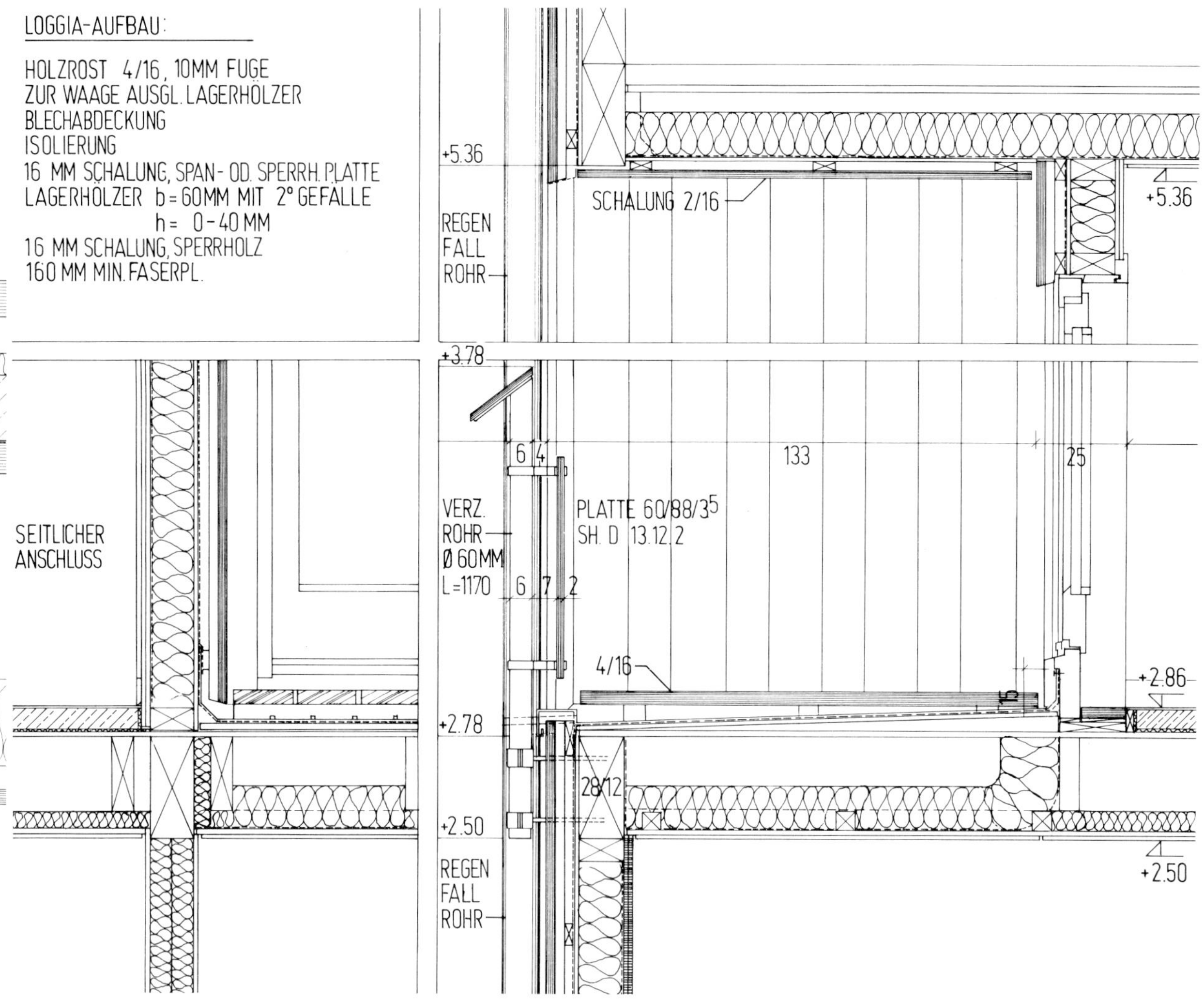

Bild 8.32: Loggia Haus 1 Obergeschoß, M 1:20

F12 FLIESEN (NOPPENGUMMI)

FLIESEN GEKLEBT
50-30 MM GEFÄLLEESTR.
2 LAG. GLASVLIESBIT.
70 MM Fb-HZG-ZEM.ESTR.
80 MM DÄMMPLÄTTEN
2 LAG. GLASVLIESBIT.

F20 DIELUNG

24 MM HOLZDIELEN
24 MM LAGERHÖLZER
20-15 MM MIN.FAS.PLATTEN
50 MM BET.VERB.STEINE

F20 PVC

4 MM PVC
19 MM SPANPLATTE
24 MM LAGERHÖLZER
20-15 MM MIN.FAS.PLATTEN
50 MM BET.VERB.STEINE

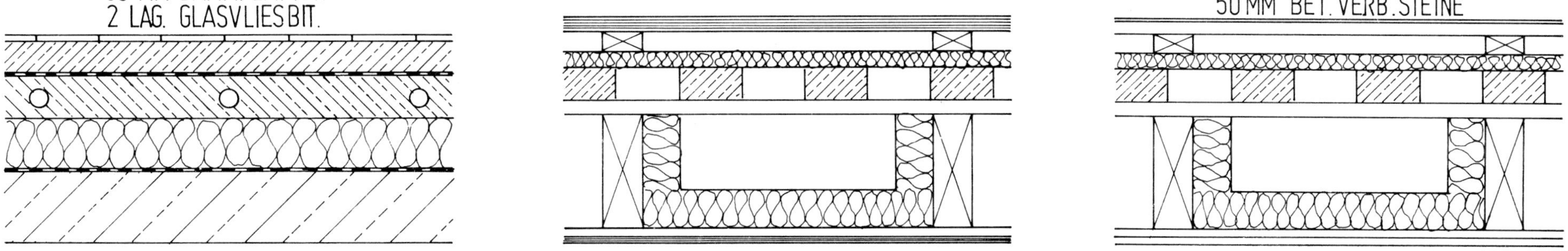

Bild 8.33: Fußbodenaufbau Obergeschoß

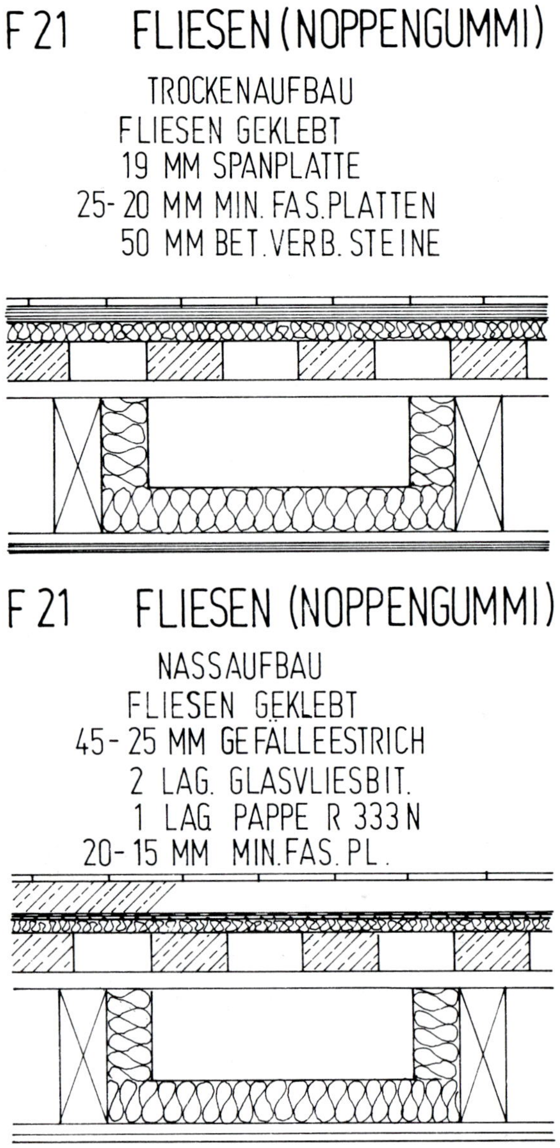

Bild 8.34: Fußbodenaufbauten OG

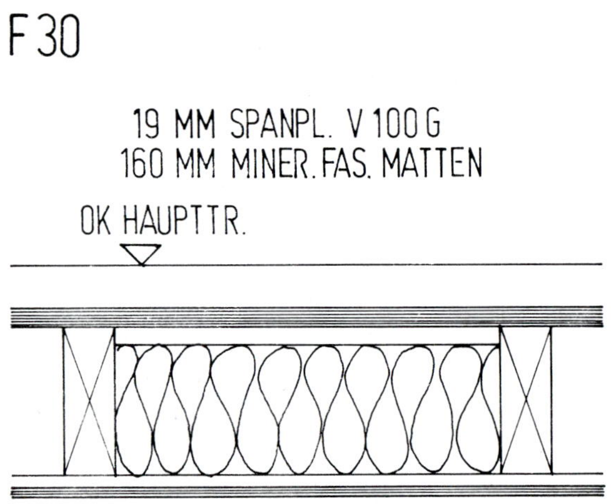

Bild 8.35: Fußbodenaufbau Dachgeschoß

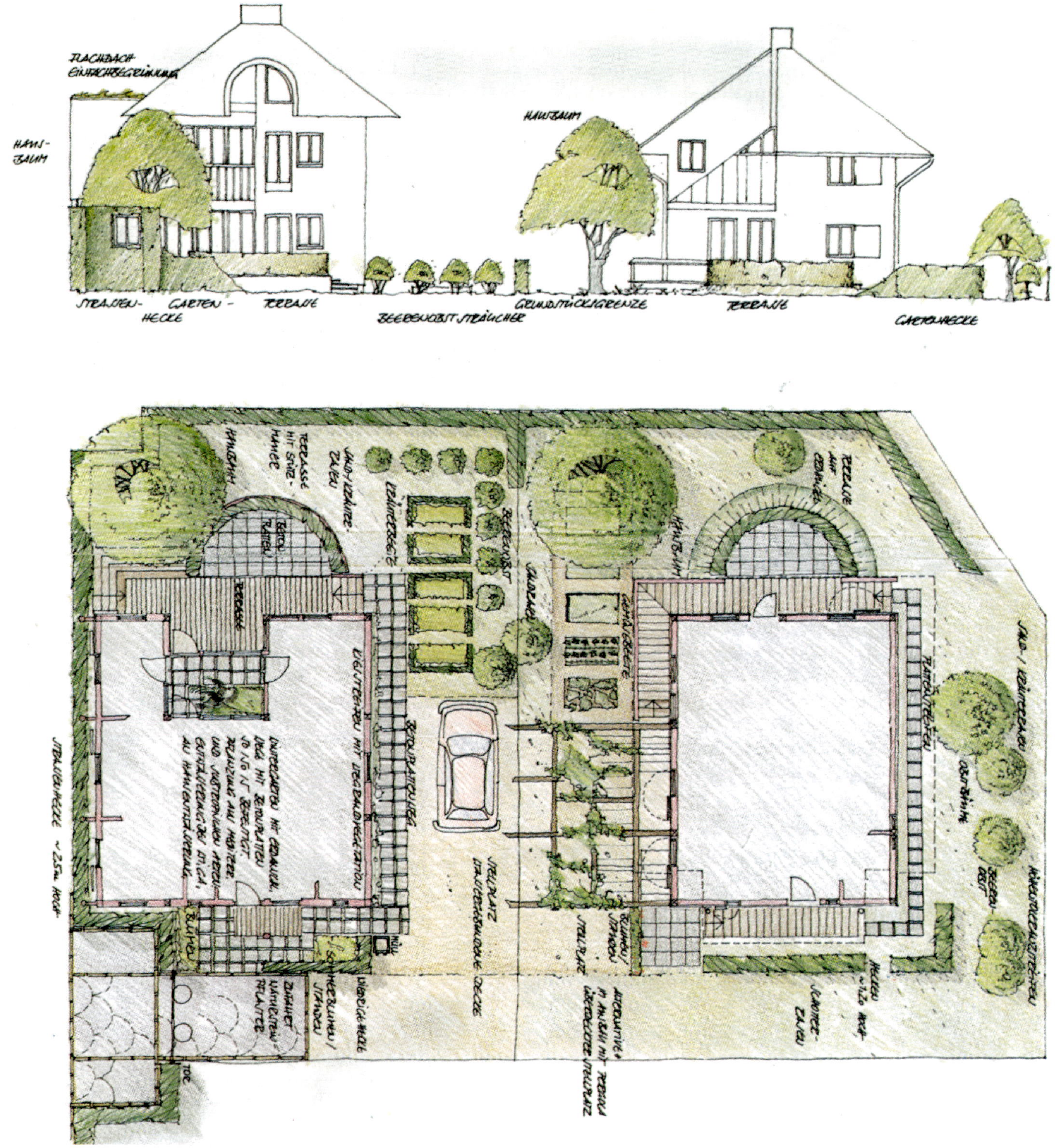

Bild 8.36: Das Grünkonzept von Peter Latz:
Freistehende Leichtbauhäuser, aufgeständert über dem Boden, sind mit grünen Autounterstellplätzen verbunden.
Hausbäume, ein Rest des Hains, dienden dem Hitzeschutz der Häuser im Sommer, ergänzt durch einfache Begrünung der Flachdächer. Der Schutz der Fassaden wird straßenseitig von der hohen Straßenhecke übernommen.
Die Wintergärten haben Erdanschluß. Es sind zum Grundriß addierte Pflanzengärten.
Die parzellierten Grundstücke sind für die Einrichtung von Selbstversorgergärten zu klein. Die Kräuterwiesen können mit Beeten ergänzt werden.

9 Objekt: Sozialer Wohnungsbau mit 12 Wohnungen auf 7 Geschossen

Selbstbauprojekt im Rahmen der IBA in Berlin-Kreuzberg

Steckbrief

Objekt:	Sozialer Wohnungsbau mit 12 Wohnungen auf 7 Geschossen, Selbstbauprojekt im Rahmen der Internationalen Bauausstellung Berlin 1987
Standort:	Berlin-Kreuzberg
Bauherr:	Selbstbaugenossenschaft Berlin e.G.
Baujahr:	1985 – 1986
Reine Baukosten:	2,5 Mio. DM
Planung:	Kjell Nylund, Christof Puttfarken, Peter Stürzebecher, Berlin
Statik:	Stefan Polonyi, Herbert Fink
Ausführung Holzbau:	Eigenleistung
Wohnfläche:	1036 m^2; Geschoßfläche: 1374 m^2
Umbauter Raum:	5040 m^3

Bild 9.1: Nutzer und Anbieter:
Britta (links) war als Innenarchitektur-Studentin der Fachhochschule Rosenheim Praktikantin am »Wohnregal« in Berlin und faßte darauf den Entschluß, als Bewohnerin in das Haus einzuziehen. Gert Feser (rechts) ist als gelernter Zimmermann und Architekt geradezu für die Aufgabe des »Anleiters« am Wohnregal prädestiniert.

Bild 9.2: Einbau der Trennwände Juli 1985

Bild 9.3: Einbau der Holzbalkendecken in den Zwischengeschossen

Ein experimentelles Selbstbau-Projekt als Beitrag zur Internationalen Bauausstellung Berlin (IBA) wurde 1986 in Berlin-Kreuzberg fertiggestellt.

Die weitgehende Anwendung eines Holzbau-Systems im siebengeschossigen Mietwohnungsbau will Mietkosten einsparen und *Selbsthilfe auf der Etage* ermöglichen – vielleicht zum ersten Mal im mehrgeschossigen Wohnungs-Neubau.

Hier verknüpfen sich technische und soziale Planung: Es geht um den Weg in Richtung Selbstbestimmung der Mieter im Wohnungsneubau. Daher kam es zu der Gründung einer Genossenschaft, der *Selbstbaugenossenschaft Berlin e.G.*, die als Zusammenschluß der Nutzer (und einer großen Zahl fördernder Mitglieder) die Aufgaben von *Bauherr* und *Eigentümer*, des *Selbstbaus* und der *Selbstverwaltung* wahrnimmt. So ist es konsequent, daß die Mitwirkung der Nutzergruppe bereits in der Planungsphase beginnt, wo es um grundsätzliche Fragen oder auch um Alltagsentscheidungen geht. Nur dann wird der Selbstbau auch zur Selbstverständlichkeit.

Die Architekten haben seit einigen Jahren mit kritischer Distanz zu eingeübter Routine begonnen, auf diesem Gebiet eine neue Rolle aufzubauen. Die IBA hat die Initiative zu diesem Experiment mitgetragen und in kritischen Zeiten bestärkt.

9.1 Das bauliche Konzept

In ein weitmaschiges Gerüst aus Stahlbetonfertigteilen (Stützen, Träger, Platten), hier als *Regal* interpretiert, wurden durch Selbstbau zweigeschossige Wohnungen hineingebaut. Die äußeren Abmessungen der 12 Wohnungen sind mit den Brandwänden zu den Nachbarseiten und den Stahlbetondecken im Höhenabstand von 5,60 m festgelegt. Die Dek-

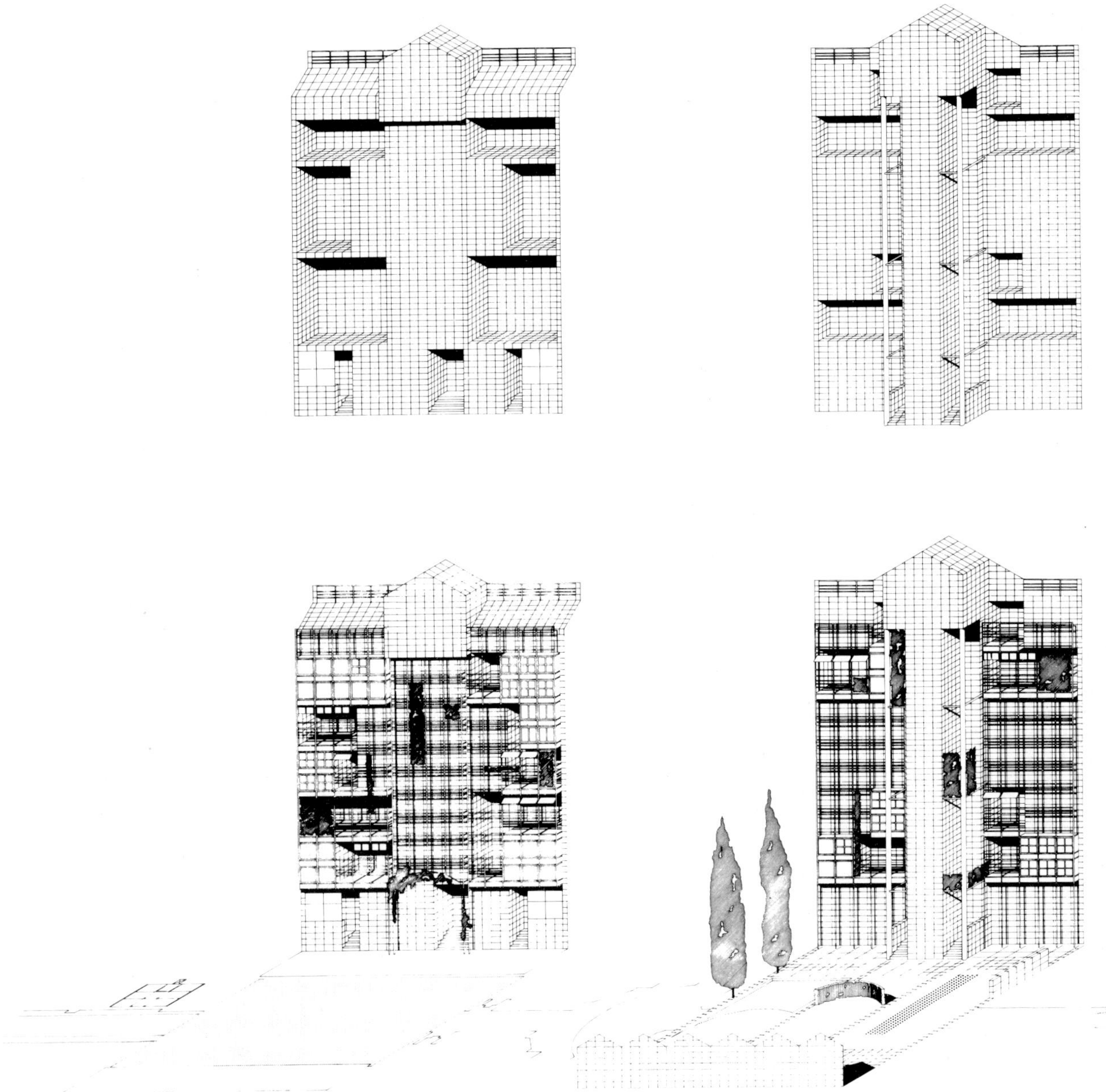

Bild 9.4: Fassaden

ken übernehmen die Funktion gestapelter Grundstücksparzellen. In den Regalgefachen gibt es Spielraum für unterschiedliche Wohn-, Lebens- und Architekturvorstellungen. Die Innenaufteilung der beiden möglichen Geschosse, also die Wohnungsplanung und -nutzung, erarbeiteten die Selbstbauer gemeinsam mit den Architekten. Das Material ist ausschließlich Holz.

In der ersten Phase wurden der Stahlbetonrohbau, das Dach, das Treppenhaus, der Aufzug und die vertikale Ver- und Entsorgung von Firmen ausgeführt. In der zweiten Phase wurden in den Rohbau durch Selbstbau zweigeschossige leichte Konstruktionen in Holzskelettbauweise eingebaut: Haupt- und Nebenträger, Zwischendecken, Stützen und Wandrippen, Wohnungs- und Raumtrennwände, die horizontale Verteilung der Ver- und Entsorgung und teilweise auch die (Holz-)Fassade.

9.2 Vorgaben zur gemeinsamen Planung

Die dreidimensionale Maßkoordination: das Grundrißraster ist in beiden Richtungen so aufgebaut, daß zwischen zwei Holzgefachen der Rippenwände ein Abstand von 1,00 m im Lichten entsteht – für Türen, Fenster, Öffnungen und Durchgänge. Verräumlicht wird das Raster mit der Überlagerung einer Höhenskala, die aus dem Grundmaß von 35 cm (zwei Treppensteigungen) abgeleitet ist und zu der Geschoßhöhe von 5,60 m pro Maisonette-Wohnung führt.

Der bauliche und betriebliche Brandschutz: Gestützt auf eine vorbereitende Forschungsarbeit zu diesem Thema, wurde gemeinsam eine Lösung entwickelt, die dem baulichen Brandschutz für die Holz-Zwischendecken (F 60-B) eine Reihe *kompensatorischer Maßnahmen* des betrieblichen Brandschutzes zur Seite stellt: Zugänge zum Treppenraum von jeder Maisonette-Etage aus, Laubengänge auf der Hofseite, Loggien und Terrassen auf der Straßenseite. Die Wohnungstrenndecken sind feuerbeständig (F 90-A), die (Holz-)Fassaden sind feuerhemmend (F 30-B).

Die Wohnungsgrößen:
Die Flächenstandards des sozialen Wohnungsbaus (Belegungsdichte) wurden gekoppelt mit der Langfristigkeit der Nutzinteressen, die auch für vielfältige Veränderungen Raum geben soll. Der Wohnflächen-Raum-Faktor wird dann zum Problem, wenn z.B. die Maisonette-Treppe zwar als umbauter Raum angerechnet wird, jedoch nicht als Wohnfläche. Die Flächenstandards werden dort fiktiv, wo jeweils eine »Normal«-Familie angenommen wird, also Vater, Mutter und Kinder, mit einem 2-Meter-Ehebett samt Nachttischen im Schlafzimmer.

Die gemeinschaftlichen und ökologischen Nutzungsbereiche: die begrünbare Dachfläche mit Glashaus als Gewächshaus oder Gemeinschaftsbereich, der begrünte Hof oder das berankte Gerüst vor der Straßenfassade stehen für den Willen, die Stadt-Reparatur in Kreuzberg zu unterstützen, und zwar mit ökologischen Mitteln. Mit den Nachbarhäusern besteht eine im Grundbuch abgesicherte Vereinbarung: keine Zäune, gemeinsames Hofkonzept und gegenseitiges Wegerecht.

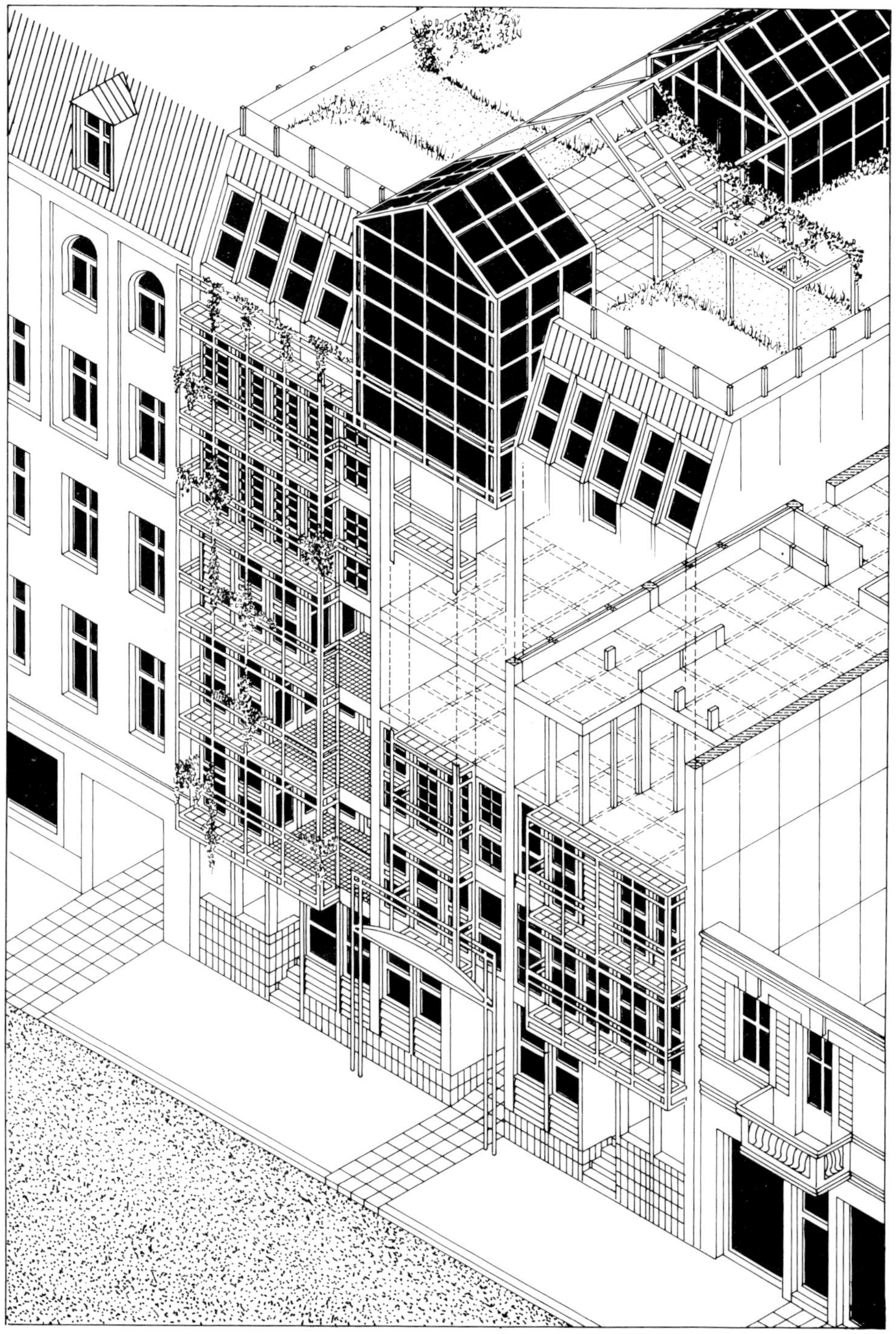

Bild 9.5: Fassadenisometrie mit Rankgerüst, Begrünung und Glasdach als gemeinschaftlicher Bereich und ökologischer Beitrag zur Stadtreparatur

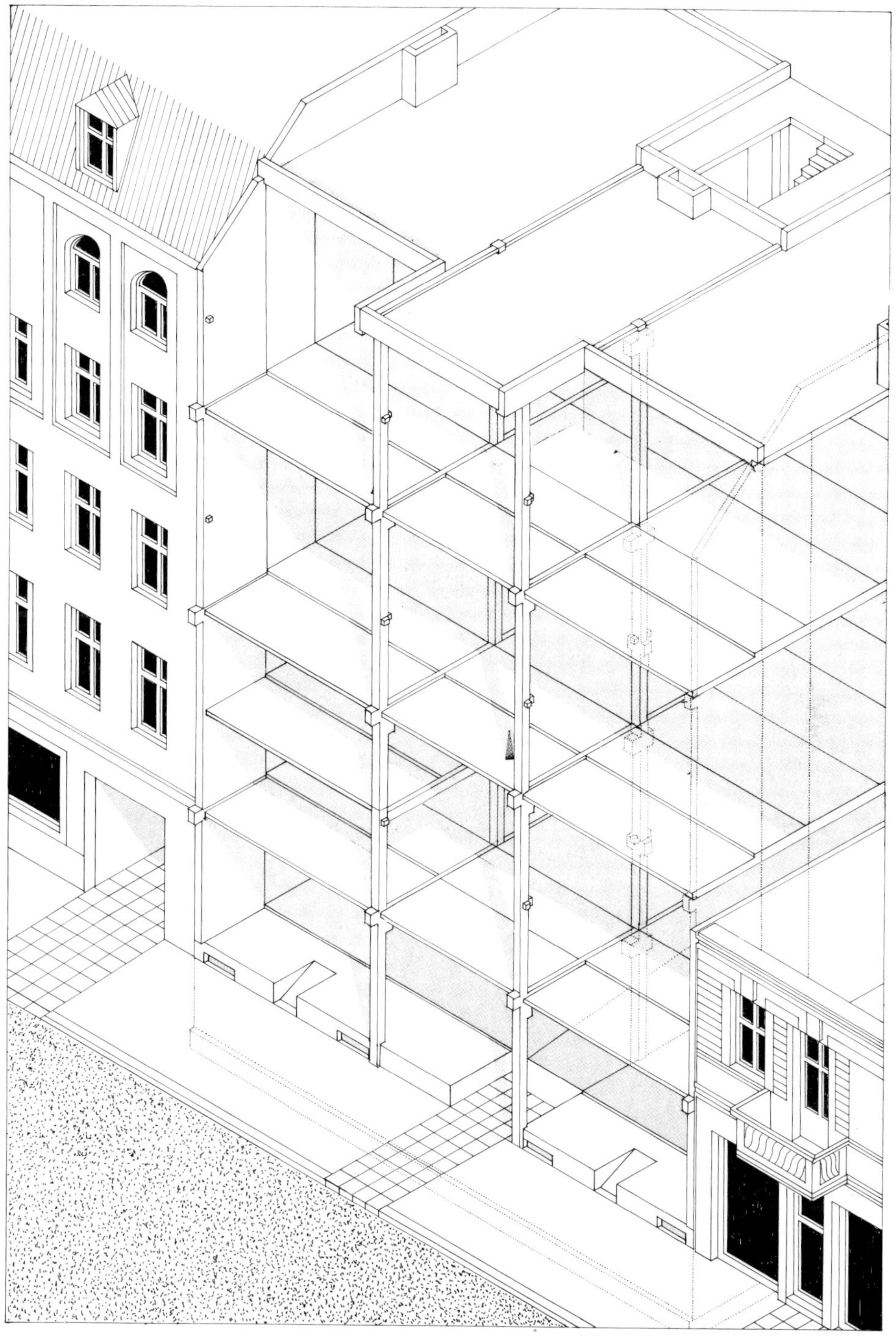

Bild 9.6: Konstruktionsisometrie des weitmaschigen Gerüstes aus Stahlbetonfertigteilen, als »Regal« interpretiert

9.3 Selbstbaugenossenschaft Berlin e.G.

Es ging darum, den Mitgliedern preiswerten und den Bedürfnissen abgepaßten Wohnraum zu schaffen. Außerdem sollten die Nutzer frühzeitig an der Planung ihrer Wohnungen beteiligt und durch gemeinsame Selbstbauleistungen Kosten eingespart werden. Dabei kann durch das gemeinschaftliche Arbeiten ein fester sozialer Zusammenhalt mit einem entsprechend hohen Wohn- und Identifikationswert entstehen. Drittens sollte erreicht werden, daß die jeweiligen Bewohner ihr Haus weitgehend selbständig verwalten und bewirtschafte. Auch dies ermöglicht eine selbstbestimmbare Kon-

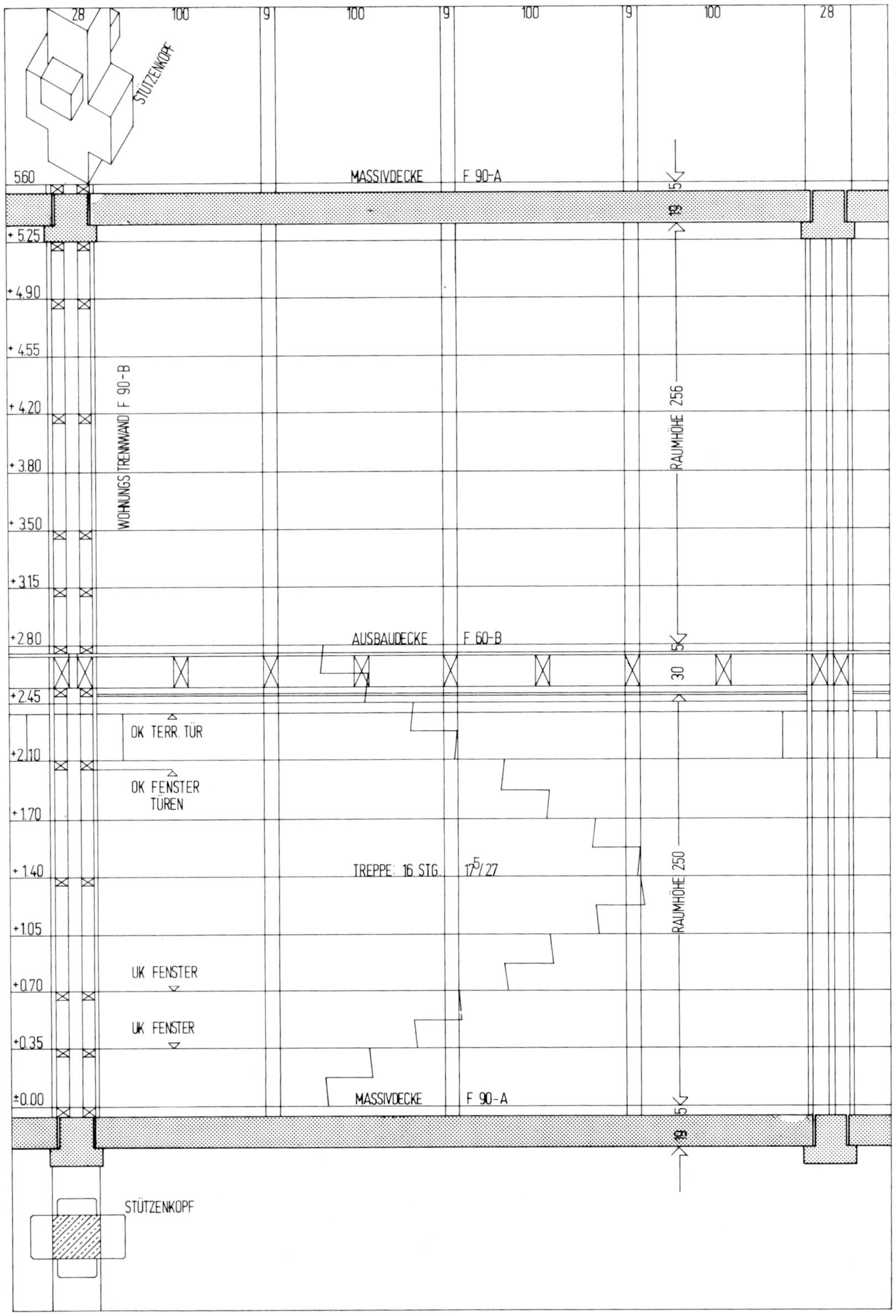

Bild 9.7: Dreidimensionales Ausbaurastersystem, M 1:40
Das Vielfache von 35 cm (2 Treppensteigungen) ergibt eine vertikale Maßkoordination und die Geschoßhöhe von 2,80 m.
In der Horizontalen gilt ein Raster von 35 cm.

trolle sowohl über anfallende Kosten und Arbeiten (von Heizungsarbeiten bis Treppenputzen) als auch über die Nutzung der Hoffläche und anderer Gemeinschaftseinrichtungen.

In § 6 der Satzungen wird eine fünfjährige Mindestmitgliedschaft festgelegt. Dies wurde beschlossen, um eine zu hohe Fluktuation zu verhindern, die zu einer Auflösung der Gruppenbeziehungen führen würde.

Die Genossenschaft wurde 1984 mit Unterstützung der IBA gegründet, ist inzwischen anerkannt und hat zur Zeit über 100 Mitglieder. Sie versteht sich als Trägerform, als *Dach* für eine Reihe bewohnerorientierter Projekte, insbesondere im Rahmen des sozialen Wohnungs(neu)baus. Aus diesem Verständnis heraus ist der Widerspruch bereits eingeplant. Einerseits ging es um die mühsame Etablierung einer Neubau-Genossenschaft (zum ersten Mal in Berlin seit 1945), die wie andere Bauträger und in Konkurrenz zu diesen ökonomischen Zwängen und der Notwendigkeit der Handlungsfähigkeit unterliegt. Professionalität war erforderlich. Andererseits gehört es zur Projekt-Biografie, daß die Konzeption des *Wohnregals* von den Architekten unverzichtbar mit der Forderung nach Gemeinschaftseigentum, Selbsthilfe und der Gründung einer Genossenschaft verknüpft wurde (IBA-Gutachten). Es ging um eine Genossenschaft als Träger für dieses Objekt, mit den Genossen als Nutzer, die im Aufsichtsrat und Vorstand für einen von Expansionsinteressen und persönlicher Ambition freien Rahmen sorgen, in dem sich die Hausgemeinschaft entwickeln kann.

9.4 Kooperative Planung mit Muskelkraft

Seit März 1984 trafen sich die Nutzer einmal wöchentlich mit den Architekten, wobei über Wohnungswünsche, gemeinsame Interessen und persönliche Vorstellungen gesprochen wurde. Es ging auch um seminarmäßig durchgeführte Einblicke in die Details von Bautechnik, Finanzplanung und Kosten, Bauablauf, Selbstbau-/Fremdbauarbeiten, Termine, aber auch um die Restriktionen auf hoher politischer Ebene, die sich entmutigend und desillusionierend auswirkten. Wichtig jedoch war, daß auf

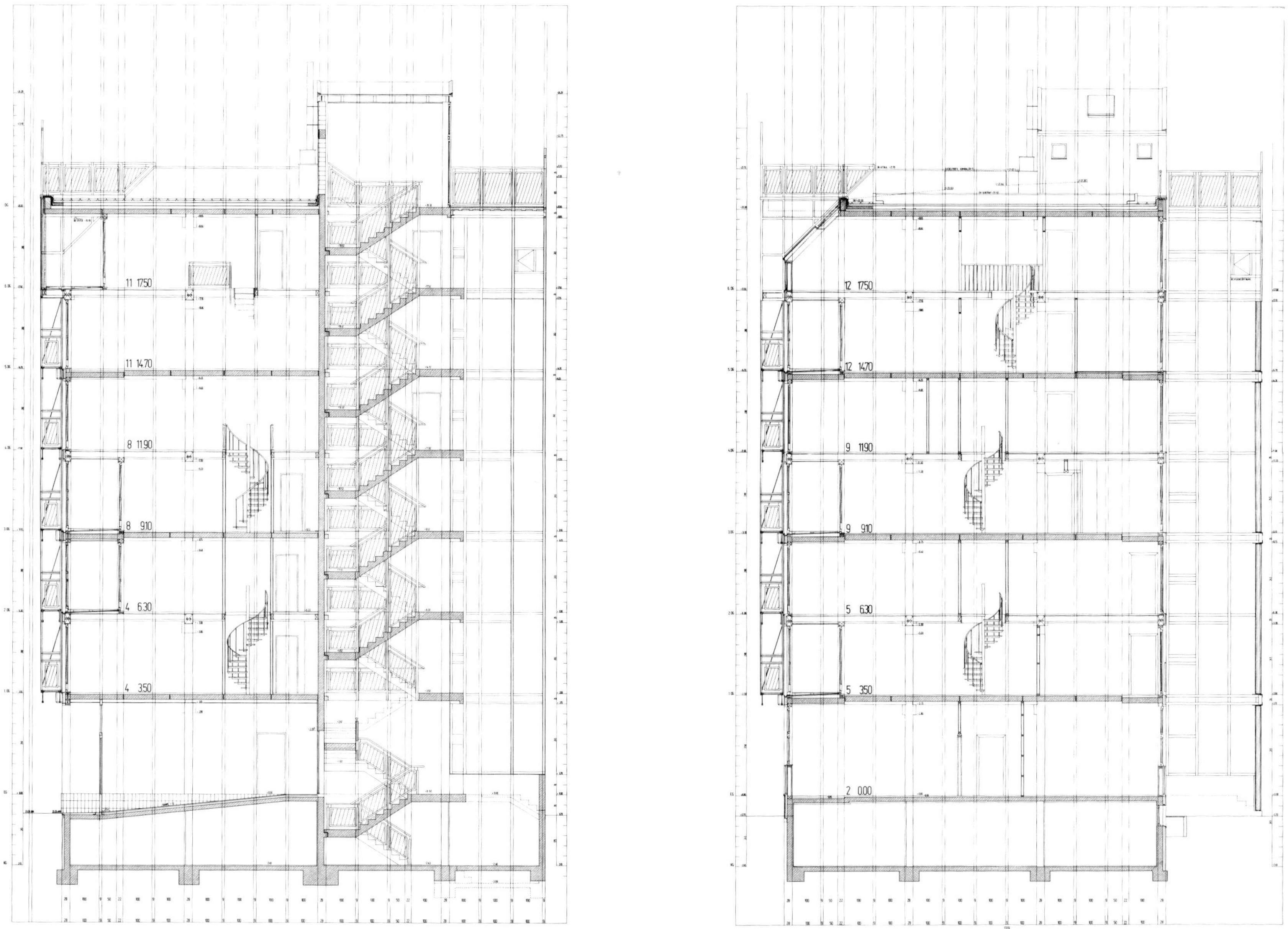

Bild 9.8: Schnitte, M 1:200

den Treffen auch gemeinsam die Grundrisse entwickelt wurden mit dem Ergebnis, daß sich kein Grundriß wiederholt. Auch die Fassadengestaltung wurde gemeinsam und wohnungsbezogen entwikkelt.

Die Muskelkraft wurde dort zwingend, wo die Alternativen- und Variantenbildung des Grundrisses kein Ende fand, auch dort, wo die hausinterne Wanderung während der Planungsphase oder der Auszug von Nutzen das bisher Geplante überflüssig machten und der Einzug von Nutzern (vor Baubeginn) die Planung erneut in Gang setzte. Wurden die Ergebnisse gemeinsamer Planung dann in zahlreichen Gesprächen mit den Behörden und Ämtern (in durchweg kooperativer Absicht) überlagert, so entstanden erneut Anlässe für Umplanungen.

Am hölzernen Modell wurde simuliert und präzisiert. Die Ansätze und Ergebnisse der gemeinsamen Grundrißplanung wie auch die Detailklärungen wurden verräumlicht; das erleichterte den Nutzern die Annäherung an die Abstraktion der Architekturdarstellung. Das Modell wurde als vielseitiges Baukasten- und Stecksystem im Maßstab 1:20 entwickelt (Modellbau: Torsten Mahlke).

Die gemeinsame und kooperative Planung hat sich bewährt. Dennoch bleibt es die Ausnahme, wenn Nutzer im sozialen (Miet-)Wohnungsbau ihre Interessen formulieren und durchsetzen lernen – für Nutzer und Architekten eine ungeheure Gratwanderung.

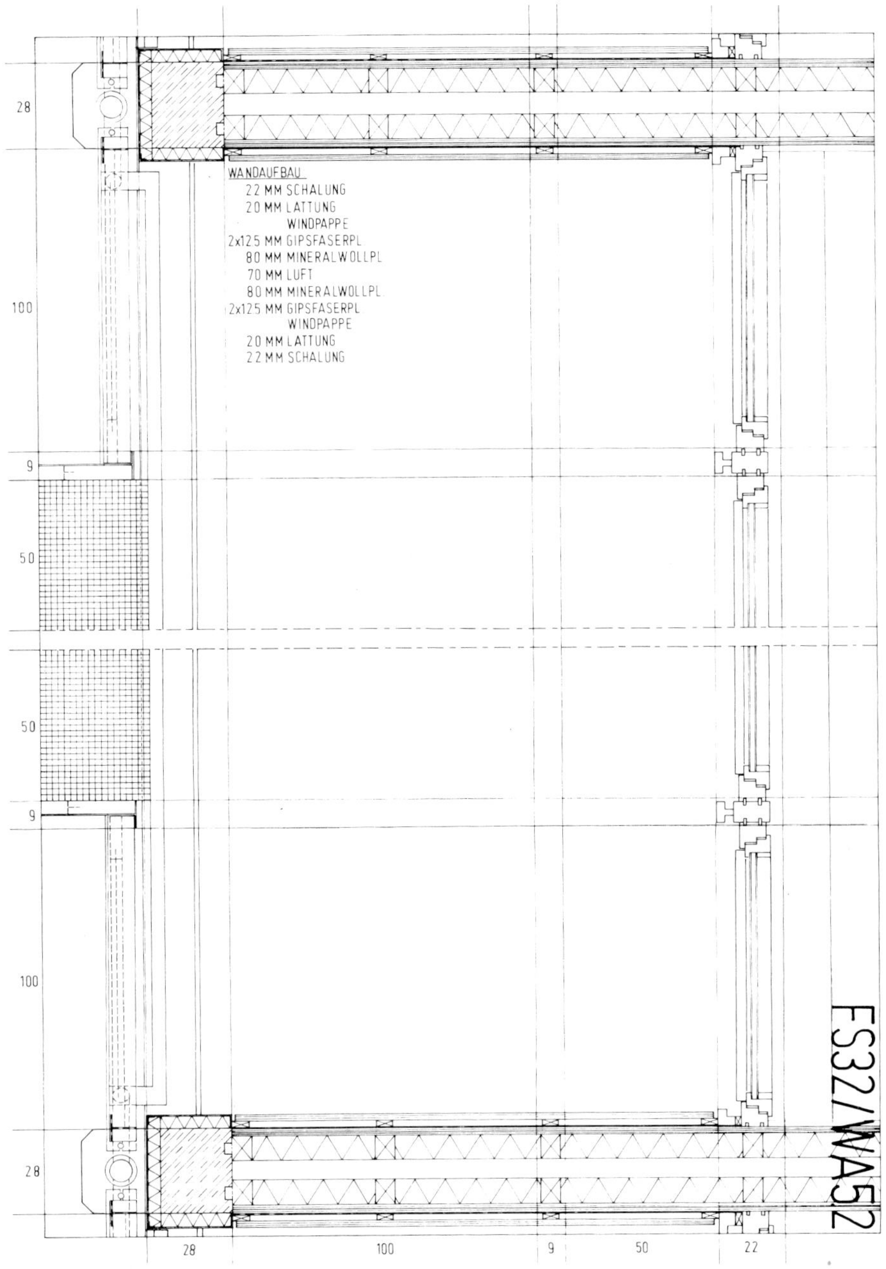

Bild 9.11: Horizontalschnitt Straßenseite Ebenen 14.70, M 1:25

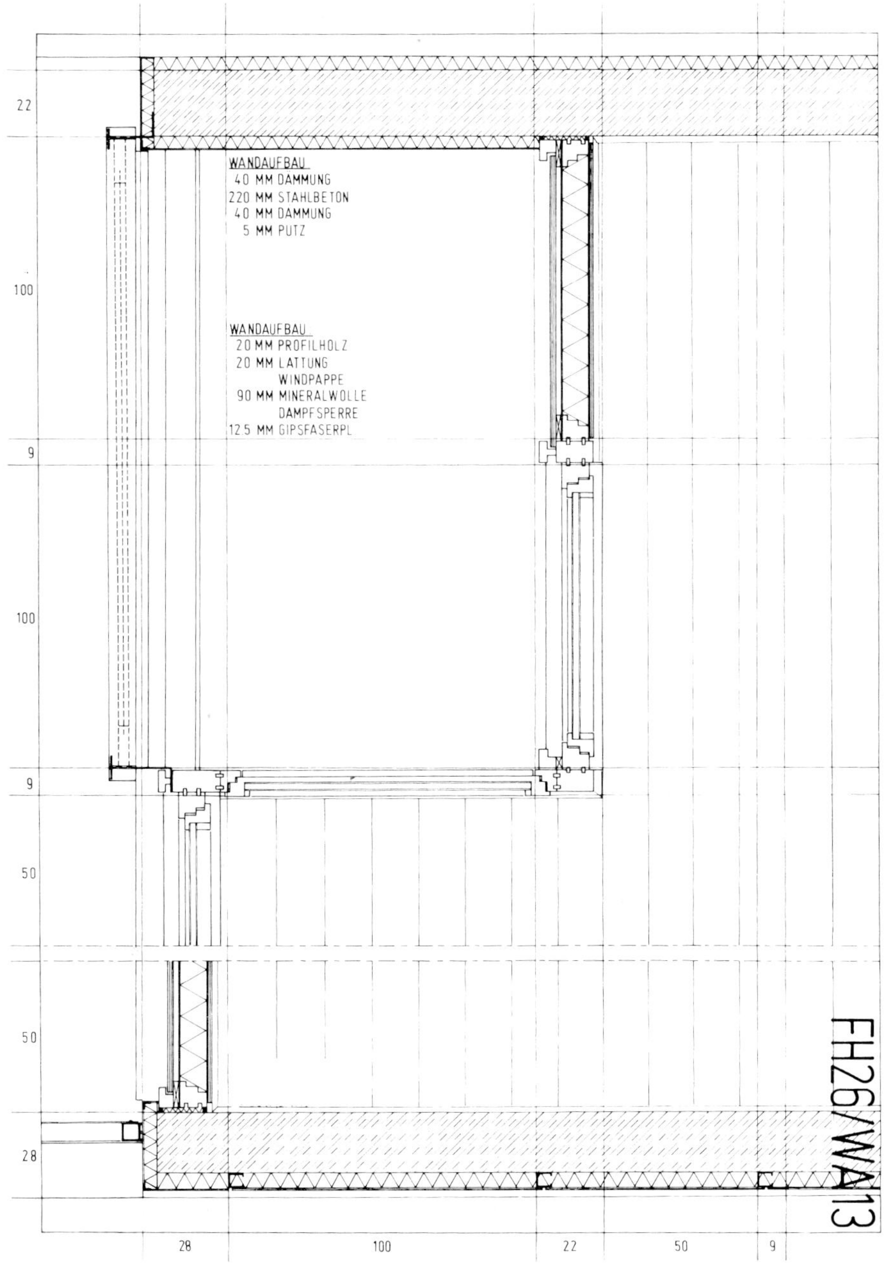

Bild 9.12: Horizontalschnitt Hofseite Ebene 14.70, M 1:25

Zu keinem Zeitpunkt gab es grundsätzliche Nachfrageprobleme, dafür aber um so mehr Zweifel, ob es *solche Leute* überhaupt gibt, und zwar von Seiten, die an entscheidender Stelle mit ihrer Skepsis das Projekt eher gefährdeten. Die Selbstbaugenossenschaft hat inzwischen eine Warteliste für ähnliche Projekte angelegt. Es sind jetzt 27 Bewohner, darunter 6 Kinder, als Familie (mit und ohne Trauschein), Wohngemeinschaften, Alleinerziehende oder Alleinstehende jeweils in ihrer Wohnung. Sie sind langfristig berufstätig oder gerade auf der Suche nach Jobs, angestellt, verbeamtet oder selbständig. Sie studieren oder tun einfach nix. Kurzum, sie sind nicht festzulegen auf das eine oder andere Klischee.

9.7 In eigener (Architekten- und Genossenschafts-)Sache

Zur Projekt-Biografie ist anzumerken, daß die Konzeption des *Wohnregals* von den Architekten zunächst ohne Nutzer entwickelt wurde. Mit zunehmender Realisierbarkeit (Kosten und Finanzierung) erst bildete sich die Möglichkeit, Interessenten für das Projekt zu gewinnen.

Als erster Schritt wurde die mit der Konzeption des *Wohnregals* unverzichtbar verknüpfte Forderung nach Gemeinschaftseigentum und Selbsthilfe mit der Gründung der *Selbstbaugenossenschaft Berlin*

Bild 9.13: Betonskelett mit Holzdecken i.d. Zwischengeschossen

Bild 9.14: Wohnregal mit geschlossener Holzfassade Mai 1986

Bild 9.15: Holzfassade/Verlegung der Holzdielen

erreicht. Als zweiter Schritt entstand der Zusammenschluß einer Gruppe Interessierter – Genossenschaftsmitglieder und zugleich Nutzergruppe des *Wohnregals*. Für die Architekten bedeutet dieser Weg eine Umkehr der Praxisroutine: Die Konzipierung des Wohnregals als IBA-Projekt ist verknüpft mit dem gleichzeitigen Entwurf von Auftraggeber- und Nutzergruppe: ein für die Architekten motivierender, aber auch riskanter Weg. Das Verdienst der IBA ist es, das Projekt in jeder Phase mit praktischer Hilfe und Vision unterstützt zu haben.

Für die Beteiligten (Architekten, Nutzer, Genossenschaft) stellt sich die Frage, ob der unvermeidliche Alltag der Verwaltung und Projektsteuerung den Blick offenhält für eine Radikalisierung des ursprünglichen Kooperations-Modells: das Konzept eines Selbstbauprojekts, bei dem sich nicht mehr wie hier noch die Architekten, sondern die Nutzer an den Anfang stellen – betreut von Architekten und Genossenschaft als Initiatoren.

Die Selbstbaugenossenschaft wird daran gemessen werden, ob sie sich auf historische Spuren in alltägliche Beuträgerpraxis hin bewegt, oder ob sie als Basis-Modell zu wohnbaupolitischer Revision beiträgt, gezügelt durch ein gewolltes Zuwenig.

Die Frage nach der Übertragbarkeit als übergeordnetes Ziel ist lösbar – für Bautechnik und Brandschutz, Genehmigungsverfahren, Finanzierung, kooperative Planung, für Projektsteuerung und Trägerform, Nutzerinteresse und Nutzerbeteiligung. Der festgesetzte Honorarrahmen für die vorgeschaltete kooperative Planung und für die Architektenleistungen ist jedoch ruinös und abschreckend.

Erst wenn sich behutsam und bescheiden der Erfolg einstellt, als *Graswurzel in einem zusammenwachsenden Feld* (Hoffmann-Axthelm), wenn der Seitenblick auf das *große Bauen* überflüssig wird, dann gilt Hämer's *mehr davon*.

Bild 9.16: Innenraum mit Holzeinbauten Mai 1986

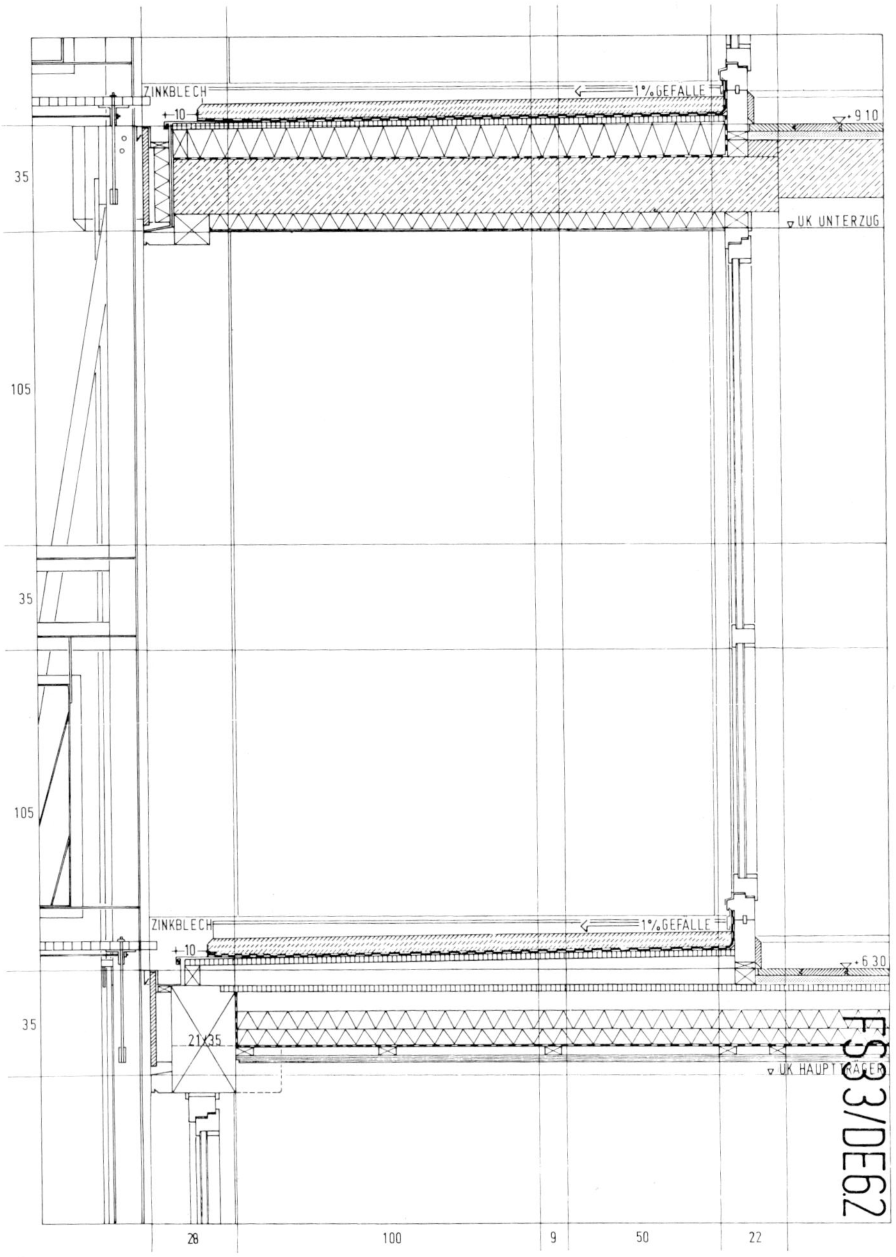

Bild 9.17: Vertikalschnitt Straßenseite Ebenen 6.30 und 9.10, M 1:25

Deckenaufbau oben: (Loggia)
50 mm Estrich
10 mm Isolierung
19 mm Spanplatte
100 mm Dämmung
1 % Gefälleholz
Dampfsperre
190 mm Stahlbeton
50 mm Mineralwollplatten
10 mm Sperrholz imprägniert

Deckenaufbau unten: (Loggia)
50 mm Estrich
10 mm Isolierung
19 mm Spanplatte
1 % Gefälleholz
22 mm Spanplatte
120 mm Mineralwollplatten
Dampfsperre
25 mm Lattung
25 mm Gipsfaserplatten (F)

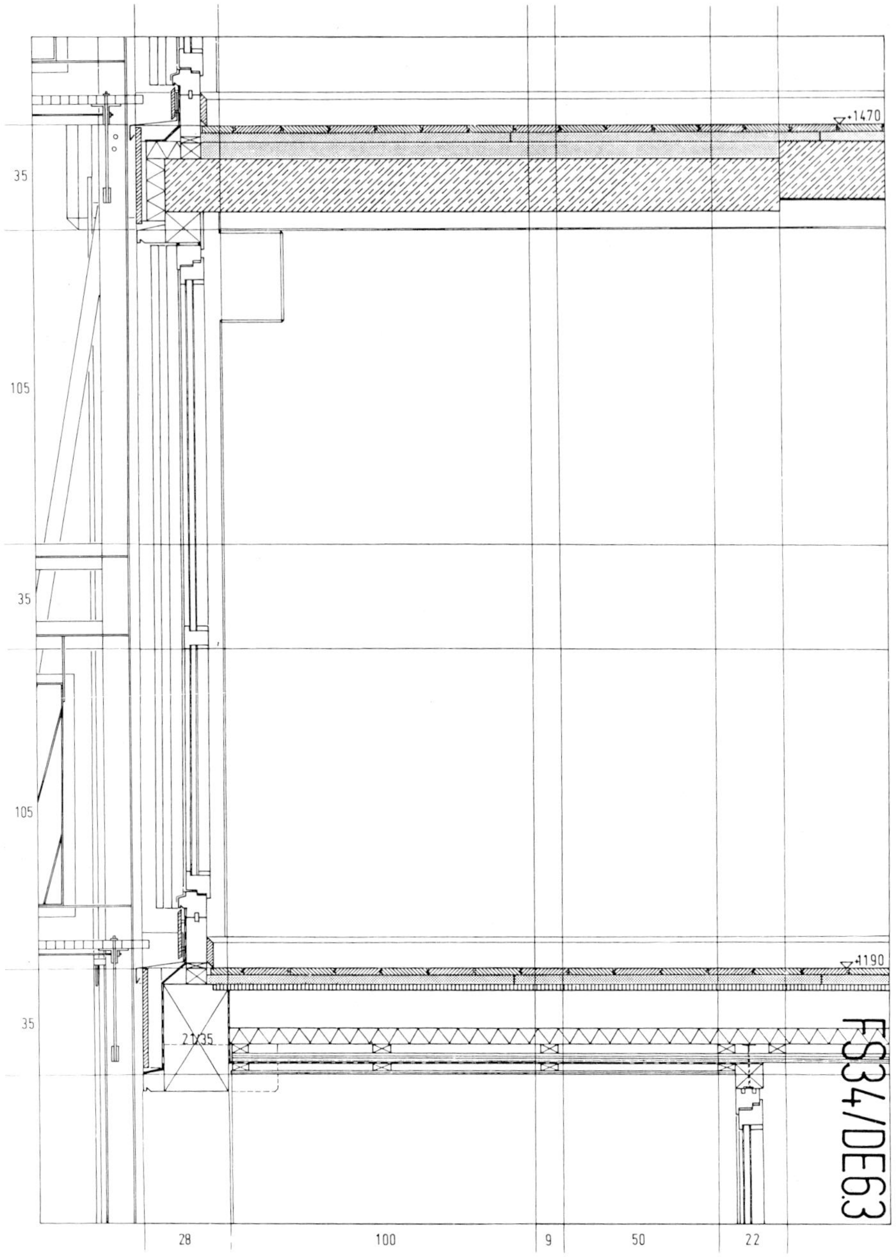

Bild 9.18: Vertikalschnitt Straßenseite Ebenen 11.90 und 14.70, M 1:25

Deckenaufbau oben:
22 mm Holzdielen
28 mm Korkplatten
50 mm Korkschüttung
190 mm Stahlbetondecke
320/300 mm Unterzug

Deckenaufbau unten: (Loggia)
22 mm Holzdielen
28 mm Kork
20 mm Spanplatte
(100/180 mm Nebenträger)
60 mm Mineralwollplatten
25 mm Lattung
2 × 12,5 mm Gipsfaserplatten (F) Unterspannbahn
25 mm Lattung
10 mm Sperrholzplatten imprägniert

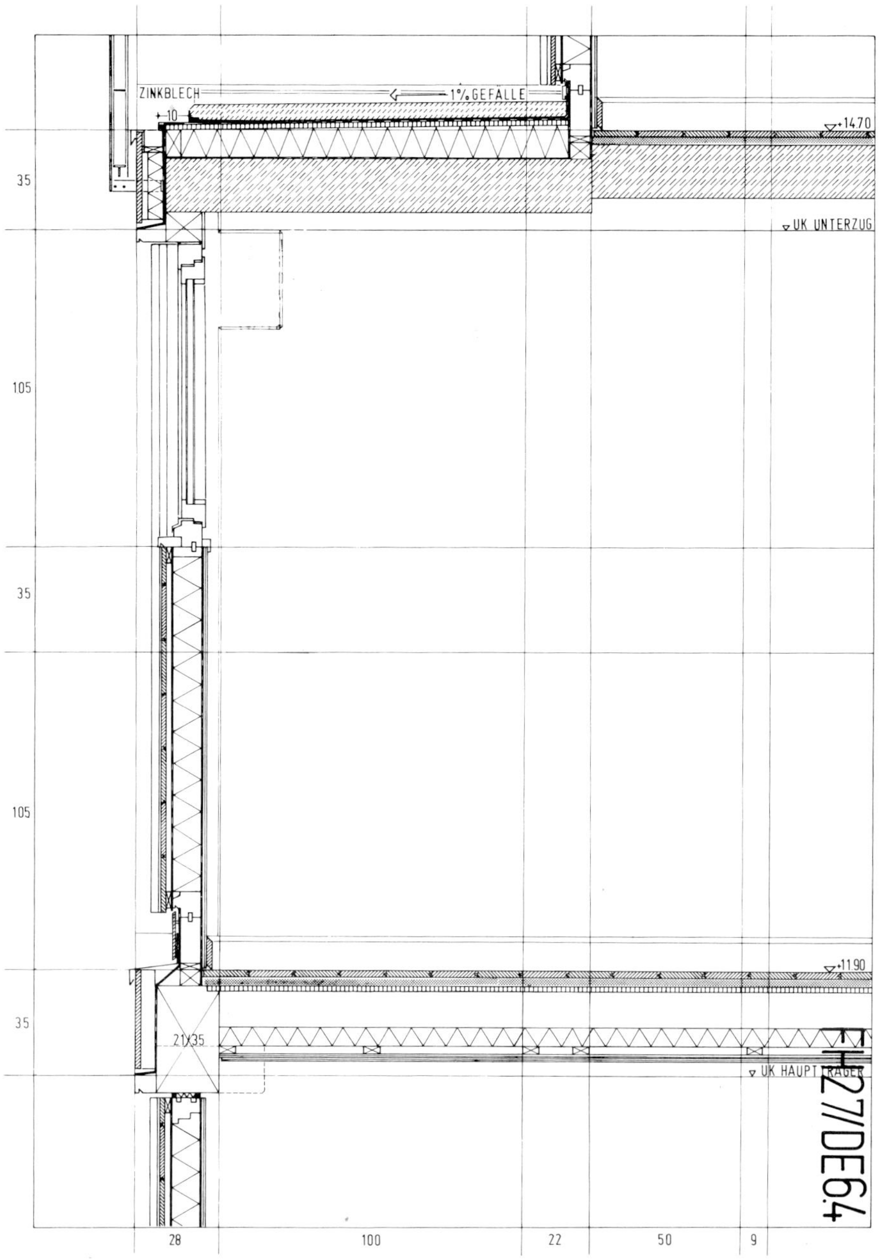

Bild 9.19: Vertikalschnitt Hofseite Ebenen 11.90 und 14.70, M 1:25

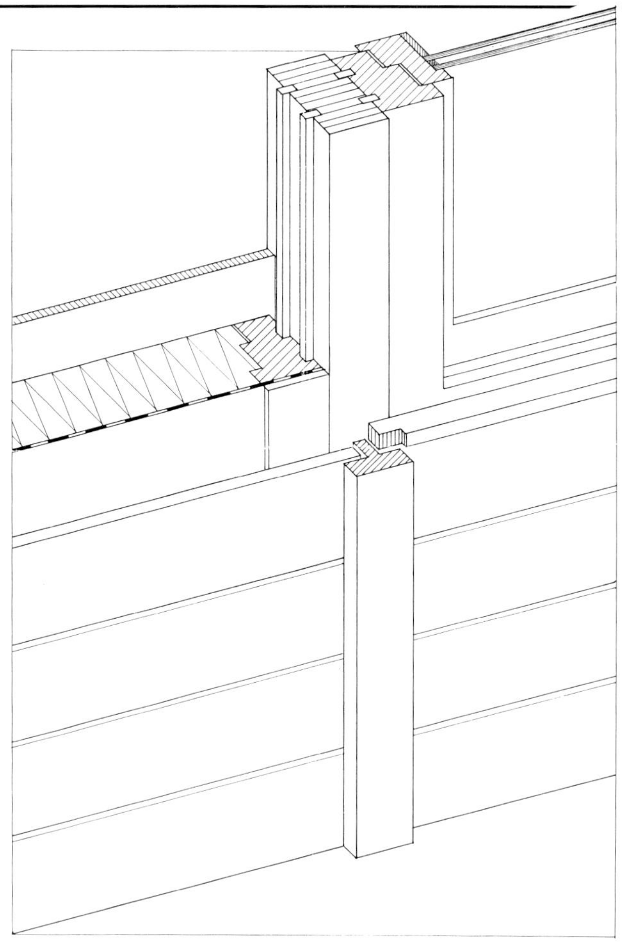

Bild 9.20: Isometrie Fassadenaufbau

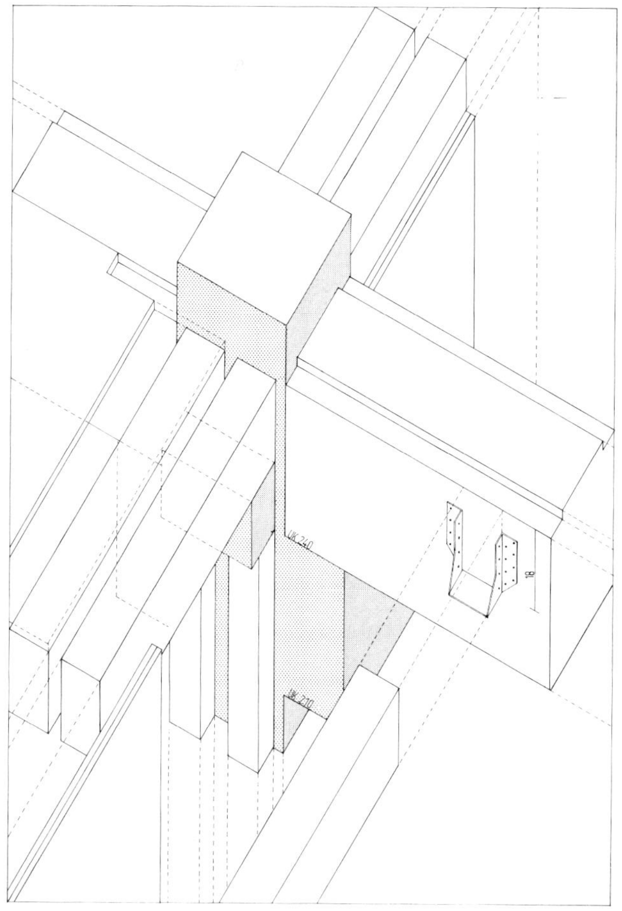

Bild 9.22: Konstruktion der Wohnungszwischendecken

Deckenaufbau oben: (Loggia)
50 mm Estrich
10 mm Isolierung
19 mm Spanplatte
100 mm Dämmung
1 % Gefälleholz
Dampfsperre
190 mm Stahlbeton

Wandaufbau:
20 mm Profilholz
20 mm Lattung
Windpappe
90 mm Mineralwolle
Dampfsperre
12,5 mm Gipsfaserplatten

Deckenaufbau unten:
22 mm Holz
28 mm Kork
20 mm Spanplatte
120 mm Luft
60 mm Mineralwolle
25 mm Lattung
25 mm Gipsfaserplatten (F)

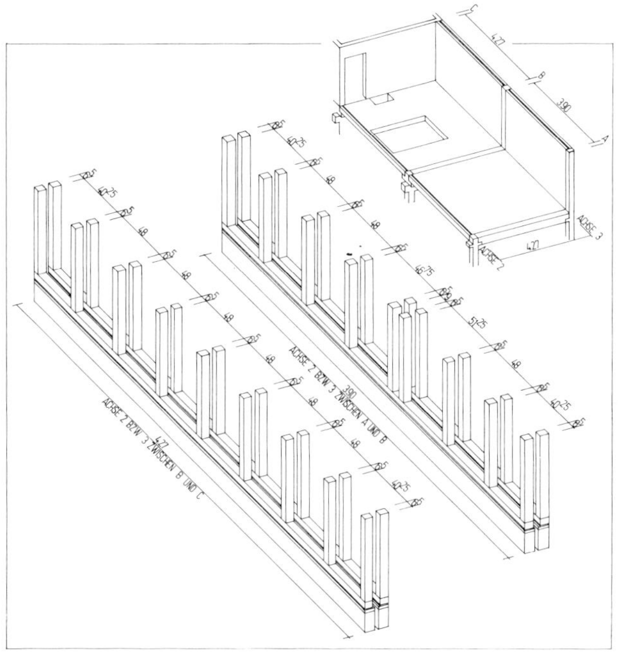

Bild 9.21: Wandskelette: Aufmessen und Anzeichen der Schwellen und Rähme (Breite 8 cm)

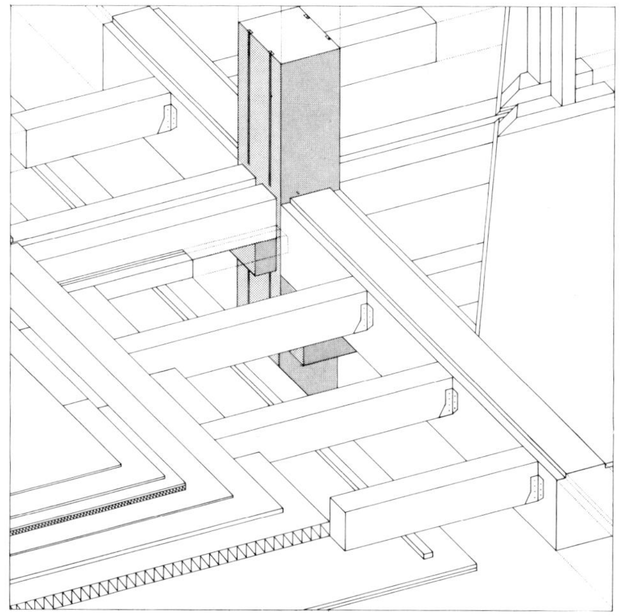

Bild 9.23: Selbstbau – Kartierung: Anleitung für Eigenleistung Wohnungszwischendecke

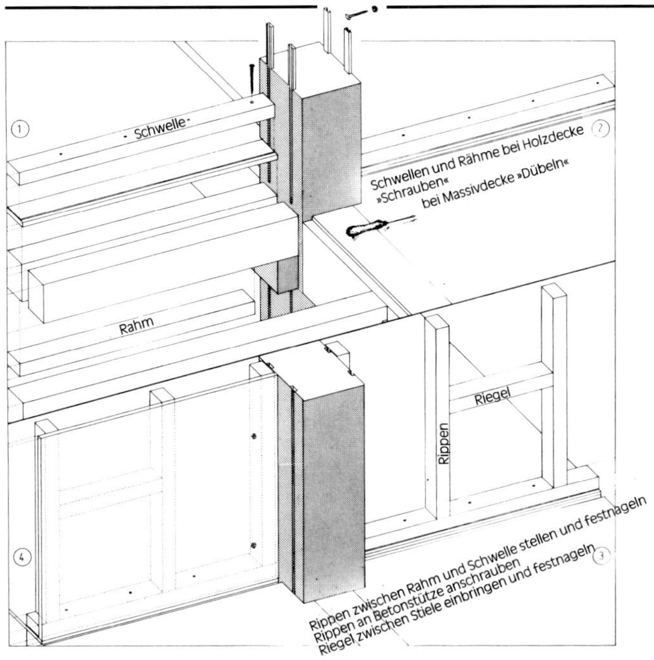

Bild 9.24: 1. Wandhälfte
Anheften der Dämmstreifen allseitig für Trittschall und Luftschall (5 mm/4.4 mm)
Rollenbreite ca. 1,00 m, Polyäthylenschaum, Andübeln (Fischer-Dübel, Schrauben 6/14) der Schwellen und Rähme
Anzeichnen der Rippen an der Schwelle und Rähm, Annageln der Rippen an Schwelle und Rähm (Stahlstifte 120)
Anschrauben der Wandrippen (HTA Typ 28/15 M 10, l = 100, Ausf. Z) bzw. Andübeln (Fischer-Dübel, Schrauben 6/14) an Stützen und Treppenraumwand
Aufmessen der Riegel in jedem Feld: Oberkante Riegel + 1,40 und zusätzliche Riegel nach Bedarf (Heizkörper, Wandregale usw.), Annageln der Riegel an Wandrippen (Stahlstifte 120)
Beplankung mit Spanplatten auf der Seite der Wandmitte (d = 19 mm), Schnellbauschrauben

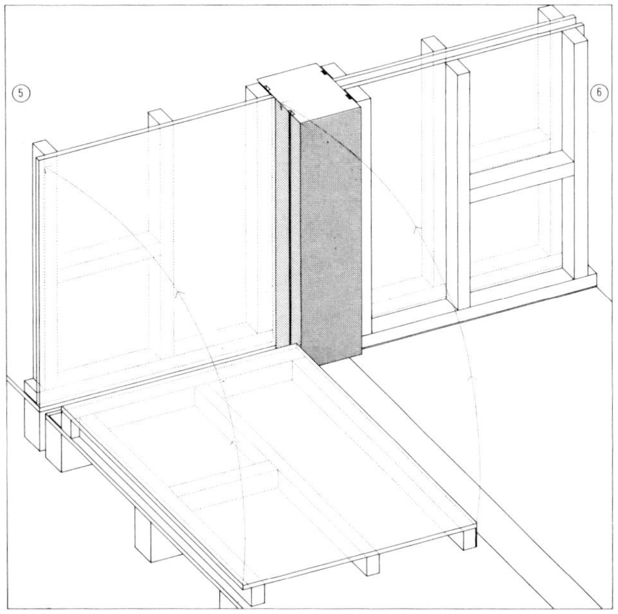

Bild 9.25: 2. Wandhälfte
Erstellen (Einpassen) der Rahmen, Beplanken waagrecht auf Decke, Aufrichten, Andübeln, Anschrauben, Dämmstreifen allseitig einlegen

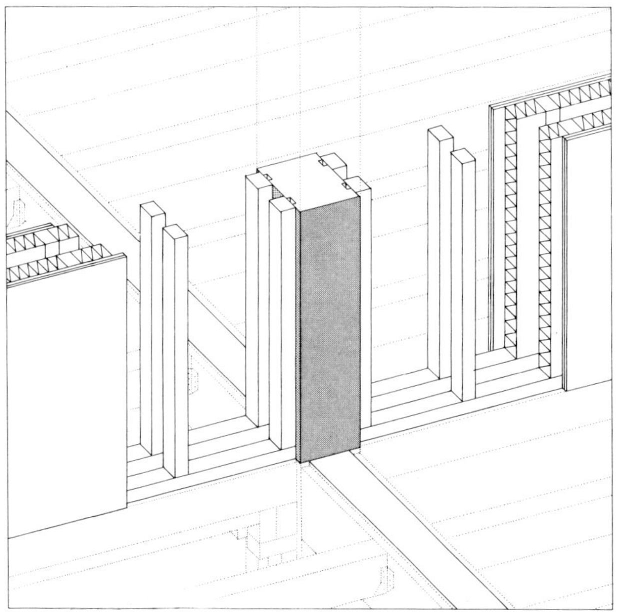

Bild 9.26: Wohnungstrennwände: Wandskelette und Beplankung

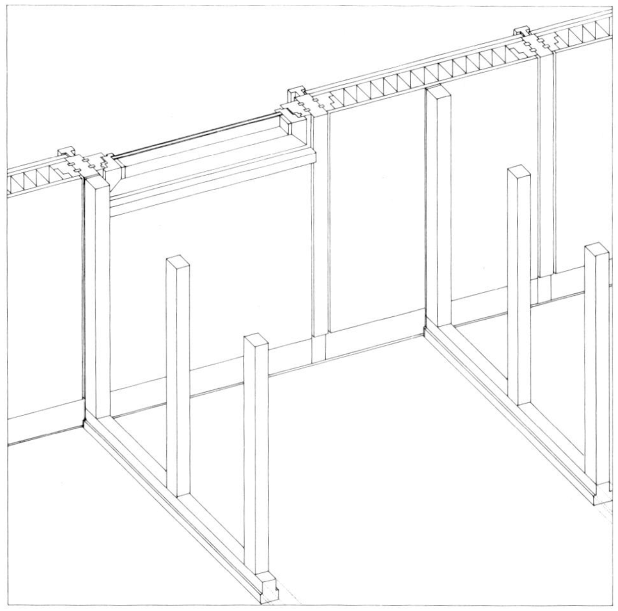

Bild 9.27: Raumtrennwand an Fassade:
Im Raster: Letzter Stiel mit dazwischenliegenden Dämmstreifen gegen Fassadenstiel geschraubt
Im Zwischenraster: Letzter Stiel mit dazwischenliegenden Dämmstreifen gegen Gipsfaserplatte geschraubt

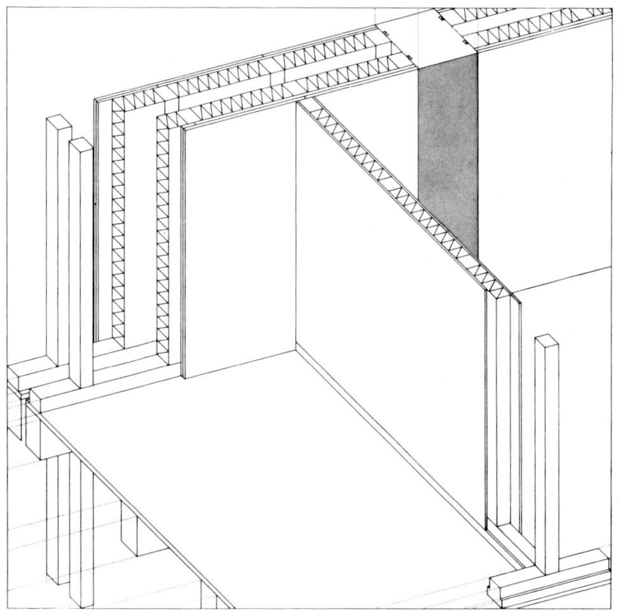

Bild 9.28: Beplankung: Zweite Hälfte der Wandskelette

Bild 9.29: Horizontalschnitt
Anschluß Holzdecke – Wohnungstrennwand, M 1:10
Wandaufbau (F 90 – B):
2 × 12,5 mm Gipsfaserplatten
80 mm Mineralwolleplatte
70 mm Luft
80 mm Mineralwolleplatte
2 × 12,5 mm Gipsfaserplatten

Bild 9.30: Vertikalschnitt
Anschluß Stahlbetondecke – Wohnungstrennwand, M 1:20
Deckenaufbau (F 60 – B):
22 mm Holzdielen
28 mm Kork
190 mm Stahlbetonplatte
(300/320 mm Stahlbetonunterzug)

Bild 9.31: Vertikalschnitt
Anschluß Stahlbetondecke – Wohnungstrennwand, M 1:20
Wandaufbau (F 90 – B):
2 × 12,5 mm Gipsfaserplatte (F)
80 mm Mineralwollplatte
70 mm Luft
80 mm Mineralwollplatte
2 × 12,5 mm Gipsfaserplatte

Bild 9.32: Vertikalschnitt
Anschluß Stahlbetondecke – Wohnungstrennwand, M 1:20
Wandaufbau (F 90 – B):
2 × 12,5 mm Gipsfaserplatte (F)
80 mm Mineralwollplatte
70 mm Luft
80 mm Mineralwollplatte
2 × 12,5 mm Gipsfaserplatte (F)

Bild 9.33: Vertikalschnitt
Anschluß Holzdecke – Wohnungstrennwand, M 1:20
Wandaufbau (F 90 – B):
2 × 12,5 mm Gipsfaserplatte (F)
80 mm Mineralwollplatte
70 mm Luft
80 mm Mineralwollplatte (F)
Deckenaufbau (F 90 – B):
22 mm Holzdielen
28 mm Kork
20 mm Spanplatte
(100/180 mm Nebenträger)
60 mm Mineralwollplatte
25 mm Lattung
2 × 12,5 mm Gipsfaserplatte (F)

Bild 9.34: Vertikalschnitt
Anschluß Holzdecke – Wohnungstrennwand, M 1:120
2 × 12,5 mm Gipsfaserplatte (F)
Deckenaufbau (F 60 – B)
22 mm Holzdielen
28 mm Kork
20 mm Spanplatte
(280/350 mm Hauptträger)
60 mm Mineralwollträger
25 mm Lattung

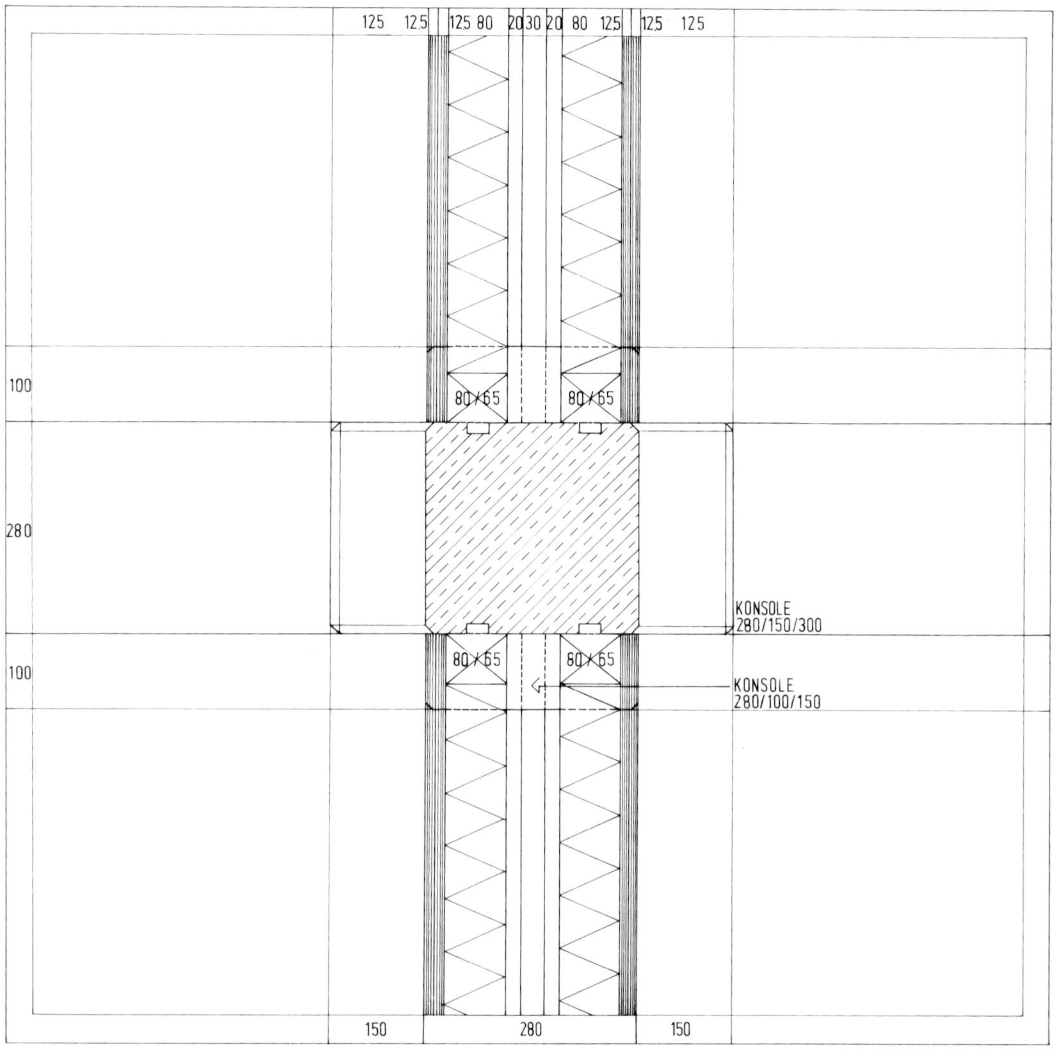

Bild 9.29

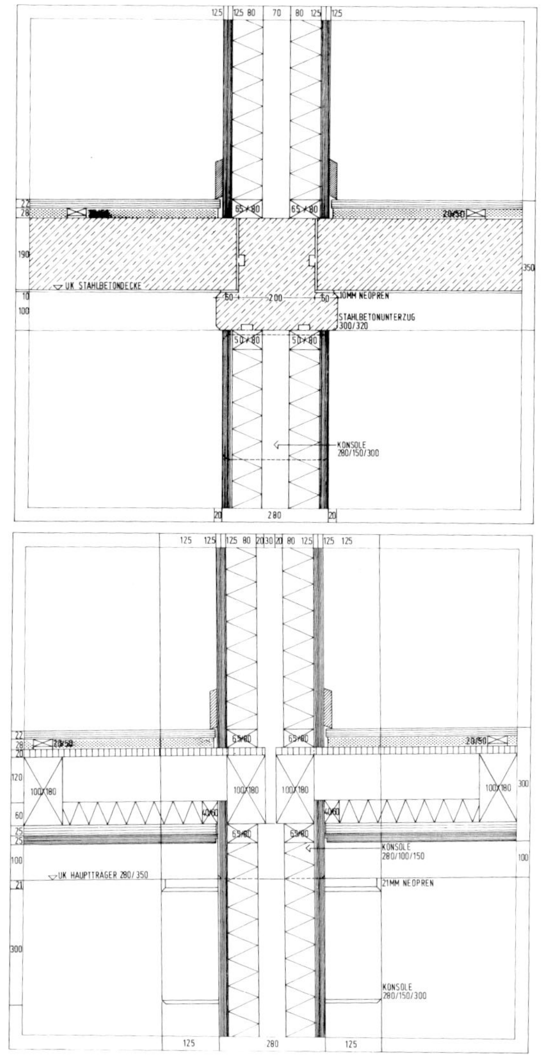
Bild 9.32 und Bild 9.33

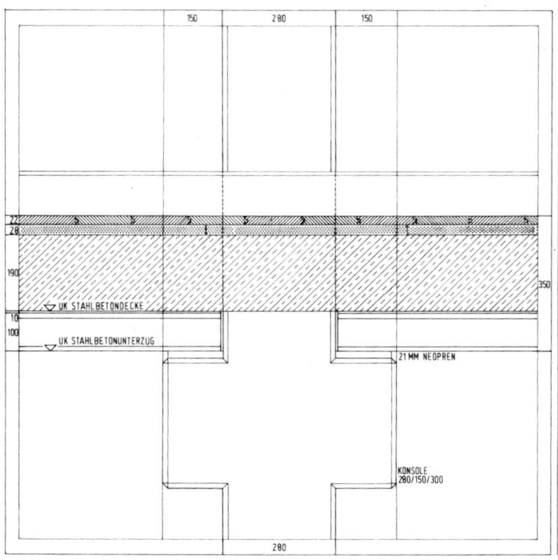
Bild 9.30

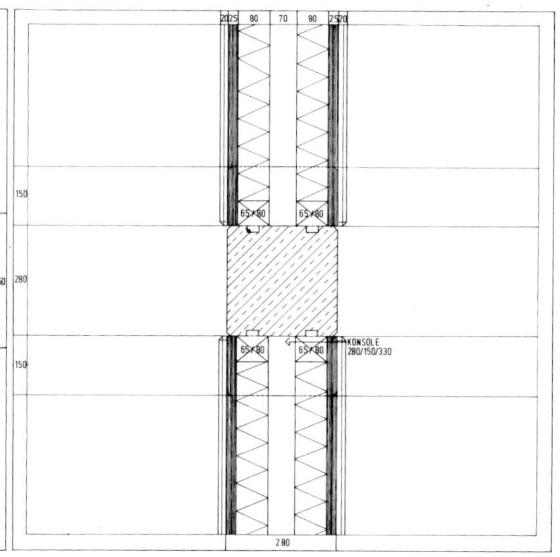
Bild 9.31

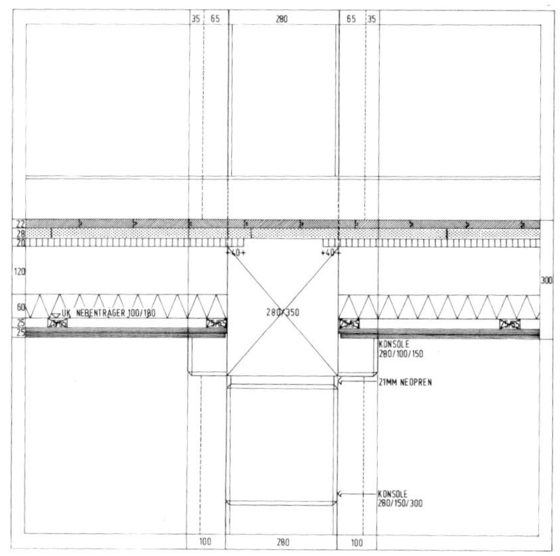
Bild 9.34

Bild 9.35: Ausbau-Situation im Wohnregal Mai 1986

Bild 9.37: Ausbau-Situation im Wohnregal Mai 1986

Bild 9.36: Wohnregal mit geschlossener Holzfassade Mai 1986

Bild 9.38: Ausbau-Situation im Wohnregal Mai 1986

Bild 9.39: Ausbau-Situation im Wohnregal Mai 1986

10 Holzbau und Brandschutz im mehrgeschossigen Wohnungsbau

»In Berlin hat es schon mehrmals in Maisonette-Wohnungen gebrannt. Die Brandausbreitung verlief über die offene Verbindungstreppe verhältnismäßig schnell, daher wurde auch aus Sicht der Feuerwehr bei der Novellierung der Bauordnung von unserer Seite darauf Wert gelegt, daß Maisonetten nur über zwei Geschosse führen dürfen und in jedem Geschoß je einen gesicherten Rettungsweg zu einem Treppenraum haben müssen. Der zweite Rettungsweg muß mindestens über Leitern der Feuerwehr gesichert sein«, so Dr. Schubert von der Berliner Feuerwehr. »Dieses Rettungswegkonzept wird als *betrieblicher Brandschutz* bezeichnet. Der Entwurf sah vor, daß die Wohnungen unter sich konsequent in F 90 getrennt werden. Die Decken sollten in der Baustoffklasse A ausgeführt werden. Die Wände sind als Ausfachung zwischen den Stahlbetonstützen bzw. -wänden in Holzständerwerken mit beidseitiger Beplankung aus nichtbrennbaren Dämmstoffen hergestellt. Diese Abtrennungen haben sich bei der Bauteilprüfung besser bewährt als die F-90-AB-Konstruktionen, so daß der Schutz der Nachbarn gesichert ist. Die Rettungswege sind, wie die Zeichnungen zeigen, optimal. Bleiben also nur noch die Decken innerhalb einer Maisonette-Wohnung. Hier haben wir wegen der Sicherheit für die Löschkräfte bei der Brandbekämpfung vorgeschrieben, daß die Decken mindestens 60 Minuten standfest bleiben müssen. Es spielte dabei die Überlegung eine Rolle, daß im allgemeinen ein Brand mit Absicherung der anliegenden Geschosse in einer Stunde unter Kontrolle gebracht sein müßte."

10.1 Kooperative Zusammenarbeit

In Zusammenhang mit den Maßnahmen des Brandschutzes wurde modellhaft eine Alternative zu berufsüblicher Planungs- und behördlicher Genehmigungspraxis (Architekt und Behörde) entwickelt.

Im Vorfeld der Bauplanung, bei der Konzeptionsfindung – ein Gutachten für die Internationale Bauausstellung Berlin (IBA) – wurde in kooperativer Zusammenarbeit mit dem Berliner Senator für Bau- und Wohnungswesen, dem Bezirksamt Kreuzberg und der Berliner Feuerwehr ein erstes Ergebnis erreicht:

Bauteile		Soll Bauordnung Bln.	Ist Wohn-Regal	Kompensatorische Maßnahmen
1 Tragende und aussteifende Wände und ihre Unterstützungen (Stützen, Hauptträger)		§ 33 feuerbeständig F 90 AB	feuerbeständig F 90 A	Zur Realisierung des gesamten Brandschutzkonzeptes wurden hier nur nichtbrennbare Baustoffe verwendet.
2 Außenwände nicht tragend		§ 34 nichtbrennbare Baustoffe oder feuerhemmende Bauteile	feuerhemmende Bauteile, Holz F 30 B DIN 4102 Teil 4	–
3 Trennwände zwischen Wohnungen		§ 35 feuerbeständig F 90 AB	feuerbeständig F 90 B, DIN 4102 Teil 4	Befreiung, aber nur als Ausfachung zwischen Stützen (Abstand 4 m) bzw. Wand aus Baustoffen der Klasse A zu sehen
4 Brandwände		§ 36 mind. 30 cm über Dach	vorhanden	–
		feuerbeständig F 90 A	feuerbeständig F 90 A	–
5 Decken	KG	§ 38 feuerbeständig F 90 AB	feuerbeständig F 90 A	Zur Realisierung des gesamten Brandschutzkonzeptes werden hier nur nichtbrennbare Baustoffe verwendet
6	EG	§ 38 feuerbeständig F 90 AB	feuerbeständig F 90 A	wie 5
7	Wohnungstrenndecke	§ 38 feuerbeständig F 90 AB	feuerbeständig F 90 A	wie 5
8	Geschoßdecken über 1./3./5. OG	§ 38 feuerbeständig F 90 AB	F 60 B gemäß DIN 4102, Teil 4 Tab. 51 Zeile 6	Befreiung, da sich zwischen den beiden F-90-A-Decken jeweils nur 1 Maisonette-Wohnung befindet. Je Geschoß ist als 2. Rettungsweg eine Anleiterung für Feuerwehr vorhanden. Von den großen Wohnungen liegen offene Laubengänge bis zum Treppenraum. Innenliegende Maisonettetreppe
9 Dächer		§ 40 harte Bedachung erforderlich	harte Bedachung	–
10 Verkleidung von Wänden		§ 32 schwer- oder normal entflammbar kann gestattet werden	Holz- oder Gipsfaserplatten	–
11 Verkleidung von Decken		§ 38 normal entflammbar kann gestattet werden	Holz oder Gipsfaserplatten	–
12 Notwendige Treppen		§ 42 feuerbeständig F 90 AB	feuerbeständig F 90 A	Zur Realisierung des gesamten Brandschutzkonzeptes werden hier nur nichtbrennbare Baustoffe verwendet
13 Treppenraum und Hauseingangsflur		§ 43 feuerbeständig F 90 A, so dick wie Brandwände	feuerbeständig F 90 A, Brandwanddicke	–
14 Aufzugschacht		§ 44 feuerbeständig F 90 AB	nicht feuerbeständig	außenliegend, daher nicht erforderlich
15 Installationsschächte		§ 47 nichtbrennbare Baustoffe	nicht brennbare Baustoffe	–

Bild 10.1: Brandschutz-Maßnahmenkatalog

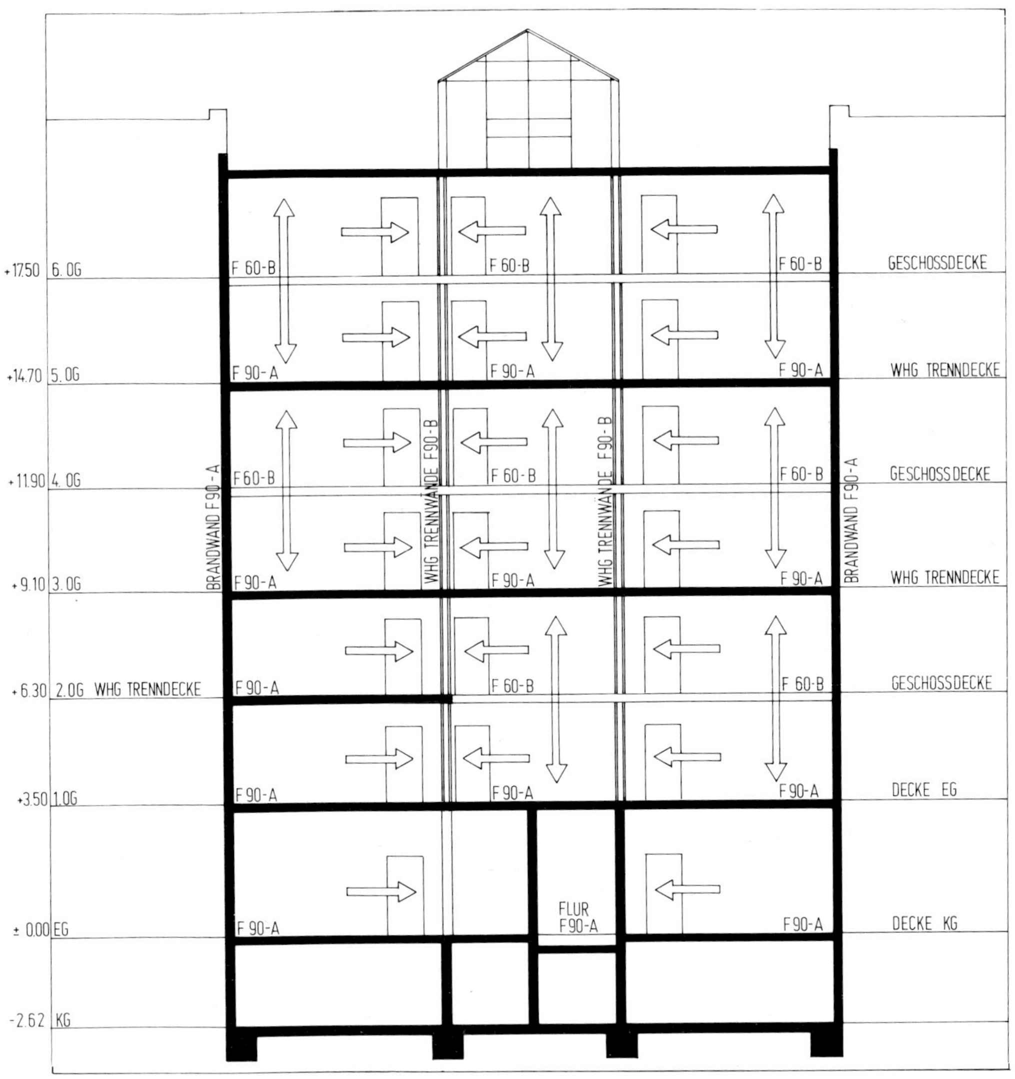

Bild 10.2: Konzept des baulichen und betrieblichen Brandschutzes, Schnitt »Wohnregal«, M 1:200

- die Maßnahmen des baulichen und betrieblichen Brandschutzes werden in einen Zusammenhang gestellt,
- bei Abweichungen von den Anforderungen der Bauordnung Berlin wird durch »kompensatorische Maßnahmen« ein Ausgleich hergestellt.

10.2 Das Brandschutzmaßnahmen-Konzept

Die Anwendung des Werkstoffes Holz im mehrgeschossigen Wohnungsbau bedeutet, daß den in der Bauordnung festgelegten Anforderungen an Baustoffen bzw. Bauteile nicht immer entsprochen werden kann.

Das Konzept für das *Wohnregal* geht davon aus, daß mit kompensatorischen Maßnahmen

- der bauliche Brandschutz (Baustoffklasse und Feuerwiderstandsklasse der Bauteile) teilweise die Anforderungen der Bauordnung übersteigt. Alle Bauteile nach Feuerwiderstandsklasse F 90 AB werden in F 90 A ausgeführt.
- Der betriebliche Brandschutz wird verbessert durch Balkone, Terrassen vor den großen Wohnungen zur Straßenseite (Anleitung) und durch offene Laubengänge an der Hofseite.

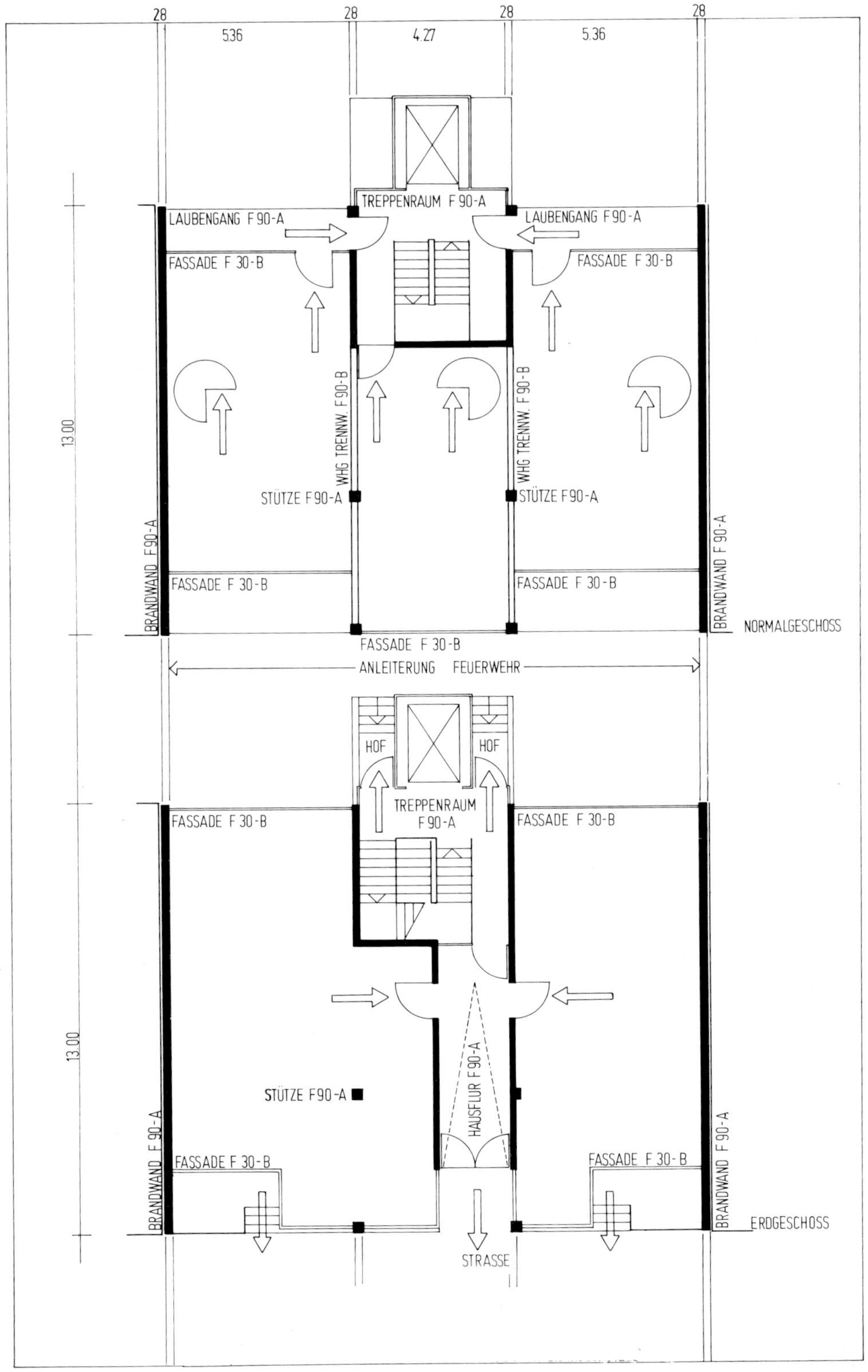

Bild 10.3: Konzept des baulichen und betrieblichen Brandschutzes einer Wohnung, M 1:200

Für die Entscheidung über Befreiungen von baurechtlichen Vorschriften bzw. für die Zulassung von Ausnahmen von nicht zwingenden baurechtlichen Vorschriften ist Voraussetzung, daß für das Bauvorhaben ein Gesamtkonzept des baulichen und betrieblichen Brandschutzes vorliegt.

11 Objekt: Einfamilienhaus mit Treppenturm in Aachen

Bild 11.1: Süd-Ost-Ansicht (Straßenseite)

Bild 11.2: Süd-West-Ansicht

Bild 11.4: Das Haus mit seinem Rankgerüst von der Gartenseite

Steckbrief

Objekt:	Einfamilienhaus
Standort:	Aachen
Baujahr:	1984 – 1985
Reine Baukosten:	320.000 DM
Planung:	Architektenbüro Flender, Heyers, Meier, Dipl.-Inge., Aachen
Statik:	Dipl.-Ing. Scheins, Aachen
Ausführung Holzbau:	Fertighaus-Montagebau-GmbH, Aachen
Wohn-/Nutzfläche:	245 m^2 gesamt
Umbauter Raum:	986 m^3

Bild 11.3: Südansicht

Bild 11.5: Der Erker über der Eingangsfront belichtet den Küchenbereich

Bei dem Einfamilienhaus handelt es sich um eine reine Holzkonstruktion auf einem Kellergeschoß in Massivbauweise. Der außen sichtbare Steinsockel dient zum Spritzschutz und als optische Basis für das Gebäude; er ist als Verblendmauerwerk ausgeführt.

Das Haus ist konzipiert als großes Zelt mit zentraler offener Treppe. Konstruktiv stellt dieser *Treppenturm* den aussteifenden Kern für die gesamte Holzkonstruktion dar. Der obere Abschluß wird durch eine Glaspyramide gebildet, die die Innenzone des Hauses erhellt. Außenwände und Innenwände sind auf einem Raster von 60/60 cm aufgebaut, so daß die tragenden Teile dieser Wände (Pfosten und Riegel) mit der Dimension 80/80 mm erbaut werden konnten.

Die Verkleidung der Außenwände ist eine kesseldruckimprägnierte Fichtenholzschalung mit falscher Feder, das Dach ist in Kupfer gedeckt. Der auf einem Quadrat von 12,00/12,00 m Seitenlänge basierende Grundriß ist über negative Ecken und eine Loggia im Südwesten auf ein Maß reduziert, das eine optimale Ausnutzung der Grundflächenzahl ergibt. Die Hauptbelichtung erfährt das Haus über die Fenster in den eingezogenen Gebäudeecken. Durch ein vor die Südwest-Fassade gestelltes Rankgerüst wird der Blick in das angrenzende Landschaftsschutzgebiet gelenkt.

Bild 11.6: »Negativ-Ecke« mit Erker

Bild 11.7: Leicht und filigran: Holzkonstruktion im Innern

Bild 11.8: Im Treppenturm: Der Hausherr hat als vorübergehende Kindersicherung kaum sichtbaren Maschendraht in die Felder gespannt.

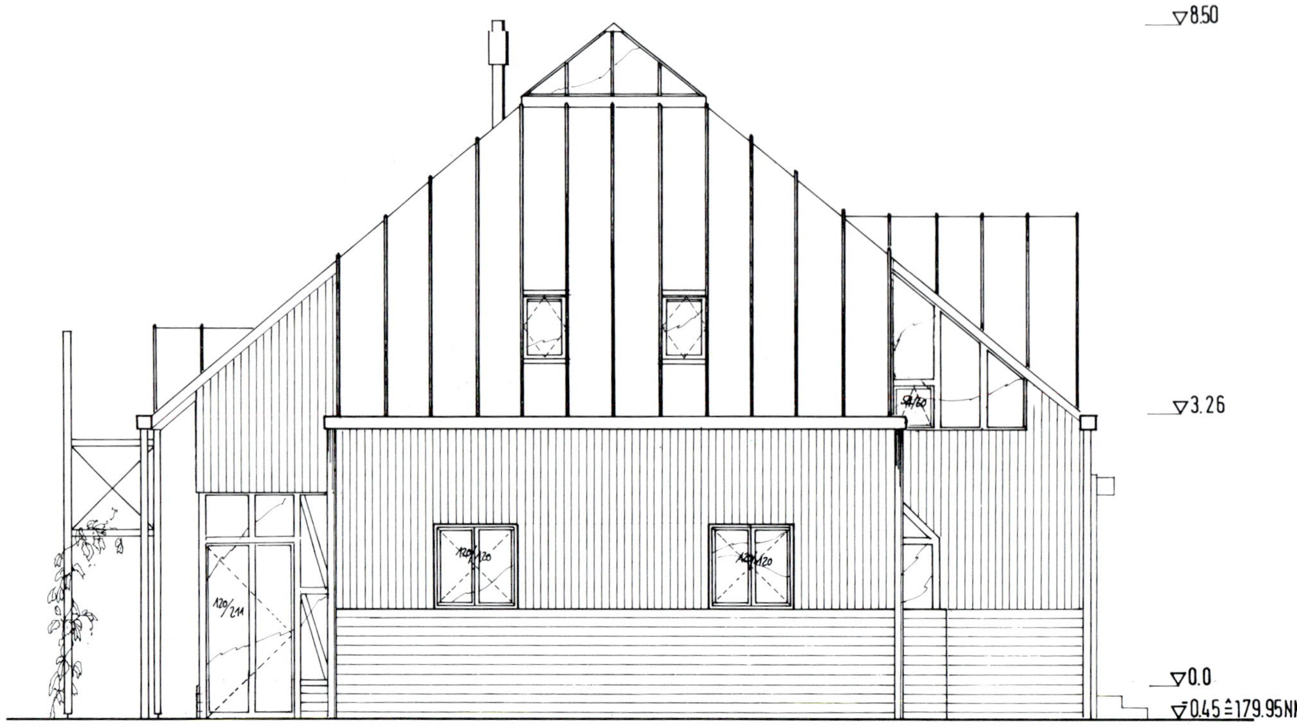

Bild 11.9: Südansicht, M 1:100

Bild 11.10: Ansicht Gartenseite (Westen), M 1:100

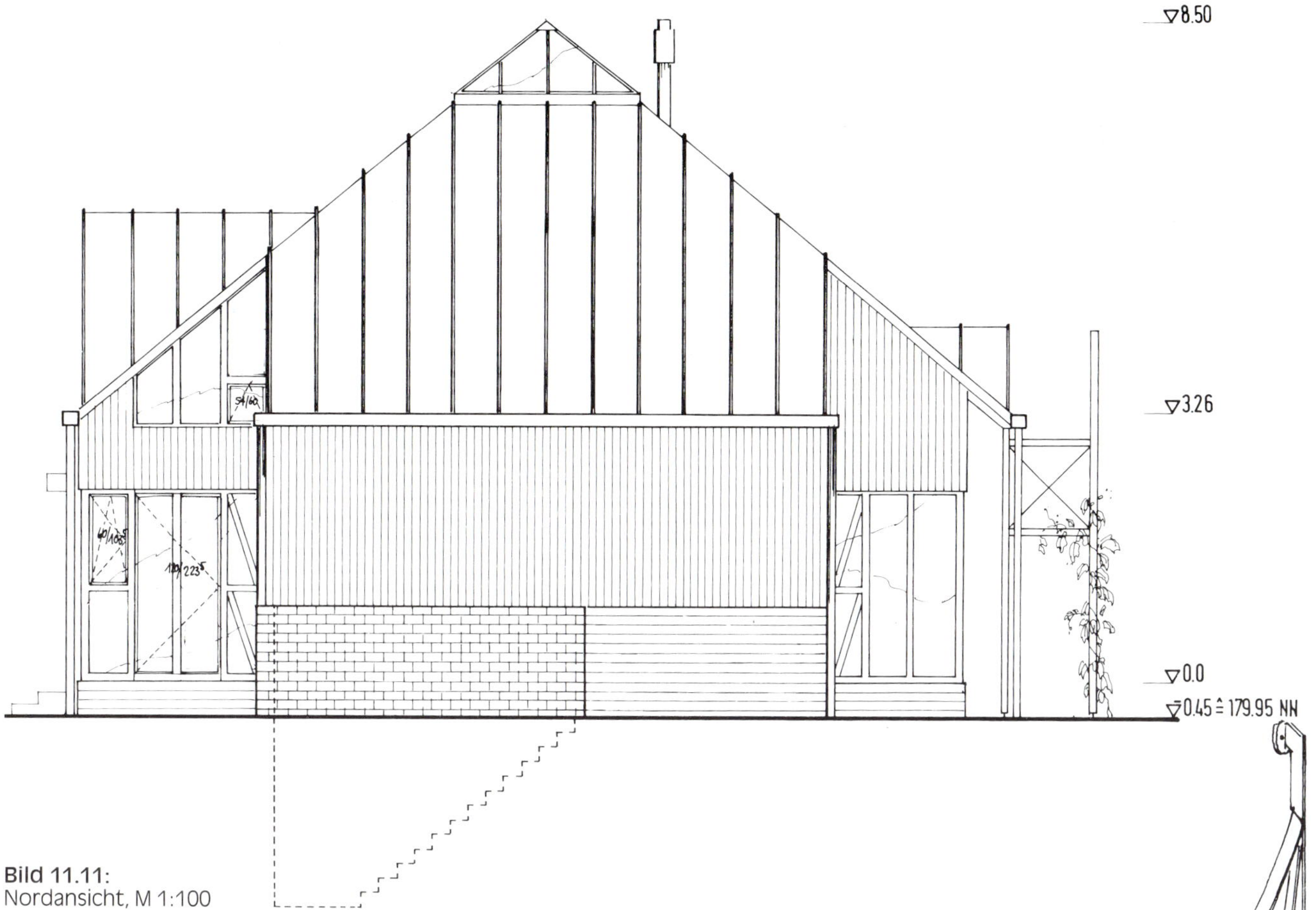

Bild 11.11:
Nordansicht, M 1:100

Bild 11.12: Eingangsfront

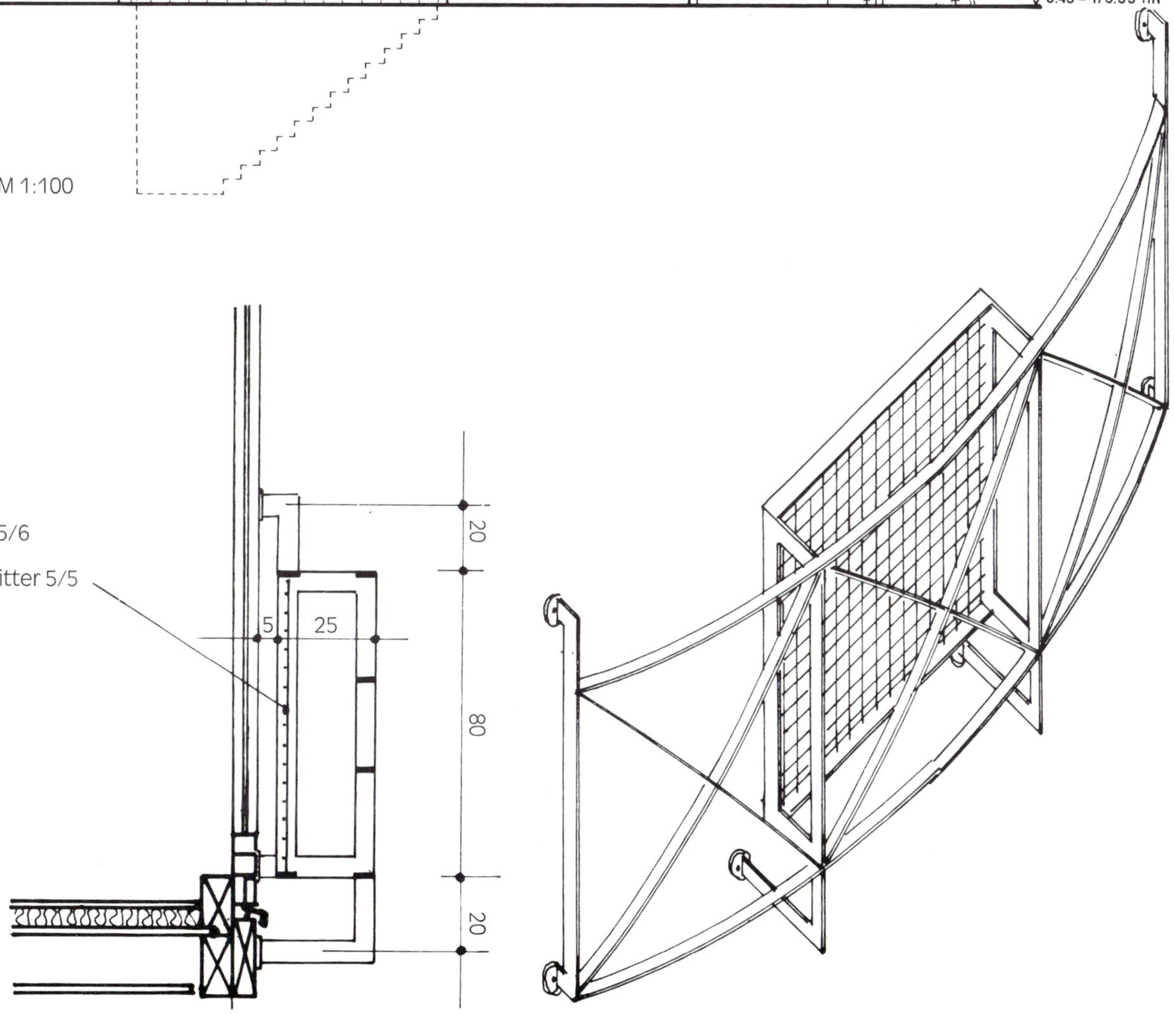

Bild 11.13: Fassadenausschnitt Eingangsbereich, M 1:75, mit Balkongeländer (Schnitt und Isometrie), M 1:20

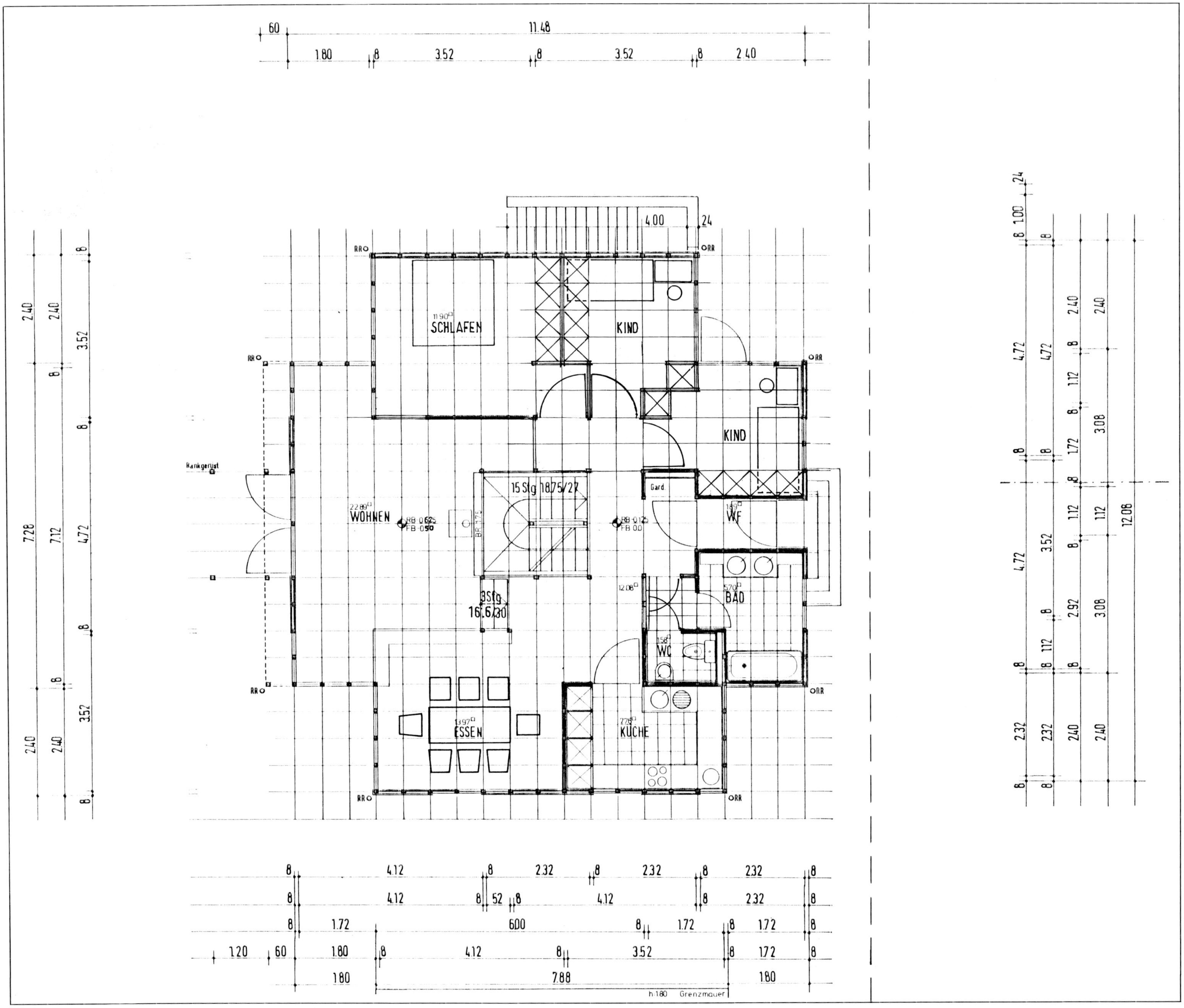

Bild 11.14: Grundriß Erdgeschoß, M 1:100

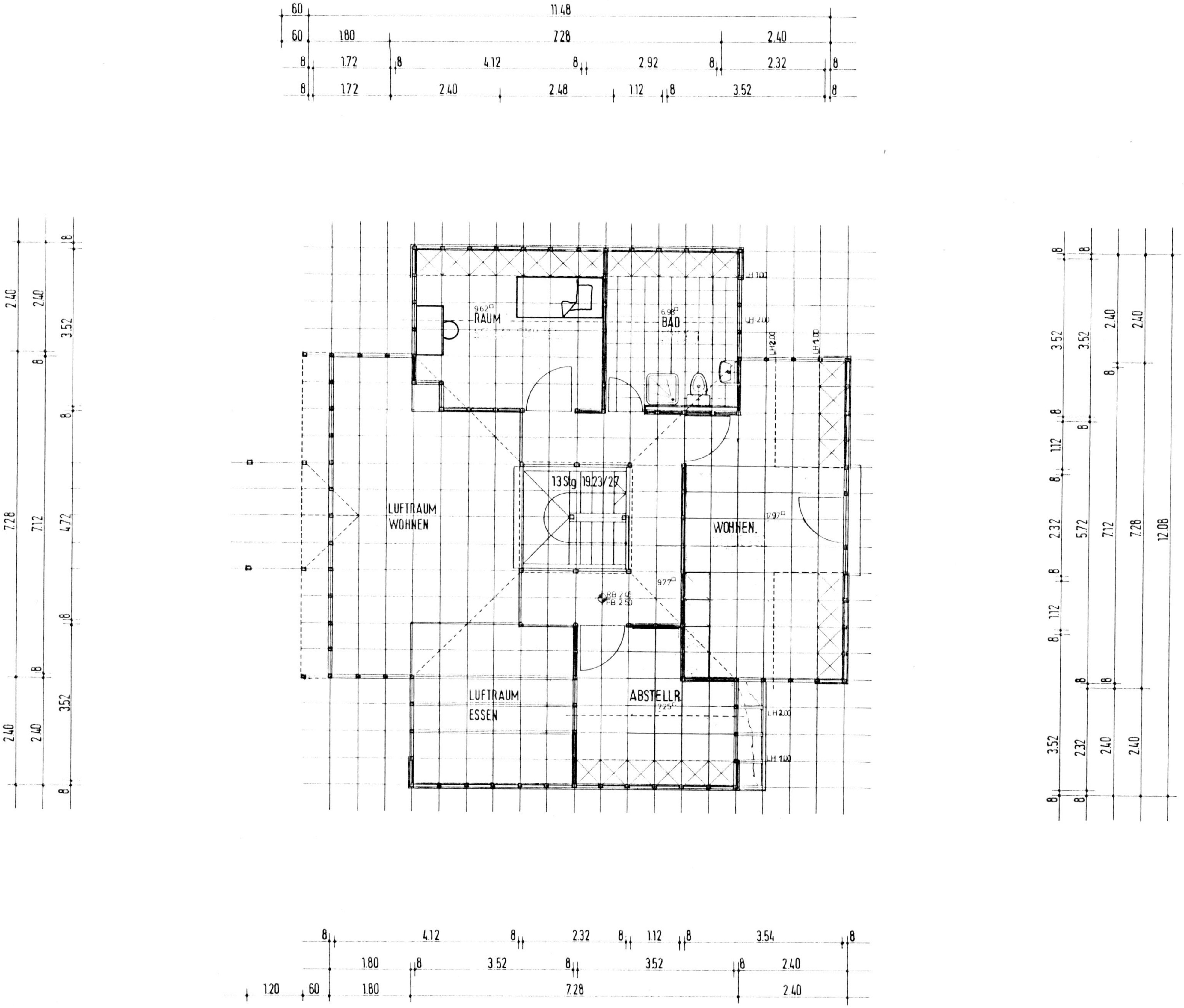

Bild 11.15: Grundriß Dachgeschoß, M 1:100

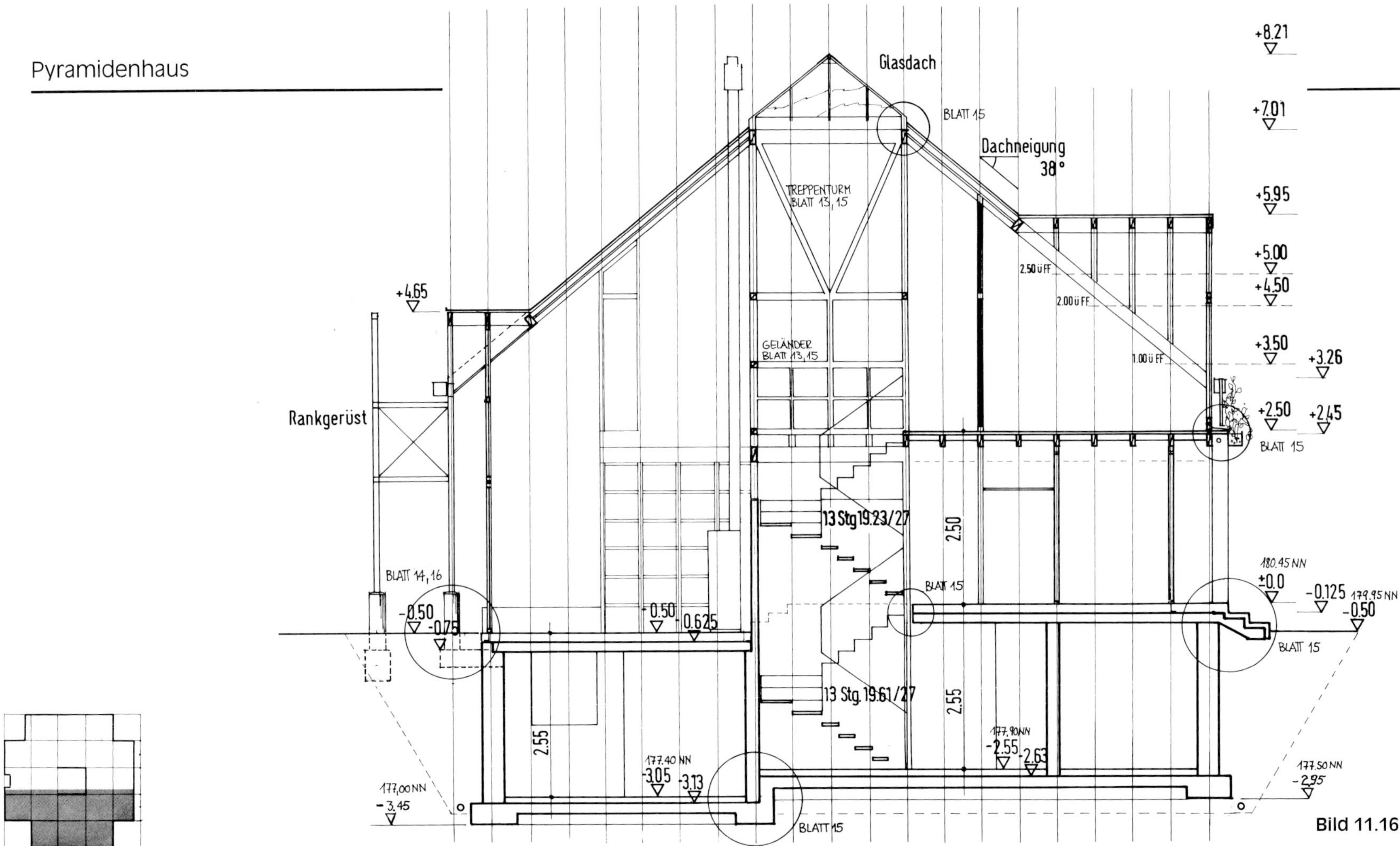

Bild 11.16: Schnitt, M 1:100

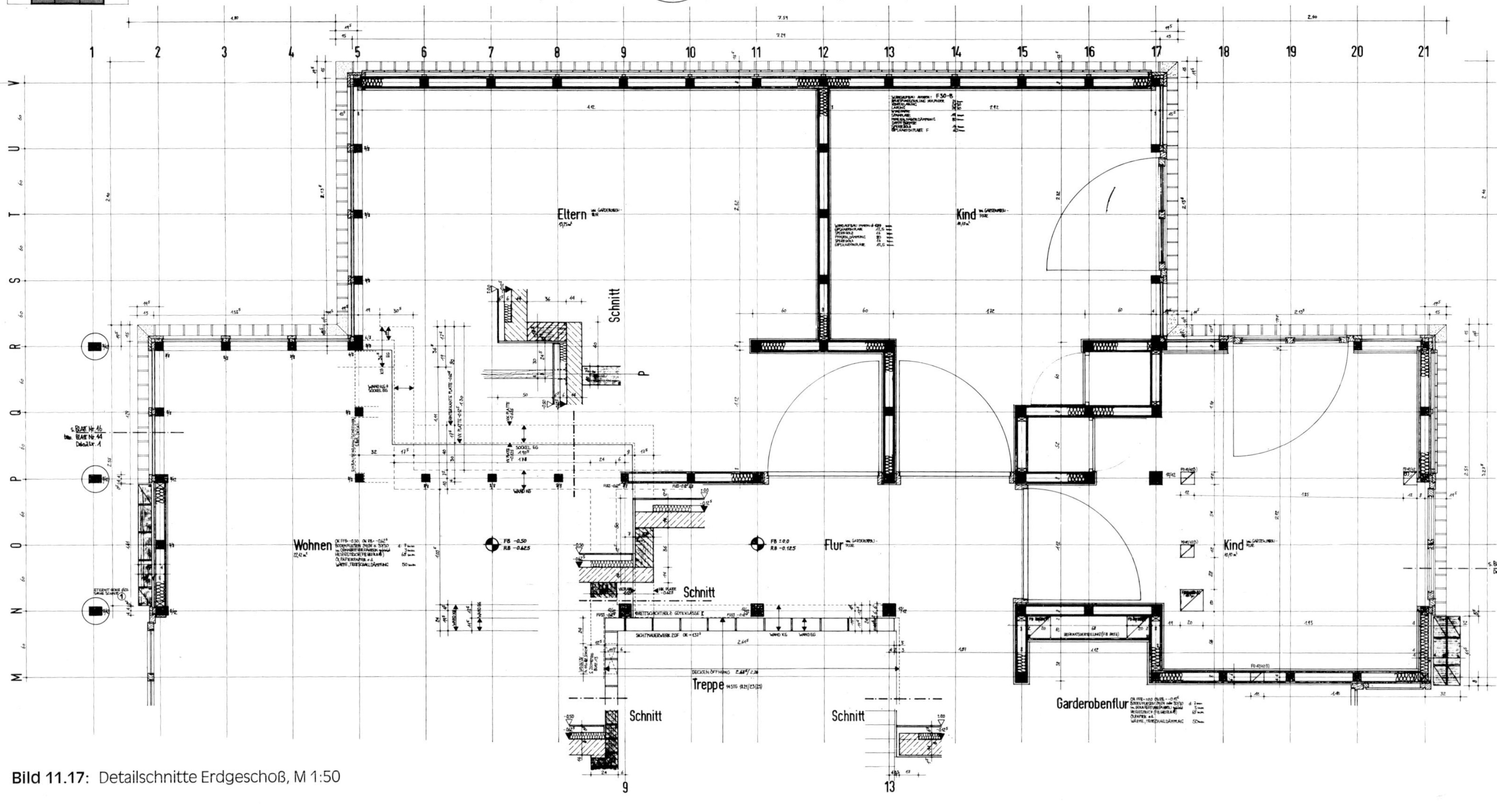

Bild 11.17: Detailschnitte Erdgeschoß, M 1:50

Bild 11.18: Isometrie Treppenturm

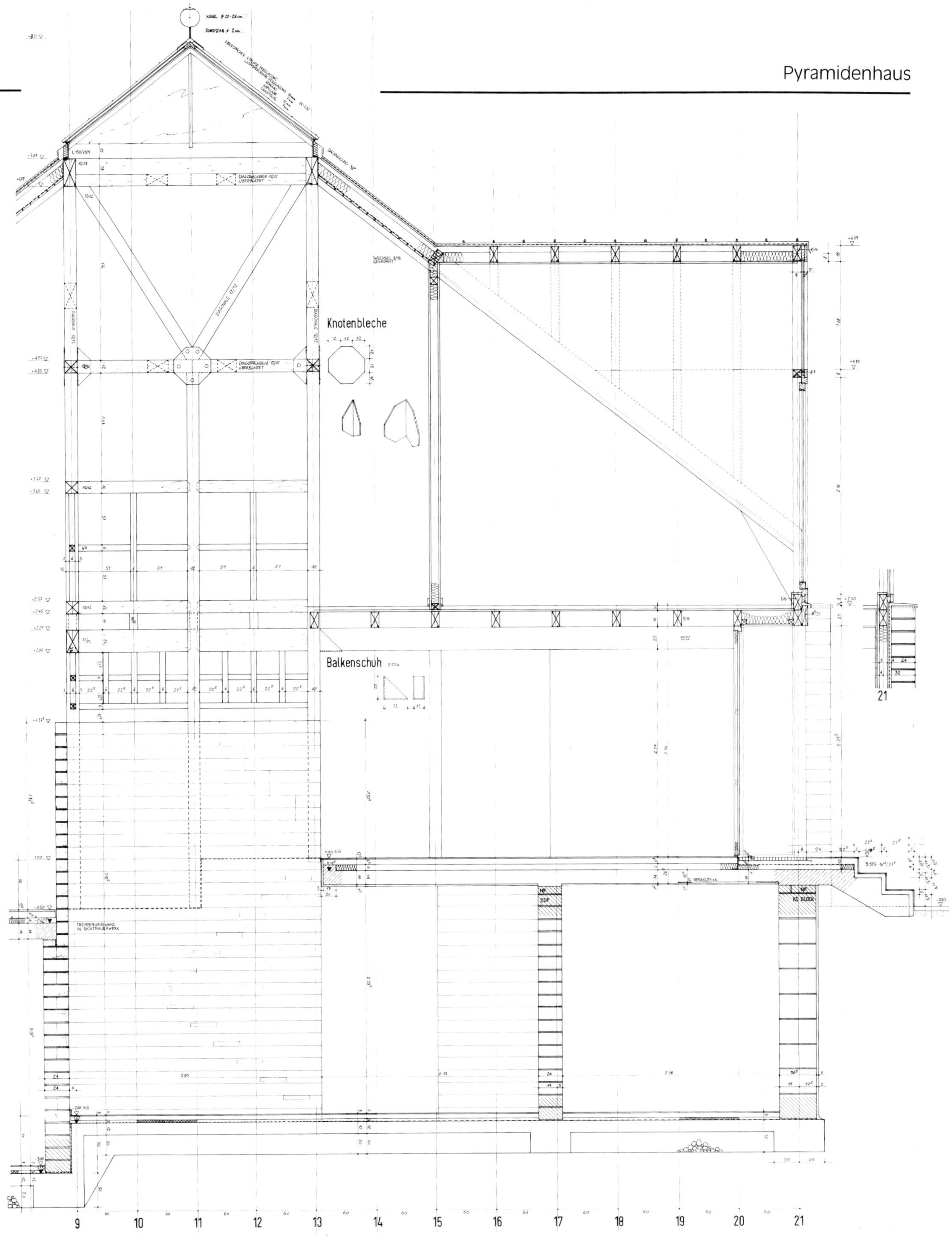

Bild 11.19: Schnitt, M 1:50

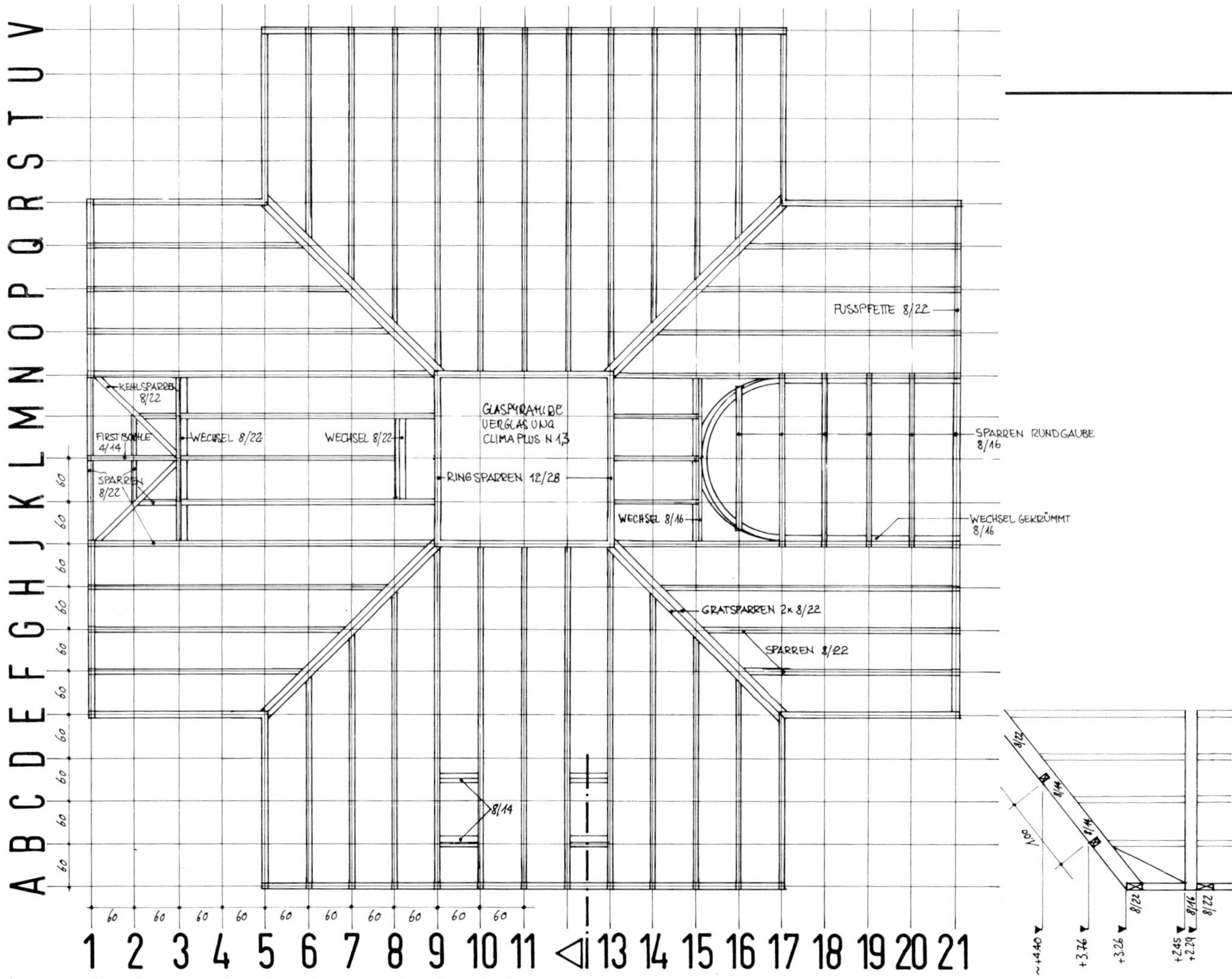

Bild 11.20: Holzkonstruktion, Sparrenplan M 1:100

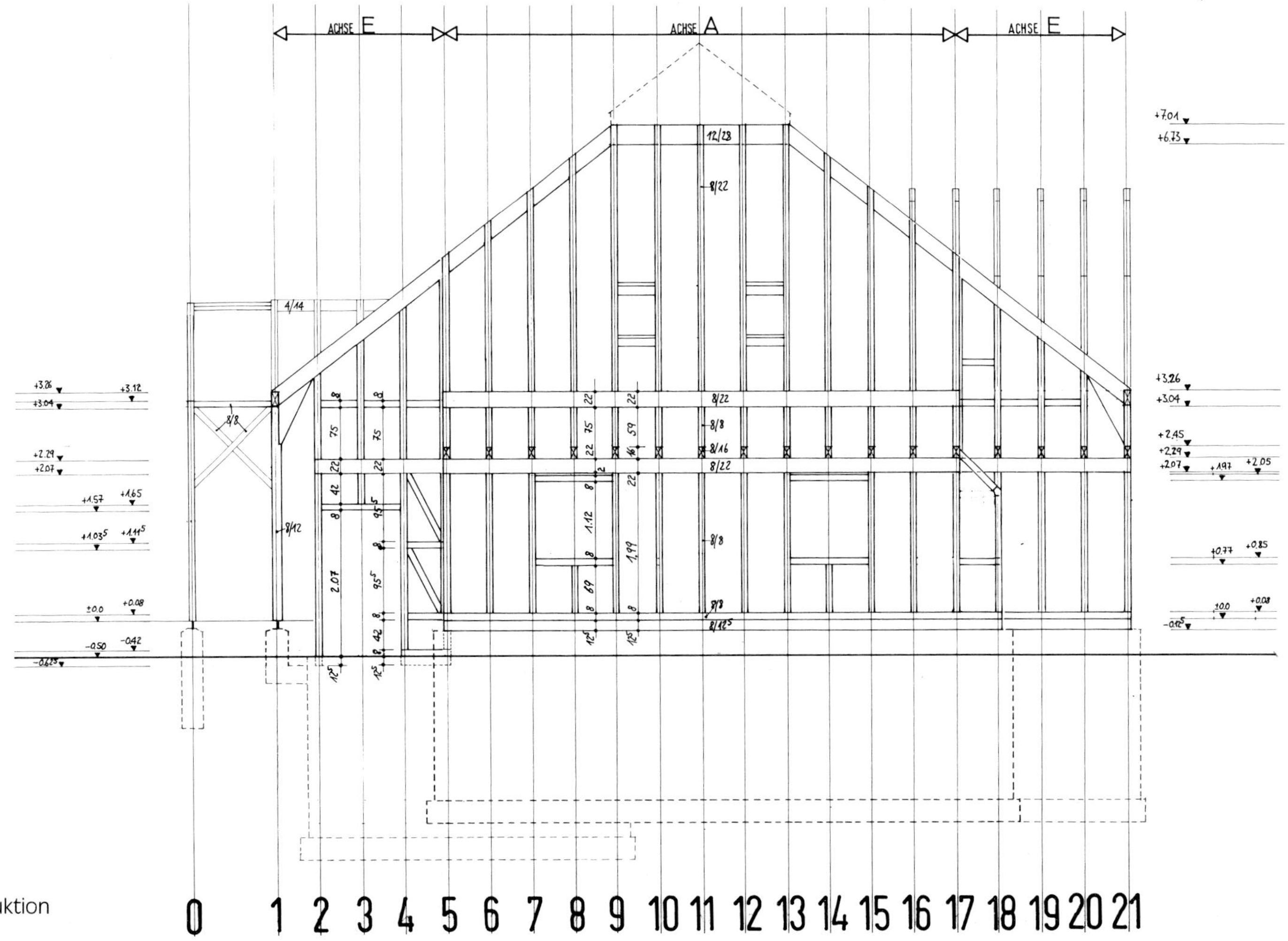

Bild 11.21: Holzkonstruktion Fassade Süden, M 1:100

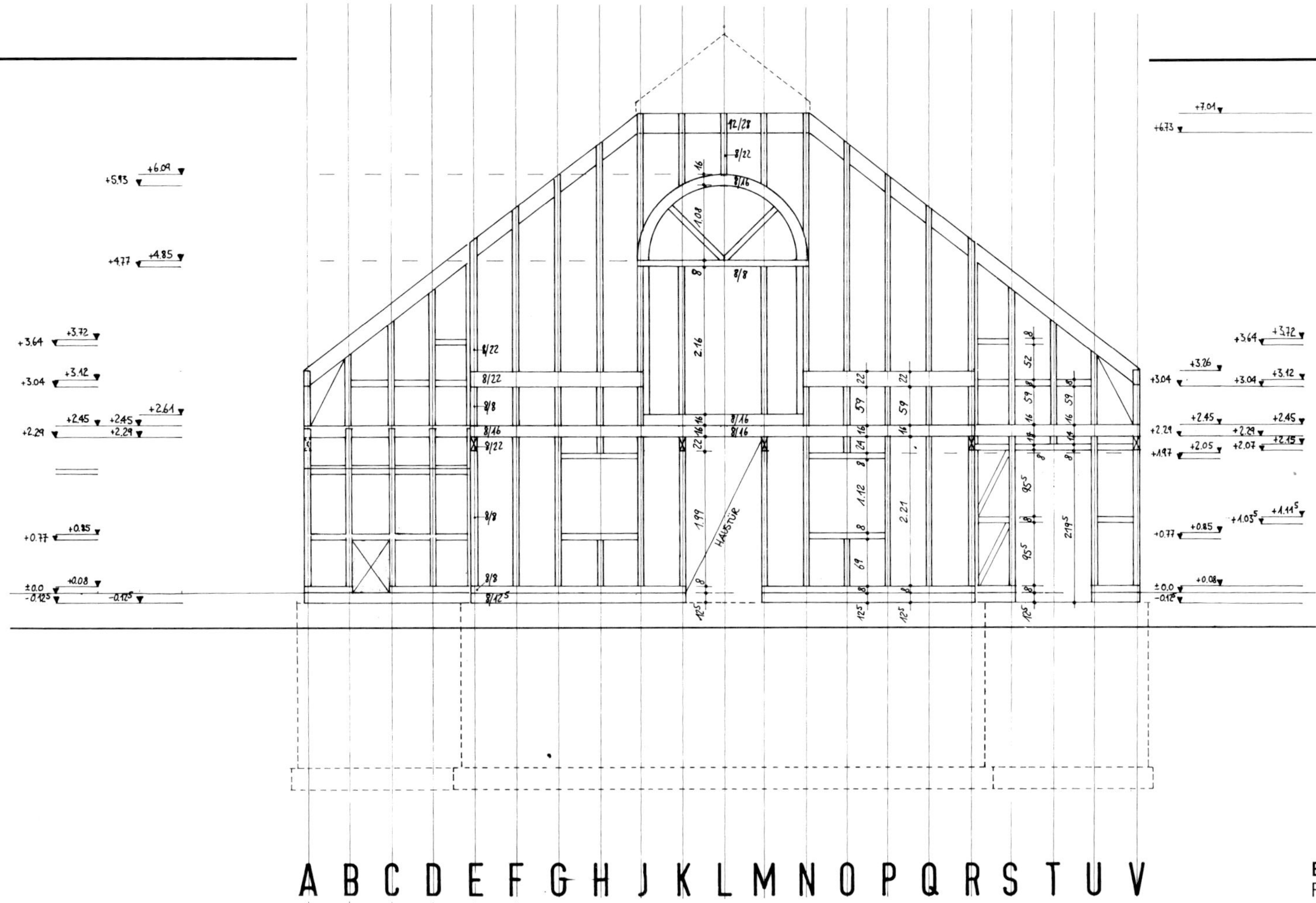

Bild 11.22: Holzkonstruktion
Fassade Straßenseite (Osten), M 1:100

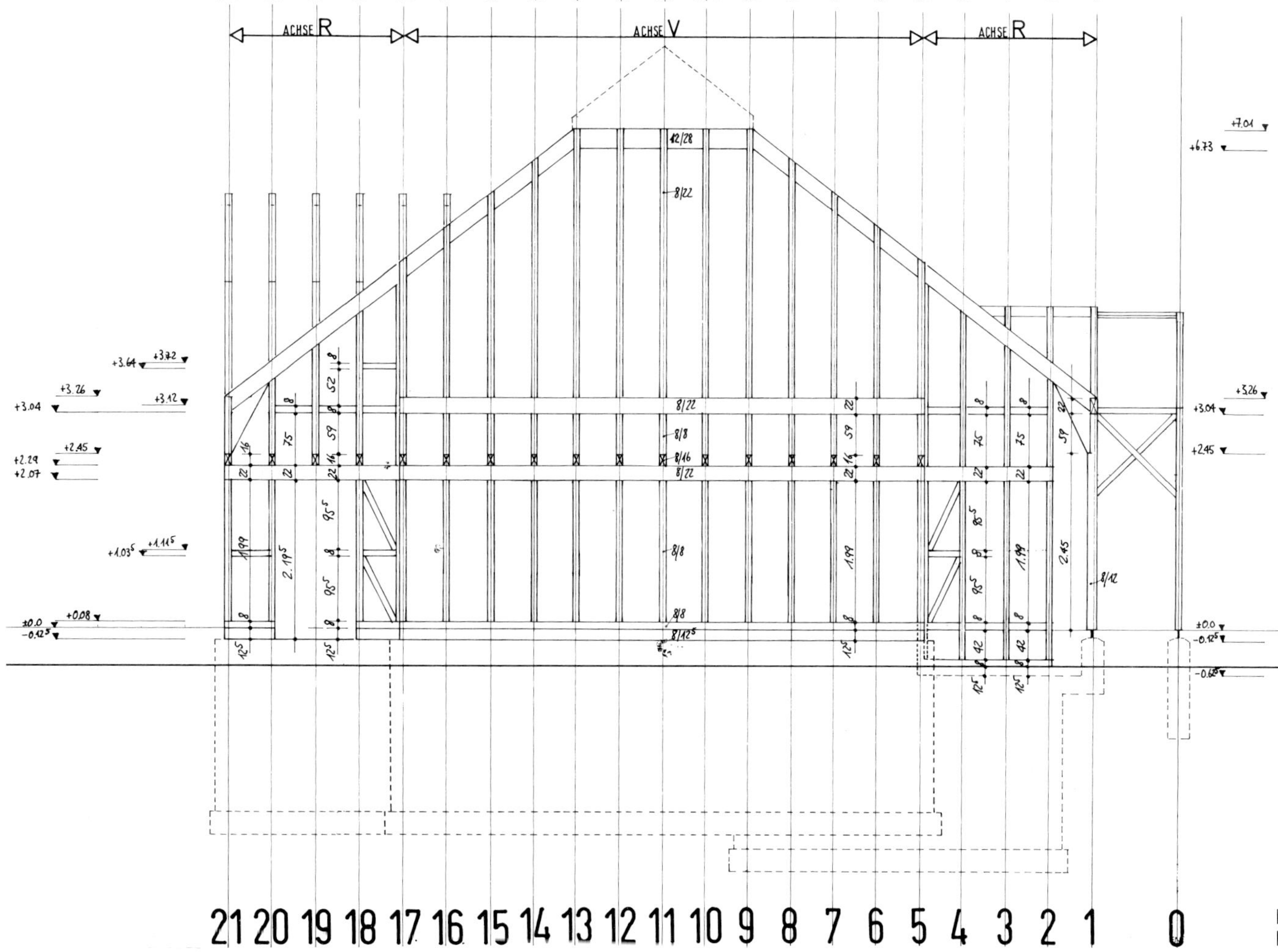

Bild 11.23: Holzkonstruktion
Fassade Norden, M 1:100

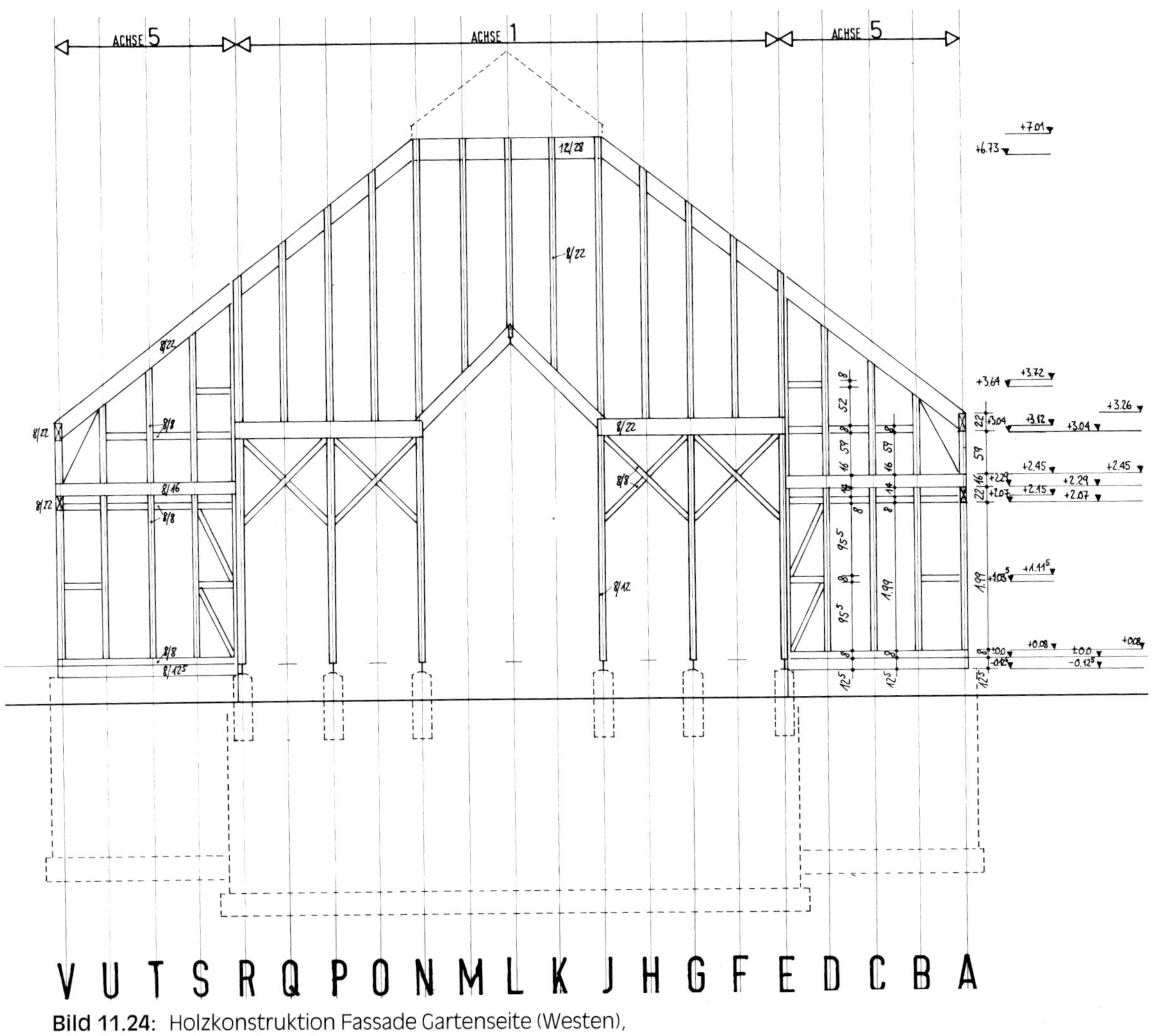

Bild 11.24: Holzkonstruktion Fassade Gartenseite (Westen), Achse 1, M 1:100

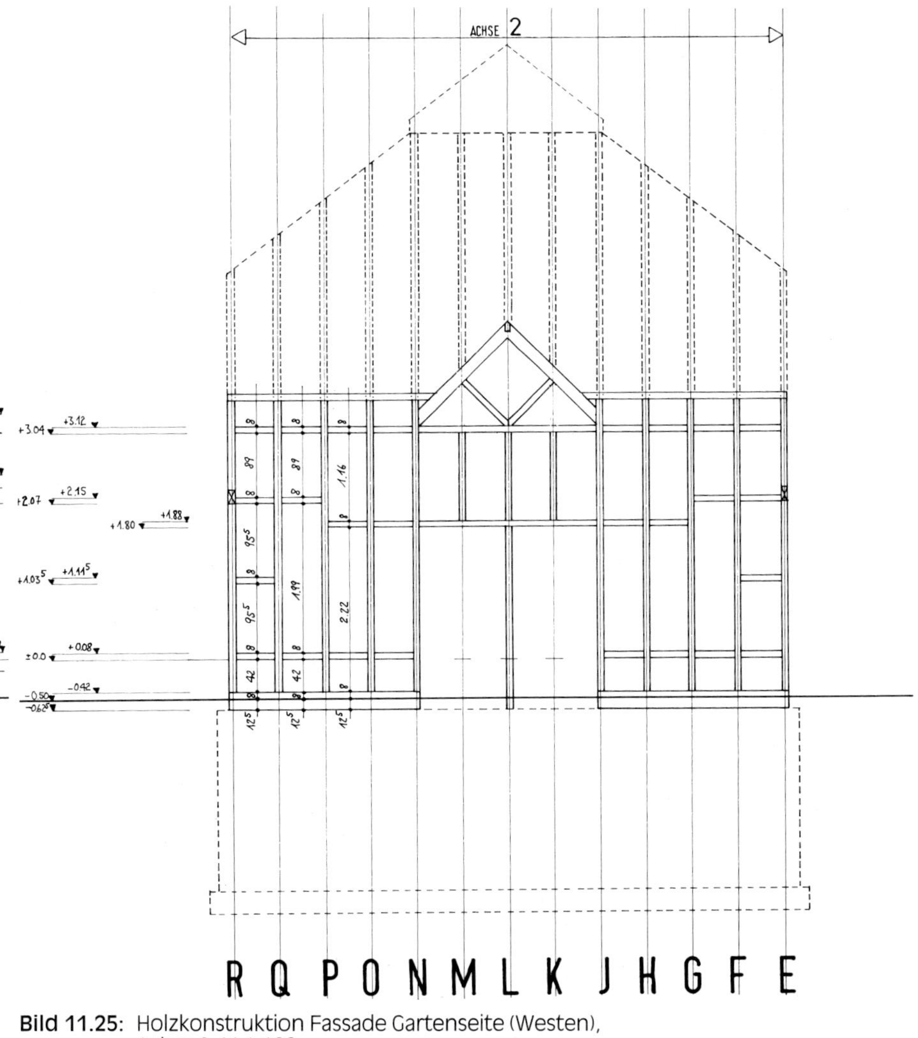

Bild 11.25: Holzkonstruktion Fassade Gartenseite (Westen), Achse 2, M 1:100

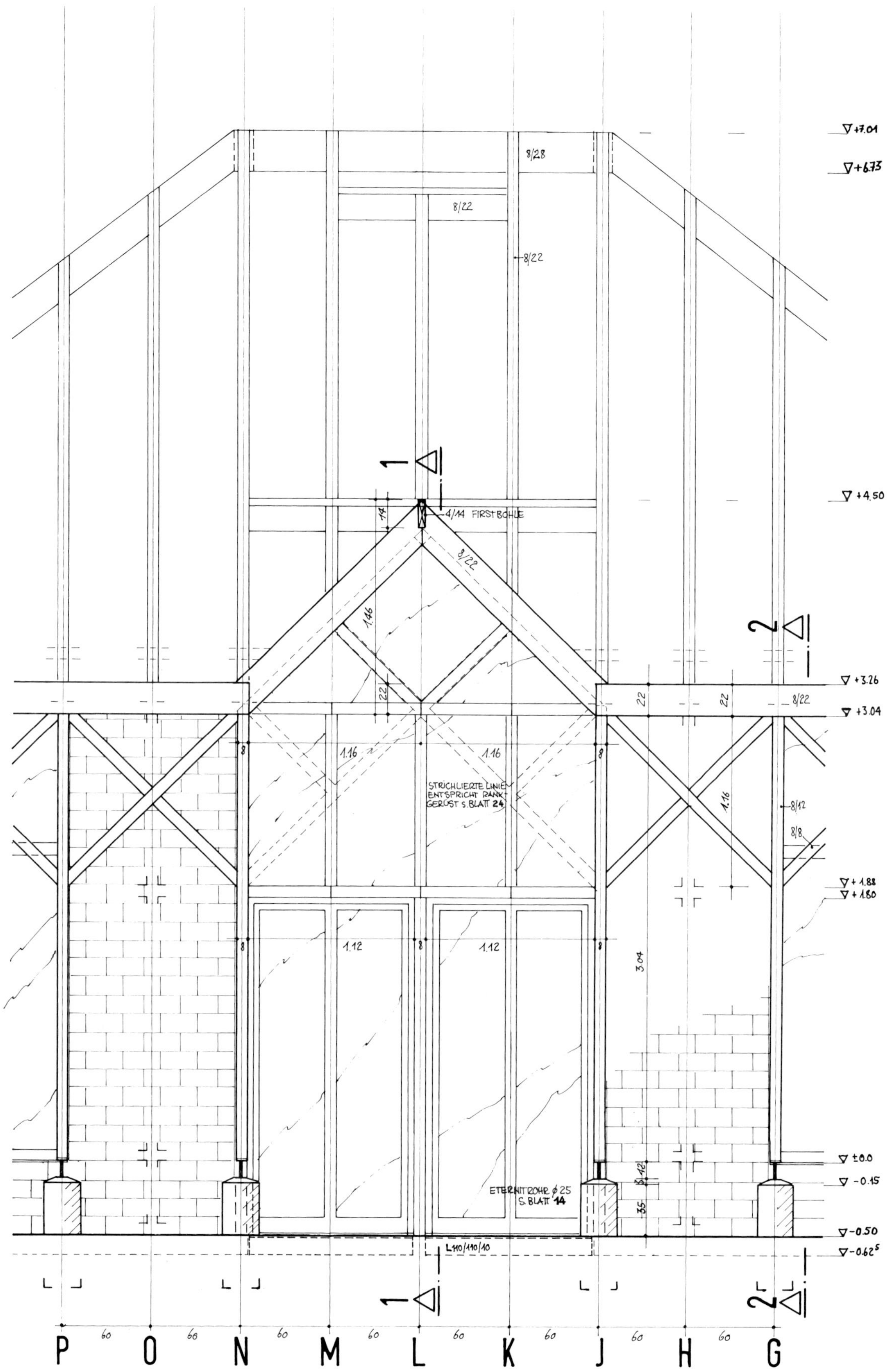

Bild 11.26: Fassade Gartenseite, Ansicht, M 1:40

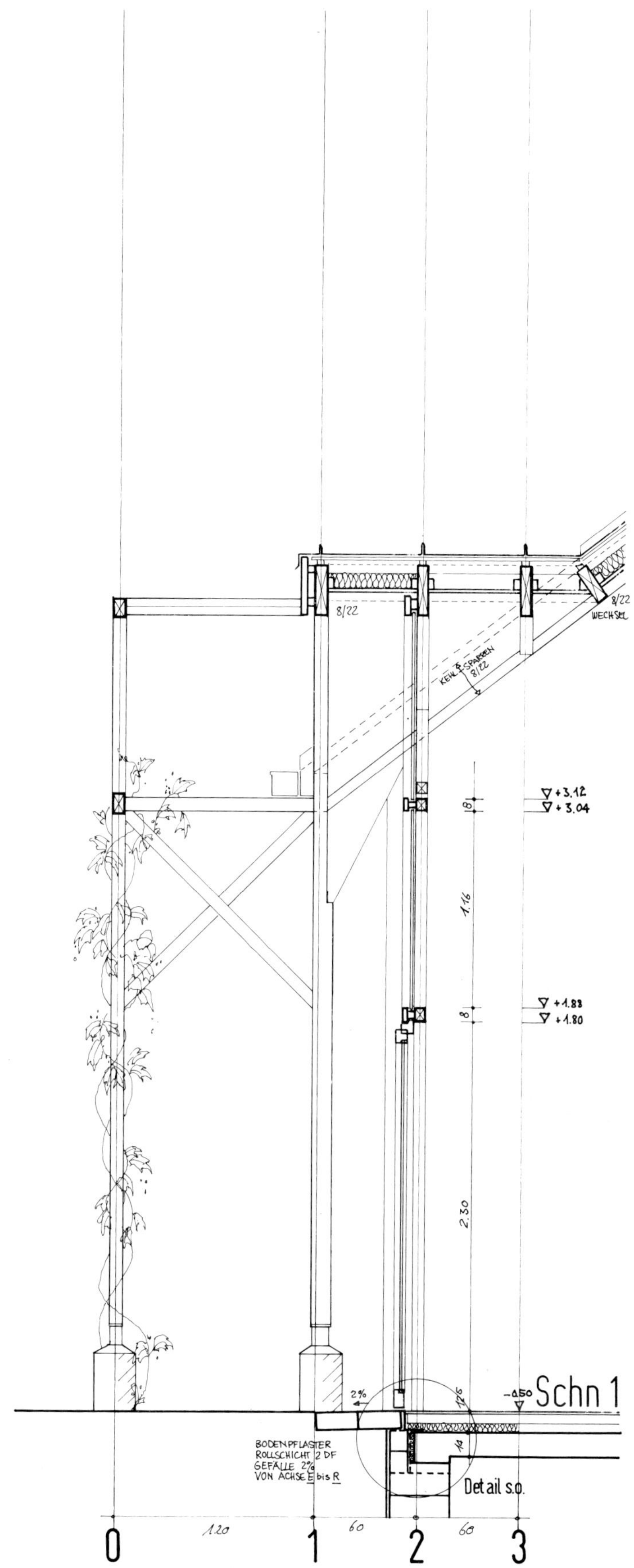

Bild 11.27: Fassade Gartenseite, Schnitt, M 1:40

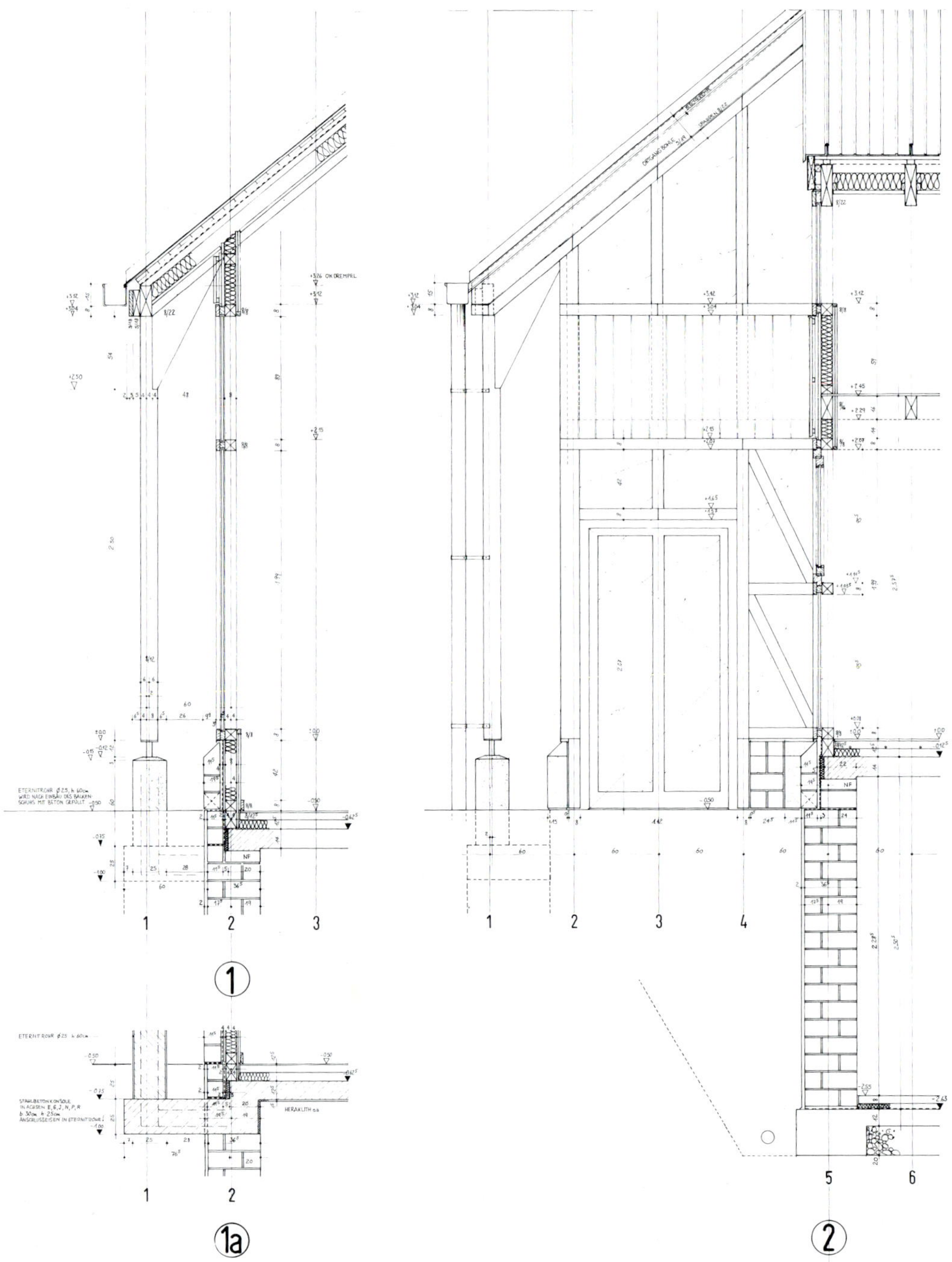

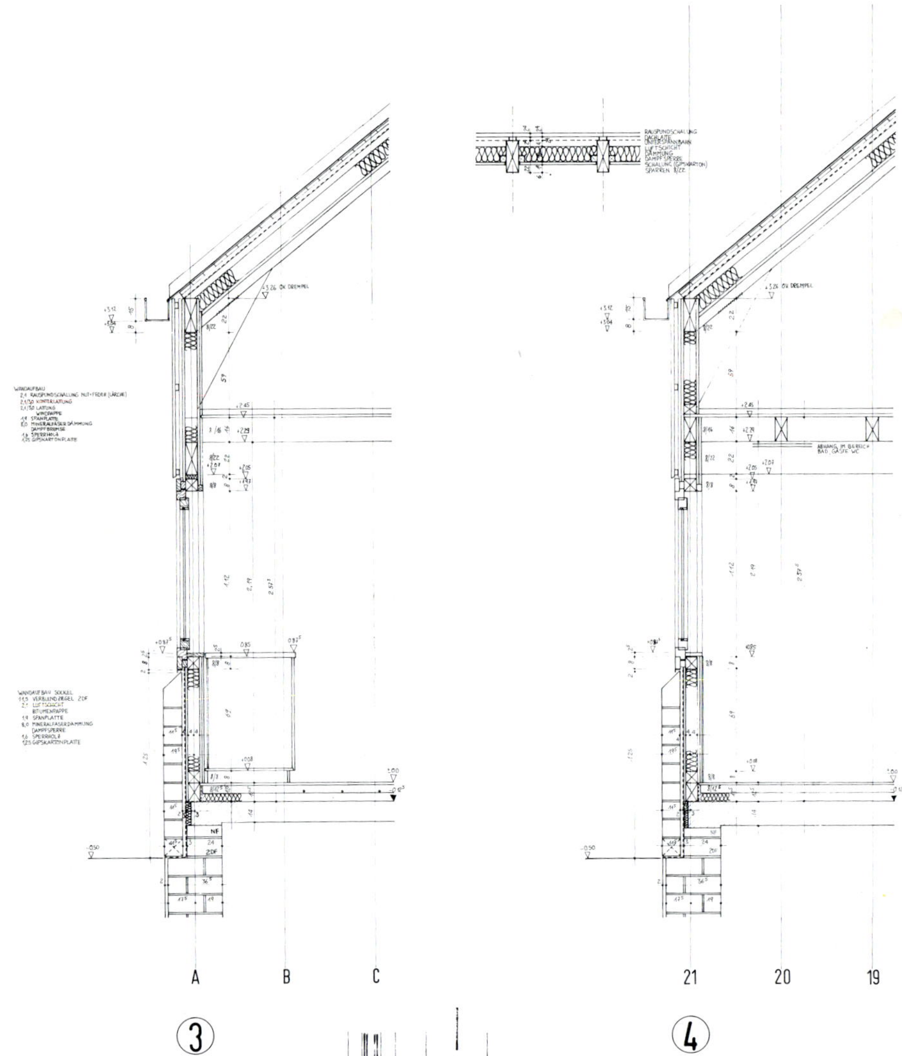

Bild 11.29: Fassadenschnitte, M 1:50

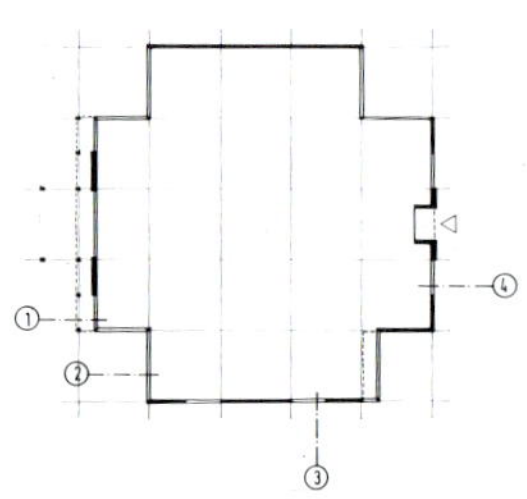

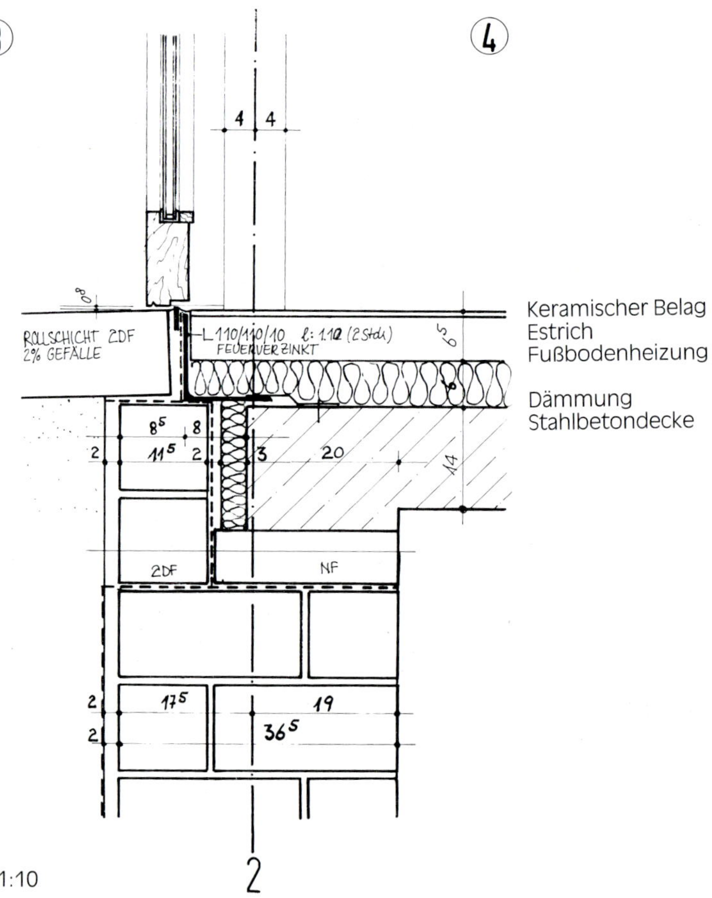

Bild 11.28: Detail Fußpunkt, M 1:10

12 Objekt: Haus in der Reihe in Aachen

Bild 12.1: Gartenseite mit Wintergarten

Bild 12.3: Symmetrie der Fassade

Bild 12.5: Konsequente Farbgestaltung auch auf der Rückseite: braun, hellblau, weiß

Bild 12.2: Das Holzhaus in der konventionellen Bebauung

Bild 12.4: Die bis zum Dach durchgehende »Innenzone«

Bild 12.6: Wohnraum mit Glasfassade zum Garten

gebung aufgenommenen Wärmestrahlung maßgebend. Das Behaglichkeitsgefühl wird sowohl von dieser Strahlungsbilanz wie von der Lufttemperatur bestimmt. Niedrige Lufttemperaturen können in bestimmtem Maße von höherer Wärmestrahlung ausgeglichen werden und umgekehrt. Das ist der Grund, warum z.B. eine Lufttemperatur von + 18 °C im Sommer als angenehm, im Winter bei verringerter Wärmestrahlungsaufnahme als kalt empfunden wird.

Die Intensität der Wärmestrahlung wird maßgebend bestimmt durch die Temperatur der Oberfläche und im übrigen durch die Farbe und Beschaffenheit der Oberfläche. Sie ist also keine Stoffeigenschaft.

Eine als behaglich empfundene Wärmebilanz in beheizten Gebäuden ist überwiegend von der innenseitigen Oberflächentemperatur der Außenbauteile und damit von der Größe des Wärmedurchlaßwiderstandes abhängig. Bei einer wärmeschutztechnischen Bemessung der Außenbauteile nach DIN 4108 und der Wärmeschutzverordnung ist sie immer gewährleistet. Zusätzliche Überlegungen bei der Planung sind in dieser Hinsicht also überflüssig.

Für die Strahlungsabsorption, z.B. aus der Sonneneinstrahlung, gilt im Prinzip das gleiche wie für die Abstrahlung: Entscheidend sind Beschaffenheit und Farbe der Oberfläche. Bei hellen und glänzenden Oberflächen wird weniger Wärme absorbiert, also ein erheblicher Anteil reflektiert. Bei dunklen Oberflächen wird gegebenenfalls fast die gesamte auftreffende Wärmestrahlung absorbiert, was bei Außenflächen zu erheblich höheren Temperaturen als bei hellen Flächen führt. Da höhere Temperaturen bei Außenbauteilen aus Holz Auswirkung auf die Holzfeuchte und damit auf die Rißbildung haben, muß bei der Planung zumindest überlegt werden, ob diese Aufheizung nachteilige Folgen hat oder nicht. Das gilt insbesondere für Holzfenster und andere maßhaltige Bauteile, aber auch mit Rücksicht auf die Rißbildung und die damit zusammenhängenden Holzschutzprobleme für tragende Außenbauteile, z.B. aus Brettschichtholz.

13.1.5 Wärmedehnung

Maßgebend für die Wärmeausdehnung von Bauteilen unter dem Einfluß der Temperatur ist der Wärmeausdehnungskoeffizient, ein Zahlenwert, der angibt, welche Wärmedehnung bei einer Temperaturänderung von 1 K (ein Kelvin, was als Temperaturdifferenz 1 Grad Celsius entspricht) auftritt.

Die Wärmeausdehnungskoeffizienten von Holz sind deutlich niedriger als die mineralischer Baustoffe, Metalle, vor allem aber als die von Kunststoffen. Deshalb braucht die Wärmeausdehnung von Holz weder bei der Planung noch bei der Statik berücksichtigt zu werden. Hierfür ist außerdem die Tatsache maßgebend, daß eine Temperaturerhöhung bei Holz fast immer mit einer Feuchteabgabe und damit mit Schwindvorgängen verbunden ist, die in entgegengesetzter Richtung verlaufen und meist größer als die Wärmedehnung sind. Das gilt sowohl für Formänderungen quer zur Faser wie auch in Faserrichtung.

13.1.6 Gleichgewichtsfeuchte

Holz steht mit der umgebenden Luft in einem Feuchtegleichgewicht, das überwiegend von der relativen Luftfeuchte, aber auch von der Lufttemperatur abhängt.

In überdachten Gebäuden liegt die Gleichgewichtsfeuchte immer unter 20 Prozent. Sind die Räume beheizt, ist mit einer Gleichgewichtsfeuchte zwischen 8 und 12 Prozent zu rechnen.

13.1.7 Formänderungen aus Feuchtewechsel

Die Quell- und Schwindverformungen, also das *Arbeiten* des Holzes, sind abhängig von der botanischen Holzart, in größerem Maße aber von der Richtungsorientierung im Holz (tangential zu den Jahresringen, radial zum Stammquerschnitt und in Längsrichtung der Faser). Außerdem sind auch bei der gleichen botanischen Holzart Wuchseigenschaften von erheblichem Einfluß.

Die Berechnung der Schwindverformungen sind mit Hilfe des *differentiellen Quell- und Schwindmaßes* möglich. Dieser Wert gibt das Schwindmaß in Prozent der Länge bzw. Breite eines Holzbauteils bei einer Feuchteänderung von 1% an. Das tatsächliche Schwindmaß ergibt sich aus einer Multiplikation des differentiellen Schwindmaßes, geteilt durch 100, mit der Differenz zwischen der Ausgangsfeuchte und der Endfeuchte. Bei Holz, das in frischem Zustand eingeschnitten ist, kann von einer Ausgangsfeuchte von 30% (Fasersättigung) ausgegangen werden.

Die differentiellen Quell- und Schwindmaße der gebräuchlichen Holzarten liegen in tangentialer Richtung zwischen 0,15 und 0,4, in radialer Richtung zwischen 0,1 und 0,3, in Längsrichtung zwischen 0,01 und 0,02. Für die Abschätzung von Formänderungen genügt es in aller Regel, die in DIN 1052, Holzbauwerke, Berechnung und Ausführung, angegebenen Werte zu verwenden. Sie lauten für Nadelholz und Eiche quer zur Faser (Mittelwert zwischen radialer und tangentialer Richtung) 0,24, längs der Faser 0,01. Die entsprechenden Werte für Buche sind 0,40 und 0,01. Genauere Werte müssen gegebenenfalls der Fachliteratur entnommen werden.

13.1.8 Dampfdiffusionswiderstand

Die Dampfdiffusionswiderstandszahl μ gibt das Verhältnis des Dampfdiffusionswiderstandes eines Stoffes zum Dampfdiffusionswiderstand ruhender Luft an. Der Richtwert nach DIN 4108 beträgt für alle Holzarten 40. Die Werte für Sperrholz betragen 50/400, für Spanplatten 50/100, wobei bei Diffusionsberechnungen je nach Aufbau der Konstruktion jeweils mit dem ungünstigeren Wert zu rechnen ist. Ist also z.B. bei einer raumseitig angeordneten Sperrholztafel ein hoher Diffusionswiderstand erwünscht, so muß mit dem unteren Wert von 50 gerechnet werden.

Der Dampfdurchlaßwiderstand einer Schicht bestimmter Dicke errechnet sich aus dem Produkt aus der Diffusionswiderstandszahl und der Dicke in Metern. Dieser Wert wird als *dampfdifussionsäquivalente* Luftschichtdicke mit der Maßeinheit m bezeichnet.

13.2 Hinweise zur Planung

13.2.1 Außenwände

Die Erzielung des nach DIN 4108 und der Wärmeschutzverordnung vorgeschriebenen Wärmedurchlaßwiderstandes bereitet dem Holzbau keine Schwierigkeiten, da der Raum für die notwendigen Dämmschichten von ca. 6 bis 10 cm (je nach Fensteranteil) immer vorhanden ist. Es können preiswerte Dämmstoffe eingebaut werden, was zur Wirtschaftlichkeit von Holzhäusern beiträgt.

Wärmebrücken, verursacht durch tragende Teile, bereiten im Holzbau wegen der relativ niedrigen Wärmeleitfähigkeit von Holz ebenfalls keine Probleme.

Schwierigkeiten bereitet dagegen häufig die luftdichte (winddichte) Ausführung der Außenwände, die notwendig ist, um Zugerscheinungen und Feuchteschäden aus Tauwasserbildung zu verhindern. Daraus ergeben sich folgende Empfehlungen:

1. Im Fachwerk- oder im Skelettbau sollte entweder außen oder innen eine durchgehende, dichte Schale angeordnet werden. Eine aus gestalterischen Gründen häufig von Bauherren gewünschte Ausführung mit innen und außen sichtbaren Stützen führt zu Schäden, wenn nicht ein ungewöhnlich hoher Aufwand für die Abdichtung zwischen den Gefachen und dem Ständerwerk getrieben wird. Das erfordert z.B. den Einbau dauerelastischer Dichtungsbänder in möglichst zwei Ebenen. Ein Ausspachteln von Fugen mit dauerelastischen Massen ist nicht ausreichend!
2. Sicherste Methode zur Verhütung von Wasserdampfkondensation im Innern der Außenwände ist die innenseitige Anordnung einer durchgehenden Dampfsperre zwischen Innenbekleidung und Wärmedämmschicht, z.B. in Form einer mindestens 0,2 mm dicken, überlappt genagelten Polyäthylenfolie, die gleichzeitig zur Winddichtigkeit beiträgt. Baubiologische Bedenken gegen solche angeblich die *Atmungsaktivität* der Wand beeinträchtigenden Dampfsperren sind unbegründet, da ein nennenswerter Luftaustausch auch durch extrem dampfdurchlässige Außenbauteile nicht stattfindet. Wohnräume müssen nun einmal gelüftet werden, was in der Regel nur durch Öffnen der Fenster und/oder durch Betätigung gesonderter Lüftungsvorrichtungen möglich ist.
3. Der konstruktiv oft problematischen Hinterlüftung von Außenbekleidungen kommt geringere Bedeutung zu, als es den meisten in der Fachliteratur wiedergegebenen Regeln zu entnehmen ist. Bei Außenbekleidungen aus Brettern kann auf die Hinterlüftung verzichtet werden, wenn innen eine durchgehende Dampfsperre angebracht ist, z.B. eine 0,2 mm dicke Polyäthylenfolie mit einer dampfdiffusionsäquivalenten Luftschichtdicke von 20 m.

   DIN 4108 enthält zwar detaillierte Angaben zur Belüftung von Außenbekleidungen, doch handelt es sich hierbei nicht um Vorschriften, sondern lediglich um Ausführungsvorschläge, bei deren Einhaltung besondere Überlegungen und Berechnungen zur Tauwasserverhütung überflüssig sind.
4. Innenbekleidungen brauchen – entgegen häufig zitierter Handwerksregeln – nicht hinterlüftet zu werden, wenn sie an ausreichend trockenen Außenbauteilen angebracht werden. Eine Ausnahme bilden lediglich Holzbekleidungen im Spritzwasserbereich von Badezimmern, insbesondere bei Duschen.
5. Alle vorstehenden Empfehlungen setzen voraus, daß das Konstruktionsholz zum Zeitpunkt der Anbringung der Bekleidungen trocken ist, also höchstens 20% Feuchte enthält. Ist das Holz beim Einbauen nur halbtrocken (Holzfeuchte 20 bis 35%), so dürfen Bekleidungen und nach Möglichkeit auch Dämmschichten erst nach ausreichender Trocknung eingebaut werden.

13.2.2 Geneigte Dächer über Aufenthaltsräumen

Für Dächer über ausgebauten Dachgeschossen gilt im Prinzip das gleiche wie für Außenwände. Lediglich die nach der Wärmeschutzverordnung notwendige Dämmschichtdicke ist größer. Sie liegt bei ca. 10 bis 15 cm. Daraus ergibt sich die Notwendigkeit, Sparren mit einer Höhe von ca. 16 bis 20 cm einzubauen. Diese Höhe ist größer, als es bisher üblich war, bereitet aber im Neubau keine Schwierigkeiten. Die Sparrenbreite kann auf 8, unter Umständen sogar auf 6 cm reduziert werden.

Nicht ganz einfach ist die winddichte Ausführung solcher Dächer, vor allem, wenn die Sparren innen sichtbar bleiben sollen. In diesem Falle empfiehlt sich die etwas aufwendige, aber sichere Ausbildung als nicht belüftetes Dach mit folgendem Aufbau: Sichtschalung auf den Sparren, darauf zwei Lagen Dachpappe, Auffütterung über den Sparren in Dämmschichtdicke (ca. 10–12 cm), zwischen den Auffütterungshölzern angeordnete Dämmschichten, Lattung, Eindeckung. Gegebenenfalls muß bei Ziegeln eine zur Verhinderung von Frostschäden – also nicht bauphysikalisch – bedingte Hinterlüftung berücksichtigt werden.

Bei Einbau der Wärmedämmschicht zwischen den Sparren empfiehlt sich eine durchgehende unterseitige Bekleidung mit einer Dampfsperre, wie sie bei den Außenwänden beschrieben ist. In diesem Falle kann unter bestimmten Voraussetzungen sogar auf eine Belüftung verzichtet werden. Dazu gehören z.B. die Anbringung einer Bretterschalung auf der Sparrenoberseite und die Abdeckung dieser Schalung durch eine wasserabweisende Bahn oder Folie mit nicht besonders hohem Wasserdampfdurchlaßwiderstand. Auch diese Empfehlung steht weder im Widerspruch zu DIN 4108 noch zu anderen anerkannten Regeln der Baukunst.

13.2.3 Flachdächer

Flachdächer aus Holz können sowohl als nicht belüftete *(Warmdächer)* wie auch als belüftete *(Kaltdächer)* ausgeführt werden. Da die Belüftung bei Dächern mit geringer Neigung Schwierigkeiten bereitet und aus der Erfahrung zahlreiche Schäden bekannt sind, sollte dem nicht belüfteten Dach der Vorzug gegeben werden, das sich im übrigen mit sichtbaren Balken sehr gut gestalten läßt.

13.2.4 Fußböden aus Holz

Fußböden aus Holz, und zwar sowohl Parkettböden wie Dielenböden, gelten zu Recht als *warm*, weil die Wärmeableitung beim Begehen mit dem nackten Fuß gering ist. Das ist ein nicht zu unterschätzender Gesichtspunkt der Behaglichkeit.

Bei Dielenböden, die heute wieder stärker gefragt sind, sollte darauf geachtet werden, daß die Holzfeuchte im Anlieferungs- bzw. Einbauzustand möglichst nicht mehr als 10% beträgt. Anderenfalls ist mit zu breiten Fugen, die auch bei Einbau mit 10% nicht ganz zu vermeiden ist, zu rechnen. Die Gleichgewichtsfeuchte in beheizten Gebäuden liegt bei ca. 8%.

13.2.5 Fußbodenheizung

Parkettböden lassen sich auch in Verbindung mit einer Fußbodenheizung verlegen, wenn es sich um eine Warmwasserheizung mit den heute üblichen Vorlauftemperaturen von nicht mehr als ca. +50°C handelt. Der wegen der Wärmeabgabe nach oben hin begrenzte Wärmedurchlaßwiderstand des Fußbodens wird auch mit 22 cm dickem Stabparkett nicht überschritten.

14 Objekt: Hausgruppe mit 9 Wohneinheiten, »Grüne Häuser« in Berlin

Steckbrief

Objekt:	Mehrfamilienhäuser mit 9 Wohneinheiten
Standort:	Berlin
Bauherr:	DEGEWO, Berlin
Baujahr:	1983 – 1985
Reine Baukosten:	je Wohneinheit ca. 300.000 DM
Planung:	Prof. Otto Steidle, Hans Kohl, München
Bauleitung:	W. Hötzel, Berlin
Statik:	Prof. Claus Scheer, Berlin
Grünkonzept:	Prof. Peter Latz, Kassel, München
Ausführung Holzbau:	Merk-Holzbau, Aichach
Wohn-/Nutzfläche:	Diagonalhaushälfte 121 + 6 m^2 Einzel-Tonnenhaus 106 + 4 m^2
Umbauter Raum:	Diagnonalhaus-hälfte 447^3 Einzel-Tonnenhaus 375^3

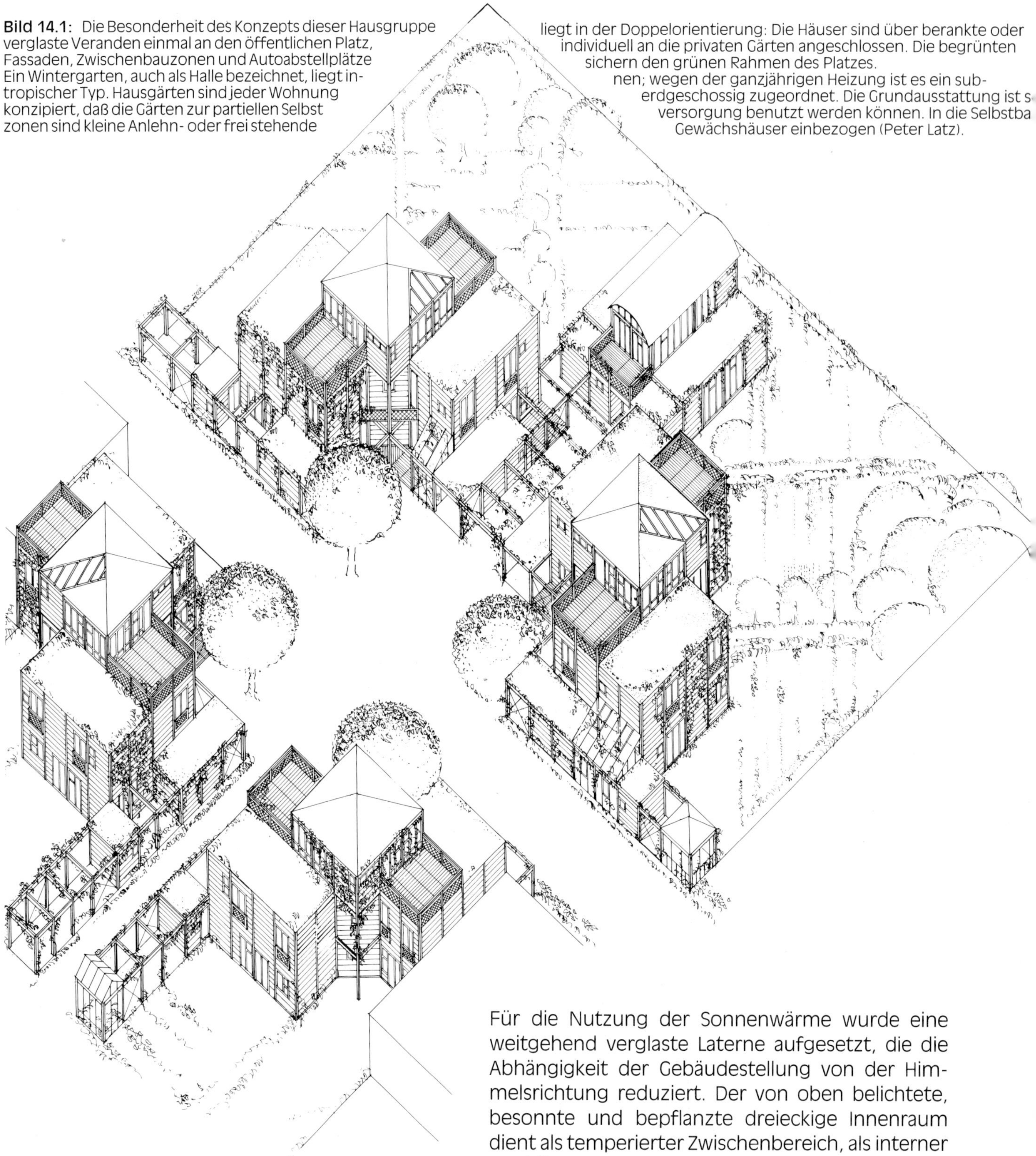

Bild 14.1: Die Besonderheit des Konzepts dieser Hausgruppe liegt in der Doppelorientierung: Die Häuser sind über berankte oder verglaste Veranden einmal an den öffentlichen Platz, individuell an die privaten Gärten angeschlossen. Die begrünten Fassaden, Zwischenbauzonen und Autoabstellplätze sichern den grünen Rahmen des Platzes. Ein Wintergarten, auch als Halle bezeichnet, liegt innen; wegen der ganzjährigen Heizung ist es ein subtropischer Typ. Hausgärten sind jeder Wohnung erdgeschossig zugeordnet. Die Grundausstattung ist s konzipiert, daß die Gärten zur partiellen Selbst versorgung benutzt werden können. In die Selbstba zonen sind kleine Anlehn- oder frei stehende Gewächshäuser einbezogen (Peter Latz).

14.1 Aufgabenstellung

Wichtige Aspekte der Aufgabenstellung für die Wohnhausgruppe (9 Wohneinheiten) waren: Energiesparen (passive Konzepte), Selbstversorgung (Grün), Einfachbau sowie die selbstgestellten Themen des gemeinschaftlichen Wohnens, hier vor allem der Zuordnung und Erschließung. Insbesondere der Aspekt Besonnung (z.B. Südorientierung) stand im Vordergrund. Die Planer hatten versucht, die Orientierung nach städtebaulichen und sozialen Gesichtspunkten, die einen wichtigen Bereich ihrer Arbeit darstellen, damit zu verbinden. Aus den Diskussionen mit den Grünplanern gewann die Besonnung der Gärten wegen der beabsichtigten intensiven Gartennutzung (Selbstversorgung) zunehmend an Bedeutung. Zusammenfassend wurde aus diesen Gesichtspunkten eine *Parzellierung* gewählt, die die Wohnbereiche konzentriert und platzartig zusammenführt und die Gartenbereiche fächerförmig aufteilt.

Für die Nutzung der Sonnenwärme wurde eine weitgehend verglaste Laterne aufgesetzt, die die Abhängigkeit der Gebäudestellung von der Himmelsrichtung reduziert. Der von oben belichtete, besonnte und bepflanzte dreieckige Innenraum dient als temperierter Zwischenbereich, als interner Erschließungsbereich mit Treppen und Podesten, und er dient der Belichtung der nach innen und außen orientierten Zimmer.

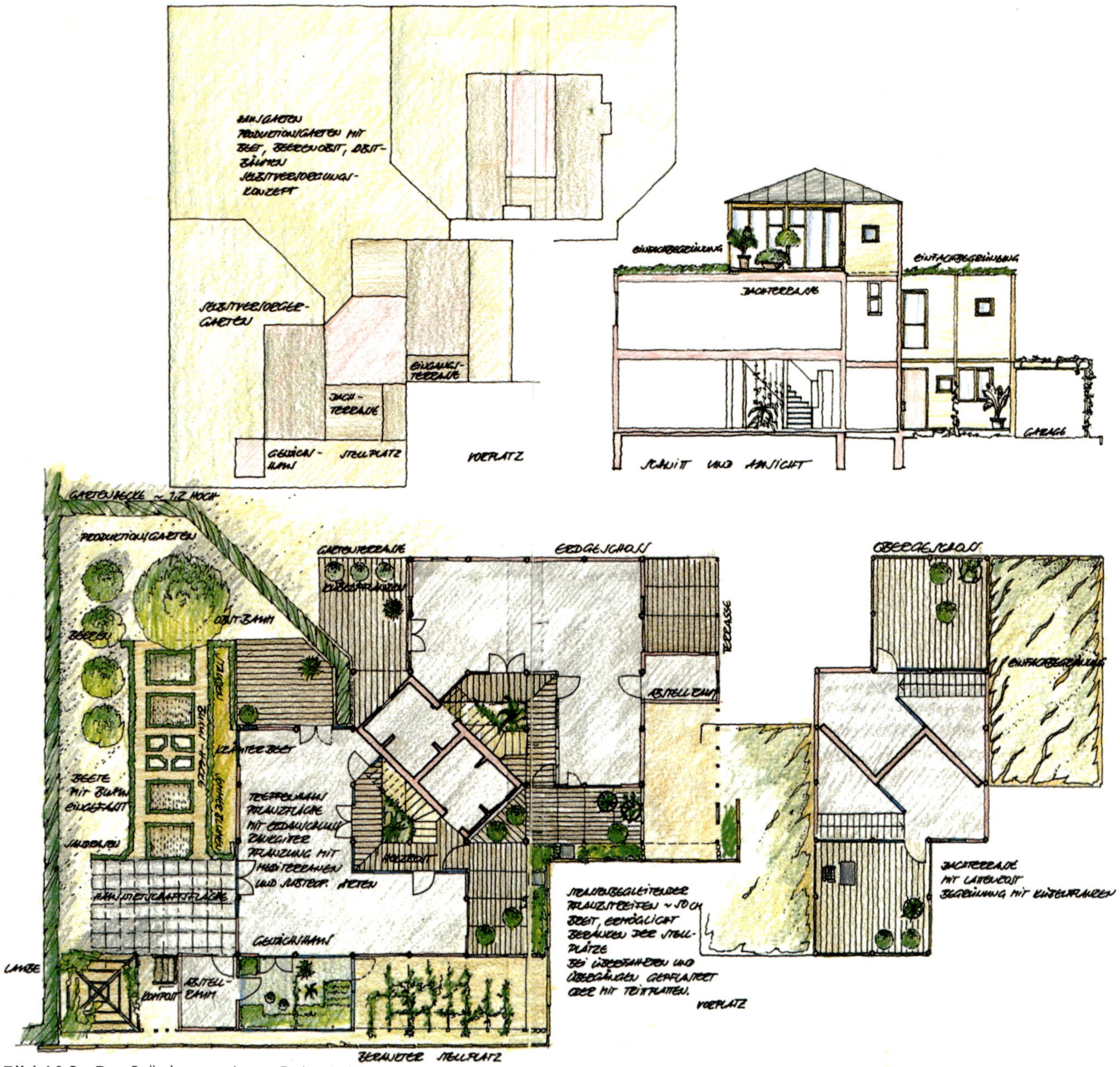

Bild 14.2: Das Grünkonzept von Peter Latz

Bild 14.5: Eingangssituation

Die nach außen gehenden Fenster dienen somit in erster Linie dem Ausblick bzw. der zusätzlichen Belichtung und Belüftung. Der massive Innenbereich enthält die Naß- und Abstellbereiche und übernimmt darüber hinaus die Funktion der Schalltrennung zwischen den Einheiten (wenn gewünscht, auch die Verbindung). Im Dachbereich gibt es ein Turmzimmer bzw. ein Dachgewächshaus.

Bild 14.3 und Bild 14.4: Teilansicht aus verschiedenen Blickebenen vom »öffentlichen Platz«

Bild 14.6: Glashaus und Spaliere

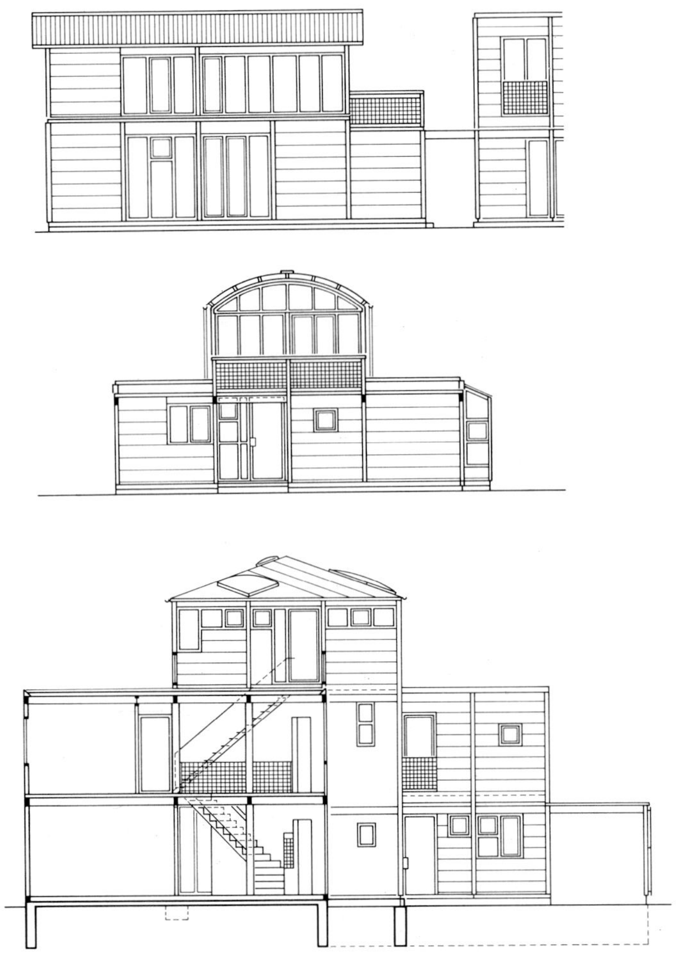

Bild 14.7: Ansichten, Schnitt, M 1:200

Bild 14.9: Grundriß Erdgeschoß (A), M 1:200

1 Halle
2 Küche
3 Eßplatz
4 Wohnraum
5 Arbeitsraum
6 Glashaus
7 Abstellraum
8 Auto-Stellplatz
9 Zimmer
10 Galerie
11 Studio
12 Wintergarten

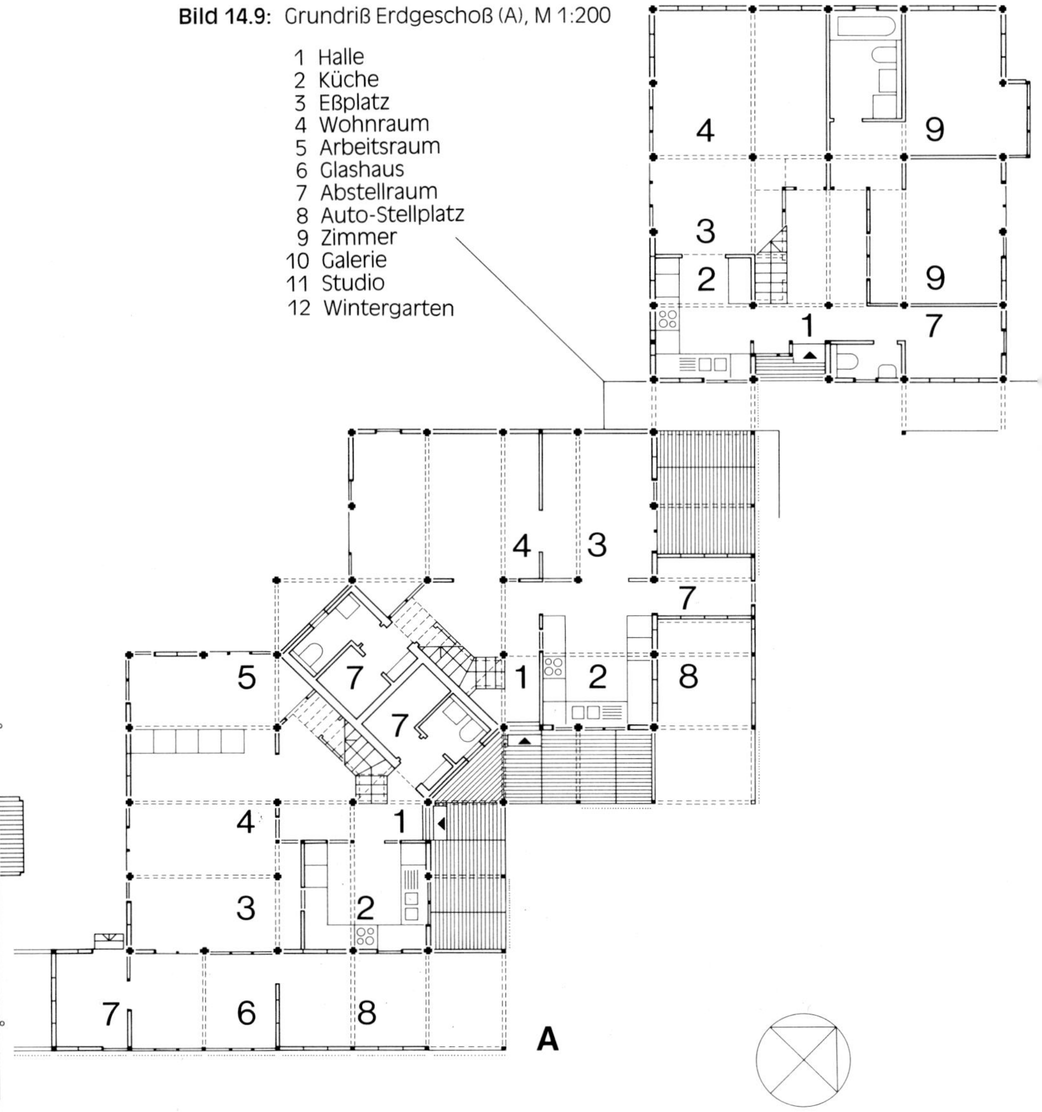

Bild 14.8: Grundrisse 1. Obergeschoß (B) und
2. Obergeschoß (C), M 1:200

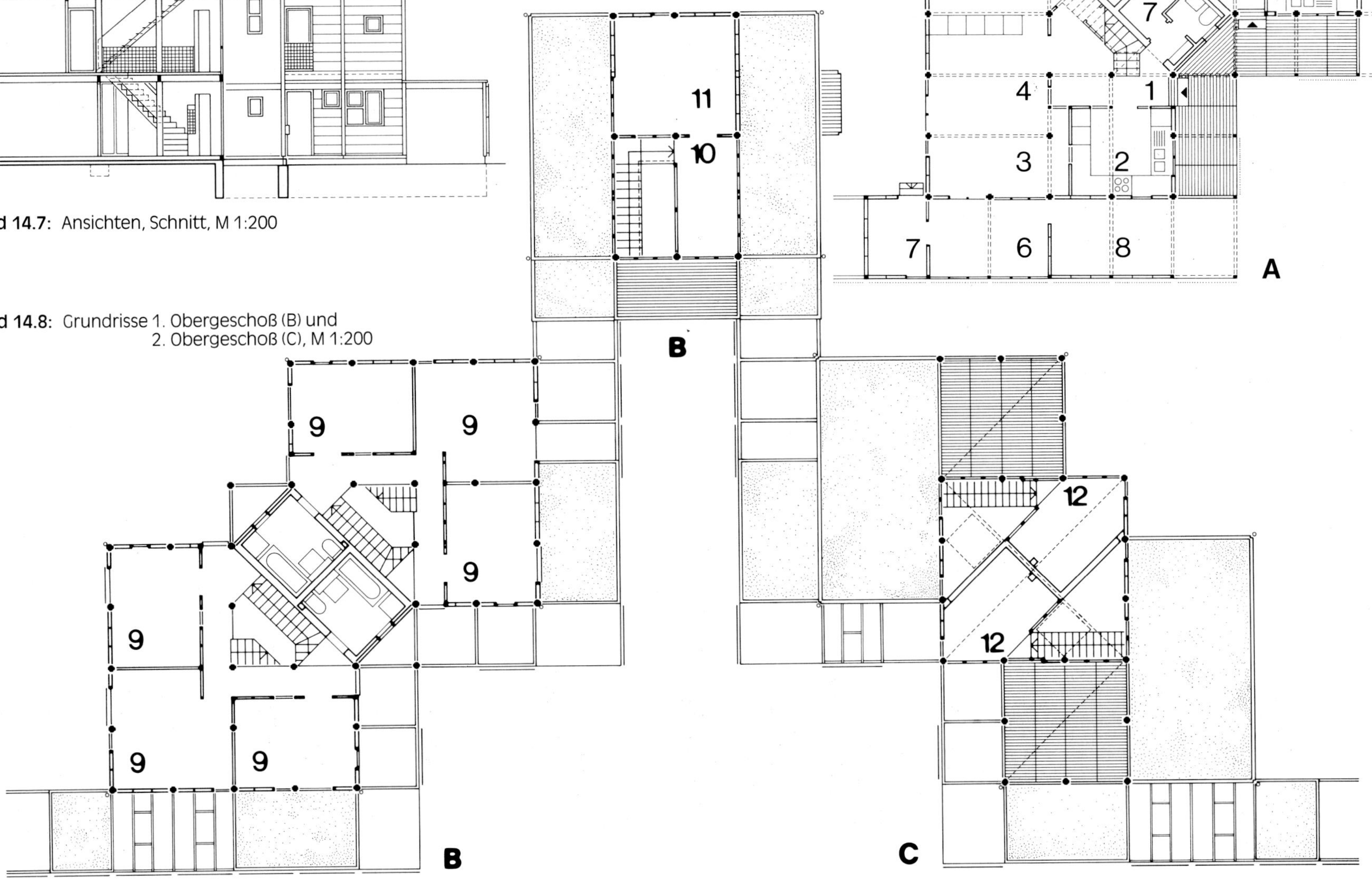

Die Konstruktion besteht aus Holzständerwerk mit waagerechter Dielenverkleidung. Je nach Brandschutz- bzw. Bauherrenanforderung wurde diese Verschalung aus farbig gestrichenem Holz bzw. teilweise Holzzementplatten ausgeführt. Eine beabsichtigte geringe Dimensionierung bzw. Auflösung der Konstruktionsteile in leichte stabartige Konstruktionen konnte aus Brandschutzgründen nicht durchgesetzt werden. Die Mindestquerschnitte aus diesen Anforderungen sind größer als die statisch erforderlichen Abmessungen.

Bild 14.10: Gebäudeschnitte, M 1:25

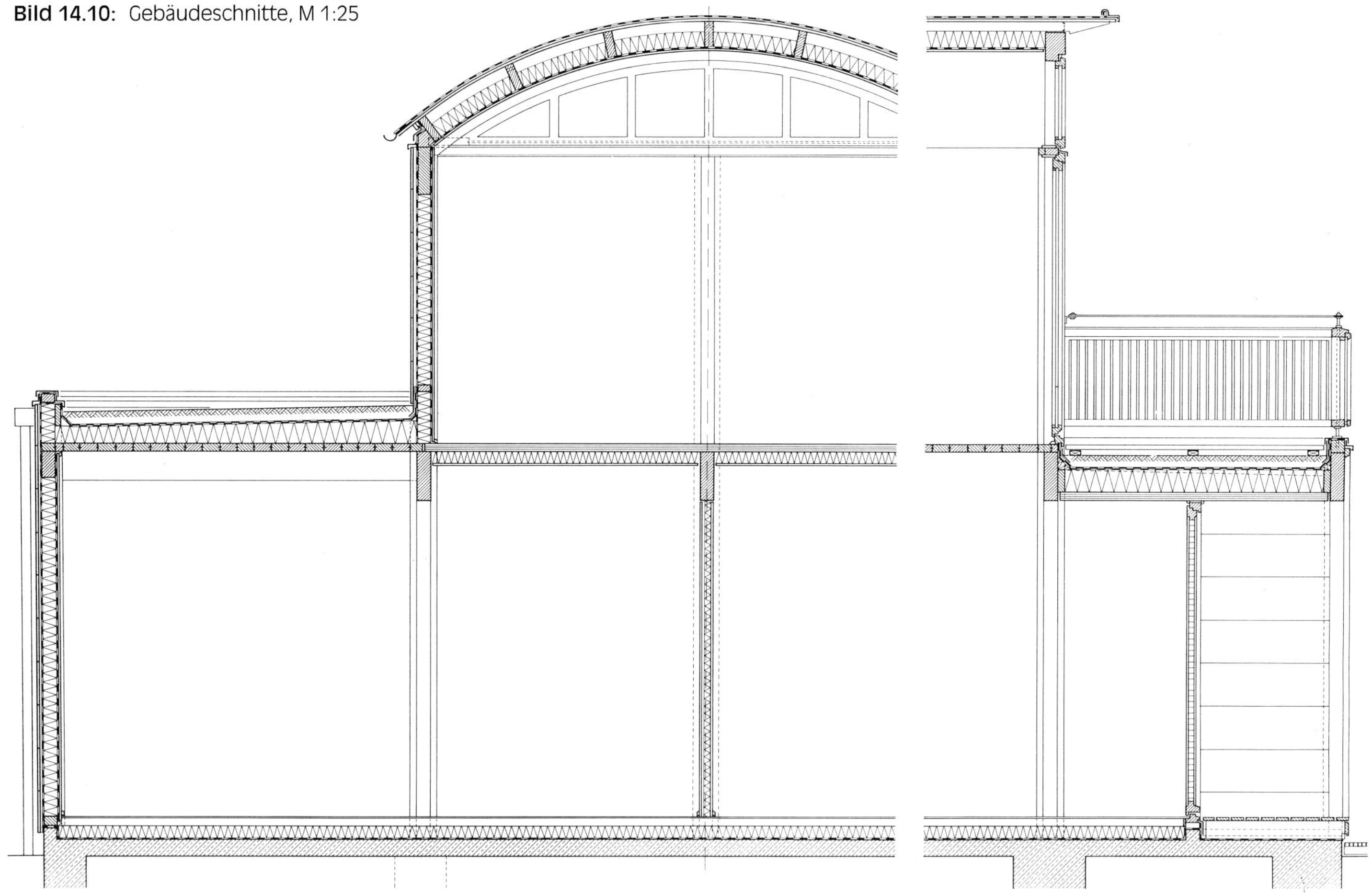

14.2 Außenbauteile

Neben der tragenden Holzkonstruktion der Hauptbaukörper gibt es eine pergolaartige Holzkonstruktion für die Neben- und Erweiterungsbauten entlang der Grenzen zu den öffentlichen Bereichen (Straße, Weg, Platz). Diese ausbaufähige Zone kann von der Autogarage über Geräteschuppen und Gewächshaus bis zum Hühner- oder Ziegelstall alle aus der spezifischen Nutzung der Bewohner entstehenden *Nebenfunktionsräume* aufnehmen. Entlang der öffentlichen Wege und Straßen wird diese Zone von einem Spalier mit Bepflanzung begleitet. Spaliere gibt es auch an den Hauswänden. Sie sind Teil der gestalterischen Absicht und sollen zusammen mit der ordnenden, tragenden Struktur die nach Lage und Nutzung unterschiedlichen Flächen mit *beliebigen Öffnungen* zu architektonischen Elementen und Fassaden zusammenfassen. Alltägliche Nutzungen und architektonische Form sollen sich nicht widersprechen, sondern zusammenwirken. Es wurde versucht, eine Interpretation der *grünen* gartenbezogenen Architektur als architektonisch kultivierte *Schrebergartenarchitektur* zu liefern.

14.3 Konstruktion und Ausbau

Außenwände

Außenwand in Leichtbauweise (k = 0,40 W/m²K)

- 12 mm zementgebundene Holzspanplatten als »Bohlen«, ca. 30 cm breit, überlappt mit Stufenfalz oder Nut und Feder auf Holzunterkonstruktion
- 27 mm Luftschicht
- Bitumenpappe, dampfdurchlässig mit senkrechten Latten befestigt
- Hauptstützen als Kreuzstützen aus Brettschichtholz 18 × 18 cm, Nebenstützen aus Vollholz 6 × 10 cm, ausgefacht mit Wärmedämmung aus halbsteifen Mineralfaserplatten 100 mm, Baustoffklasse A, einseitig mit Alufolie kaschiert, 30 kg/m³
- Dampfsperre 0,4 mm
- aussteifende Innenscheibe aus V-100-verleimten Spanplatten, Dicke 16 mm, alle 62,5 cm gestoßen, mit Anstrich
- Holzdeckleisten auf den Stößen

Wohnungstrennwand

- 24-cm-Vollstein-Klinker bzw. KSV 12/11/1,8, verfugt, mit Anstrich
- Leitungs- und Installationsführung sichtbar

Decke über Erdgeschoß

- 18-mm-Spanplatte (Fußboden-Verlegeplatte mit Nut und Feder), geschliffen
- 25-mm-Mineralfaserplatten als Trittschalldämmplatten
- 50-mm-Betonpflastersteine – falls erforderlich bzw. gewünscht
- Kaltbitumen oder Folie
- Holzbohlen, 35 mm, Nut und Feder, Unterseite gehobelt und geschliffen (sichtbar)
- Deckenbalken 10/18 (Nebenträger, l = 1,875 m) bzw. 10/34 (l = 3,85 m) Vollholz, teilweise dreiseitig sichtbar, gehobelt und geschliffen

Decke im Terrassenbereich (k = 0,27 W/m²K)

- Holzlattenrost
- Dichtung, Folie bzw. 2 Lagen Glasvlies-Bitumendachbahnen mit 1 Lage Bitumendachdichtungsbahn mit Gewebeeinlage und Deckanstrich

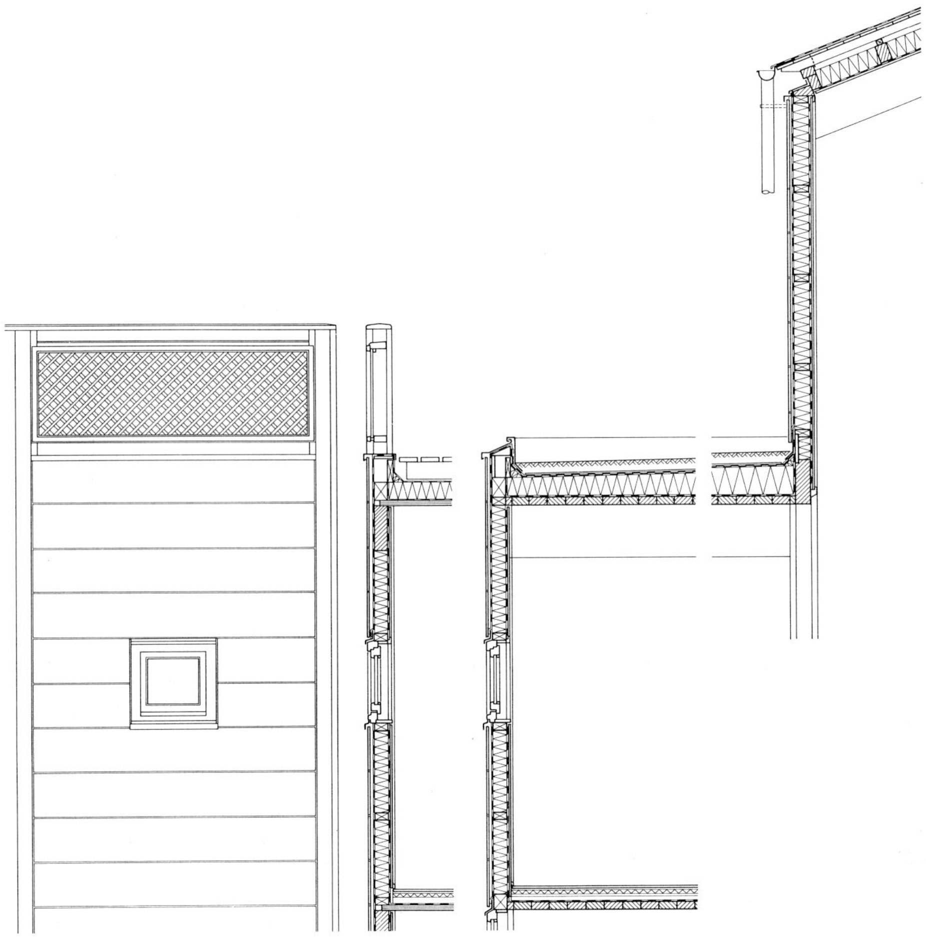

Bild 14.11: Ansicht, Schnitte Ober-/Dachgeschoß, M 1:25

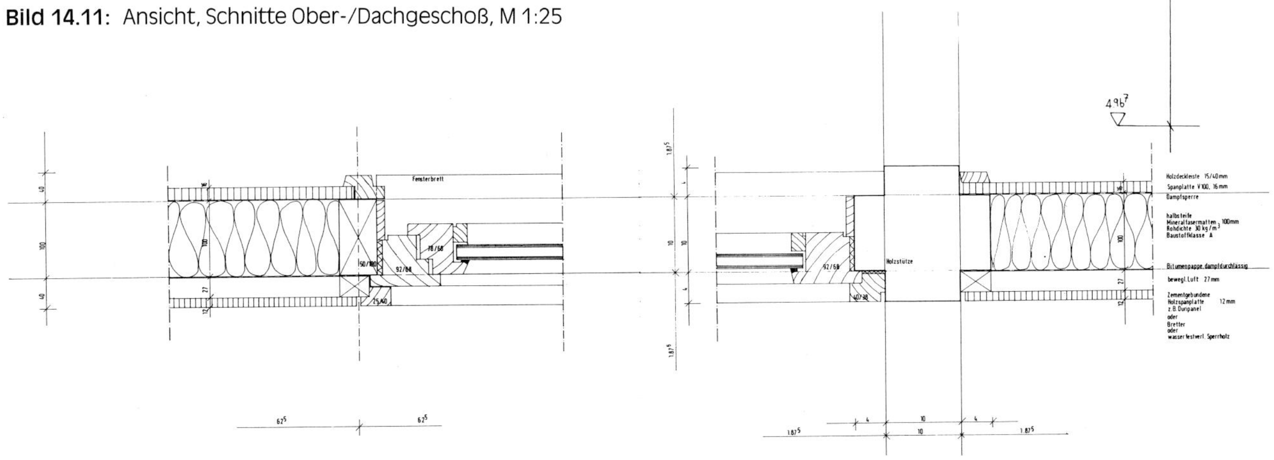

Bild 14.12: Schnitt durch die Außenwand, M 1:10

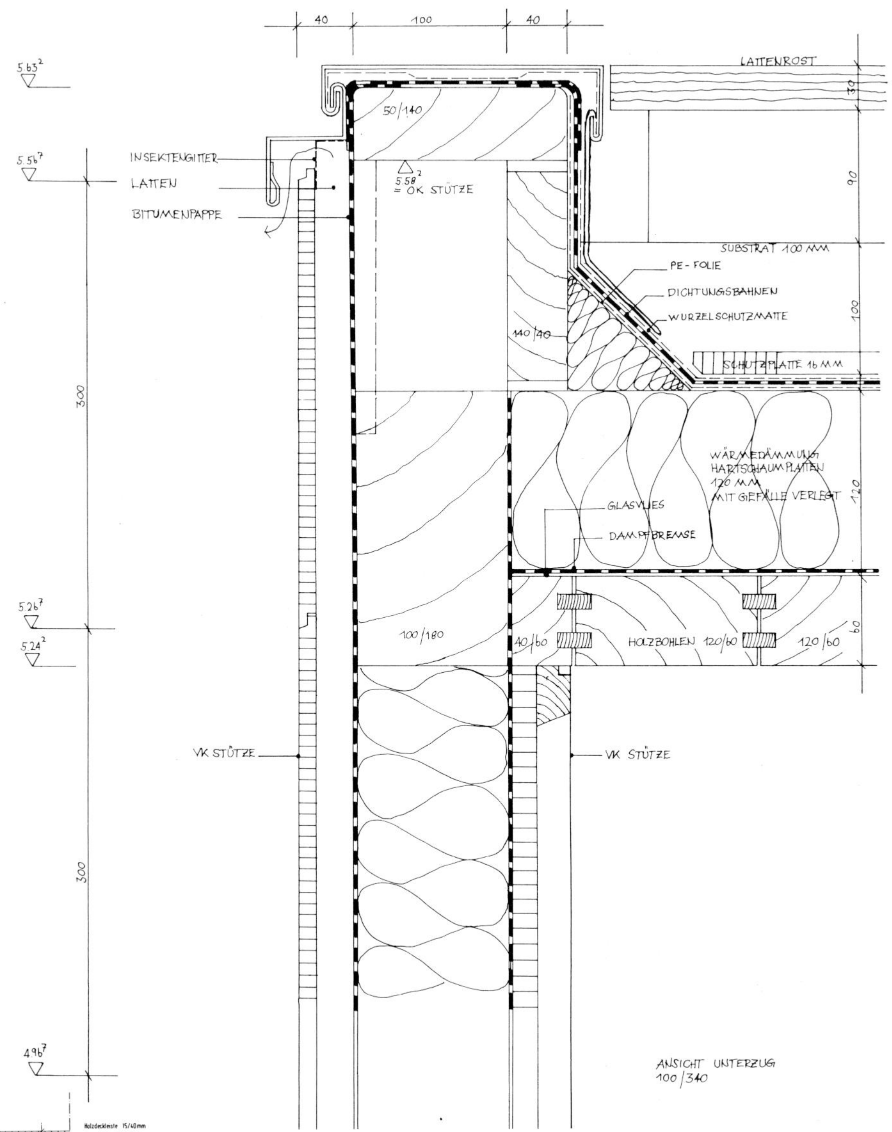

Bild 14.13: Vertikalschnitt Flachdachabschluß, M 1:5

Holzdeckleiste 15/40 mm

Spanplatte V 100, 16 mm

Dampfsperre

halbsteife
Mineralfaserplatten 100 mm
Rohdichte 30 kg/m³
Baustoffklasse A

Bitumenpappe dampfdurchlässig

bewegl. Luft 27 mm

Zementgebundene
Holzspanplatte 12 mm
z. B. Ouripanel
oder
Bretter
oder
wasserfestverl. Sperrholz

- Ausgleichsschicht
- 100 – 120 mm Wärmedämmung
- Dampfsperre
- Gleitschicht (Glasvliesbahn)

- Holzbohlen 35 mm, Nut und Feder, Unterseite gehobelt und geschliffen (sichtbar)
- Balken 10/18 (l = 1,875) bzw. 10/34 (l = 3,85 m) Vollholz, teilweise dreiseitig sichtbar

Dachdecken für bauseitige Bepflanzung

- Substratschüttung für niederen Graswuchs
- Wurzelschutzfolie, 1,0 mm aus PVC, spatenfest
- PE-Folie als Trennschicht

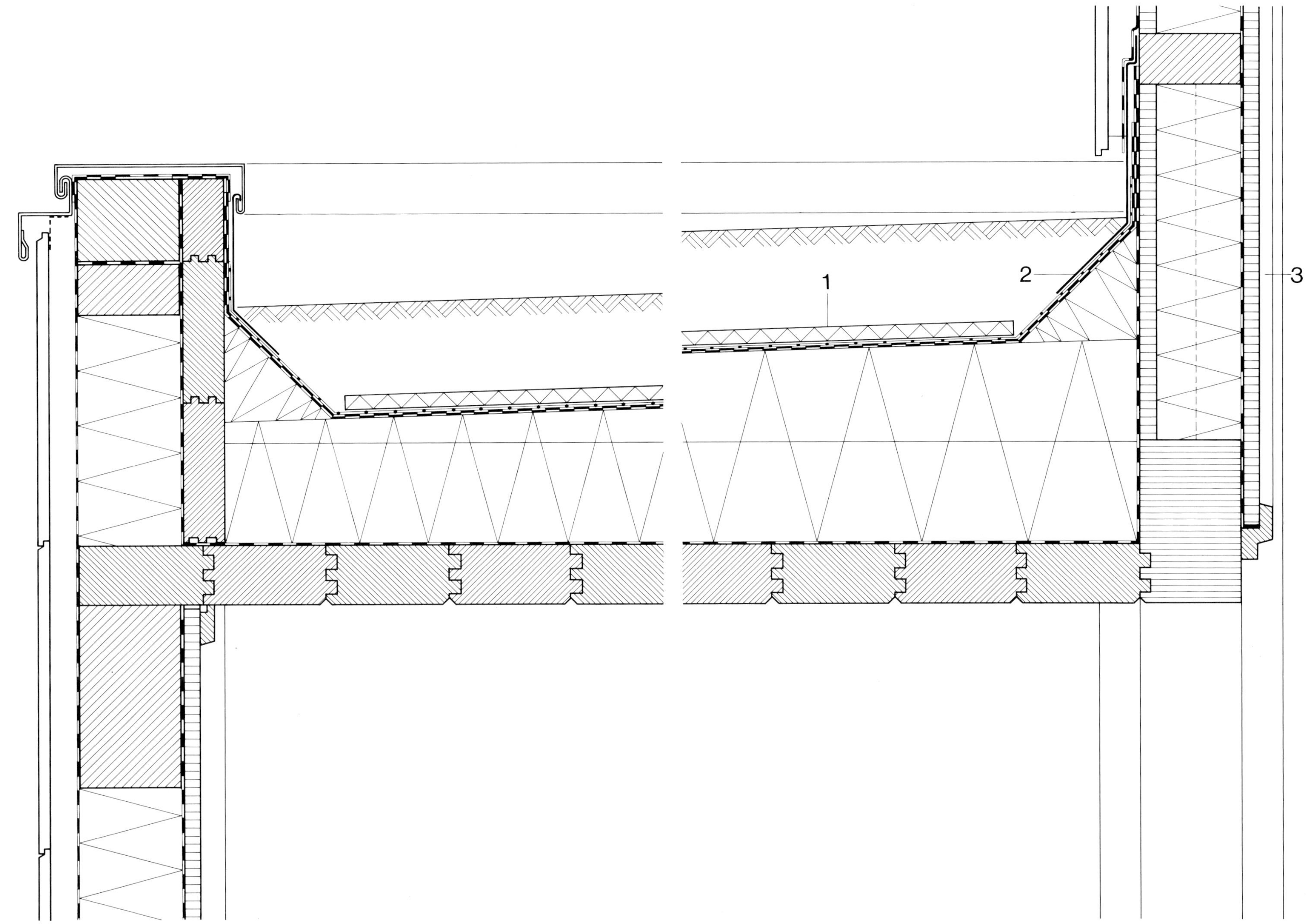

Bild 14.14: Schnitt Flachdachaufbau, M 1:5

Schräge Dachdecke über zweitem Obergeschoß

- besandete Pappe
- Dichtung, Folie bzw. 2 Lagen Glasvliesbitumendachbahnen und eine Bitumendichtungsbahn mit Gewebeeinlage und Deckanstrich
- 21 mm Holzschalung
- Sparren 4/12 cm, ausgefacht mit 120 mm Mineralwolle

Nichttragende Innenwände

- Holzständerwand mit Glas (Klarglas und Milchglas) bzw. Spanplattenfüllung zur Halle hin
- Gipskartonwände, 100 mm dick (auch im Massivteil), mit einfachem Metallständerwerk und einfacher Beplankung aus Gipskartonbau- oder -feuerschutzplatten (GFK), in Feuchträumen imprägnierte Platten
- Die Felder zwischen Metall-C-Profilen sind mit 40 mm dicken halbsteifen Mineralfaserplatten 30 kg/m³ ausgefacht.

Bild 14.15: Rohbauphase: Holzskelett mit Stahldiagonalen

Bild 14.16: Treppenhaus

Fußböden

Räume Erdgeschoß

- Korklinoleum, 2,0 mm dick, bzw. Holzdielen, gestrichen oder versiegelt, bzw. keramischer Belag

Halle Erdgeschoß

- keramischer Belag (Spaltklinker oder Fliesen) bzw. Holzdielen und Parkett

WC Erdgeschoß

- Mittelmosaik 5 × 5 cm in 3,0 cm Mörtelbett
- eine Lage PE-Folie
- Dichtung, z.B. 2 Lagen Bitumenbahnen mit Deckanstrich, bis 50° wärmebeständig
- Zementestrich mit Dispersionszusatz für Fußbodenheizung 65 mm
- Wärmedämmung, z.B. 60-mm-Hartschaumstoffplatten PS 40
- Dichtung auf Unterbeton, z.B. 2 Lagen Bitumenbahnen mit Deckanstrich

Eingangszone vor dem Haus:

- Holzlattenrost auf Gefällebeton

Bad im ersten Obergeschoß

- Mittelmosaik 5 × 5 cm, im Mörtelbett 2,5–4,5 cm
- PE-Folie
- Dichtung 2 Lagen Glasvliesbitumenbahnen mit Deckanstrich
- 15 mm Dämmung

Räume Obergeschoß

- Korklinoleum bzw. Holzdielen, gestrichen oder versiegelt

Speicher im zweiten Obergeschoß

- 4 cm Zementestrich mit oberer Verschleißschicht, mattenbewehrt mit staubbindendem Anstrich
- Wärmedämmung 3 cm
- Stahlbetondecke, d = 14 cm, B 25

Speicher im auskragenden Teil

- 18 mm Spanplatte (Fußbodenverlegeplatten mit Nut und Feder)
- Dampfsperre
- Wärmedämmung 120 mm, Mineralwolle BSK.A, 30 kg/m^3 zwischen Holzbalkenkonstruktion
- Untere Verkleidung aus Nut-und-Federbrettschalung

Fenster und Außentüren

k = 2,9 W/m^{2}K

Sämtliche Fenster und Außentüren sind aus Nadelholz, Güteklasse I, hergestellt, Behandlung nach DIN 68800, bestehend aus Imprägnierung, Grundierung und 2 Anstrichen in Lack bzw. Dickschichtlasur. Dabei sollte die Innenseite der Fenster eine höhere Schichtdicke aufweisen als die Außenseite. Die Fenster haben Wetterschutzschienen mit hinterer Dichtung. Die Dichtungen laufen in einer Ebene rundum und sind elastisch und auswechselbar ausgebildet.

Verglasung

2 Scheiben Isolierglas, beidseits versiegelt, Luftzwischenraum 6–8 mm.

Innere Fensterbrüstungsabdeckungen aus 22 mm Fichtenholz.

Äußere Brüstungsabdeckungen aus Aluminiumblech, 1,5 mm dick, eloxiert.

Türelemente

Holztürblätter aus Nadelholz, Oberfläche natur lasiert bzw. gestrichen, überfälzt 40 mm dick, mit Einsteckschloß für Buntbartschlüssel.

Zargen als Holzzargen mit Futter und Bekleidungen, Breite der Bekleidungen 45 mm, natur lasiert bzw. gestrichen, Türdrücker.

Innentreppen

Gestemmte Treppen aus Kiefernholz, Stammware kleinastig, Trittstufen und Wangen 45 mm dick, Oberfläche grundiert und gestrichen. Treppen- und Podestgeländer aus Holz, Füllung aus gekröpftem Maschengewebe. Treppe vom Erdgeschoß zum Obergeschoß mit Setzstufen 19 mm dick im unterbauten Teil. Treppe zum Dachgeschoß bzw. Dach aus Holz.

Bild 14.17: Modellaufnahme Erdgeschoß und 1. Obergeschoß

15 Objekt: Einfamilienhaus in Neuried bei München

Bild 15.1: Außenansicht

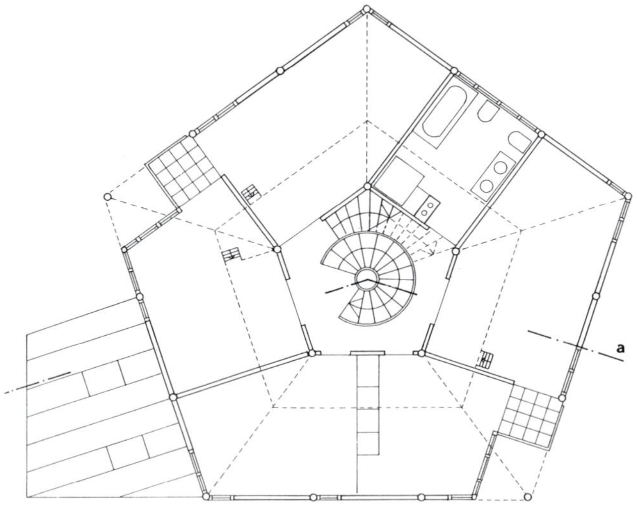

Bild 15.2: Grundriß, M 1:75

Bild 15.3: Außenansicht

Bild 15.4: Gebäudeecke

Bild 15.5: Wintergarten

Bild 15.6: Fassadendetail mit Rundholzstütze

Steckbrief

Objekt:	Einfamilienhaus
Standort:	Neuried bei München
Baujahr:	1983 – 1985
Gesamtbaukosten:	550.000 DM
Planung:	Steidle + Partner, Prof. Otto Steidle, Hans Kohl, München
Statik und Ausführung Holzbau:	Huber & Sohn, Bachmehring
Wohnfläche:	190 m^2
Umbauter Raum:	1170 m^3

Der Grundriß, ein regelmäßiges Fünfeck, entwickelte sich aus der Grundstückssituation und aus gebäudeklimatischen Gesichtspunkten (keine reine Nordseite, Verhältnis Außenwand zu Volumen usw.). Der Bebauungsplan sah ein langgestrecktes rechteckiges Gebäude vor, das das Grundstück größtenteil eigenverschattet hätte. Nach einer Bebauungsplanänderung war es möglich, einen individuellen Baukörper auszuführen, der einerseits den Garten am wenigsten verschattet und sich andererseits zu einem kleinen *Dorfplatz* orientiert.

Alle Räume gruppieren sich um eine zentrale Treppe. Küche, zum Eingang gelegen, und Eßraum weisen eine größere Raumhöhe (ca. 3 m) auf und werden räumlich durch ein kleines Glashaus erweitert. Vier Schlafräume im Obergeschoß und ein offenes *Turmzimmer* über dem Treppenraum vervollständigen das Raumprogramm. Die zwei nach Nordwesten gelegenen Kinderzimmer erhalten über die *Dachlaterne* belichtete Schlafgalerien, die beide Verbindung mit dem *Turmzimmer* haben.

15.1 Konstruktiver Aufbau

Holzskelettkonstruktion mit brettschichtverleimten Rundholzstützen, Decken, Dach und Außenwände in vorgefertigten Elementen, Außenbeplankung mit waagerechten Fichtenbrettern, Innenwände zum Treppenraum als Holzfensterwände.

Bild 15.7: Skelett mit verleimten Rundholzstützen und aussteifendem Stahlkreuz

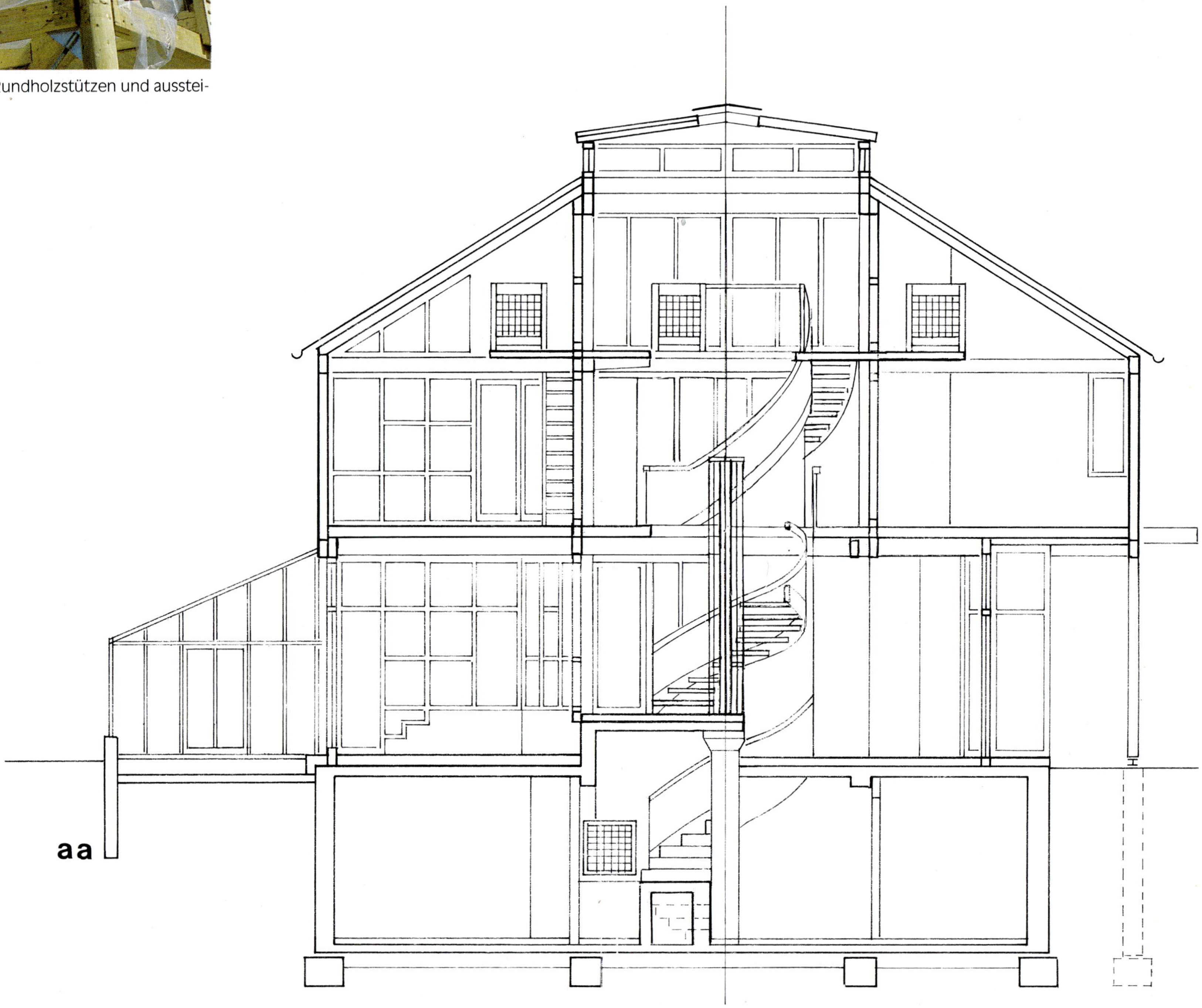

Bild 15.8: Schnitt, M 1 : 75

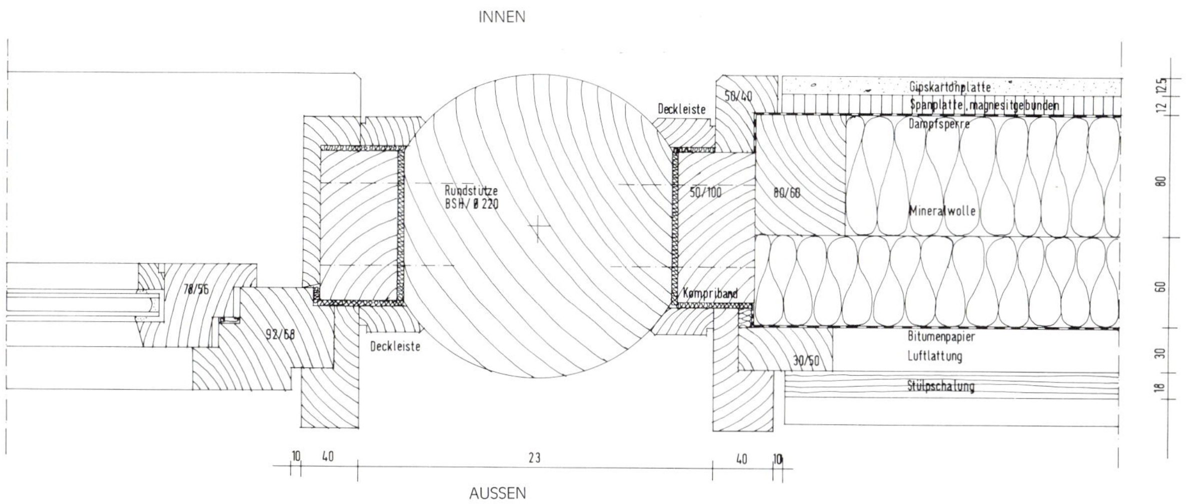

Bild 15.9: Schnitt Außenwand mit Rundstütze, M 1:5

Bild 15.12: Rohbau

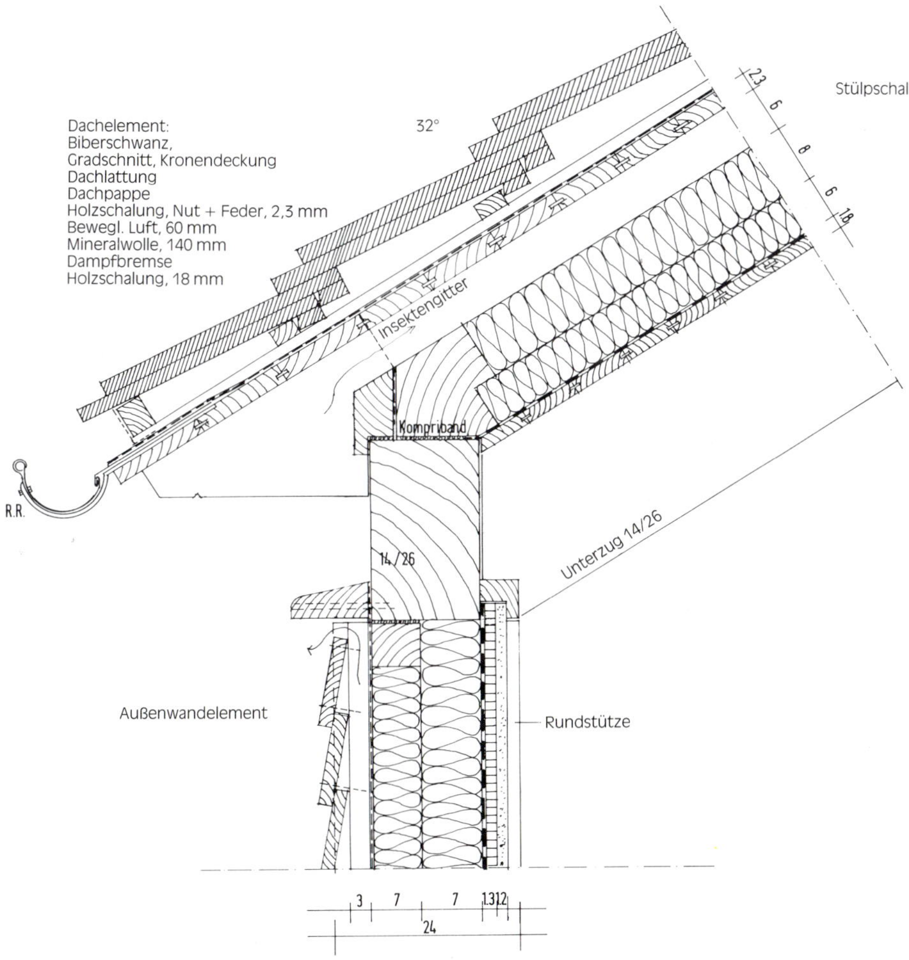

Bild 15.10: Schnitt Traufpunkt, M 1:10

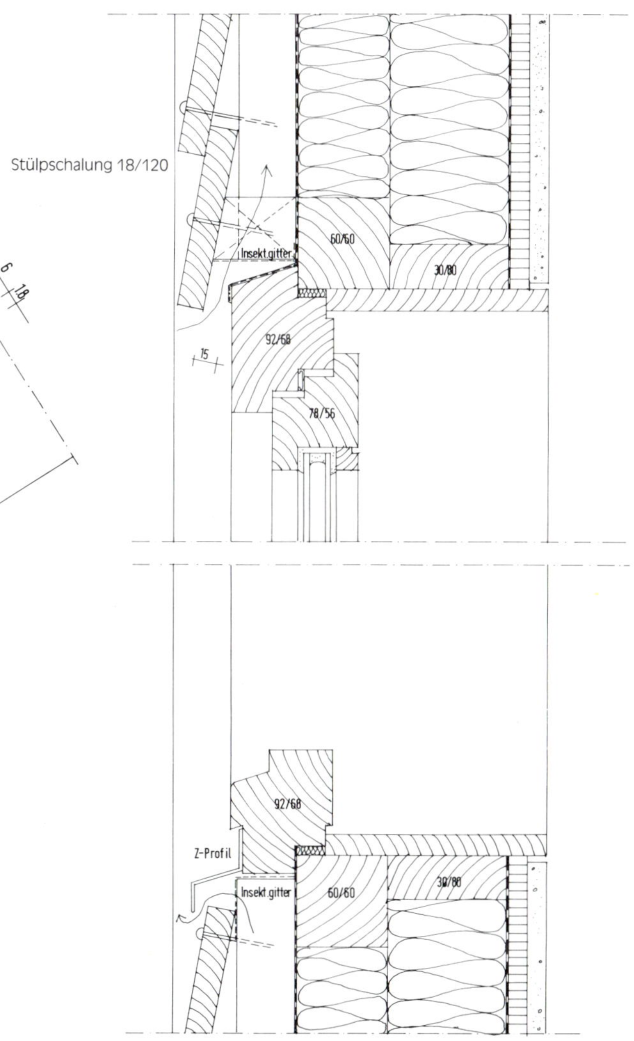

Bild 15.11: Vertikalschnitt Außenwand, M 1:5

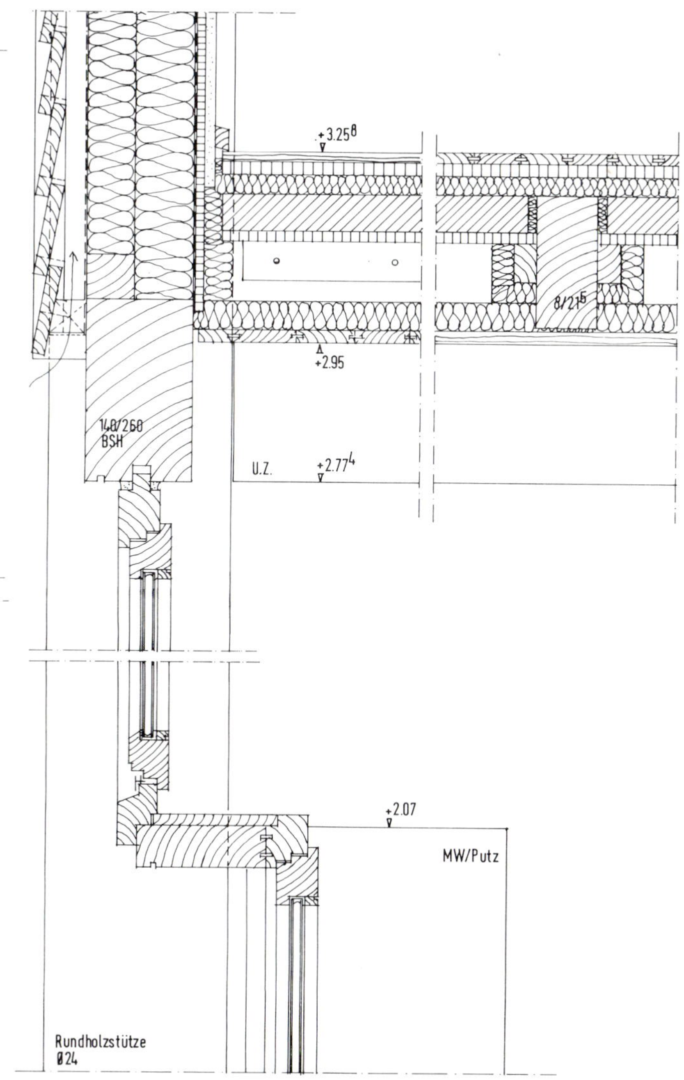

Bild 15.13: Vertikalschnitt Außenwand/Decke/Fensterwand im Erdgeschoß, M 1:10

16 Objekt: Wohnhaus mit Einliegerwohnung in Daisendorf am Bodensee

Bild 16.1: Außenansicht von Osten

Bild 16.2: Fassadenausschnitt

Steckbrief	
Objekt:	Wohnhaus mit Einliegerwohnung
Standort:	Daisendorf am Bodensee
Baujahr:	1982 – 1985
Baukosten:	500.000 DM
Planung:	Steidle + Partner, Hans Kohl, Prof. Otto Steidle, München
Örtliche Bauleitung:	R. Leuchtenberger, Hagnau
Statik:	Günther Spyra, München
Ausführende Holzbaufirma:	Merk-Holzbau, Aichach
Wohnfläche:	135 m^2 + 26 m^2 Einliegerwohnung
Umbauter Raum:	920 m^3

Das schmale Hausgrundstück mit Blickbeziehung zum Bodensee liegt am Rande eines Ortsteiles mit überwiegend Flachdachbebauung. Das einfache Raumprogramm (Einfamilienhaus mit kleiner Einliegerwohnung) wurde folgendermaßen aufgeteilt: Vom gemeinsamen Windfang aus sind beide Wohnungen erschlossen, wobei die Einliegerwohnung auf der untersten Ebene (Eingangsebene) liegt. Die Wohnebenen der Hauptwohnung stufen sich viertelgeschossig entsprechend dem Hangverlauf. Die diagonal gestellte zentrale Treppe *dreht* alle Wohnräume in die Hauptbesonnungsrichtung und führt in der Erschließungsrichtung zu den Räumen hin, jedoch beim Verlassen des Gebäudes an den Räumen vorbei. Es entstehen die verschiedensten Raumzusammenhänge und -höhen (Einliegerwohnung 3,15 m, Küche 2,45 m, Ofenplatz 2,15 m, Wohnraum 4,00 m, Schlafräume 2,50 m, Galerie 2,15 m).

16.1 Konstruktiver Aufbau

Das Dachtragwerk besteht aus 9 m weit gespannten Holzfiligranträgern (System Greim) in einem engen Rasterabstand von 1,80 m, so daß für den Deckenaufbau keine Zwischenträger nötig sind, sondern die tragenden Bohlen zugleich die Deckenuntersicht bilden. Die Trägerhöhe bestimmt den Kaltdachraum, der gebäudeklimatische Funktionen übernimmt (Luftklappen, Raum für einfach gelagerte Rolläden). Die Außenwände der Wohnräume im Erdgeschoß sind nach klimatischen Bedingungen ausschließlich aus Mauerwerk (Speicher) oder aus Glas *(Sonnenfänger)*, die des Obergeschosses (Schlafräume) wegen kurzzeitiger Aufheizbarkeit aus wärmegedämmten Leichtbauwänden in Holzskelettkonstruktion errichtet.

Bild 16.3: Innenansicht mit Treppe nach Fertigstellung

Bild 16.4: Dach mit Greimbinder – Konstruktion

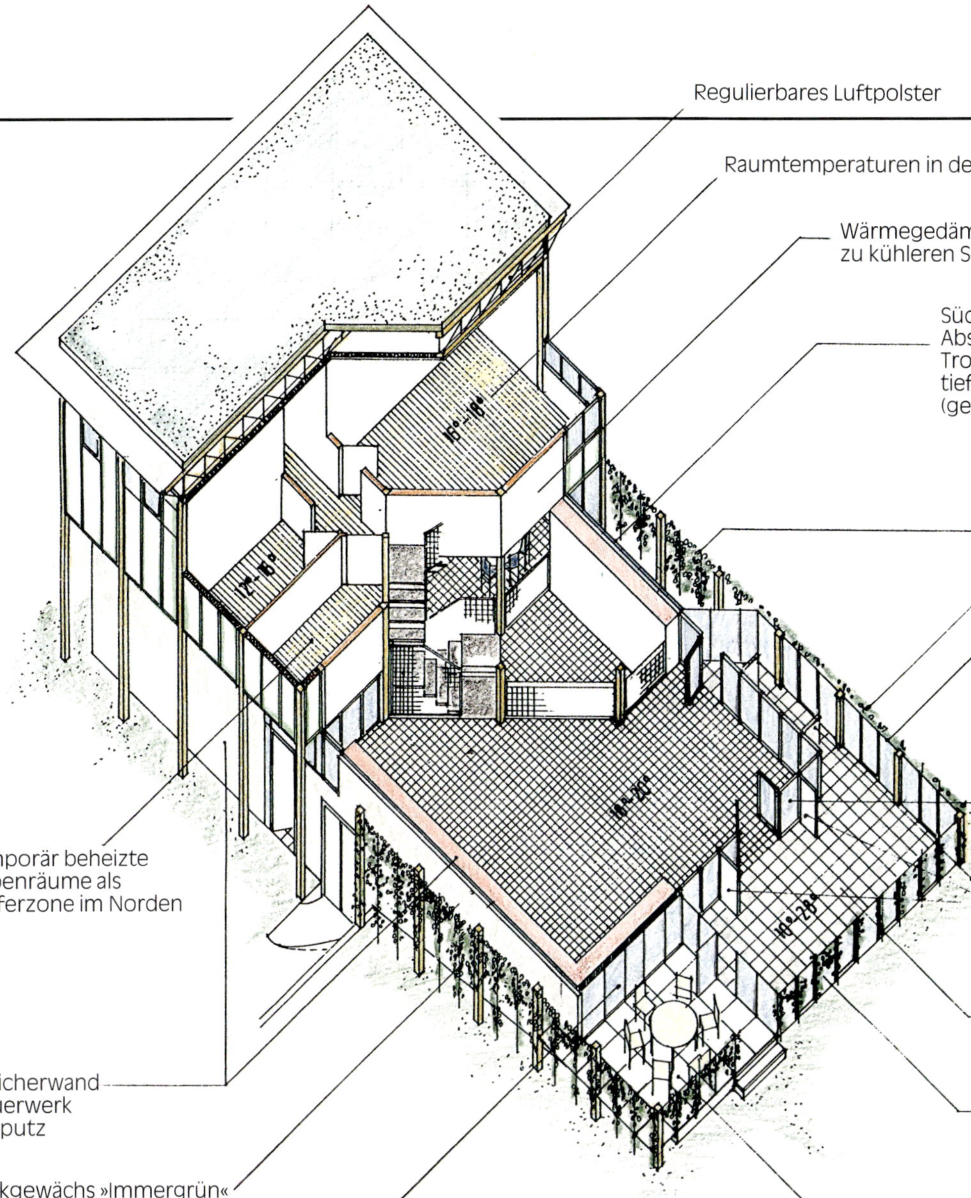

Bild 16.5: Energiekonzept

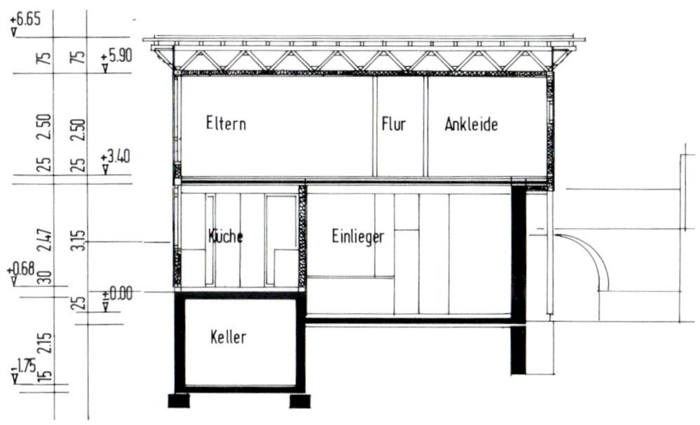

Bild 16.6: Querschnitt, M 1:200

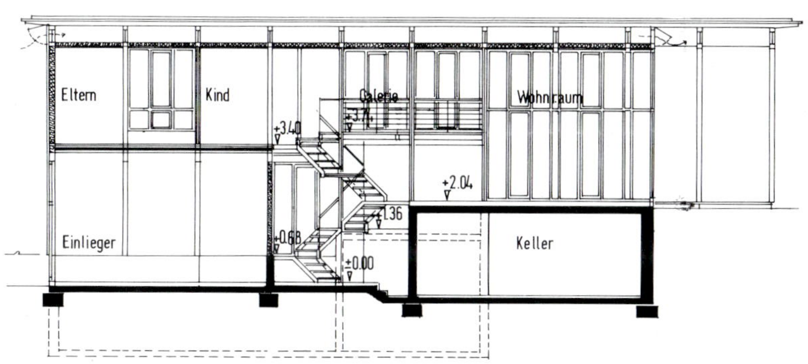

Bild 16.7: Längsschnitt, M 1:200

Bild 16.8: Begrünungskonzept

Bild 16.11: Holzskelett

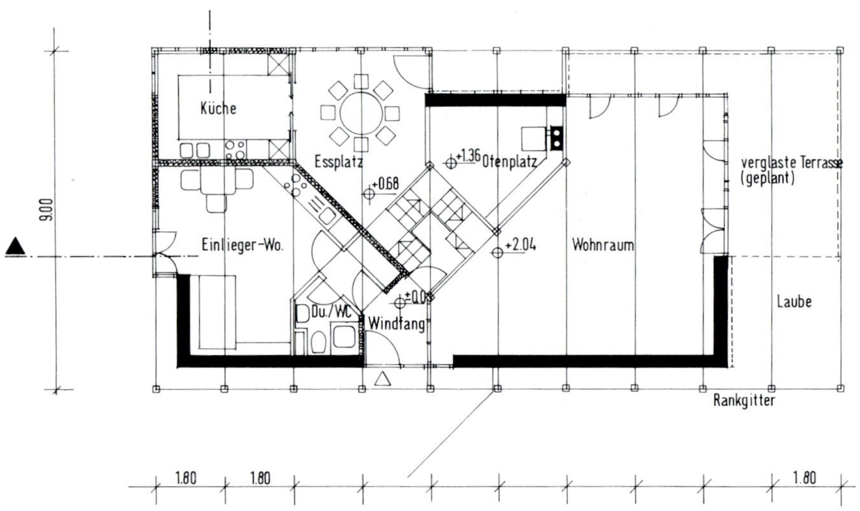

Bild 16.9: Grundriß Erdgeschoß, M 1:200

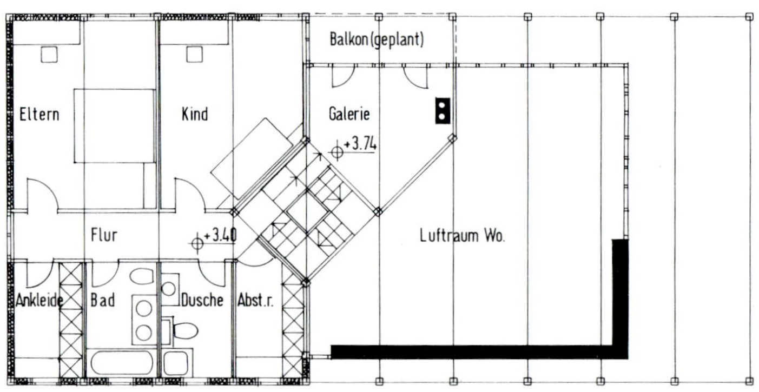

Bild 16.10: Grundriß Obergeschoß, M 1:200

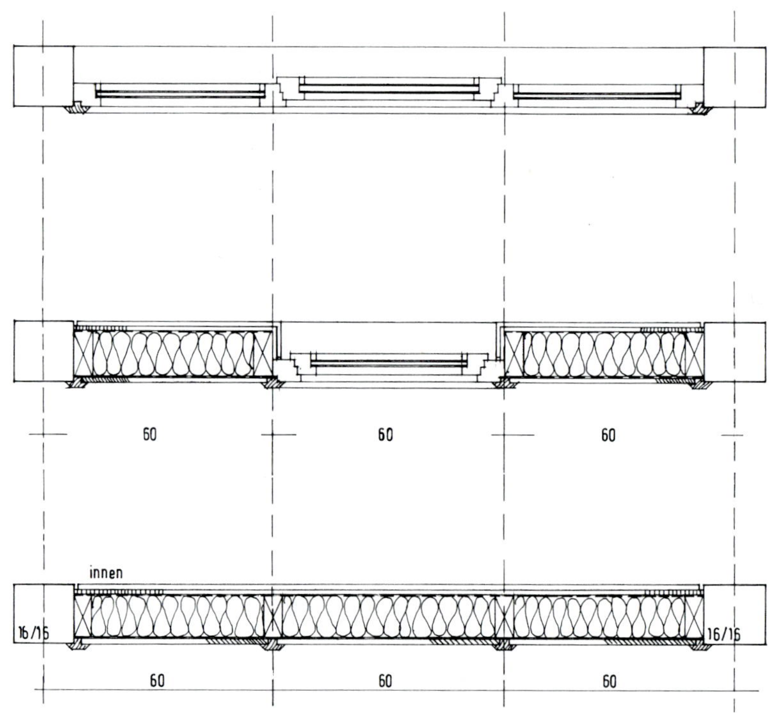

Bild 16.12: Fassadenschnitte, M 1:20

Gipskartonplatte GFK 12,5 mm
Holzspanplatte 13 mm
Dampfsperre
Ständerwerk, Vollholz 50/118,5
Mineralwolle mit Rohdichte 30 kg/m³
Baustoffklasse A

dampfdurchlässige Folie oder Pappe
zementgebundene Holzspanplatte, 16 mm
schwerentflammbar,
allseitig gestrichen
Holzdeckleisten ~ 40/40 T-Leiste

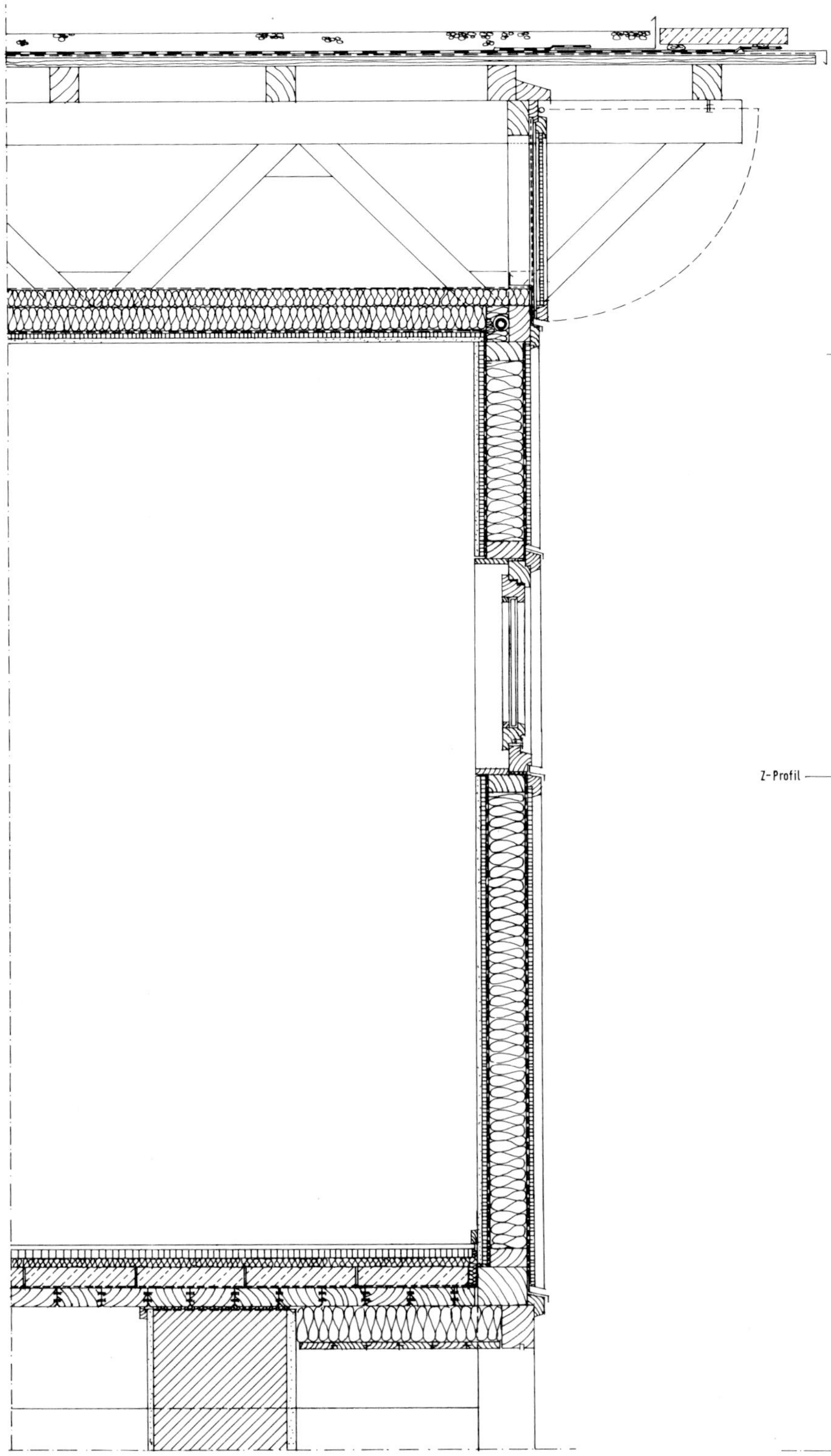

Fassadenaufbau: v.i.n.a.
Gipskartonplatte GFK 12,5 mm
Holzspanplatte 13 mm
Dampfsperre
Ständerwerk, Vollholz 30/118,5
Mineralwolle, RD. 30 kg/m³, 118 mm
Bitumenpapier
zementgeb. Holzspanplatte, 16 mm
Holzdeckleiste (nord. Kiefer)

Bild 16.13: Schnitt Dach – Fassade – Fußboden, M 1:20

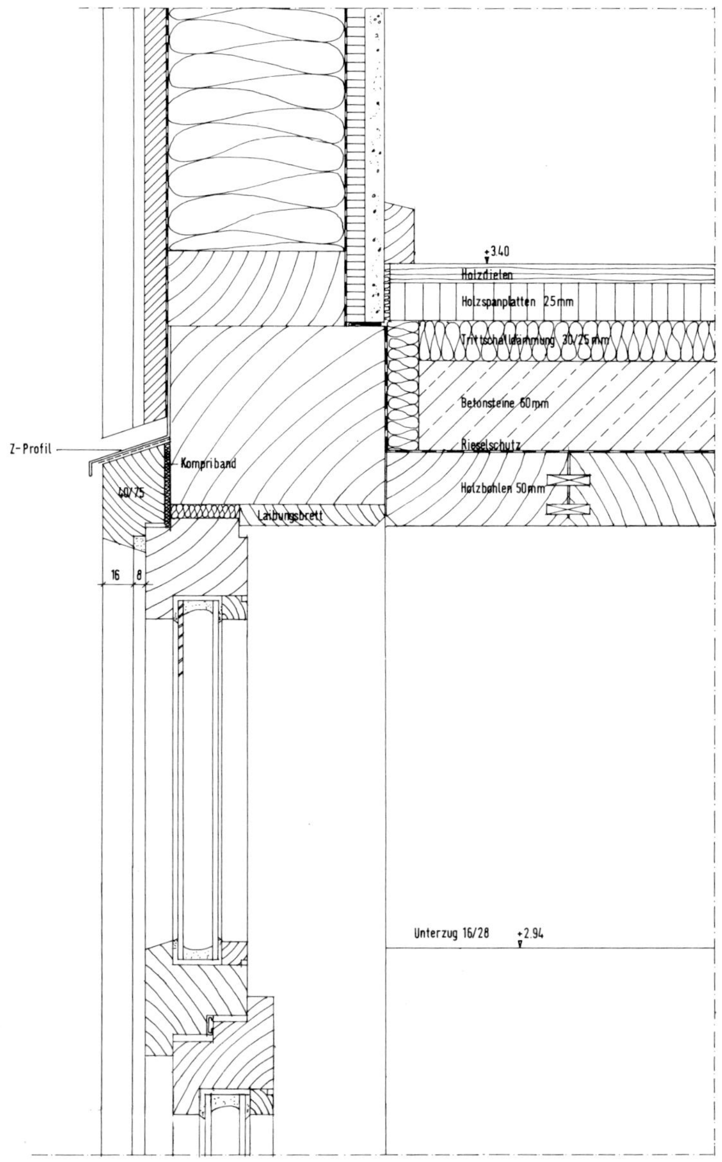

Bild 16.14: Schnitt Fassade - Holzdecke, M 1:5

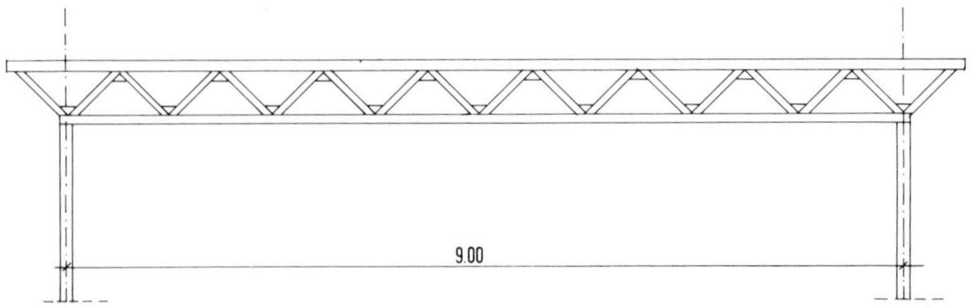

Bild 16.15: Systemskizze Greimbinder, M 1:100

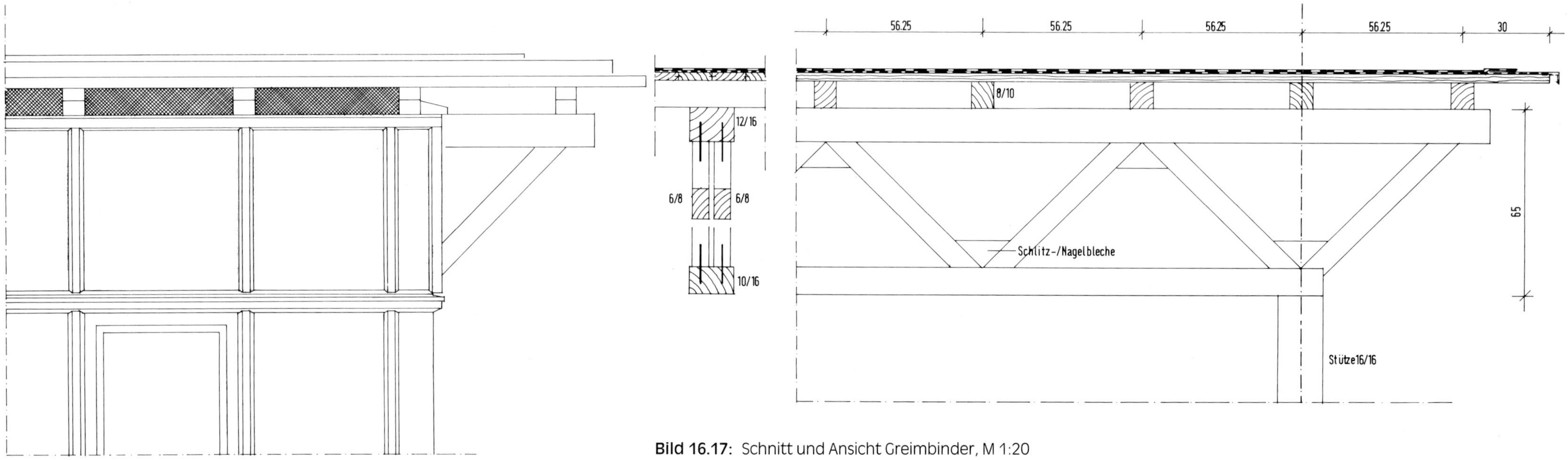

Bild 16.17: Schnitt und Ansicht Greimbinder, M 1:20

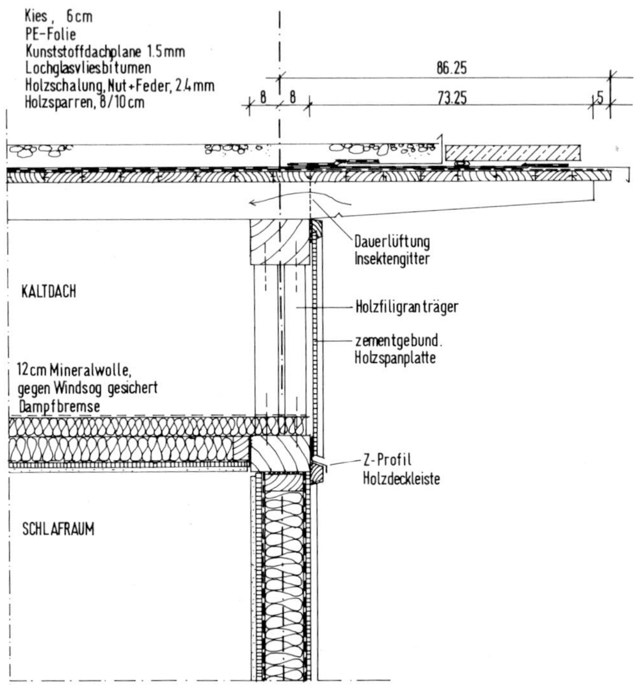

Bild 16.16: Ansicht und Schnitt Giebel, M 1:20

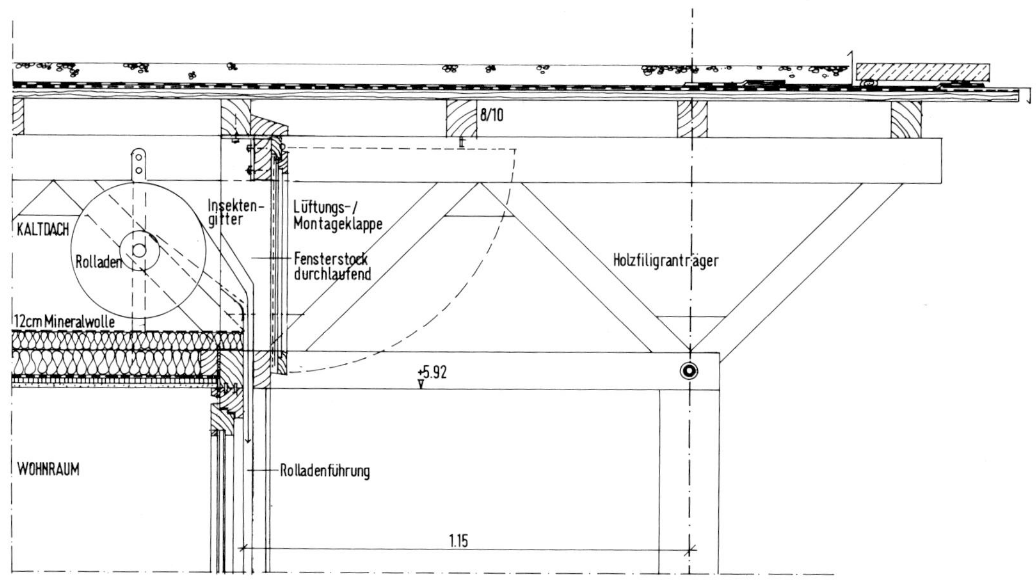

Bild 16.18: Rolladen und Lüftungsklappen in der Dachkonstruktion, M 1:20. Kaltdach mit wärme-/klimaregulierender Funktion – bewegliche Klappen an den Giebelseiten ermöglichen je nach Bedarf stehende Luftpolster oder Luftzirkulation

17 Objekt: Haus mit 3 Wohneinheiten in München

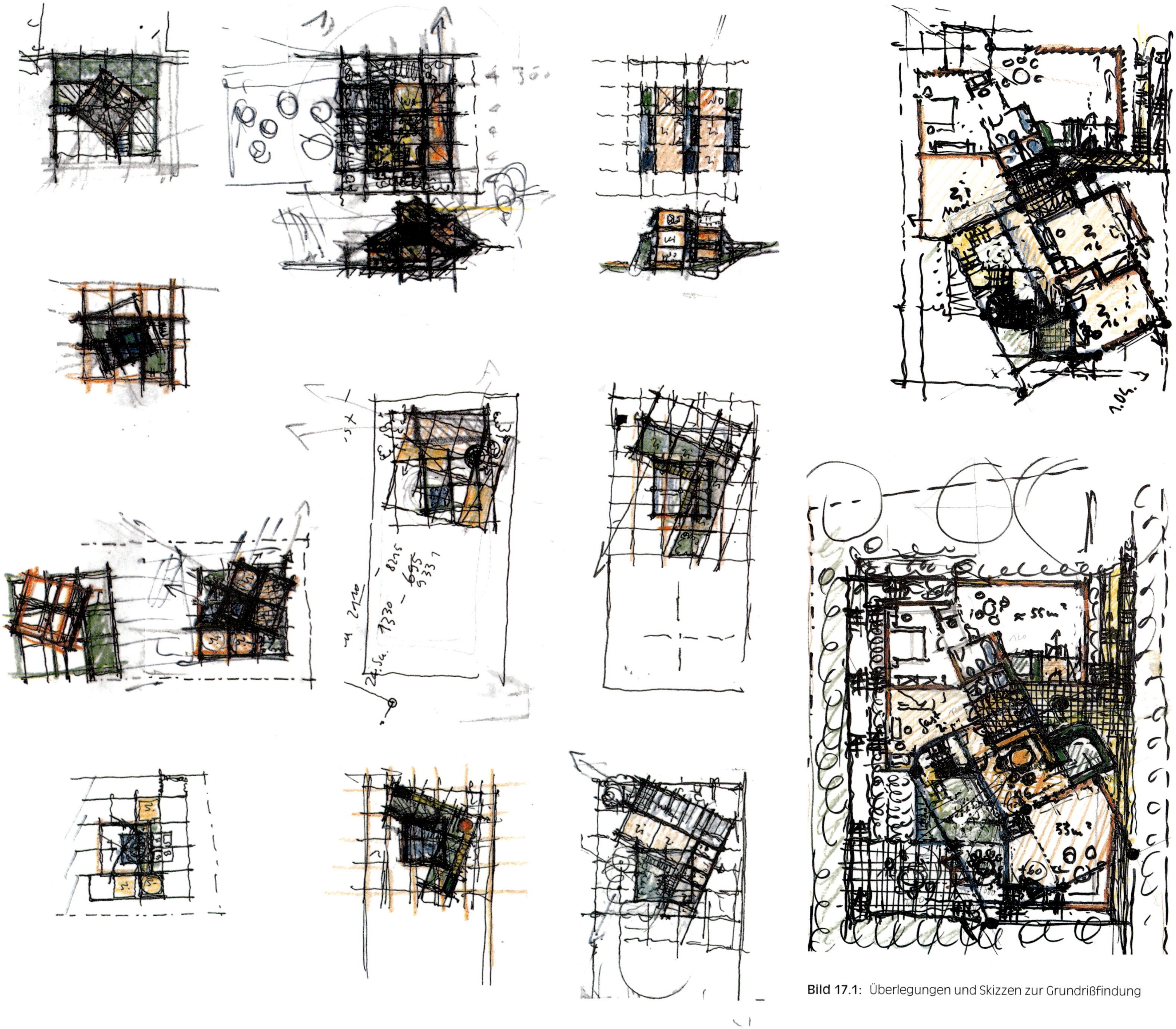

Bild 17.1: Überlegungen und Skizzen zur Grundrißfindung

Bild 17.2: Architektenskizze zur Ansicht

Bild 17.3: Holzskelett

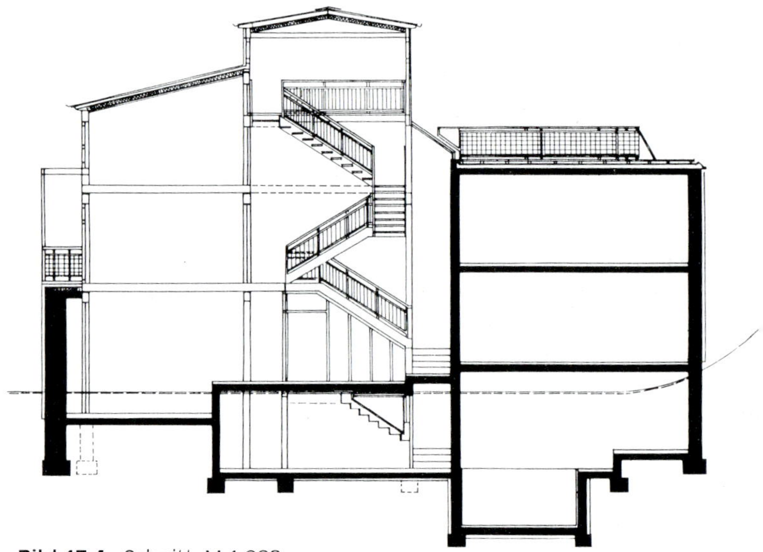

Bild 17.4: Schnitt, M 1:200

Steckbrief

Objekt:	Haus mit 3 Wohneinheiten
Standort:	München
Baujahr:	1985 – 1986
Reine Baukosten:	ca. 800.000 DM
Planung:	Prof. Otto Steidle, Hans Kohl, Mitarbeit Leo Fritsch, Jens Huckenjos; München
Statik:	Ingenieurbüro Roll, Mindelheim
Ausführung Holzbau:	Merk-Holzbau, Aichach
Wohn-/Nutzfläche:	je ca. 180 m²
Umbauter Raum:	1400 m³

Das Haus mit drei Wohneinheiten steht in einer Gegend, in der es kleinere und größere Wohnhäuser gibt, die in den Hang eingebaut sind. Sie bestehen meistens aus einem massiven Sockelteil und einem aufgesetzten laubenartigen Holzhaus. Neuere Wohngebäude sind meistens an der Straße plaziert. Sie nehmen die gegebeene historische und topographische Situation nicht auf. Hier wurde versucht, ein größeres Wohnhaus nach dem Prinzip der dort vorgefundenen Häuser zu entwerfen. Dazu wurde ein massives Sockelgebäude in den Hang eingestellt und ein verdrehtes Holzhaus davor gestellt. Die Elemente des Hauses sollen vielfältige Interpretationen und Assoziationen zulassen: Villa und Gartenhaus, Tirol und München, Kubus und Dachhaus, eingegrabener Sockel und hochragender Turm. Die Ausrichtung des massiven Sockelgebäudes erfolgte nach der vorgegebenen Situation, auch der Grundstücksparzellierung und der Nachbarhäuser; die Ausrichtung des turmartigen Holzskelettgebäudes jedoch nach der Besonnung und dem Ausblick.

Die *Einhausung* des Sockelgebäudes wird durch ein Spalierhaus verstärkt. Sockelgebäude und Turm verdeutlichen das Prinzip zweier ineinander gestellter Baukörper mit einem transparenten Übergang von innen nach außen durch abgegrenzte Freiräume in Form von Terrassen und Balkonen. Die Stützen des Holzhauses sind aus quadratischen verleimten Holzprofilen. Für die Decken wurden doppel-T-förmige Holz-Fertigträger eingesetzt. Beim Dach (und Vordach) sind diese Träger *T-förmig* ausgebildet. Konstruktion und Material der Verkleidung wurde unter anderem auch unter Gesichtspunkten des Feuerschutzes getroffen. Die Außenhaut des Holzbaukörpers wurde aus zementgebundenen Holzfaserplatten (schwer entflammbar) mit Holzdeckleisten hergestellt. Diese Dachleisten sollen sich mit den Leisten des Spalierhauses verbinden. Zur Zeit ist das Spalierhaus nur in der Grundkonstruktion vorhanden.

Bild 17.5: Der Baukörper, umgeben von Bäumen

Bild 17.6: Wintergarten mit steilem Glasdach

Bild 17.7: Balkon im 1. Obergeschoß

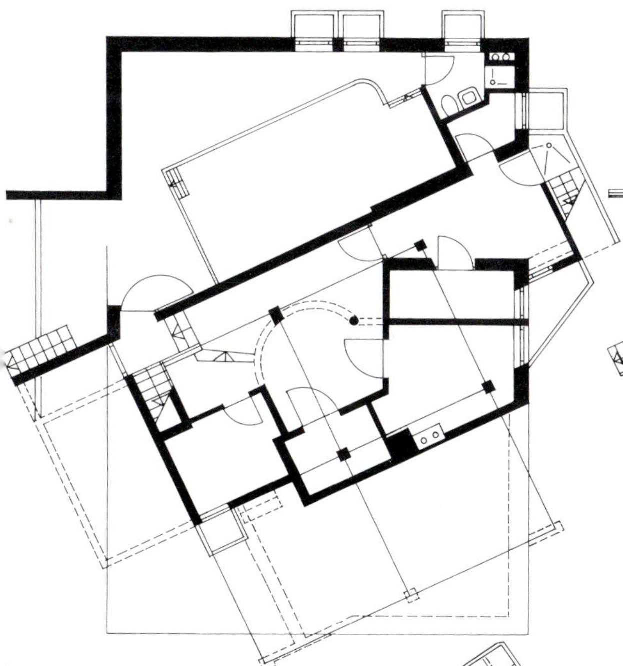

Bild 17.8: Kellergeschoß, M 1:200

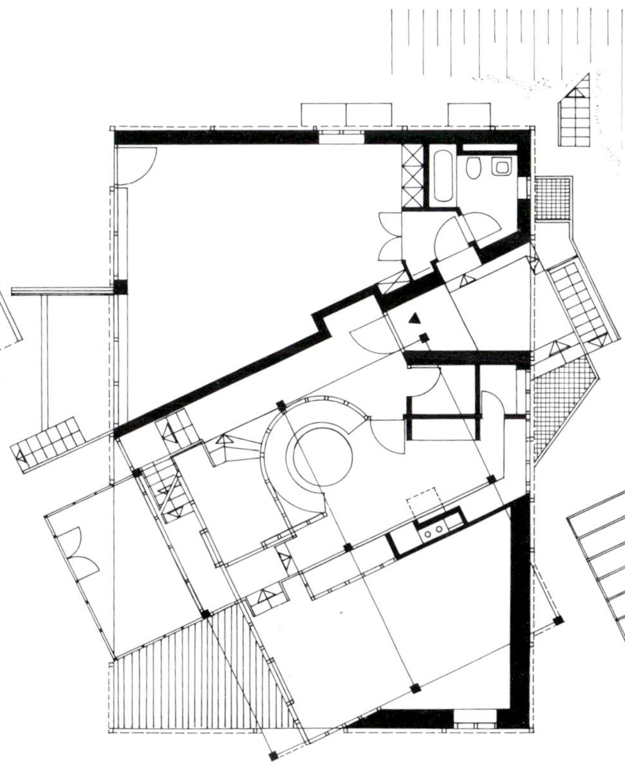

Bild 17.9: Erdgeschoß, M 1:200

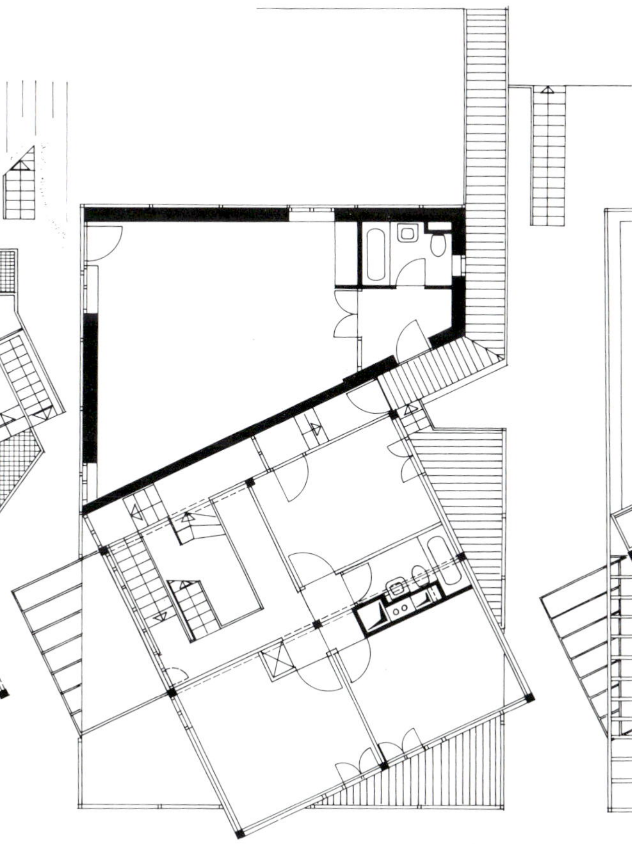

Bild 17.10: 1. Obergeschoß, M 1:200

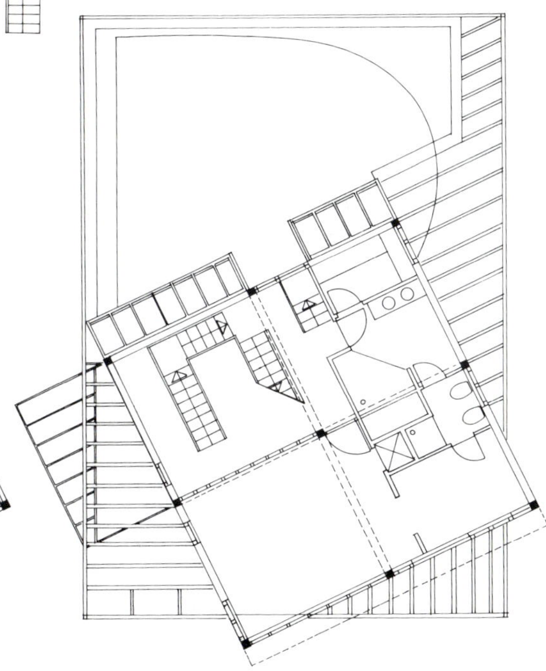

Bild 17.11: 2. Obergeschoß, M 1:200

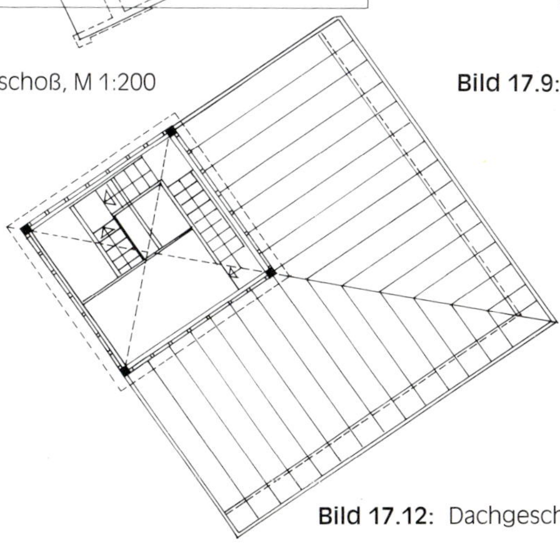

Bild 17.12: Dachgeschoß, M 1:200

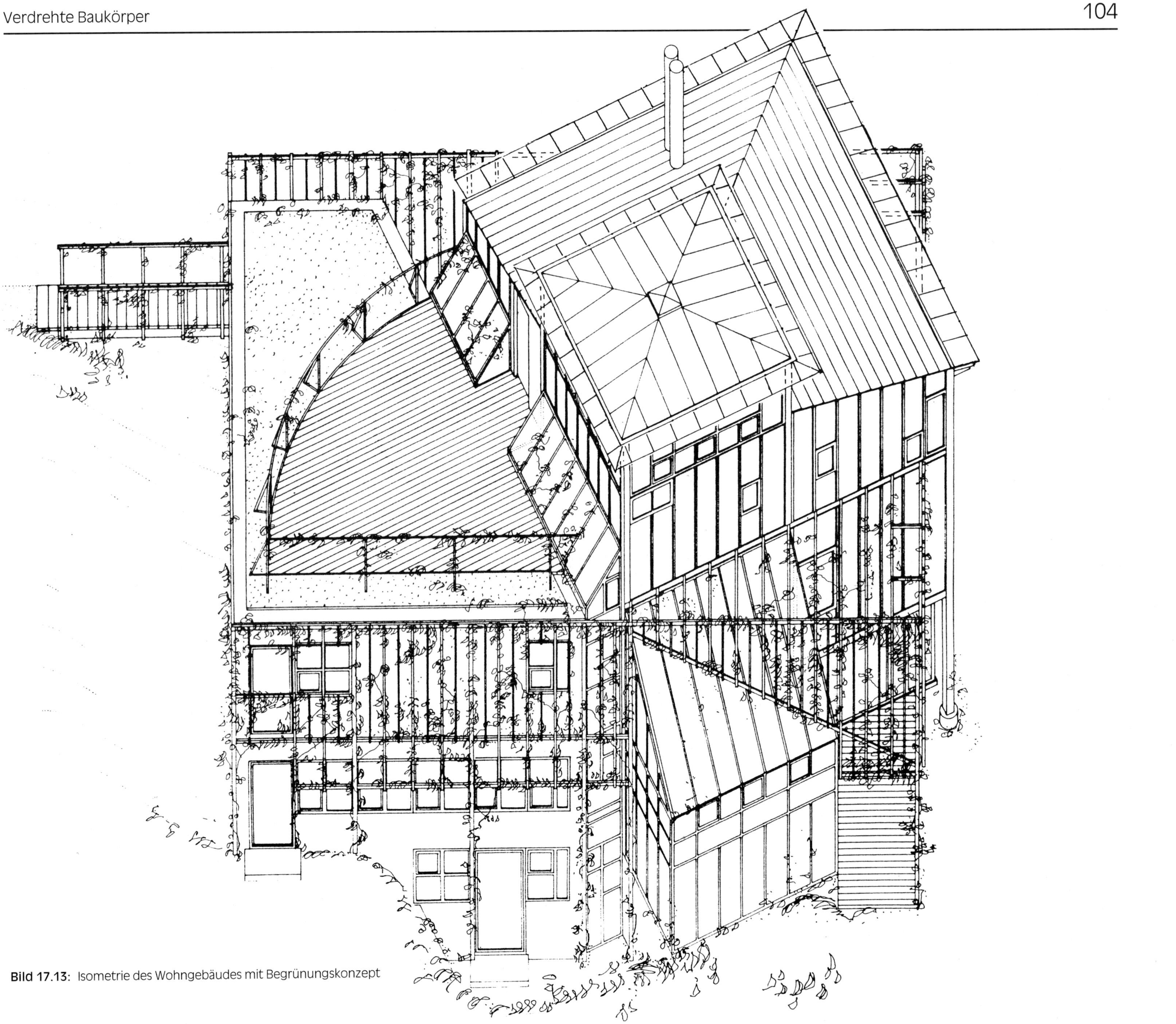

Bild 17.13: Isometrie des Wohngebäudes mit Begrünungskonzept

Bild 17.14: »Verdrehter« Turm

Bild 17.16: Turm mit dekorativen Holzfeldern und transparentem Dachüberstand

Bild 17.15: Gebäudeecke

Bild 17.17: Fassade am Wintergarten

Bild 17.18: Treppenraum

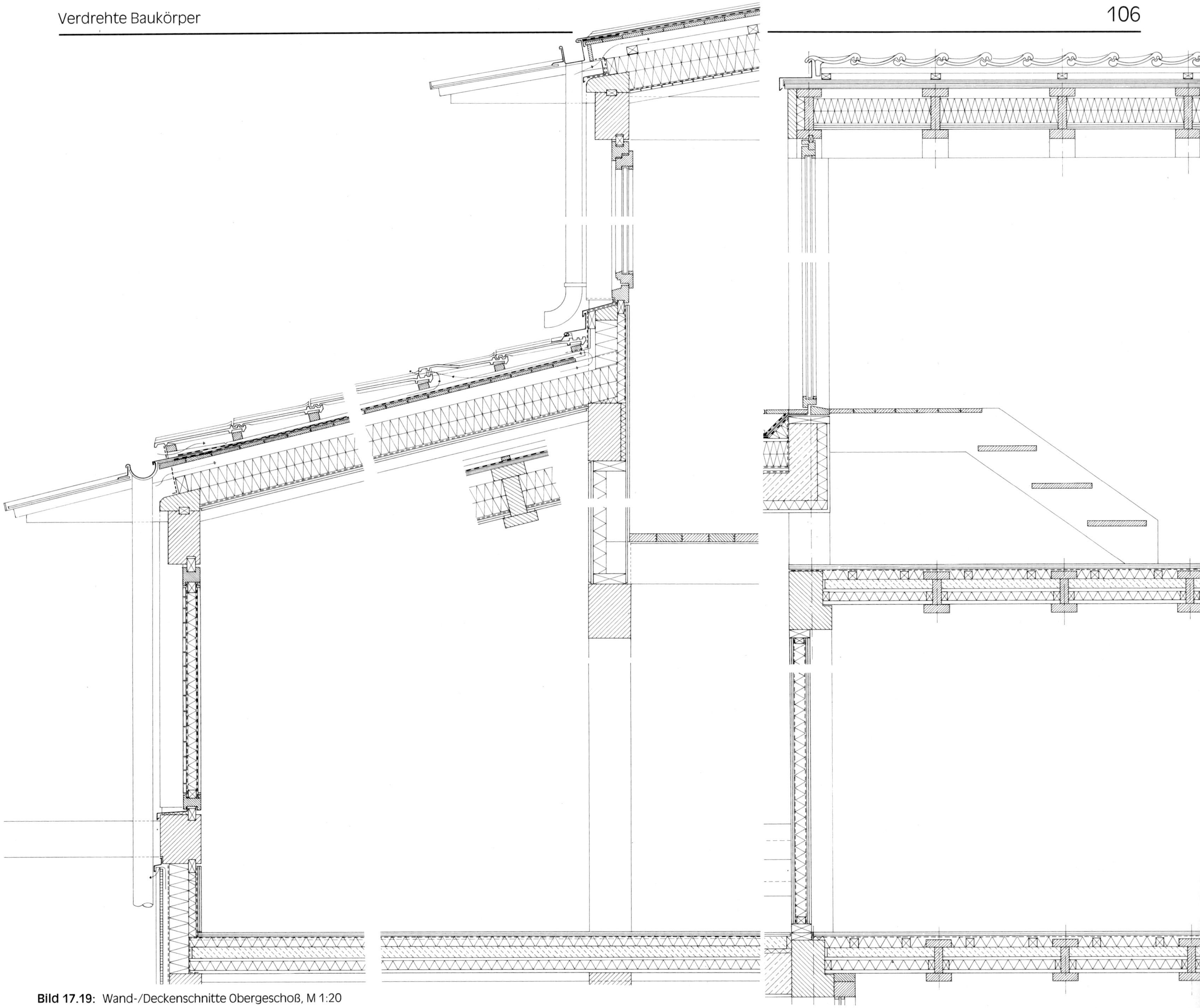

Bild 17.19: Wand-/Deckenschnitte Obergeschoß, M 1:20

18 Schallschutz: Möglichkeiten im Holzbau

18.1 Kennzeichnung

Der Schallschutz in einem Bau wird im wesentlichen durch zwei Größen zahlenmäßig gekennzeichnet:

durch das bewertete Schalldämm-Maß R'_w in dB[1)]
durch das Trittschallschutzmaß TSM von Decken u.ä. in dB.

Das erstgenannte Maß gibt an, um wieviel der Schallpegel eines in einem Raum erzeugten Luftschalls (z.B. Sprache, Musik) im benachbarten Raum erniedrigt wird. Der praktische Wertebereich liegt ungefähr zwischen 20 dB (undichte Tür) und 60 dB (gut schalldämmende Holzbalkendecke). Das Trittschallschutzmaß stellt ein Maß dafür dar, inwieweit eine Decke Gehgeräusche und ähnliche Stoßanregungen zurückhält. Der Wertebereich liegt größenordnungsweise zwischen etwa −10 dB (massive Rohdecken) und +25 dB (Decke mit schwimmendem Estrich und Teppichboden). Gehgeräusche sind kaum noch hörbar, wenn das TSM ≥ 20 dB ist. Die genannten Maße können sowohl im Laboratorium als auch in Bauten gemessen werden. Bezüglich der Kennzeichnung der Luftschalldämmung gibt es noch eine Besonderheit, nämlich die Berücksichtigung der Längsleitung nach Bild 18.1. Die Luftschallübertragung findet nicht nur über die Trennwand oder Trenndecke statt (Darstellung links in Bild 18.1) sondern auch über die seitlichen flankierenden Bauteile (Darstellung rechts in Bild 18.1). Wenn man nur die Trennwandübertragung erfaßt, spricht man vom bewerteten Schalldämm-Maß R_w. Wird jedoch bei der Messung in einem Bau zwangsläufig auch die Übertragung über die flankierenden Bauteile mit erfaßt, spricht man vom bewerteten Bauschalldämm-Maß R_w, wobei die anderen Verhältnisse durch den Apostroph an R_w ausgedrückt werden. Diese Bezeichnung wird auch verwendet, wenn die Messung in einem Prüfstand mit genormter Schall-Längsleitung vorgenommen worden ist, wobei R'_w im Bau und im Prüfstand für dieselbe Trennwand verschieden groß sein können.

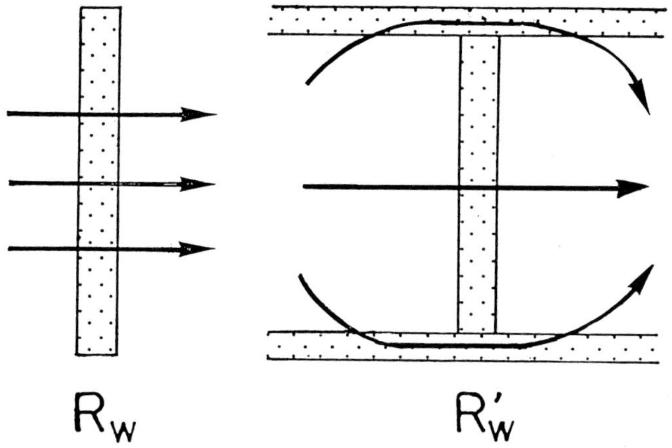

Bild 18.1: Unterscheidung zwischen den bewerteten Schalldämm-Maßen R_w und R'_w

18.2 Anforderungen

Der Schallschutz eines Hauses ist für den Bewohner ein wesentliches Qualitätsmerkmal. Ein mangelhafter Schallschutz läßt sich in den meisten Fällen nachträglich nicht mehr wesentlich verbessern. Vom Baurecht ist deshalb für bestimmte Bauten ein Mindestschallschutz verpflichtend in DIN 4109 *Schallschutz im Hochbau* vorgeschrieben, und zwar für Mehrfamilienhäuser (auch Einfamilienhäuser mit Einliegerwohnung), Hotels, Schulen, Krankenhäuser.

Für Einfamilienhäuser gelten diese Anforderungen nicht. Es sind jedoch Empfehlungen vorgesehen, wonach auch dort ein bestimmter Schallschutz eingehalten werden soll (Entwurf 1984 von DIN 4109). Auch *innerhalb* einer Wohnung oder eines Verwaltungsgebäudes o.ä. gibt es keine verpflichtenden Vorschriften, jedoch sind wiederum Empfehlungen vorgesehen. Ferner gibt es Vorschläge für einen erhöhten Schallschutz. Die Anforderungen und Empfehlungen für den Luft- und Trittschallschutz in Wohnbauten sind in Tabelle 18.I zusammengestellt, Näheres siehe DIN 4109. Schließlich dürfen Geräusche aus der Heizanlage, der Wasserinstallation,

Tabelle 18.I Übersicht über die Schallschutzanforderungen bei Mehrfamilienhäusern nach DIN 4109, Ausgabe 1962 bzw. Entwurf 1984

Bauteil	bewertetes Schalldämm-Maß R'_w in dB Mindest-anforde-rungen	 erhöhter Schall-schutz	Trittschallschutzmaß TSM in dB Mindest-anforde-rungen	 erhöhter Schall-schutz
Wohnungstrennwände Haustrennwände DIN 4109, Ausgabe 1962 Entwurf 1984	52 55 57	55 >55 67	– – –	– – –
Zwischenwände DIN 4109, Ausgabe 1962 Entwurf 1984	 – (40)*) Richtwert	 – (47)*)	 – –	 – –
Wohnungstrenndecken DIN 4109, Ausgabe 1962 Entwurf 1984	 52 52	 55 55	 3 10	 13 17
Zwischendecken innerhalb von Einfamilienhäusern DIN 4109, Ausgabe 1962 Entwurf 1984	– (50)*)	– (55)*)	– (7)*)	– (17)*)

*) geplante Empfehlungen (keine Mindestanforderungen!)

1) dB = Dezibel, herrührend von 1/10 Bel

den Aufzügen u.ä. in fremden Wohnungen nicht lauter als 30 dB (A) sein.

18.3 Grundsätzliches zum Schallschutz bei Holzbauteilen

Der Schallschutz von Wänden und Decken hängt bei einschaligen massiven Bauteilen von der flächenbezogenen Masse der Bauteile ab, wobei Massen von mehr als etwa 350 kg/m^2 für Wohnungstrennwände oder -decken erforderlich sind. Holzbauteile können nicht annähernd so schwer ausgeführt werden. Bei ihnen muß der Schallschutz durch einen geeigneten zweischaligen Aufbau erreicht werden. Dadurch wird die Schalldämmung – und zwar für Luft- und Trittschall – gegenüber gleich schweren einschaligen Bauteilen stark verbessert, sofern der Abstand der beiden Schalen des Bauteils genügend groß ist und vor allem feste, steife Verbindungen zwischen den Schalen vermieden werden. Schließlich sollte der Hohlraum durch eingelegte Mineralwolle o.ä. gedämpft werden. Auch die Masse der Schalen spiele eine große Rolle. Allerdings soll die Biegefestigkeit der Schalen nicht groß werden, was zwangsläufig dazu führt, daß man die Schalen sowohl bei Decken als auch bei Wänden aus zwei aufeinandergeschraubten oder -gehefteten Schichten ausführt (Aufdoppelung). Entscheidend, das sei noch einmal betont, ist jedoch für eine gute Schalldämmung das Vermeiden von zahlreichen, steifen Verbindungen zwischen den Schalen. Die *Kunst* besteht darin, zwischen den Anforderungen an die Stabilität der Bauteile und der genannten akustischen Forderung einen Kompromiß zu finden.

Ein weiteres Problem, das der Planer beachten muß, ist die sogenannte Schall-Längsleitung, siehe Bild 18.1. Sie ist bei guten Trennwänden oder Trenndecken weit größer als die Übertragung durch das Trennelement hindurch. Beispiel: Bei einer guten Holzbalkendecke wird über diese um etwa 10 – 15 dB weniger Luftschall übertragen als über die flankierenden Wände. Dasselbe gilt auch für eine gute Trennwand.

18.4 Schalltechnisch zweckmäßiger Aufbau von Bauteilen

18.4.1 Holzbalkendecken

18.4.1.1 Berechnung

Von Holzbalkendecken wird ein ausreichender Luft- und Trittschallschutz verlangt. Für die Planung kann die für Holzbalkendecken allgemein gültige Regel zugrunde gelegt werden, daß man einen guten Luftschallschutz automatisch erreicht, wenn der Trittschallschutz (ohne Berücksichtigung eines Teppichbodens) befriedigend ist. Es besteht ein für praktische Zwecke ausreichend genauer Zusammenhang zwischen dem Trittschallschutzmaß TSM einer Decke (ohne Berücksichtigung des Gehbelages) und dem dann sich ergebenden bewerteten Luftschalldämm-Maß R'_w. Dieser Zusammenhang ist in Bild 18.2 angegeben. Dabei muß – wegen der unterschiedlichen Schall-Längsleitungsbedingungen – zwischen Holzhäusern und massiven Bauten (mit Holzbalkendecken) unterschieden werden, siehe Kurven a und b in Bild 18.2. Beispiel: Wenn für die betrachtete Holzbalkendecke ein TSM = 10 dB (ohne Teppichboden) berechnet worden ist, ergibt sich ein R'_w = 58 dB in einem Haus mit Holzfachwerk oder Holztafeln. Dies entspricht einem erhöhten Schallschutz im Sinne von DIN 4109.

Die schalltechnische Vorherberechnung einer Holzbalkendecke kann aufgrund der obengenannten Ausführungen auf die Berechnung des Trittschallschutzmaßes TSM beschränkt werden. Sie läßt sich näherungsweise folgendermaßen durchführen:[1]

$$TSM = TSM_{eqH} + VM_H + VM_{H2}$$

TSM_{eqH}: äquivalentes Trittschallschutzmaß für Holzbalken-Rohdecken

VM_H: Trittschall-Verbesserungsmaß von Deckenauflagen (z.B. schwimmenden Estrichen) auf Holzbalkendecken

VM_{H2}: Trittschall-Verbesserungsmaß von weichfedernden Gehbelägen, vor allem von Teppichbelägen, auf Holzbalkendecken

[1] Nähere Begründung siehe K. Gösele *Verfahren zur Vorausberechnung des Trittschallschutzes von Holzbalkendecken* in »Holz als Roh- und Werkstoff«, 1979, S. 213

Für die wichtigsten Rohdecken, Deckenauflagen sowie für Teppichbeläge sind die für die Rechnung nötigen Werte in den Tabellen 18.II, 18.III und in Bild 18.6 enthalten. Sie werden im folgenden besprochen.

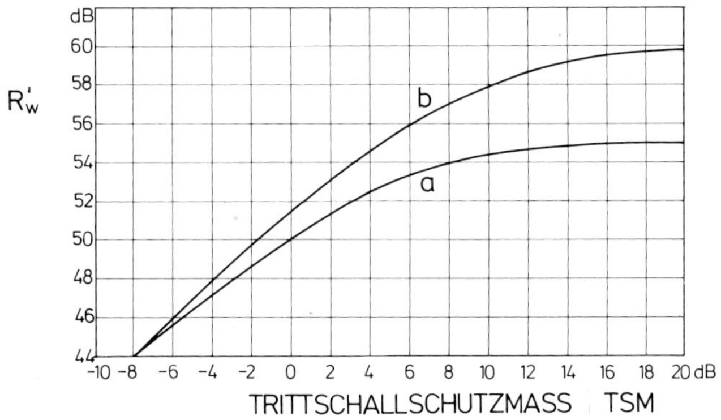

Bild 18.2: Näherungsweiser Zusammenhang zwischen dem Trittschallschutzmaß TSM von Holzbalkendecken (ohne Teppichbelag) und dem bewerteten Schalldämm-Maß R'_w für Luftschall
a: gültig für Bauten mit massiven Wänden
b: gültig für Bauten mit Holzwänden

18.4.1.2 Holzbalken-Rohdecken

Darunter soll die eigentlich tragende Decke einschließlich einer etwaigen unterseitigen Verkleidung verstanden werden, siehe Tabelle 18.II. Die Trittschalldämmung eines einfachen Bohlen- oder Spanplattenbelags auf Holzbalken ist natürlich extrem niedrig (TSM_{eq} = – 19 dB). Sie kann durch eine unterseitige Verkleidung um mehr als 20 dB verbessert werden.

Dafür sind zwei Voraussetzungen nötig:

- keine steife Verbindung der Verkleidung mit den Holzbalken
- eine Dämpfung des Deckenhohlraumes durch eine Mineralfaser-Einlage o.ä. von etwa 50–100 mm Dicke

Für die Aufgabe a sind in Bild 18.3 zwei Lösungen angegeben, nämlich die Befestigung über handelsübliche Federschienen oder über sog. Federbügel. Damit kann in akustischer Hinsicht etwa dasselbe erreicht werden wie mit einer Befestigung der Unterdecke über getrennte Traghölzer, siehe Tabelle 18.II, Nr. 7.

Unterdecken *zwischen* Balken verhalten sich deutlich ungünstiger (Verbesserung nur etwa 10 dB) als die oben besprochenen Verkleidungen, bedingt durch die mögliche Schallabstrahlung der Balken.

Die Verkleidung kann in akustisch gleichwertiger Weise durch Holzspanplatten oder Gipskartonplatten erfolgen. Durch eine Aufdoppelung einer zweiten Plattenschicht kann die Schalldämmung in vielen Fällen verbessert werden. Verkleidungen durch Profilhölzer verhalten sich wegen ihrer relativ hohen Steife, vielleicht auch wegen Undichtheiten etwas ungünstiger als die obengenannten Platten.

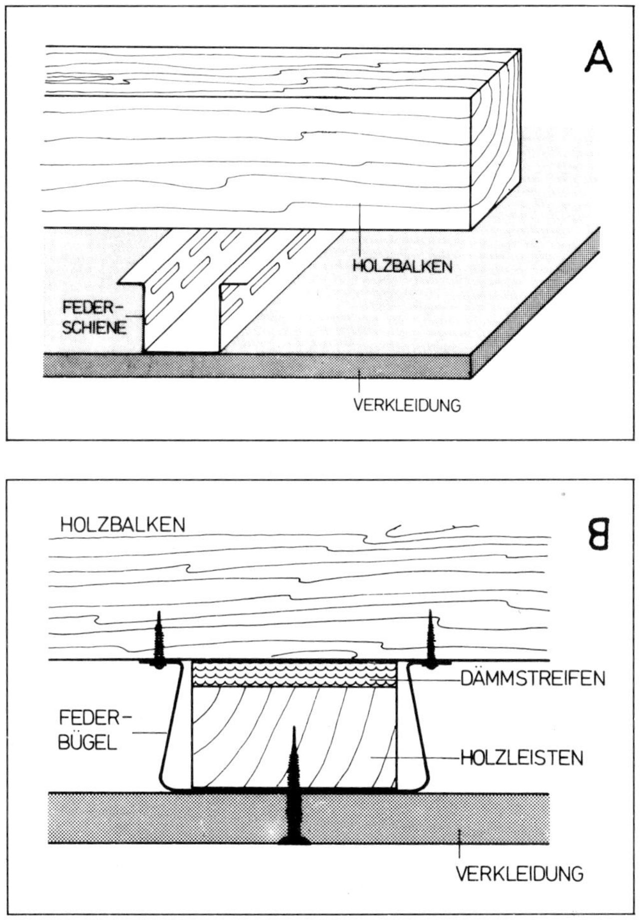

Bild 18.3: Federnde Befestigung der unteren Deckenverkleidung bei Holzbalkendecken (schematisch)
A: Federschienen
B: Holzleisten mit Federbügeln

Tabelle 18.II: Übersicht über den Schallschutz von Holzbalken-Rohdecken
$TSM_{eq\,H}$: äquivalentes Trittschallschutzmaß, R'_W: bewertetes Schalldämm-Maß in Holzbauten

Lfd. Nr.	Deckenausführung		$TSM_{eq\,H}$ dB	R'_W dB
1	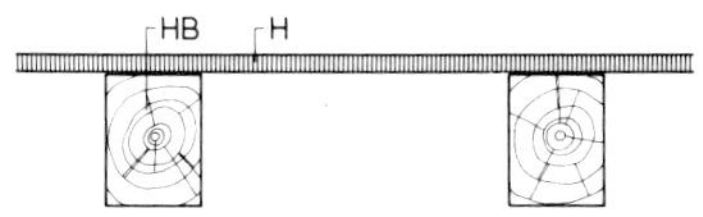	16 mm Holzspanplatten H auf Holzbalken, Balken unterseitig sichtbar	–19	32
2	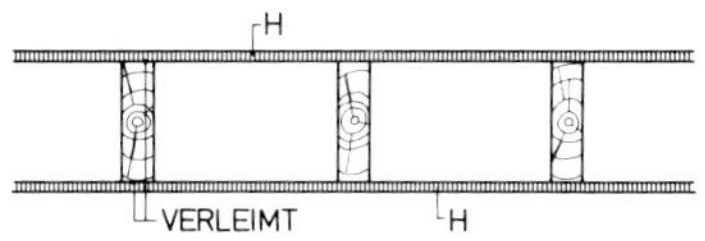	16 mm Holzspanplatten H verleimt mit Balken (Balkenabstand 330 mm)	–18	34
3	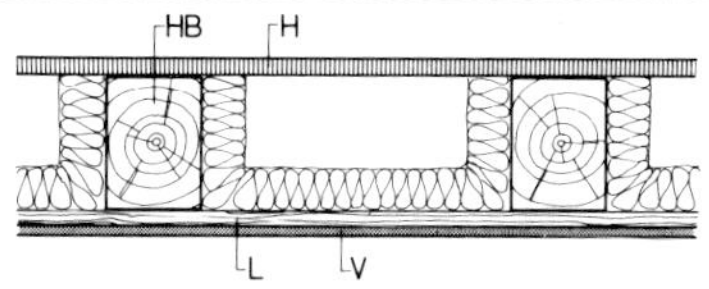	Holzspanplatten H, unterseitig 12,5 mm Gipskartonplatten, über Holzleisten L unmittelbar an Balken befestigt	–6	46
4	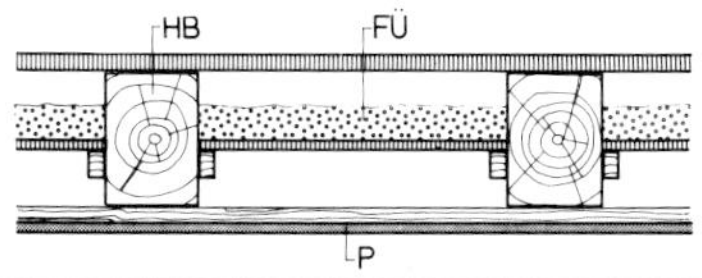	»Alte« Holzbalkendecke mit Füllung, unterseitig Lattung, Putz auf Putzträger	–3	45
5	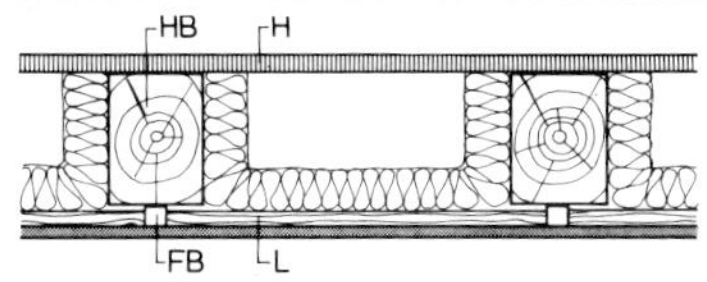	Holzspanplatten H, unterseitig 12,5 mm Gipskartonplatten oder 16 mm Holzspanplatten; Befestigung über Federbügel FB	–2	53
6	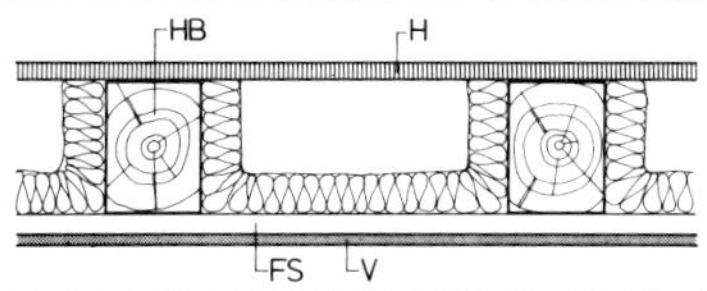	Holzspanplatten H, 12,5 mm Gipskartonplatten V über Federschienen FS befestigt	1	54
7	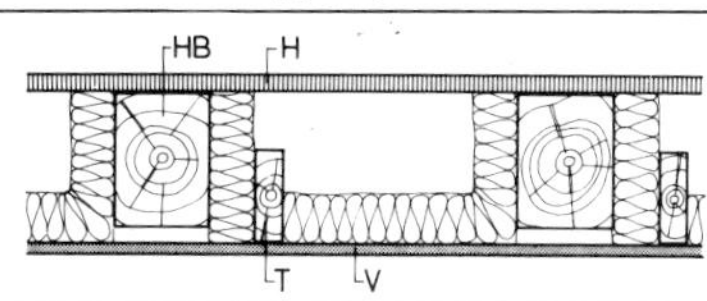	Holzspanplatten H, gesonderte Traghölzer T, daran 12,5 mm Gipskartonplatten befestigt	1	54
8	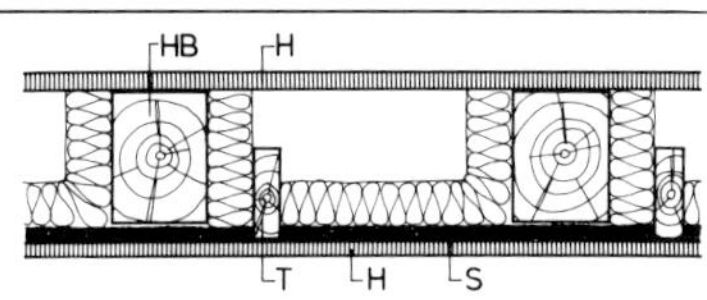	16 mm Holzspanplatten H, gesonderte Traghölzer T 20 mm Sandschüttung	6	56
9	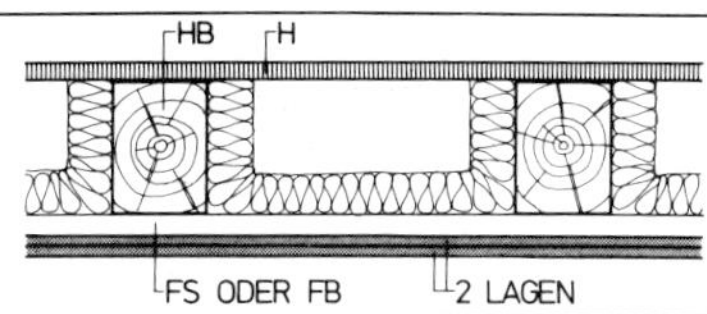	Holzspanplatten H, Federschienen oder Leisten mit Federbügeln, 2 Lagen 12,5 mm Gipskartonplatten oder 2 Lagen 16 mm Holzspanplatten	3	56
10	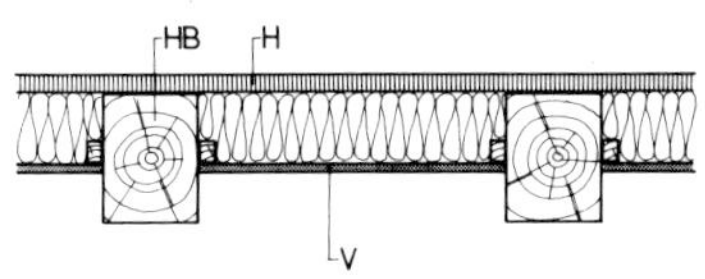	Holzspanplatten H, Verkleidung aus Gipskartonplatten V, zwischen den Balken Mineralwolle	–8	–

18.4.1.3 Schwimmend verlegte Fußbodenausführungen

Dafür kommen vor allem schwimmend verlegte Spanplattenbeläge und Estriche in Frage. Ihre Dämmwirkung ist aus Beispielen in Tabelle 18.III zu entnehmen. Die Verbesserung des Trittschallschutzmaßes liegt danach bei Verwendung von Mineralfaserplatten als Dämmschicht zwischen etwa 9 bzw. 16 dB. Die Wirkung ist wesentlich geringer als bei Massivdecken. Das unterschiedliche Verhalten beruht unter anderem darauf, daß bei Holzbalkendecken vornehmlich die tiefen Frequenzen (100–300 Hz) verbessert werden müssen, bei denen die genannten Fußböden weniger Dämmwirkung besitzen als bei den für Massivdecken maßgeblichen höheren Frequenzen. Ein wesentlicher Teil der Verbesserung bei den genannten schwimmenden Belägen beruht auf der zusätzlichen Beschwerung der Decke.

Völlig neue Möglichkeiten für den Schallschutz von Holzbalkendecken haben sich durch eine unmittelbare *Beschwerung* der Rohdecke auf ihrer Oberseite ergeben, siehe Bild 18.4. Dort ist gezeigt, um wieviel besser eine Holzbalkendecke mit sichtbaren Balken wird, wenn anstatt eines schwimmenden Estrichs (Kurve b) ein schwimmend verlegter Holzspanplattenbelag verlegt und dabei die Rohdecke mit aufgeklebten 60 mm hohen Betonsteinen (Hakensteine für Parkplätze u.ä.) versehen wird (Kurve a). Die beiden Decken in Bild 18.4 sind nur wenig verschieden in ihren Flächengewichten und variieren doch in ihrem Trittschallschutz um etwa 20 dB.

Voraussetzung für die Wirksamkeit ist, daß die Biegesteifigkeit der Deckenoberseite durch die Beschwerung nicht wesentlich erhöht wird. Das erreicht man dadurch, daß man einzelne Steine, Betonplatten o.ä. mit offenen Fugen verlegt oder daß man Sandfüllungen verwendet. Die zusätzliche Dämmwirkung ist um so größer, je höher die flächenbezogene Masse der Beschwerung ist, siehe Bild 18.5. Beispielsweise beträgt die zusätzliche Verbesserung eines schwimmend verlegten Spanplattenbelages durch eine Beschwerung mit 60 mm hohen Betonsteinen (130 kg/m²) rund 25 dB. Das ist eine ganze Größenordnung. Damit ist es erstmals möglich geworden, Holzbalkendecken mit unterseitig sichtbaren Balken schalltechnisch einigerma-

Tabelle 18.III: Verbesserungsmaß VM_h für schwimmend verlegte Fußböden auf Holzbalkendecken

Lfd. Nr.	Fußboden-Aufbau		VM_H dB
1	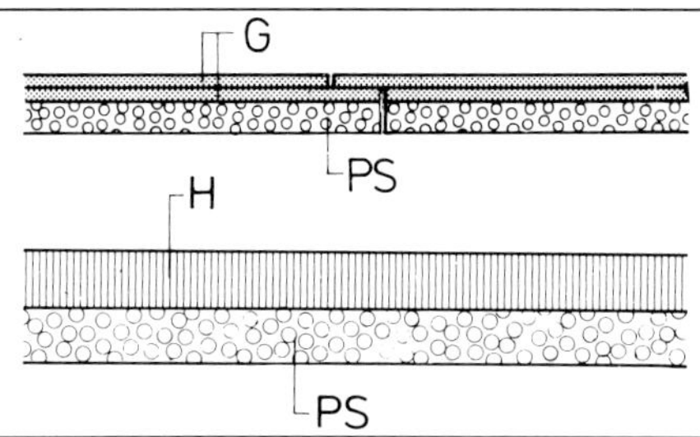	Trockenestrich aus 2 Lagen Gipskartonplatten G oder aus Holzspanplatten, jeweils unterseitig mit ca. 20 mm Polystyrol-Hartschaumplatten PS verklebt; lose verlegt	4–6
2	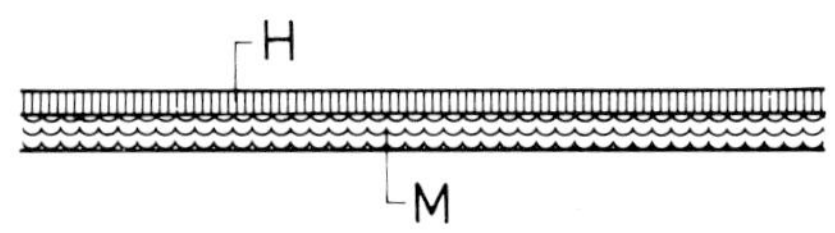	Schwimmend verlegte Holzspanplatten 22–25 mm Holzspanplatten auf 28/25 mm Mineralfaserplatten	9
3	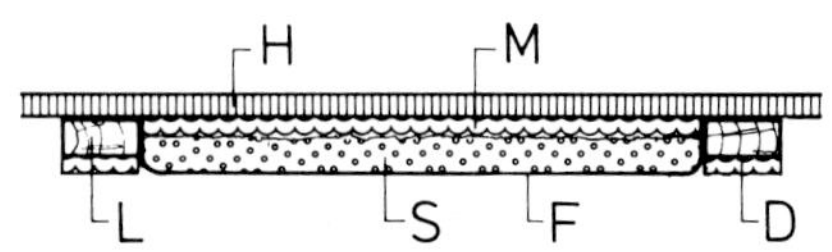	Schwimmend verlegte Holzspanplatten auf Sandschüttungen F: Kunststoff-Folie D: 15 mm Mineralfaserdämmstreifen M: 15 mm Mineralwolle S: 30 mm Sand L: Holzleisten	22
4	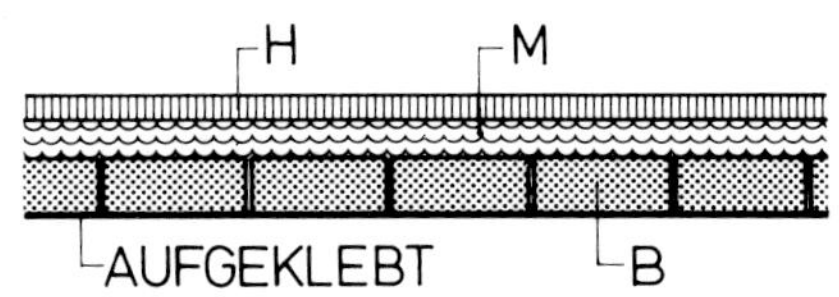	Schwimmend verlegte Holzspanplatten mit Plattenbeschwerung H: 22–30 mm Holzspanplatten M: 28/25 mm Mineralfaserplatten B: Beschwerungspl., aufgeklebt Dämmwirkung vom Flächengewicht m′ der Platten abhängig m′: 25 kg/m² 50 kg/m² 75 kg/m² 100 kg/m²	 17 22 26 31
5	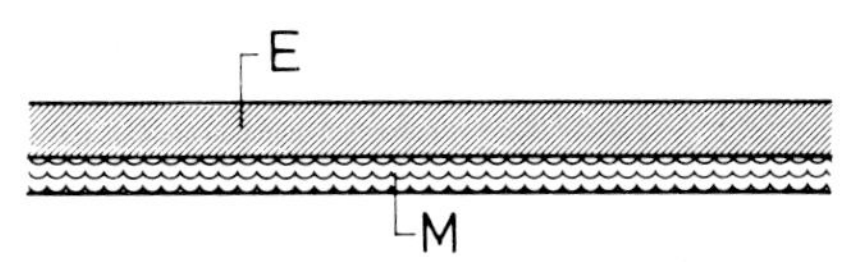	Schwimmende Estriche E auf 30/25 mm Mineralfaserplatten M 50 mm Zement-Estrich; m′: 120 kg/m²	16

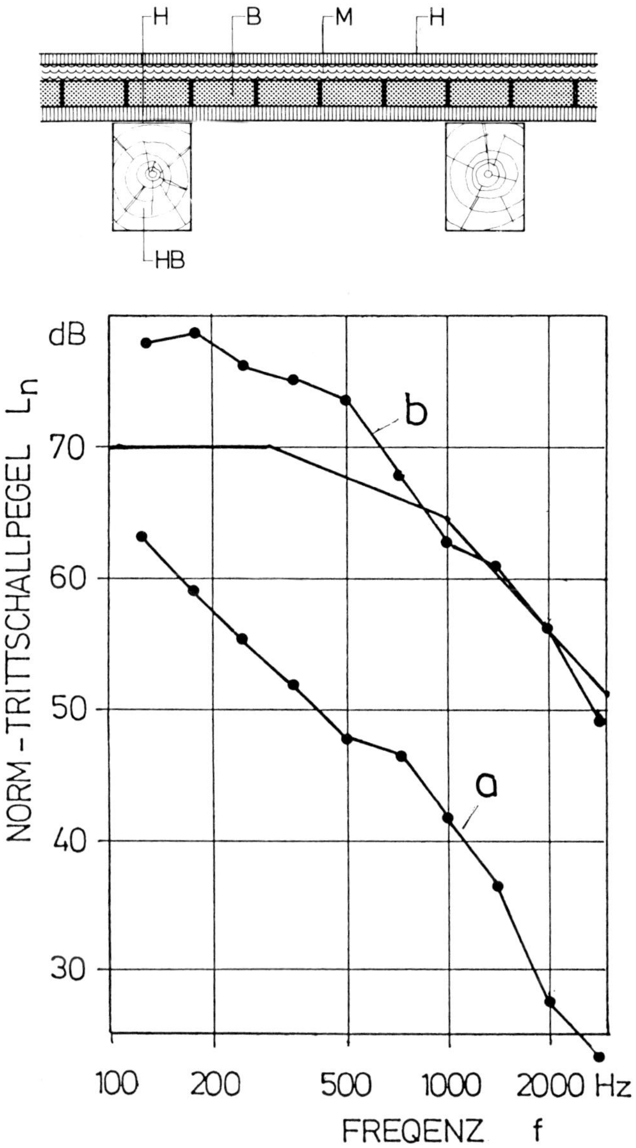

Bild 18.4: Beispiel einer Decke mit unterseitig sichtbaren Balken und einem schwimmend verlegten Holzspanplatten-Belag (H, M) mit Beschwerung B (60 mm Betonsteine, ca. 130 kg/m²)
a: obige Decke mit Beschwerungssteinen (TSM = 17 dB)
b: Decke mit sichtbaren Balken und 50 mm Zementestrich auf 30/25 mm Mineralfaserplatten (TSM = −3 dB)
Die Decke b erfüllt die künftigen Anforderungen an eine Wohnungstrenndecke.

ßen befriedigend auszubilden, siehe Bild 18.4. Noch nicht ganz geklärt ist, wie die Beschwerungs-Platten oder -Steine auf der Rohdecke befestigt werden sollen. Bei Betonplatten mit Kantenlängen von 300 mm hat sich gezeigt, daß diese, lose aufgelegt, nur einen Bruchteil ihrer Dämmwirkung aufweisen gegenüber dem Fall der Aufklebung. Der Klebstoff hat dabei nur die Aufgabe, eine vollflächige Auflage

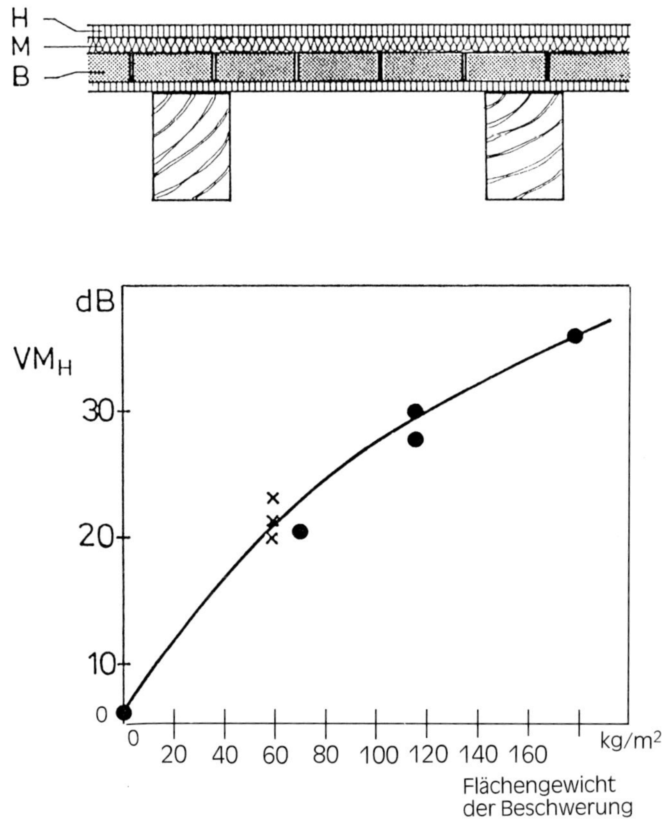

Bild 18.5: Verbesserungsmaß VM_H für schwimmend verlegte Holzspanplatten, abhängig vom Flächengewicht der Beschwerung B
H: 22 mm Holzspanplatten
M: 25 mm Mineralfaserplatten
x: gültig für Sandschichten

zu erreichen. Bei kleinformatigen Steinen ist dieses Problem geringer. Es ist zu vermuten, daß dort ein Aufkleben nicht erforderlich ist. Entsprechende Prüfungen werden zur Zeit (1986) durchgeführt. Bei Sandbeschwerungen werden der Spanplattenbelag über Lagerhölzer (mit untergelegten Mineralfaserplatten-Streifen o.ä.) verlegt und der Sand über eine Folie (als Rieselschutz) in den verbleibenden Hohlraum eingebracht. Bei schwimmenden Estrichen wäre es möglich, die Sandschüttung vollflächig auszulegen und darauf die Mineralfaserplatten. Es muß jedoch dafür gesorgt werden, daß der Sand nicht wandern kann, z.B. durch Aufnageln von Holzleisten auf der Rohdecke. Praktische Erfahrungen liegen mit dieser Ausführung noch nicht vor.

18.4.1.4 Teppichbeläge

Die zusätzliche Trittschalldämmung der meisten Gehbeläge auf Holzbalkendecken kann vernachlässigt werden. Nur Teppichbeläge brauchen in der Regel berücksichtigt zu werden. Die zusätzlich erreichbare Verbesserung des Trittschallschutzmaßes einer Holzbalkendecke durch einen Teppichbelag hängt davon ab, ob diese Decke einen schwimmend verlegten Fußboden aufweist oder nicht. Sie beträgt im erstgenannten Fall je nach Art des Teppichbelags etwa 2–8 dB. Sie kann zahlenmäßig dem Bild 18.6 entnommen werden, wenn das Trittschall-Verbesserungsmaß VM (nach DIN 4109) des Teppichbelags auf einer Massivdecke bekannt ist. Dieser Wert ist auf dem Belag angegeben oder kann vom Lieferanten erfragt werden. Er liegt in der Regel zwischen etwa 20 dB (Nadelfilz) und 30 dB.

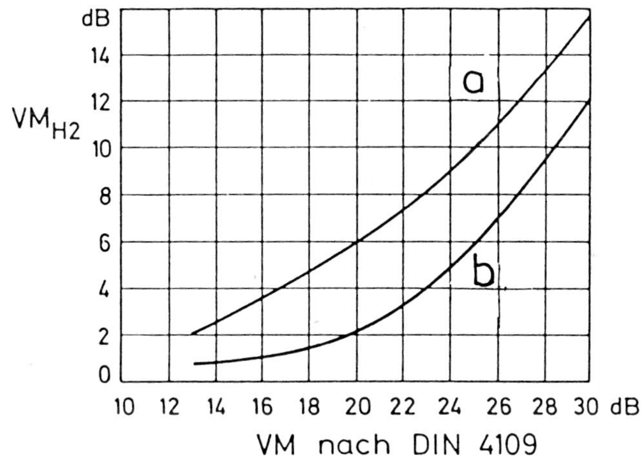

Bild 18.6: Verbesserung VM_{H2} des Trittschallschutzmaßes TSM einer Holzbalkendecke durch Teppichbeläge und andere trittschalldämmende Gehbeläge; als Abszisse aufgetragen das Verbesserungsmaß VM nach DIN 4109, wie es für Massivdecken angewandt wird.
a: gültig für Beläge, die unmittelbar auf einer Holzbalken-Rohdecke verlegt sind
b: gültig für Beläge auf Holzbalkendecken mit zusätzlichem Fußbodenaufbau

18.4.1.5 Beispiele fertiger Decken

In den Tabellen 18.IV u. 18.V sind Beispiele für die rechnerisch zu erwartenden Werte des Trittschallschutzmaßes TSM und des bewerteten Schalldämm-Maßes R'_w für verschiedene Holzbalkendecken enthalten.[1] Vorausgesetzt ist, daß die Decken ausreichend dicht sind.

[1] Siehe auch K. Gösele, *Schallschutz von Holzbalkendecken* in Informationsdienst Holz, Ausgabe 1984; von dort die Tabellen 18.II – 18.V entnommen.

Tabelle 18.IV: Beispiele von Holzbalkendecken für Einfamilienhäuser, die den Richtwerten von DIN 4109, Teil 2, E 1984 entsprechen. TSM mindestens 7 dB

Lfd. Nr.	Deckenausführung	Teppichbelag++)	TSM dB	R'_w dB
1 2	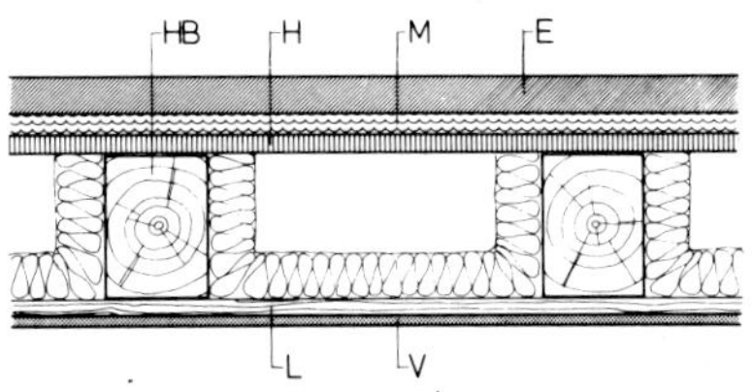 schwimmender Zementestrich auf 30/25 mm Mineralfaserplatten, Holzbalkendecke mit Verkleidung V an Querleisten L	ohne mit	10 13	58 (54)
3 4	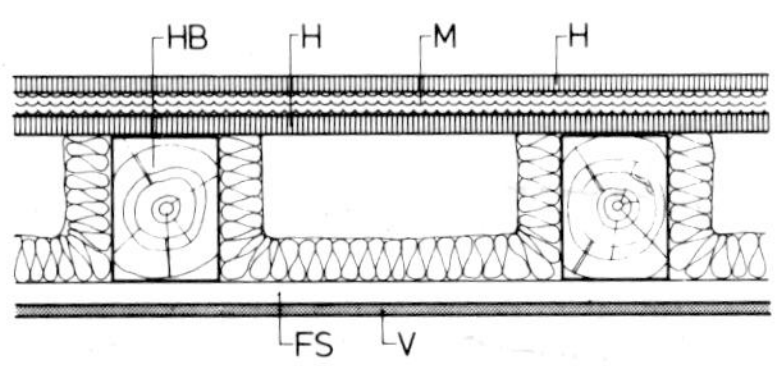 Holzspanplatten auf 28/25 mm Mineralfaserplatten, Holzbalkendecke mit Verkleidung V an Federschienen	ohne mit	11 13	58 (54)
5	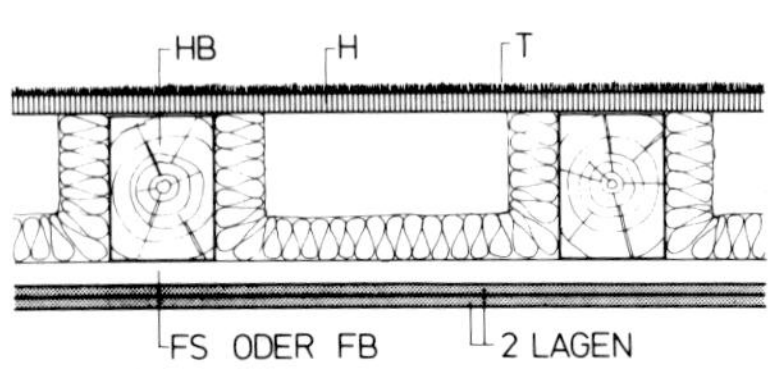 Teppichbelag VM = 23 dB, Holzbalkendecke mit Verkleidung aus 2 Lagen (z. B. Holzspanplatten oder Gipskartonplatten), über Federschienen befestigt		11	54 (52)
6 7	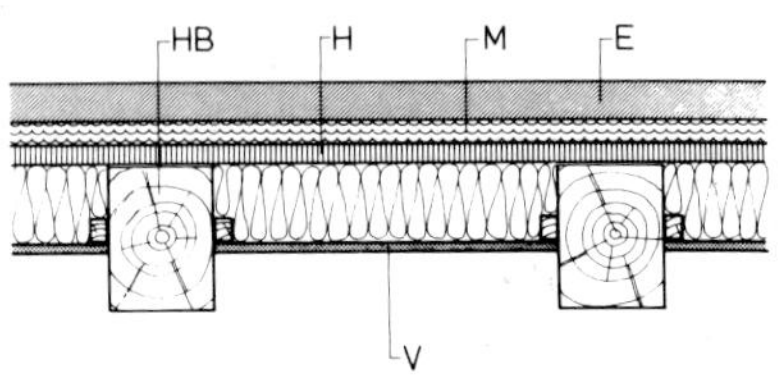 schwimmender Zement-Estrich auf 30/25 mm Mineralfaserplatten, Holzbalkendecke mit Verkleidung V *zwischen* den Balken	ohne mit	9 12	57 (54)
8 9	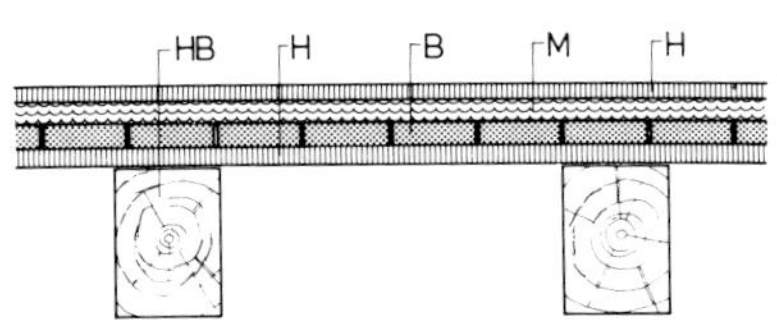 Holzspanplatten auf 28/25 mm Mineralfaserplatten, Beschwerung B mit Betonplatten o. ä., 100 kg/m², Holzbalkendecke ohne Verkleidung	ohne mit	10 12	58 (54)

Bei allen TSM-Werten ein Sicherheitszuschlag von 3 dB gegen Mindestwert berücksichtigt, ausgenommen Nr. 6.

+) Die Werte des bewerteten Schalldämm-Maßes R'_w beziehen sich auf Holzhäuser, die in Klammern angegebenen Werte auf Massivbauten (Wände mindestens 350 kg/m²).

++) Als Teppichbelag ist ein solcher mit einem Trittschall-Verbesserungsmaß VM (für Massivdecken) von 20 dB angenommen, ausgenommen Nr. 5 (VM = 23 dB).

18.4.2 Trennwände

In Bild 18.7 wird ein Überblick über das bewertete Schalldämm-Maß R'_w verschiedener Wandausführungen gegeben. Weitere Werte sind in DIN 4109, E 1984, Teil 3 (Tabelle 6) und in Teil 7 (Tabelle 10) enthalten. Die für die Ausbildung der Wände wichtigen schalltechnischen Gesichtspunkte werden nachstehend besprochen.

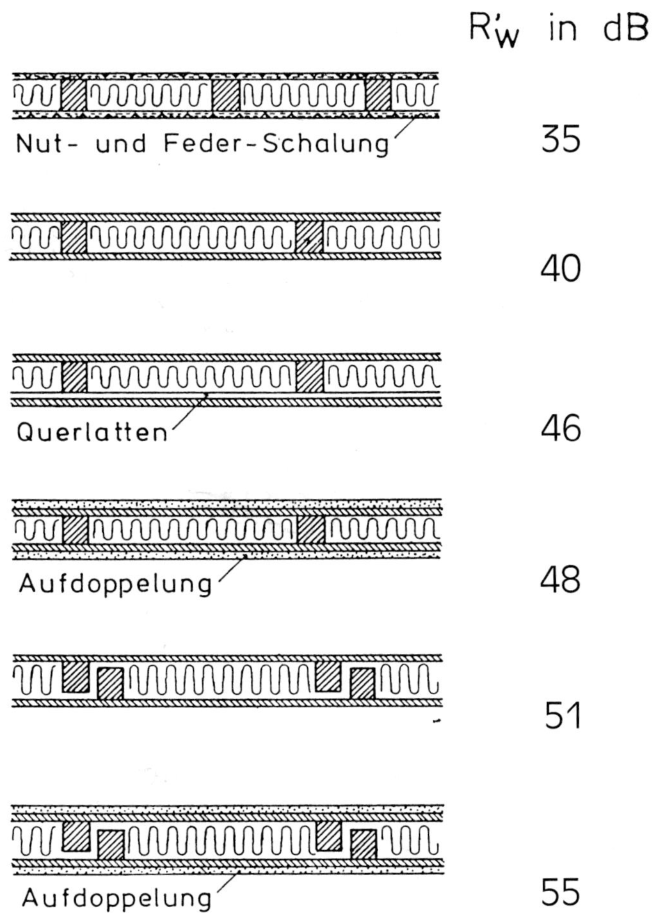

Bild 18.7: Bewertetes Schalldämm-Maß R'_w von Holztrennwänden (Wände schematisch dargestellt)
R'_w-Werte beziehen sich auf die Messung in einem genormten Prüfstand mit bauähnlichen Schnellnebenwegen. Im Holzbau können sich wegen einer dort vorliegenden höheren Schall-Längsleitung niedrigere Werte ergeben

18.4.2.1 Verbindung zwischen den Wandschalen

Sie ist entscheidend für die erreichbare Schalldämmung. Bei Holzständern oder Rahmen soll der Abstand der Hölzer genügend groß sein (mindestens

Tabelle 18.V: Beispiele von Holzbalkendecken für Einfamilienhäuser, die den Richtwerten von DIN 4109, Teil 2, E 1984 für Wohnungstrenndecken entsprechen. TSM mindestens 10 dB.

Lfd. Nr.	Deckenausführung		Teppich-belag++)	TSM dB	R'_w+) dB
1 2	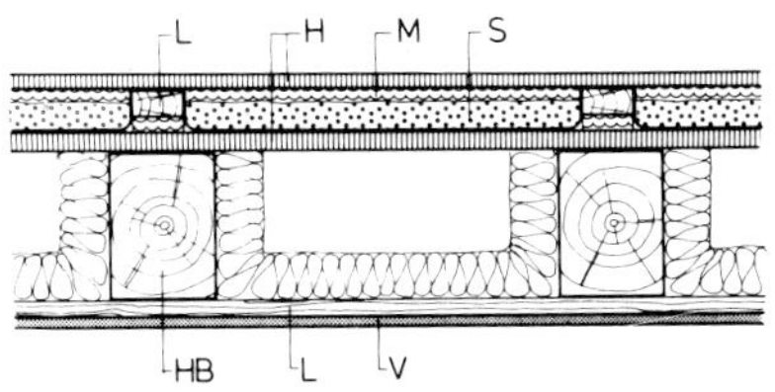	Holzspanplatten auf Leisten, mit 40 mm Sandschüttung, Holzbalkendecke mit Verkleidung V an Querleisten L	ohne mit	15 18	59 (55)
3 4	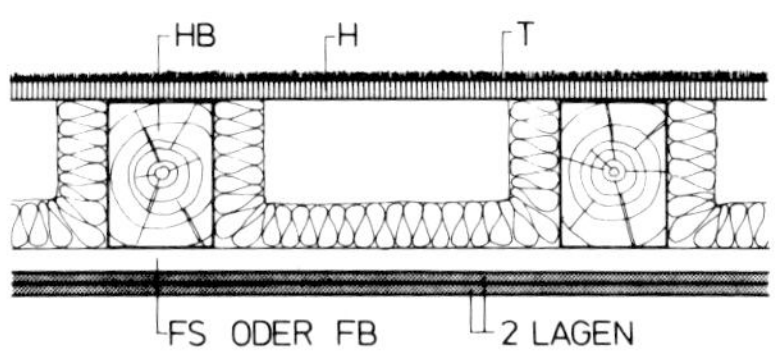	Holzspanplatten auf 28/25 mm Mineralfaserplatten, Holzbalkendecke mit Verkleidung aus 2 Lagen (z. B. Holzspanplatten oder Gipskartonplatten) an Federschienen	ohne mit	11 15	58 (55)
5 6	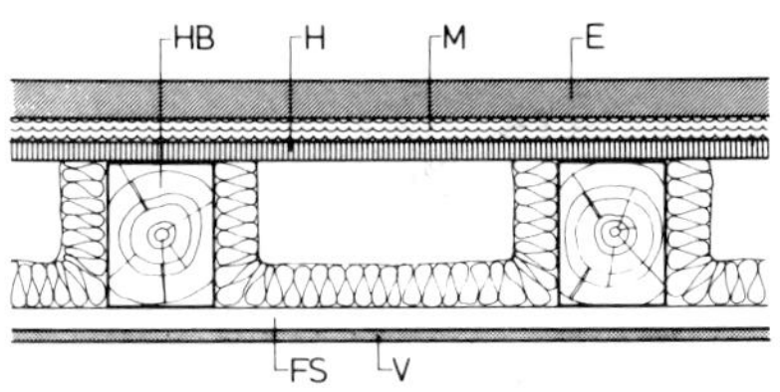	schwimmender Zementestrich auf 30/25 mm Mineralfaserplatten, Holzbalkendecke mit Verkleidung aus Gipskartonplatten o. ä. an Federschienen	ohne mit	18 20	60 (55)
7 8	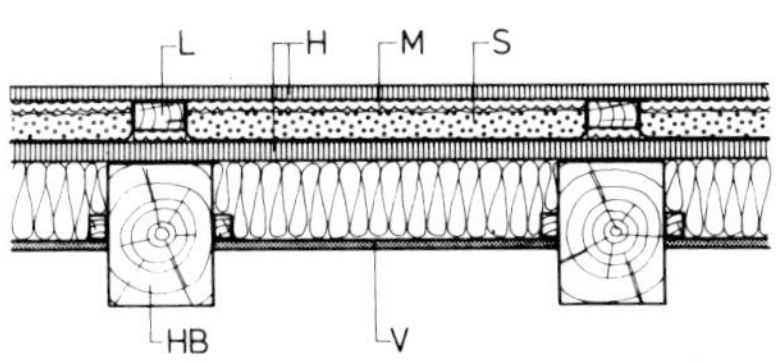	Holzspanplatten auf Leisten, mit 40 mm Sandschüttung, Holzbalkendecke mit Verkleidung V zwischen den Balken	ohne mit	13 16	59 (55)
9 10	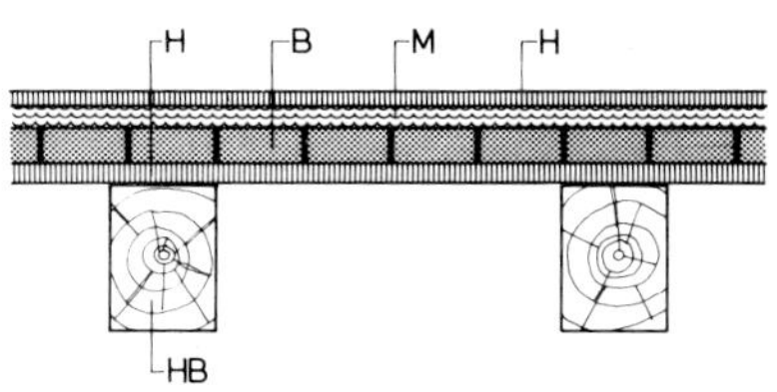	Holzspanplatten auf 28/25 mm Mineralfaserplatten, Beschwerung B mit Betonplatten o. ä., mindestens 120 kg/m²	ohne mit	13 16	59 (55)

Bei allen TSM-Werten ein Sicherheitszuschlag von 3 dB gegen Mindestwert berücksichtigt, ausgenommen Nr. 3.

+) Die Werte des bewerteten Schalldämm-Maßes R'_w beziehen sich auf Holzhäuser, die in Klammern angegebenen Werte auf Massivbauten (Wände mindestens 350 kg/m²).

++) Als Teppichbelag ist ein solcher mit einem Trittschall-Verbesserungsmaß VM (für Massivdecken) von 20 dB angenommen.

0,5 m). Bei kleineren Abständen ergibt sich keine Verbesserung durch die doppelschalige Anordnung. Durch eine Querverlattung auf einer Wandseite kann die Schalldämmung um etwa 5 dB verbessert werden. C-Profile aus Stahlblech verhalten sich schalltechnisch günstiger als Holzständer, bedingt durch die größere Federwirkung der dünnen Bleche. Bei demontablen Holztafelwänden, wie sie z.B. für Verwaltungsbauten verwendet werden, kann eine ausreichende Trennung durch Schrauben der einzelnen Schalen über zwischengelegte Gummiprofilstreifen zwischen Ständer und Wandschale erreicht werden.

18.4.2.2 Hohlraumdämpfung

Bei Wänden mit einem $R'_w > 40$ dB ist eine Dämpfung des Wandhohlraumes mit Mineralwolle erforderlich. Die eingelegten Matten oder Platten brauchen den Hohlraum nicht ganz auszufüllen.

18.4.2.3 Schalenausbildung

Die Schalen sollen möglichst schwer sein und gleichzeitig eine geringe Biegesteifigkeit aufweisen. Die Verwendung besonders dicker Holzspanplatten als Schalenmaterial bringt keine Verbesserung gegenüber dünneren Platten, weil der Vorteil der größeren Masse durch den Nachteil der größeren Steifigkeit kompensiert wird. Vorteilhafter ist dagegen das Aufbringen einer zweiten Platte durch Schrauben, Heften o.ä., nicht jedoch durch Verkleben. Die Art des Plattenmaterials (z.B. Holzspanplatten, Gipskartonplatten) ist dabei von untergeordneter Bedeutung. Wenn man eine hohe Schalldämmung anstrebt, sollte man somit aufdoppeln.

18.4.3 Schall-Längsleitung

In Abschn. 18.4.2.1 ist schon darauf hingewiesen worden, daß die Schallübertragung zwischen zwei Räumen, sobald man zweischalige Wände oder Decken benutzt, in vielen Fällen über die flankierenden Bauteile erfolgt, siehe Bild 18.1. Dieser Übertragungsweg wird durch das bewertete Längsdämm-Maß R_{LW} gekennzeichnet. Man kann, wenn diese

Werte für die Längsbauteile bekannt sind, das Schalldämm-Maß R'_w berechnen[1], das diese Übertragung und die über die Trennwand oder -decke umfaßt.

Bei Holzbauten ist die Längsdämmung in horizontaler und vertikaler Richtung sehr unterschiedlich. In vertikaler Richtung ist die Längsdämmung für Holzwände relativ groß, bedingt durch die zwischengeschaltete Holzbalkendecke. Sie kann für die einzelne der vier Wände zu $R_{LW} = 65$ dB angenommen werden, so daß bei vier flankierenden Wänden die erreichbare maximale Schalldämmung zwischen zwei übereinanderliegenden Räumen mit gut ausgebildeter Holzbalkendecke etwa 58–60 dB betragen kann. Dabei ist vorausgesetzt, daß keine Übertragung über Treppenraum und Türen stört. Die Längsdämmung in Häusern mit *Massiv*wänden und Holzbalkendecken ist kleiner als in reinen Holzhäusern, siehe Bild 18.2.

Wesentlich ungünstiger sind die Längsleitungs-Verhältnisse in horizontaler Richtung. In Bild 18.8 sind Richtwerte für Holzwände eingetragen. Sie liegen normalerweise bei etwa 50–55 dB. Ähnliches gilt auch für die Unterseite von Holzbalkendecken. Das führt dazu, daß bei durchlaufenden Deckenuntersichten, Außen- und Flurwänden auch mit der besten Trennwandausführung keine höheren R'_w-Werte als etwa 45 dB erreicht werden können.

Was kann man dagegen tun? Im wesentlichen sind es zwei Maßnahmen, nämlich Aufdoppeln der den betrachteten Räumen zugewandten Schalen oder das Anbringen von Trennfugen auf der Höhe der Trennwand.

18.4.4 Holzdächer

Hierbei ist wegen des Verkehrslärms eine Mindestschalldämmung einzuhalten, die je nach dem außen vorhandenen Verkehrslärm für Wohnräume unter Dächern nach DIN 4109, Teil 6, Entwurf 1984 zwischen 35 und 50 dB, in Extremfällen bis 55 dB betragen sollte. In Bild 18.9 ist eine Übersicht über das bewertete Schalldämm-Maß R'_w verschiedener einfacher Holzdächer gegeben. Dächer mit Hartschaum als Wärmeisolierung im Dachhohlraum verhalten sich deutlich ungünstiger als Dächer mit Mineralfaser-Einlage. Dies ist darauf zurückzuführen, daß die Hartschaumplatten keine nennenswerte Schallabsorption für den Hohlraum ergeben. Mit einer Mineralwolle-Einlage können bei derartigen Dächern die Anforderungen in den allermeisten Fällen erfüllt werden. In den selten auftretenden Sonderfällen kann mit einer Aufdoppelung die Schalldämmung verbessert werden.

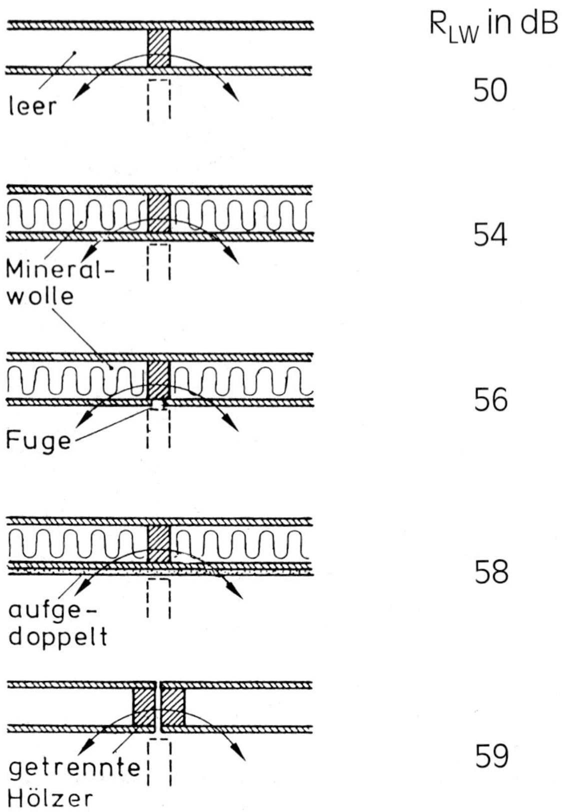

Bild 18.8: Bewertetes Schall-Längsdämm-Maß R_{LW} von Holzwänden in horizontaler Übertragungsrichtung (Pfeil); angrenzende Trennwand gestrichelt eingezeichnet.

[1] Näheres siehe DIN 4109, Teil 7, Entwurf 1984 und K. Gösele, *Vorherberechnung der Luftschalldämmung in Skelettbauten*, Bauphysik 7 (1985), S. 165.

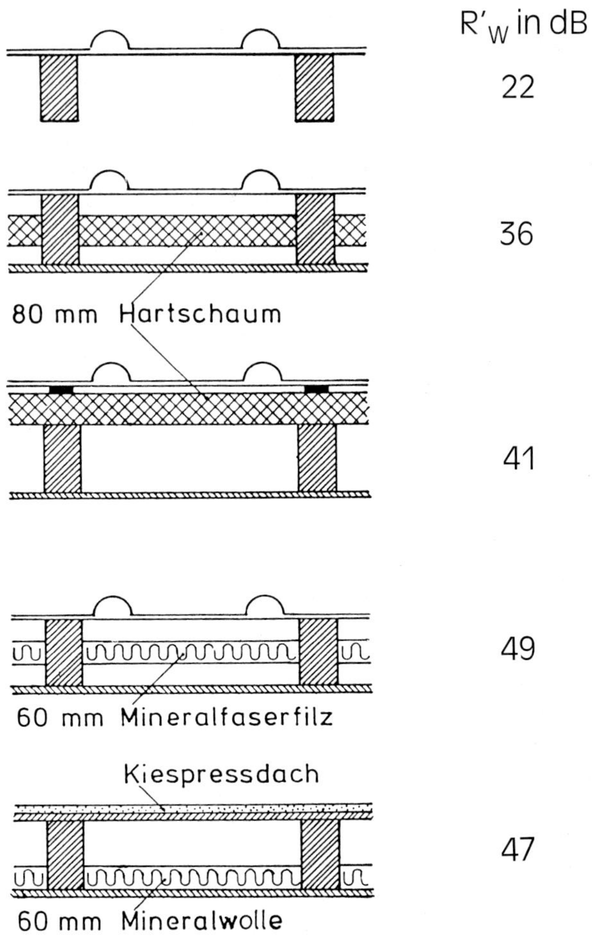

Bild 18.9: Bewertetes Schalldämm-Maß R'_w von Holzdächern

19 Objekt: Doppelhaus in Aachen

Bild 19.1: Südseite mit 2 Wintergärten

Bild 19.3: Ansicht von Nordosten (Straßenseite)

Bild 19.2: Eingang Haus 1

Bild 19.4: Versetzte Wohnebenen vermitteln Weiträumigkeit und Intimität gleichermaßen

Bild 19.5: Im Eßbereich Holzpflaster als Bodenbelag

Bild 19.6: Glasanbauten als Wärmepuffer

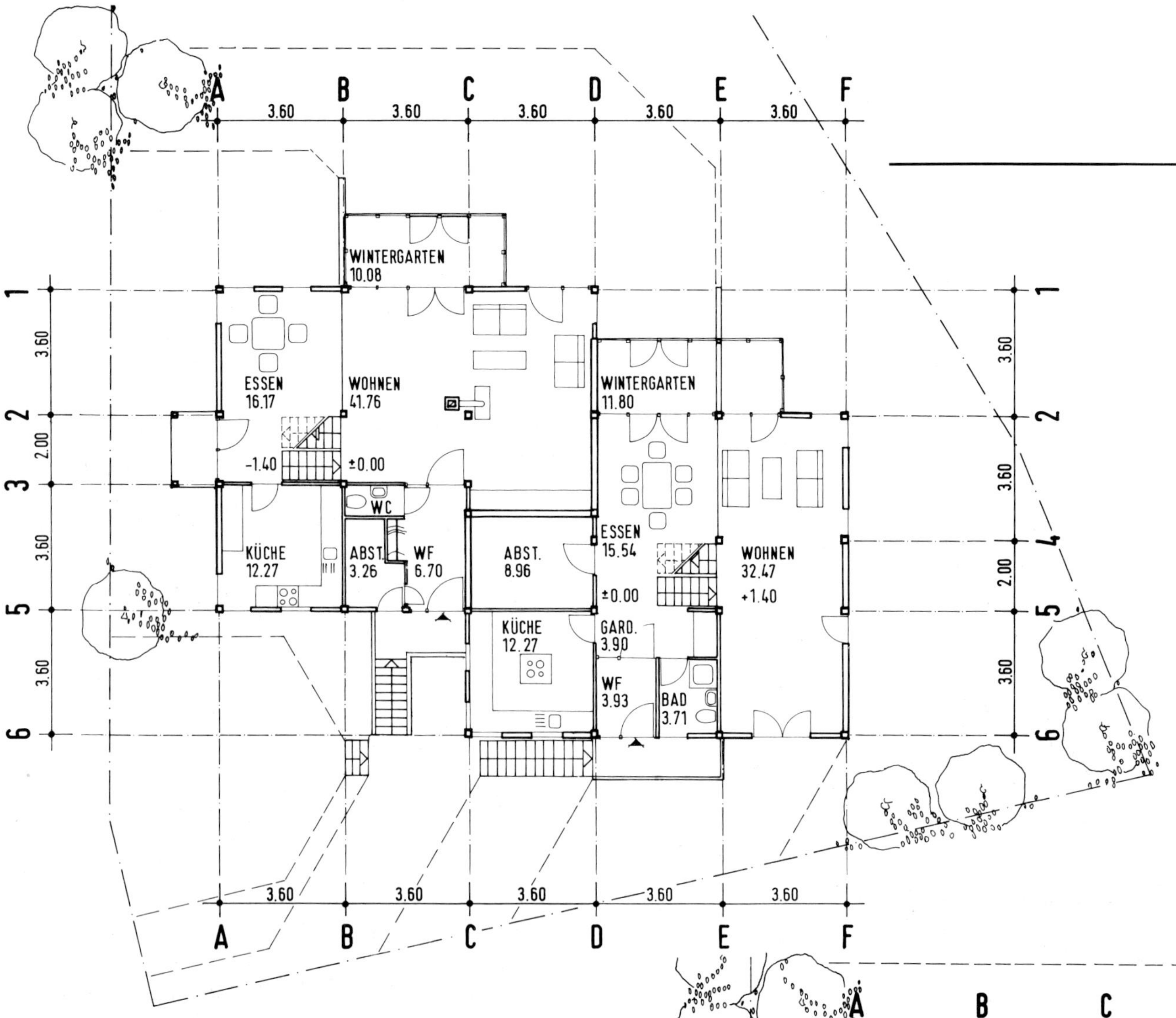

Bild 19.7: Grundriß Erdgeschoß, M 1:200

19.1 Städtebauliche Einordnung

Das Grundstück liegt in einem ehemaligen Waldgelände am Ende einer Anliegerstraße, die mit frei stehenden Einfamilienhäusern bebaut ist. Es grenzt zweiseitig an ein Landschaftsschutzgebiet mit Blick über Aachen an.

19.2 Leitidee

Grundgedanke der Anlage ist das gemeinsame Bauen auf einem relativ kleinen Grundstück. Die zur Verfügung stehenden Eingangs-, Frei- und Gartenbereiche werden gemeinschaftlich durch beide Familien genutzt. Hauszonierungen sind so ausgelegt, daß Separation oder aber Kontakt für beide Parteien möglich ist.

Mögliche Eigenleistungsanteile wurden vor Beginn der Baumaßnahme mit den Bauherren, dem Architekten und den Handwerkern besprochen und dann im Zuge des Bauablaufes eingeplant.

Es wurde Wert auf die Berücksichtigung biologischer Gesichtspunkte gelegt.

Steckbrief

Objekt:	Doppelhaus
Standort:	Aachen
Baujahr:	1985
Reine Baukosten:	Haus 1: 278.822 DM Haus 2: 213.824 DM
Planung:	Architekturwerkstatt AC Schmidt, König, Hestermann, Lewitzki, Aachen
Statik:	Ludwig Baumgärtner, Bad Honnef
Ausführung Holzbau:	Merk & Wölbeling, Aachen
Wohn-/Nutzfläche:	Haus 1: 175,92 m^2 Haus 2: 181,60 m^2
Umbauter Raum:	Haus 1: 617,10 m^3 Haus 2: 631,04 m^3

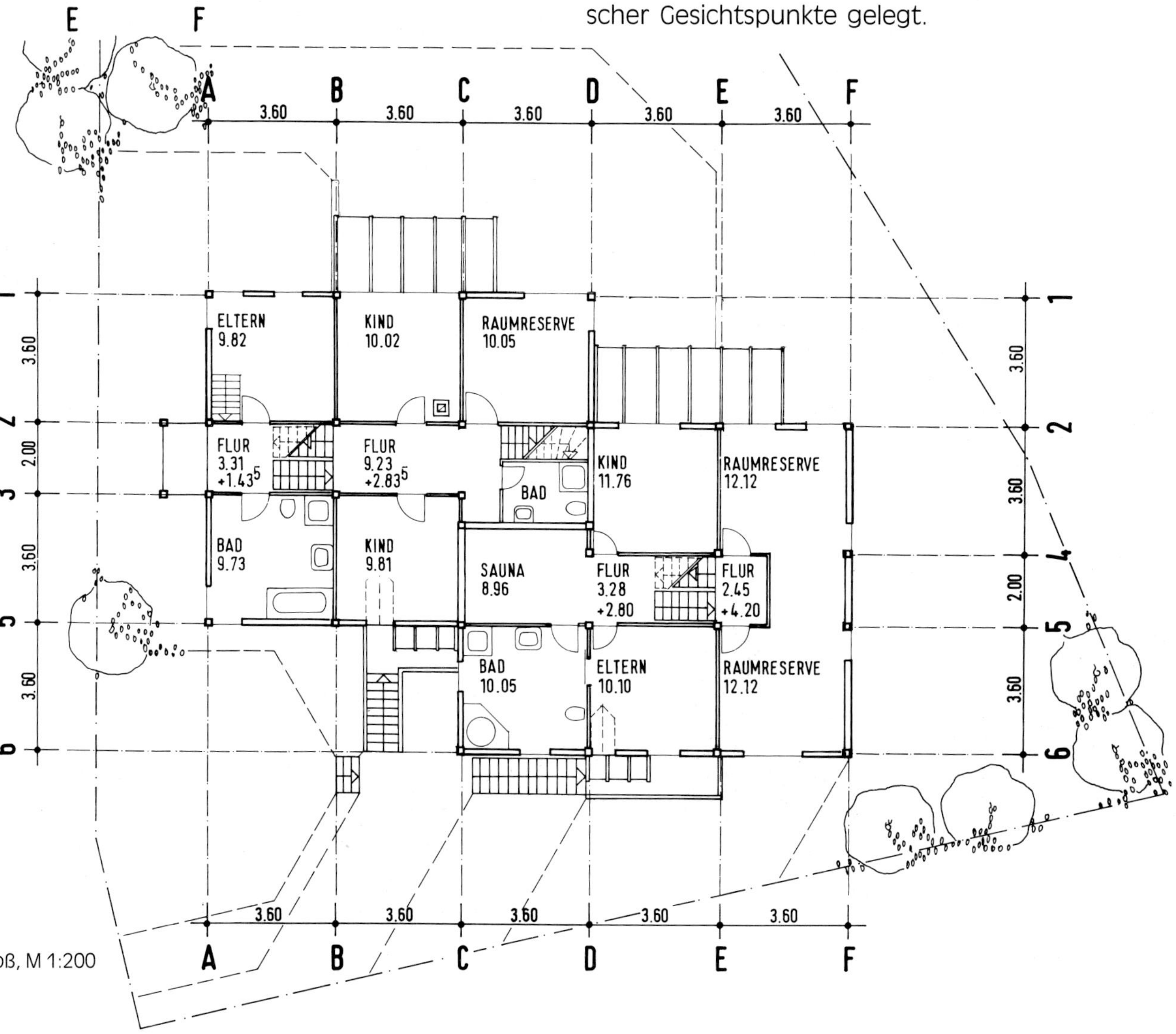

Bild 19.8: Grundriß Obergeschoß, M 1:200

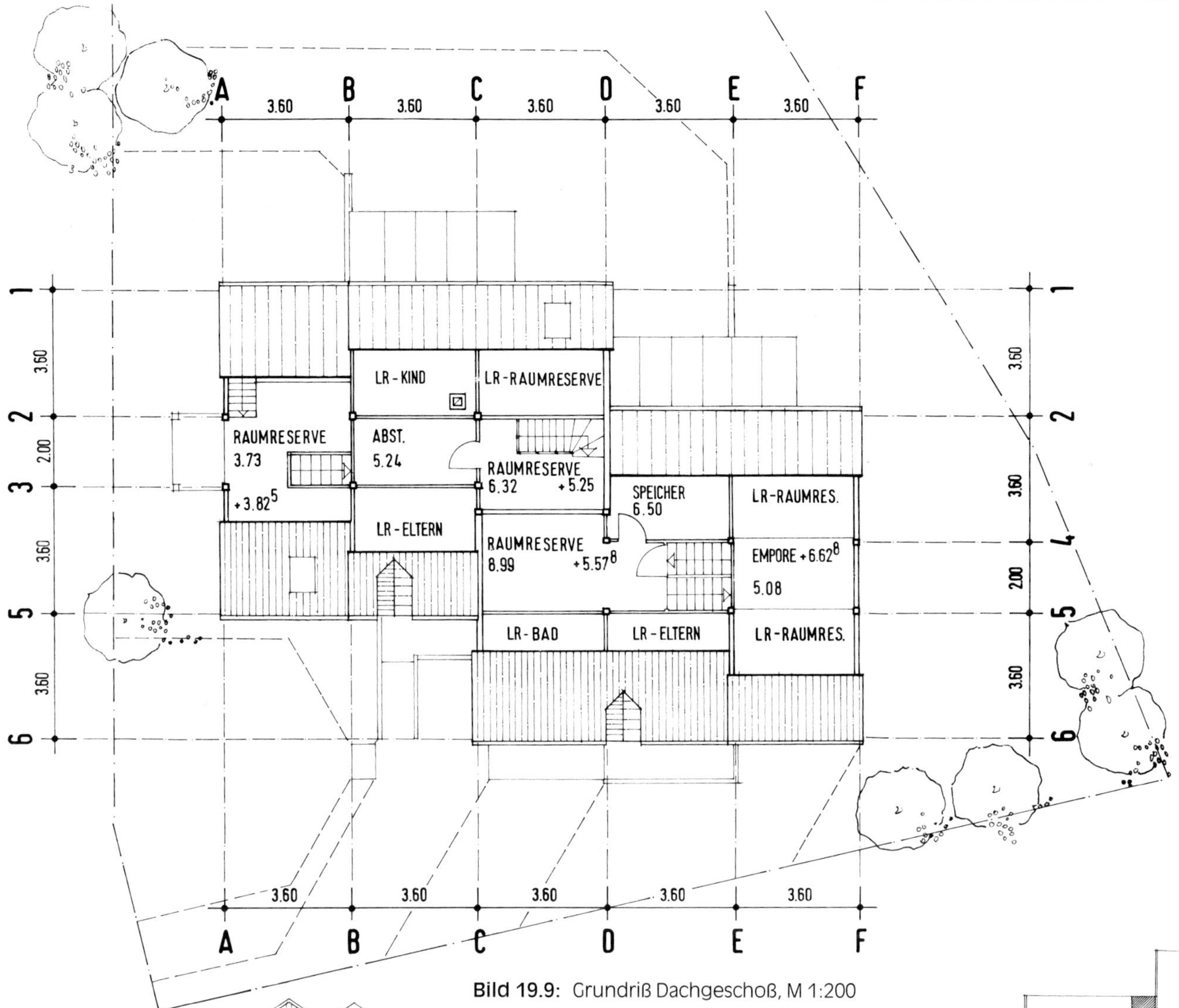

Bild 19.9: Grundriß Dachgeschoß, M 1:200

19.3 Grundrisse/Architektur

1½- bis 2geschossige Baukörper mit fünf versetzt angeordneten Ebenen je Hauseinheit. Beide Hauseinheiten sind für jeweils eine Familie mit zwei bis drei Kindern geplant.

Beide Häuser haben Wintergärten, die die Obergeschoßräume mit einbeziehen. Aufgrund planungsrechtlicher Belange sind die Fenster im Obergeschoß auf Fußbodenhöhe angeordnet. Drempelhöhe 1,10 m, und maximale Raumhöhe bis 3,80 m. Diese eigentlich ungewollte Raumkonstruktion wird von den Bewohnern und Architekten als reizvoll empfunden.

19.4 Konstruktion

Doppelhaus in Holzständerbauweise und Split-level-Ausführung. Hauptstützensystem im Raster 3,60 × 3,60 m mit eingeschobener Zwischenzone 2,00 × 3,60 m in Leimholz. Deckenbalken, Unterzüge und Sparren aus Lärche. Nebenriegel und Innenwandausfachungen aus Fichte. Dach als Flächentragwerk mit Sichtschalung ausgelegt. Sparren voll sichtbar.

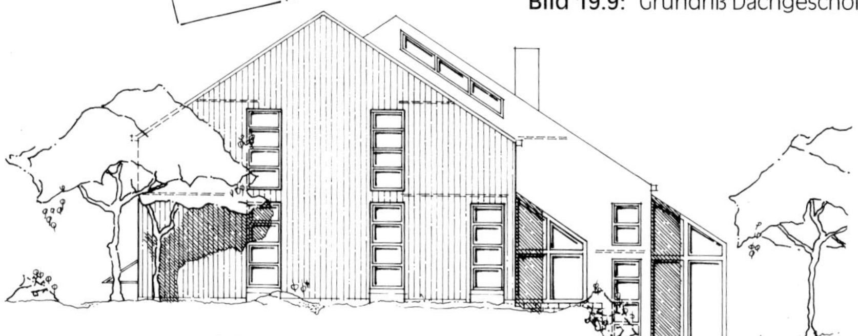

Bild 19.10: Westansicht, M 1:200

Bild 19.12: Nordansicht, M 1:200

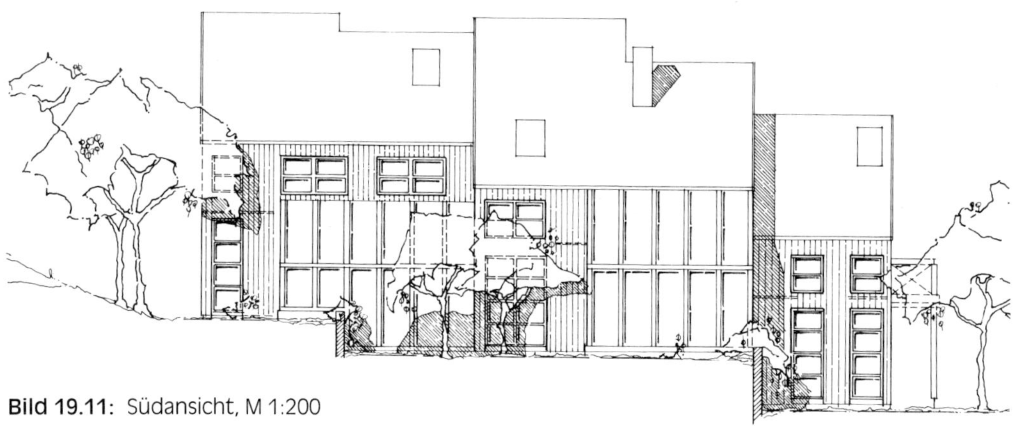

Bild 19.11: Südansicht, M 1:200

Bild 19.13: Ostansicht, M 1:200

Außenwände

Hauptstützen 16/16 cm, Nebenriegel 6/10 cm. Innenseitig statisch wirksame Beplankung aus 19-mm-Spanplatten. Außenseitig Spanplattenbeplankung in 16 mm Dicke mit Lattung (versetzt angeordnet) und vertikaler Deckelschalung in 21 mm Dicke. Zwischenliegende Wärmedämmung aus Siliziumoxidgranulat in 10 cm Dicke.

Innenwände

Holzständerwand 7/8 cm mit Kopf- und Fußband sowie beidseitiger Spanplattenbeplankung in 19 mm Dicke und zwischenliegender Wärmedämmung.

Haustrennwand

Ausführung als Holzständerwand mit versetzt angeordneten Ständern, doppelter Spanplattenbeplankung (19 und 21 mm) sowie zwischenliegender Wärmedämmung.

Fußbodenaufbau

Kiesfilterschicht, Dicke bis 1,20 im Erdreich, Perimeterdämmung 60 mm, um den Beton als Wärmespeichermedium nutzbar zu machen, Stahlbetonbodenplatte 15 cm, Fliesen, Teppichboden bzw. Holzpflaster.
Verzicht auf Fundamente, da Kiesfilterschicht als Frostschutz wirkt.

Decke über Erdgeschoß

Haus 1
30 mm gespundete Schalung; Trockenestrich, bestehend aus Trittschalldämmatte 28/25 und Spanplattenoberboden 22 mm.

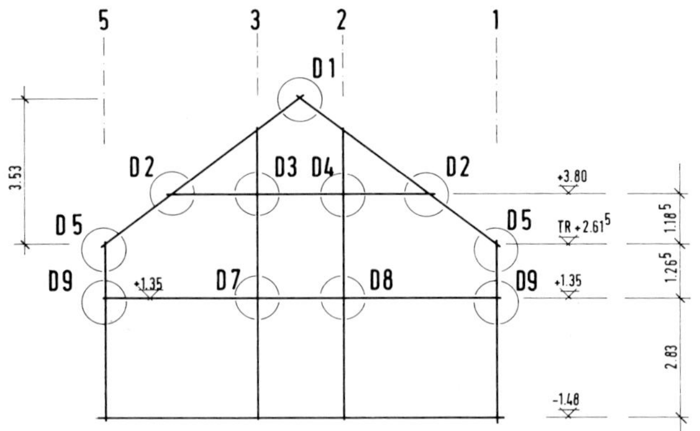

Bild 19.14: Schemaschnitt Detailübersicht, M 1:200

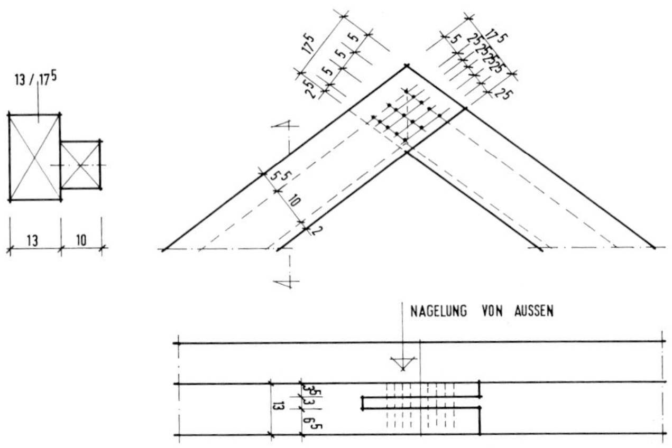

Bild 19.15: Detail D 1, Firstpunkt Dachkonstruktion, Ansicht, Schnitt, Aufsicht, M 1:20

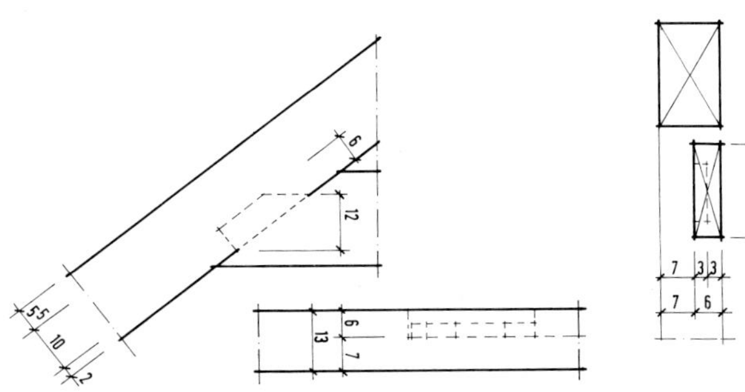

Bild 19.16: Detail D 2, Anschluß Kehlbalken – Sparren, Ansicht, Schnitt, Aufsicht, M 1:20

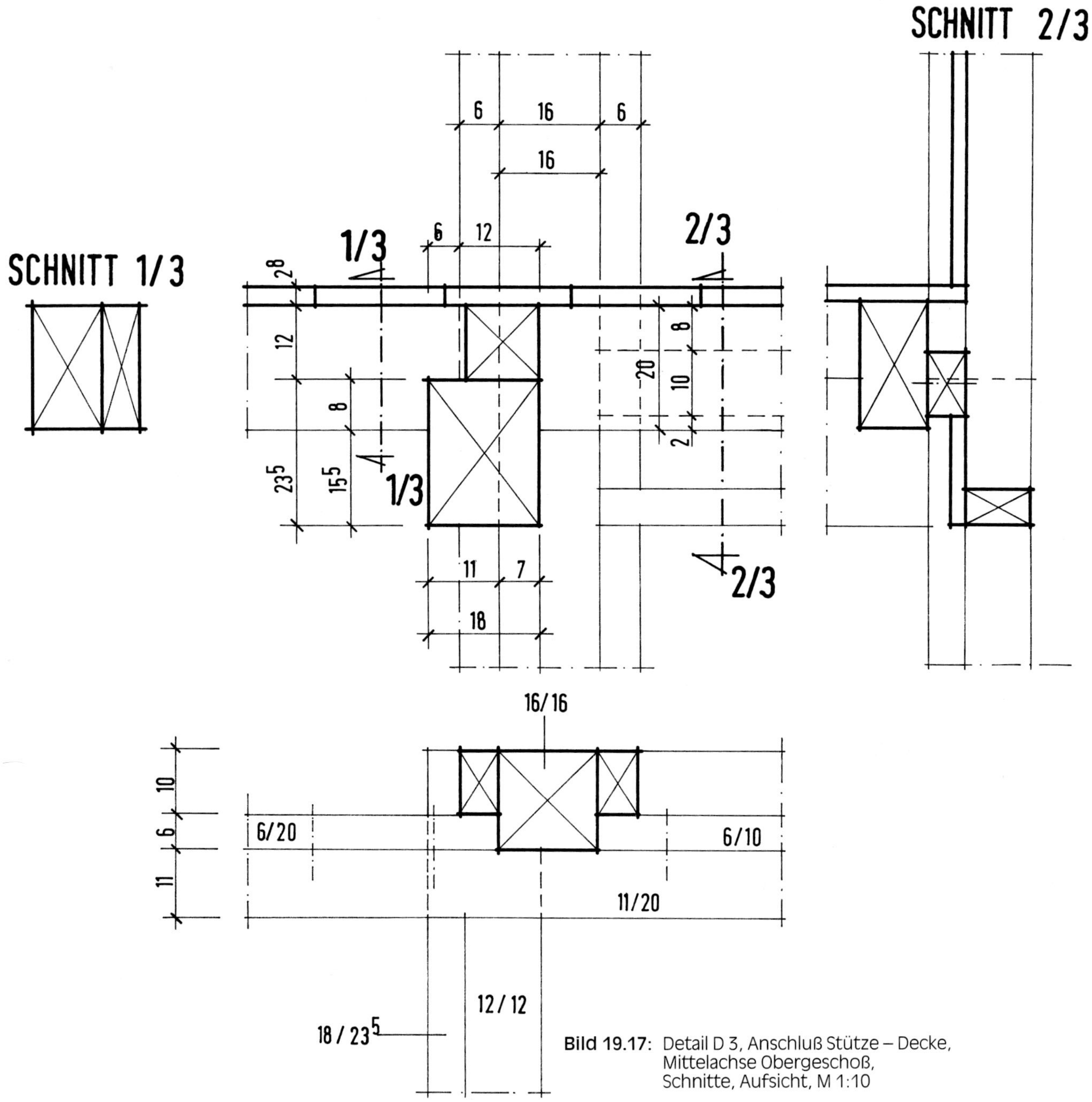

Bild 19.17: Detail D 3, Anschluß Stütze – Decke, Mittelachse Obergeschoß, Schnitte, Aufsicht, M 1:10

Haus 2
50 mm gespundete, oberseitig geschliffene Schalung, teilweise mit Teppichboden belegt.

Decke über Obergeschoß
30 mm gespundete, oberseitig geschliffene Schalung.

Dach
Sparrendach, Sparren voll sichtbar. Oberseitig gespundete Schalung mit Stehhölzern, 16 cm Höhe und zwischenliegender Wärmedämmung 12 cm. Lattung und Deckung aus Betondachsteinen.

Installation
Teilweise offenliegende Leitung für Heizung und Sanitär. Einfachausstattung, mit der Möglichkeit zur Nachrüstung.

19.5 Heizung

Für jedes Haus getrennt je eine Gastherme mit kurzer Abgasrohrführung durch die Außenwand bzw. das Dach. Warmwasserbereitung dezentral über Durchlauferhitzer. Verlegung der Rohrleitung in Haus 2 sichtbar, in Haus 1 innerhalb des Fußbodenaufbaus.

19.6 Bauökologie

Berücksichtigung ökologischer Gesichtspunkte bei der Planung (Untersuchung auf Magnetfelder und Strahlungseinflüsse), der Auswahl und dem Einbau von Materialien. Verzicht auf Lacke mit Lösungsmitteln, biologische Dämmstoffe, weitestgehender Verzicht auf chemischen Holzschutz.

19.7 Eigenleistung

Beide Häuser sind außen sowie im Konstruktionsgefüge nach gleichen Konstruktionsprinzipien aufgebaut, unterscheiden sich aber hinsichtlich der Ausstattung und des Standards erheblich.

Haus 1
Es wurde mit geringen Selbsthilfeanteilen erstellt (Außenanlagen, teilweise Tapezier- und Malerarbeiten). Die Decken der Obergeschosse sind zweischalig aufgebaut. Bäder ganz verfliest; das Erdgeschoß wurde in weiten Bereichen mit Holzpflaster ausgestattet.

Haus 2
Nach Fertigstellung der tragenden Konstruktion und der Beplankung wurden in diesem Haus bis auf

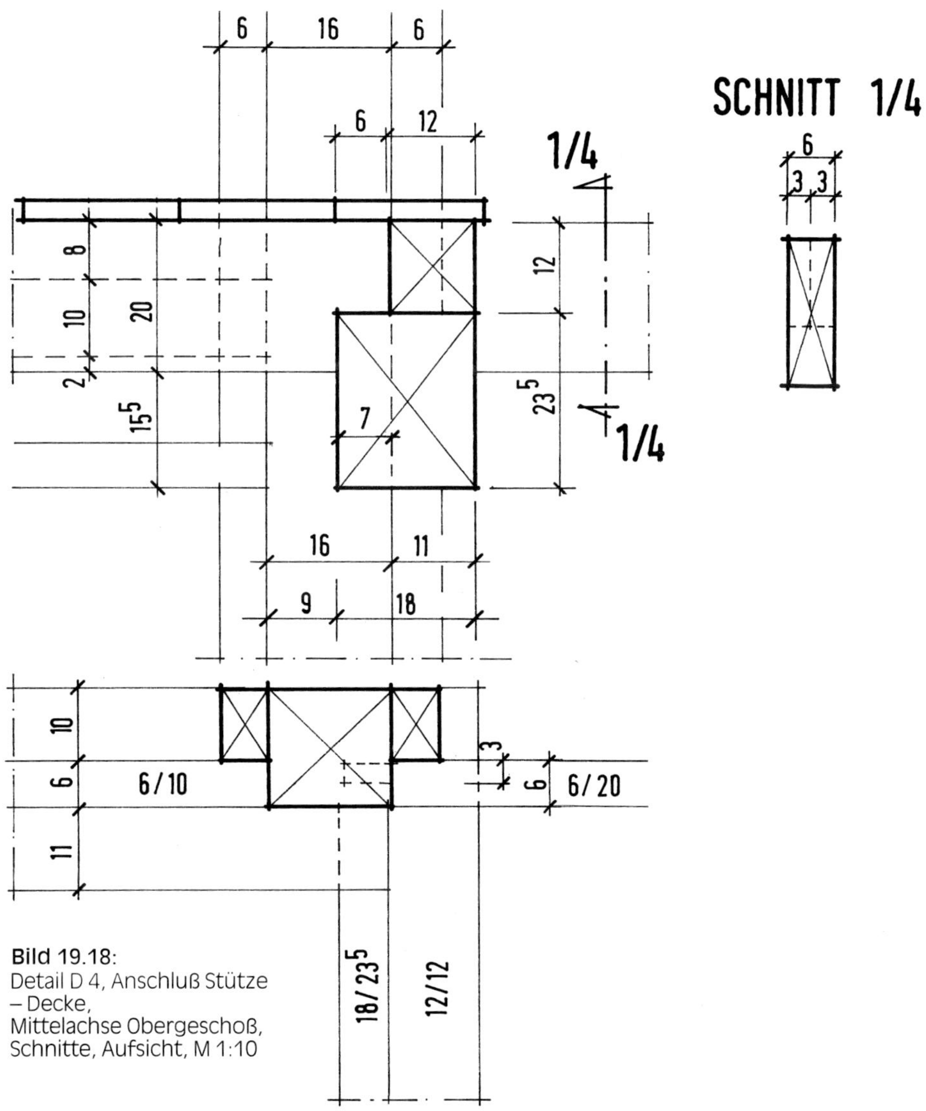

Bild 19.18:
Detail D 4, Anschluß Stütze – Decke, Mittelachse Obergeschoß, Schnitte, Aufsicht, M 1:10

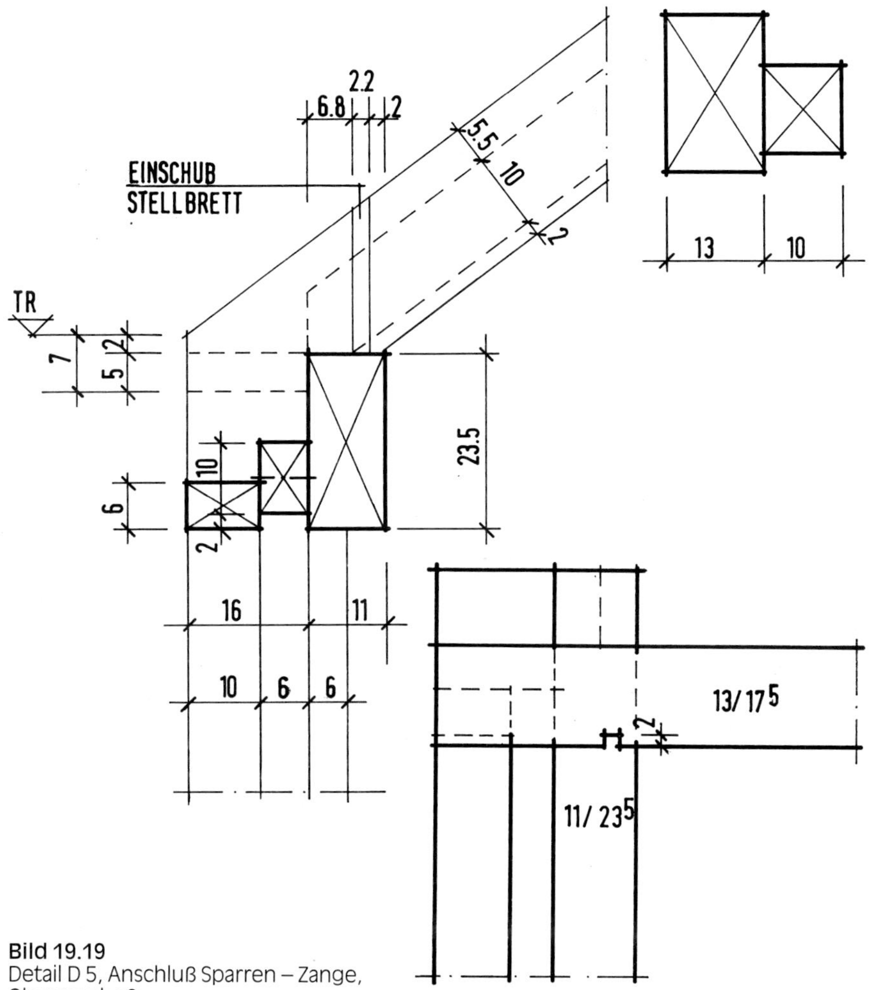

Bild 19.19
Detail D 5, Anschluß Sparren – Zange, Obergeschoß, Schnitt, Aufsicht, M 1:10

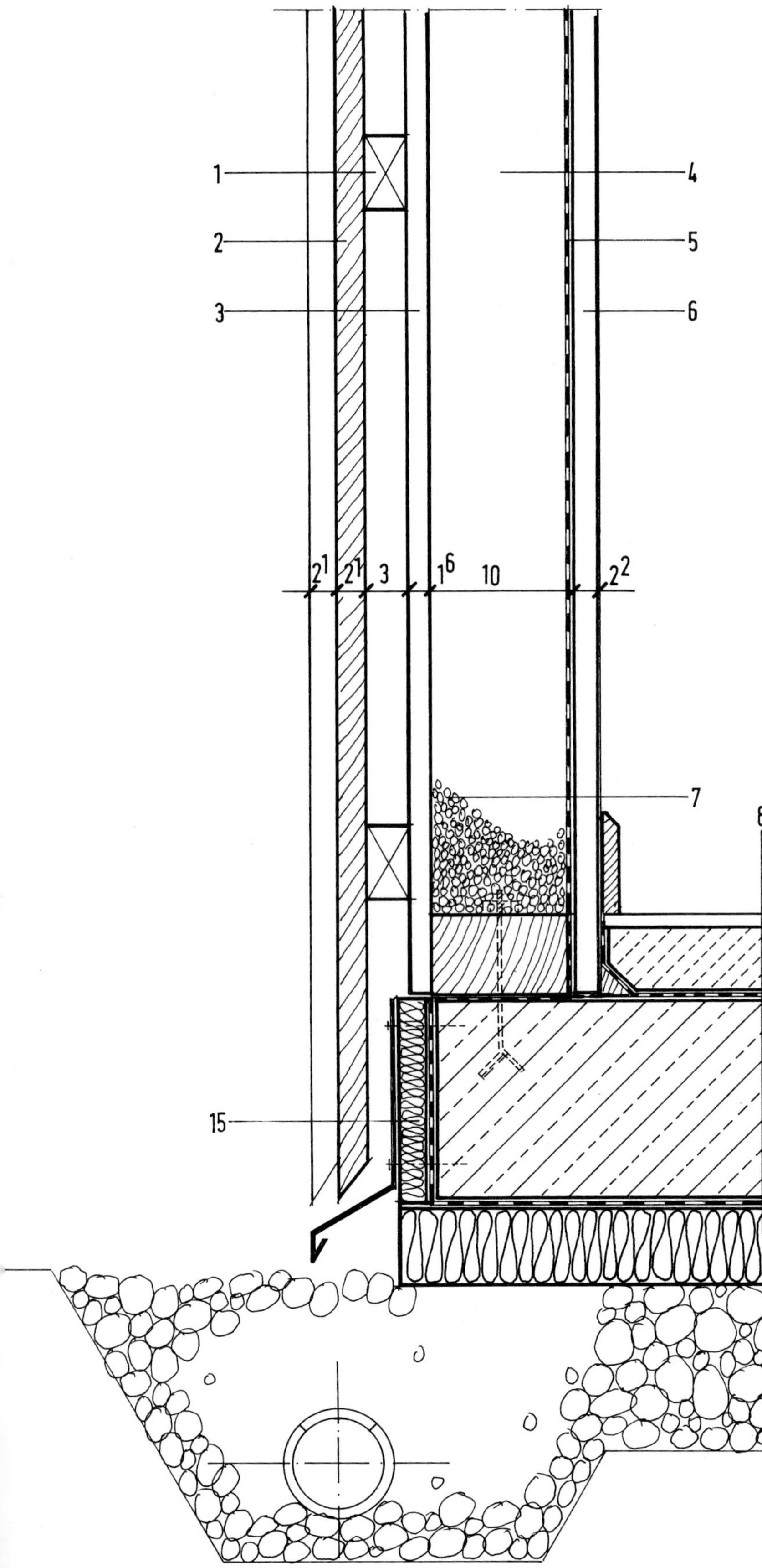

1 Horizontale Lattung
2 Boden-Deckelschalung
3 Spanplatte
4 Nebenriegel
5 Dampfsperre
6 Spanplatte
7 Perliteschüttung
8 Roofmateplatten
9 Schweißbahn
10 Stahlbetonbodenplatte
11 Schweißbahn
12 Estrich
13 Fliesen
14 Bergkies
15 Styrodur 3000

Bild 19.20: Detail Fußpunkt, M 1:5

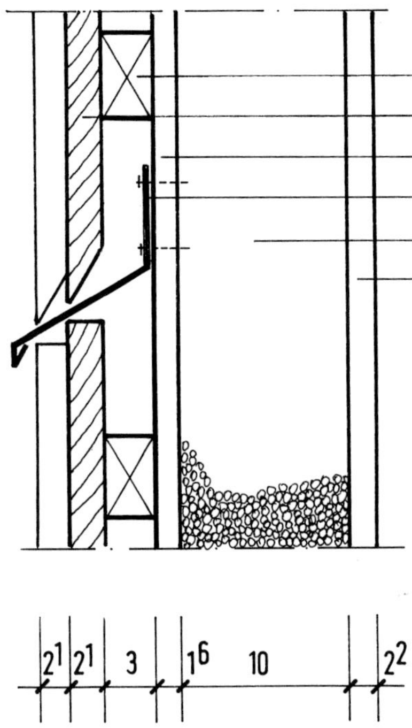

1 Horizontale Lattung
2 Boden-Deckelschalung
3 Spanplatte
4 Zinkverwahrung
5 Perliteschüttung
6 Spanplatte

Bild 19.21: Stoßpunkt Schalung, M 1:5

1 Betondachstein
2 Lattung
3 PE-Folie
4 Luftraum
5 Wärmedämmung
6 Dampfsperre
7 Schalung
8 Klemmprofil
9 VBS-Glas 10 mm
10 Sparren Wintergarten

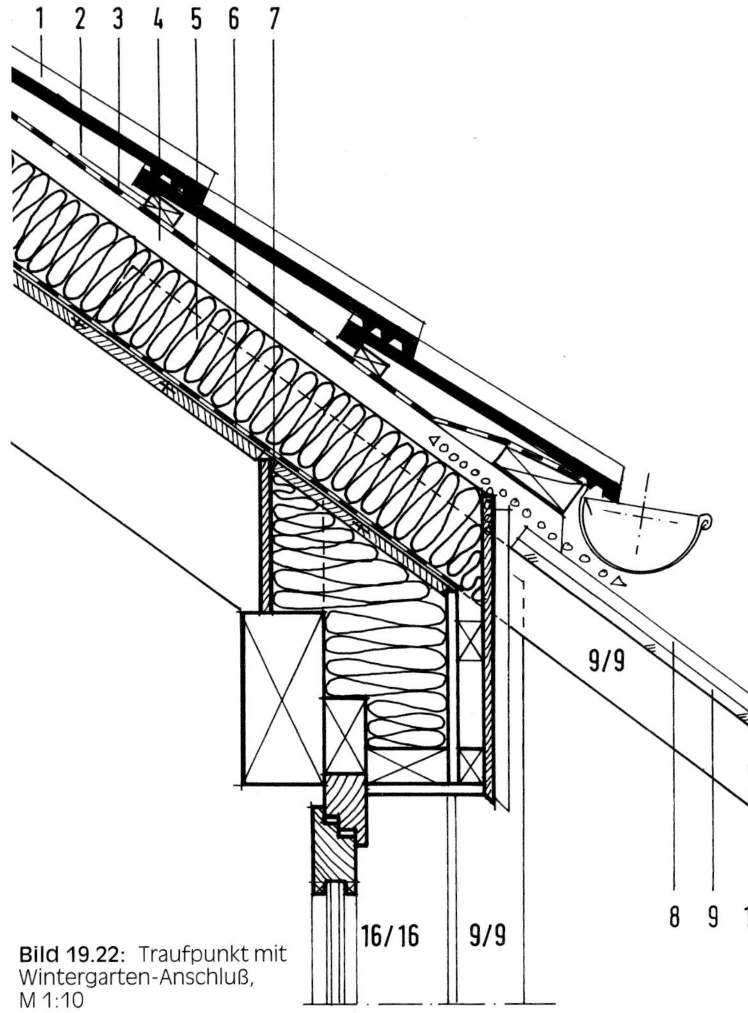

Bild 19.22: Traufpunkt mit Wintergarten-Anschluß, M 1:10

Fenster, Türen und Heizungsanlage und grobe Sanitärinstallation die Restarbeiten in Eigenleistung ausgeführt. Hinsichtlich der Deckenaufbauten wurden einfache Standards gewählt.

Installationen sind nicht verkleidet, der Ausbau beschränkt sich zunächst auf die Hauptwohnbereiche. Bezogen auf die reinen Baukosten liegt hier der Quadratmeter ohne anteiliges Architektenhonorar bei ca. 1150 DM.

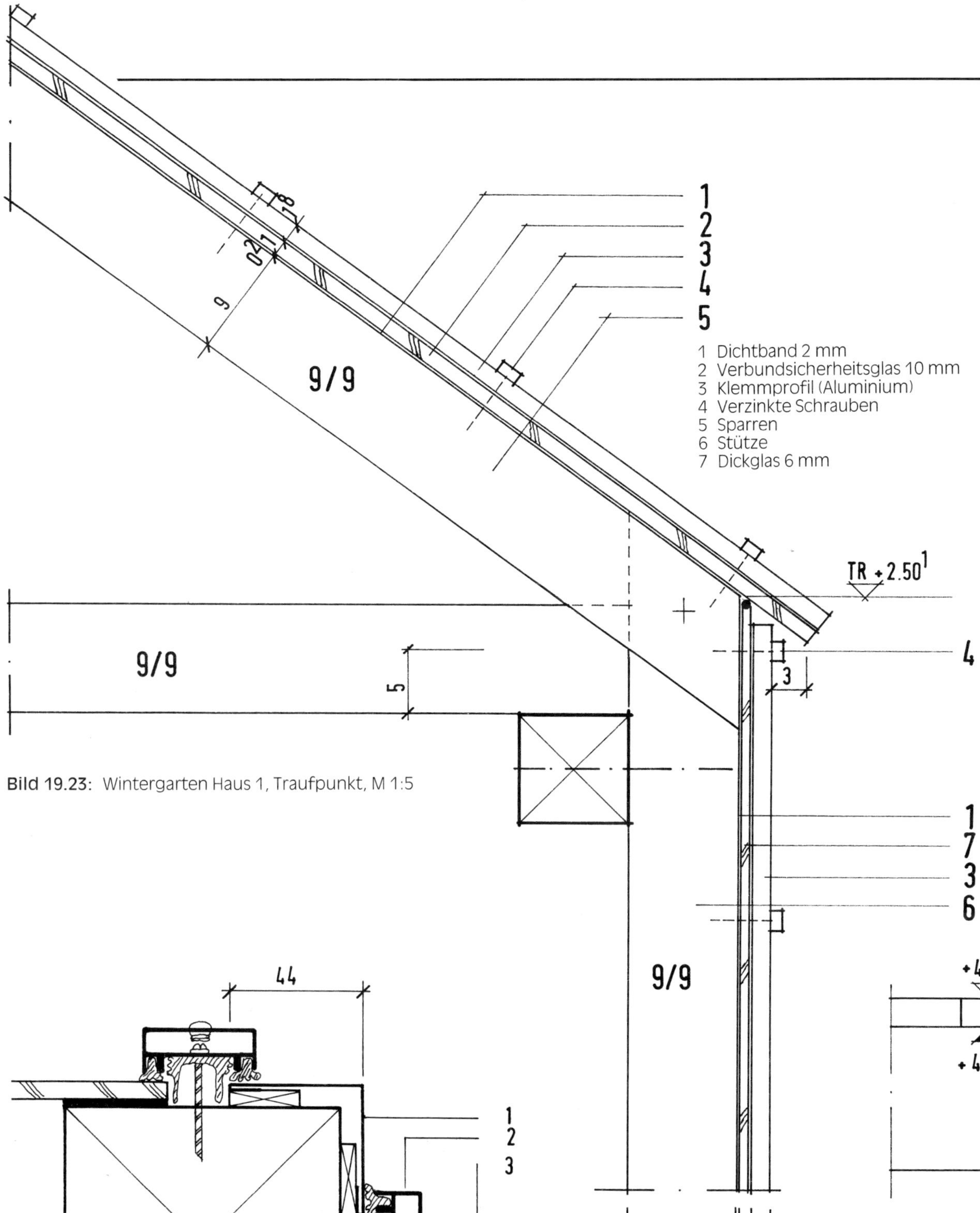

1 Dichtband 2 mm
2 Verbundsicherheitsglas 10 mm
3 Klemmprofil (Aluminium)
4 Verzinkte Schrauben
5 Sparren
6 Stütze
7 Dickglas 6 mm

Bild 19.23: Wintergarten Haus 1, Traufpunkt, M 1:5

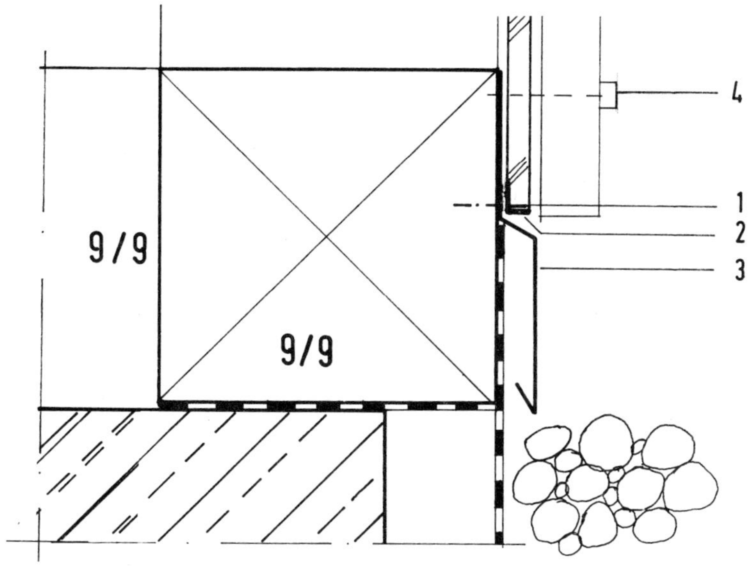

Bild 19.25: Wintergarten Haus 1, Fußpunkt, M 1:2
1 Vorlageband aus Zellkautschuk
2 Unterer Haltewinkel
3 Horizontalverwahrung aus Zinkblech mit Schutzanstrich
4 Verzinkte Schrauben

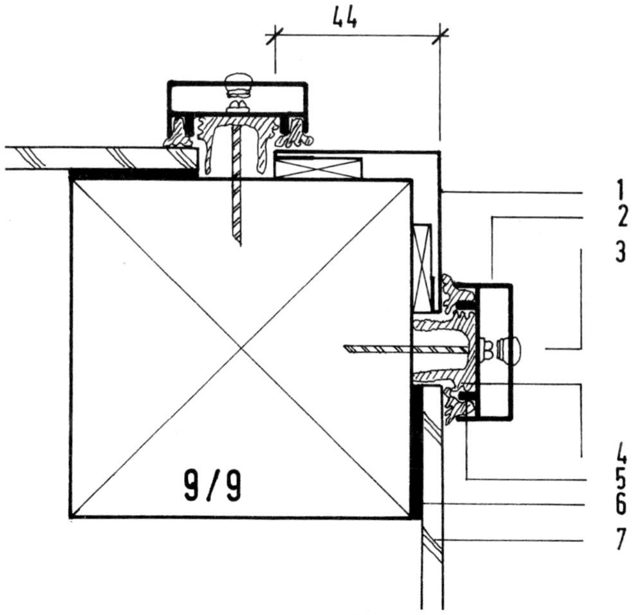

1 Eckprofil außen aus Aluminium
2 Klemmprofil RP 1522
3 WB 71
4 WB 130
5 Dichtung Nr. 38
6 Teflon 2 mm
7 Glas 6 mm (Dach 10 mm)

Bild 19.24: Wintergarten Haus 1 + 2, Eckdetail, M 1:2

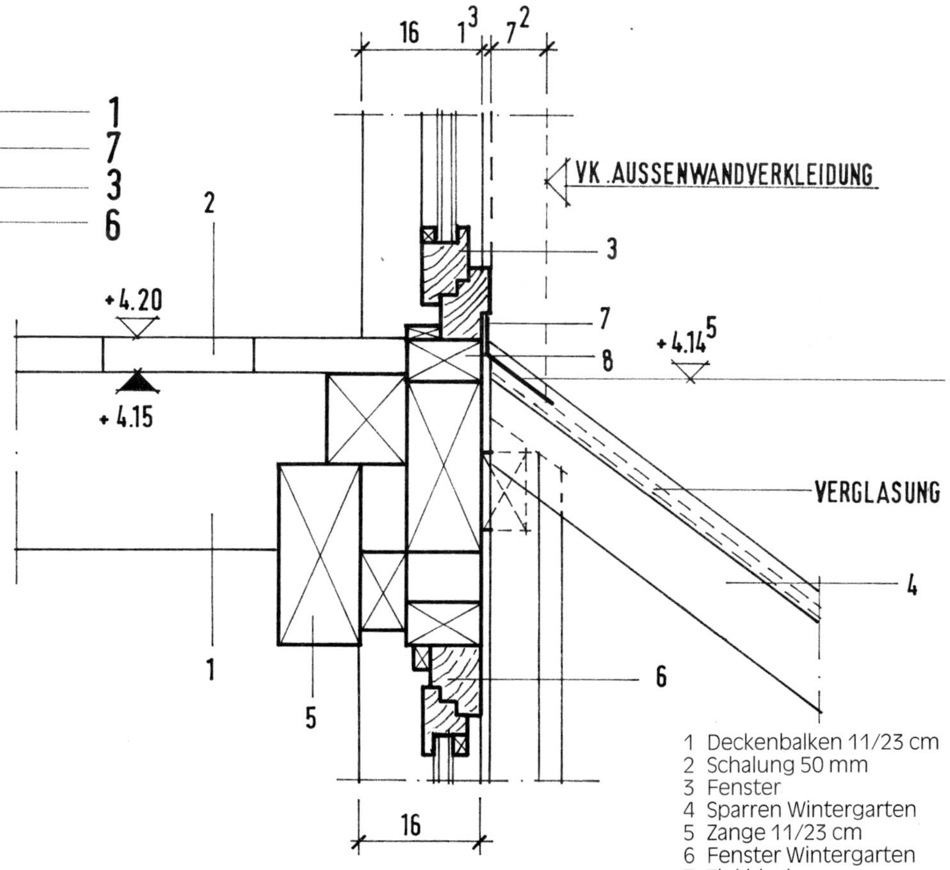

1 Deckenbalken 11/23 cm
2 Schalung 50 mm
3 Fenster
4 Sparren Wintergarten
5 Zange 11/23 cm
6 Fenster Wintergarten
7 Zinkblech
8 Futterholz

Bild 19.26 Wintergarten Haus 2, Detail Dachanschluß Achsen E/F, M 1:10

20 Bauphysikalische Aspekte bei Wintergärten

Wintergärten erfreuen sich seit einigen Jahren aus verschiedenen Gründen großer Beliebtheit und werden in zahlreichen Variationen verwirklicht. Bei der Planung und Ausführung von Wintergärten sowie bei deren anschließender Nutzung werden mehrere bauphysikalische Aspekte tangiert. Dazu gehören tageslichttechnische, energetische, hygrische und schallschutztechnische Belange sowie Fragen der Behaglichkeit und der Luftzusammensetzung. Durch die sehr unterschiedlichen Nutzungsmöglichkeiten sowie Ausführungs- und Anbindungsarten an das Gebäude kommt dabei den einzelnen bauphysikalischen Aspekten je nach Fall eine unterschiedliche Bedeutung zu – der Standardwintergarten mit Rezeptlösungen für alle Detailfragen existiert nicht! In jedem Einzelfall müssen Wichtungen der einzelnen bauphysikalischen Belange untereinander vorgenommen werden, die mit der Gesamtlösung abzustimmen sind. Zur Unterstützung sollen im folgenden Hinweise gegeben bzw. Tendenzen sowie Lösungsansätze aufgezeigt werden.

20.1 Tageslicht

Je nach Einsatzgebiet kommt den tageslichttechnischen Aspekten eine sehr unterschiedliche Bedeutung zu. So spielt bei Bürogebäuden die Versorgung der Räume mit Tageslicht eine bedeutende Rolle, während bei Wohngebäuden wegen des wesentlich geringeren Bedarfs an Tageslicht dieser Aspekt meist in den Hintergrund tritt. Wintergärten beinhalten darüber hinaus neben der transparenten bzw. transluzenten Hülle im allgemeinen große Glasflächenanteile in der Ebene zwischen Wintergarten und Gebäude, so daß von vornherein im angrenzenden Gebäudeteil ein hohes Beleuchtungsniveau vorliegt. Je kleiner der Rahmen- bzw. Konstruktionsanteil r und je größer der transluzente Anteil und dessen Tageslichttransmissionsgrad τ ist, desto geringer kommt die lichtmindernde Wirkung des Wintergartens zur Geltung. In erster Näherung kann sie in Anlehnung an DIN 5034 *Innenraumbeleuchtung mit Tageslicht* (Dez. 1969) durch das Produkt aus den Schwächungsfaktoren $\tau \cdot (1-r)$ beschrieben werden. Eine intensive Bepflanzung des Wintergartens, die aus Gründen des sommerlichen Wärmeschutzes häufig vorgenommen wird, kann je nach Größe und Umfang zu einer erheblichen Verschattung und damit Minderung der Tageslichtverhältnisse führen. Da sich diese Schattierungselemente zwar jahreszeitlichen, nicht aber täglichen Schwankungen des Tageslichtangebots anpassen können, ist ihr Einsatz nicht beliebig ausdehnbar.

20.2 Akustik

Die akustische Behaglichkeit hat im Rahmen der während der letzten Jahre erfolgten Sensibilisierung für umweltschutztechnische, ökologische Belange und Bewußtseinsveränderungen im Hinblick auf gesundes Wohnen und Arbeiten stark an Bedeutung gewonnen. Schallschutztechnische Maßnahmen werden ergriffen zur Reduzierung des Lärms von der Quelle bis hin zum Immissionsort. Im Hochbau sind der Schallschutz gegen Lärm aus angrenzenden Räumen bzw. Gebäudeteilen sowie gegen Außenlärm von Bedeutung. Bei Schallschutz gegen Außenlärm stellen im allgemeinen die Fenster die Schwachstelle dar und bestimmen die Schallschutzwirkung der Fassade.

Durch die Anordnung eines Wintergartens vor eine Fassade wird der Schallschutz gegen Außenlärm erhöht, wobei die Wirksamkeit von dessen Dichtigkeit, Verglasungsart und Rahmenkonstruktion, der Schallabsorptionsfähigkeit der Umschließungsflächen sowie gegebenenfalls des Mobiliars und der Pflanzen sowie der Wintergartengeometrie abhängt. Größenordnungsmäßig kann als Mittelwert von einer Pegelminderung infolge des Wintergartens von

- 10 dB (A) bei geöffneten Lüftungselementen (sind alle für den sommerlichen Wärmeschutz erforderlichen Elemente geöffnet, wird dieser Wert nicht erreicht),
- 20 dB (A) bei dichter Hülle

ausgegangen werden. Im Mehrgeschoßbau in Gebieten mit hoher Verkehrslärmbelastung kommt dieser Schutzwirkung eine besondere Bedeutung zu.

20.3 Heizenergie

Die Wirkung von Wintergärten auf den Heizenergieverbrauch erfolgt auf dreierlei Art und Weise: Einerseits wird durch die bei Wintergärten im allgemeinen größere Glasfläche als in der Fassade entsprechend mehr Sonnenenergie *eingefangen*, und andererseits gelangt infolge der Wintergartenhülle weniger Strahlungsenergie in den Raum, der hinter dem Wintergarten angeordnet ist. Des weiteren entsteht durch den Wintergarten eine Zwischenzone zwischen Raum- und Außenklima, eine sogenannte Pufferzone. Der Energieeinspareffekt der Pufferzone beruht auf der kleineren Temperaturdifferenz zwischen Raum und Pufferzone gegenüber Raum- und Außenluft und wirkt auch ohne Sonneneinstrahlung. Dabei werden durch die Pufferzone die Transmissionswärmeverluste und – wenn der Luftaustausch über die Pufferzone erfolgt, was üblicherweise der Fall ist – auch die Lüftungswärmeverluste verringert.

Die Auswirkungen von Wintergärten bzw. Glasvor- oder Glasanbauten auf den jährlichen Heizwärmeverbrauch werden überschlägig unter Verwendung stationärer Rechenansätze abgeschätzt und unter Berücksichtigung aller instationären Vorgänge für Wohngebäude behandelt:

1. Lüftung

Neben den Transmissionswärmeverlusten können durch einen Wintergarten auch die Lüftungswärmeverluste reduziert werden. Hierzu muß die Erneuerung der Luft im Gebäude durch die vorgewärmte Luft im Wintergarten erfolgen. Dadurch ist die einströmende Luft nicht mehr so weit aufzuheizen, und die ausströmende Luft gibt einen Teil ihrer Wärme an die Wintergartenluft ab, wodurch diese zusätzlich erwärmt und der Pufferzoneneffekt verstärkt wird. Die dabei auftretende Vermischung der ein- und ausströmenden Luft bedingt jedoch auch einen energetisch nachteilig höheren Luftaustausch zwischen Außenluft und Wintergarten als zwischen Gebäude und Wintergarten, da sonst verbrauchte Luft vom Wintergarten in das Gebäude zurückströmt. Energetisch ist die Belüftung des Gebäudes mit vorgewärmter Wintergartenluft anzustreben. Größenordnungsmäßig können hierdurch die Wärmeverbräuche des dazugehörigen Raums um etwa 15 bis 20 Prozent reduziert werden. Auf eventuelle Probleme des damit gegebenenfalls verbundenen Feuchtetransports, aber auch die Möglichkeit, *pflanzengereinigte* Luft dem Gebäude zur Verfügung zu stellen, wird noch eingegangen.

2. Einfluß der Orientierung

Bezüglich des Einflusses der Orientierung auf die heizwärmeverbrauchssenkende Wirkung von Wintergärten sind folgende Punkte zu beachten:

- Bei Südorientierung fängt der Wintergarten am meisten, bei Nordorientierung am wenigsten Sonnenenergie ein. Ost- und Westorientierung liegen dazwischen.
- Bei Südorientierung wirkt sich die abschwächende Wirkung der Wintergartenhülle auf die

direkt in das Gebäude gelangende Strahlungsenergie am stärksten aus, weil hier am meisten angeboten wird, bei Nordorientierung am wenigsten.

- Bei Nordorientierung liegt das höchste Verbrauchsniveau vor, weshalb sich energiesparende Maßnahmen bei dieser Orientierung am stärksten auswirken.

Insgesamt ist der Orientierungseinfluß relativ klein, wobei bei Nord- gegenüber Südorientierung etwas höhere absolute und prozentual annähernd gleiche Einsparungen zu erzielen sind.

3. Wahl der Verglasung

Wird statt der aus Gründen der Investitionskosten meist eingesetzten Einfachverglasung eine höher dämmende Doppelsteg-, Isolier- oder gar Wärmeschutzverglasung verwandt, ergeben sich nahezu orientierungsunabhängig zusätzliche Verbrauchsminderungen, welche nahezu in die Größenordnung des Einflusses des Wintergartens selbst gelangen können. Beim Beispiel eines untersuchten Einfamilienhauses mit Wintergarten werden fast orientierungsunabhängig durch den Wintergarten mit

- Einfachverglasung ($k_V = 5{,}6$ W/m^{2}K; $g_V = 0{,}82$) 16%,
- Isolierverglasung ($k_V = 3{,}0$ W/m^{2}K; $g_V = 0{,}75$) 22%,
- Wärmeschutzverglasung ($k_V = 1{,}3$ W/m^{2}K; $g_V = 0{,}62$) 26%,

der Heizwärme des gesamten Einfamilienhauses eingespart. Zur Erleichterung des Vergleiches wurden hierbei die Verglasungen der Fenster des Hauses nicht verändert.

4. Anordnung des Wärmeschutzes

Bei Verwendung unterschiedlicher Verglasung im Wintergarten und der Ebene zwischen Wintergarten und Gebäude kommt der richtigen Anordnung der Verglasungen eine große Bedeutung zu. Aufgrund der meist wesentlich größeren Glasfläche des Wintergartens und des erforderlichen höheren Luftaustauschs zwischen Gebäude und Wintergarten führt eine Anordnung der höherwertigen Verglasung als Hausabschluß zu einem wesentlich geringeren Energieverbrauch. Für diese Anordnung sprechen neben dem energetischen noch folgende Gründe:

- Der Gebäudenutzer wird weniger dazu verleitet, das Fenster des Raumes lange geöffnet zu lassen, da die Temperaturdifferenz in diesem Fall größer ist.
- Die *Energiefassade* ist leicht und damit konstruktiv einfacher.
- Die Doppelverglasung ist etwas teurer als die Einfachverglasung.
- Die Anforderungen der Wärmeschutzverordnung an die wärmetauschende Hüllfläche beheizter Räume ist nur bei dieser Anordnung zu erfüllen.

Eine hochwertige Verglasung in beiden Bereichen ist, wie zuvor gezeigt wurde, am günstigsten. Bei einer Beheizung des Wintergartens, die aus energetischen Gründen zwar abzulehnen, für eine permanente Nutzung als Wohnraum zum Beispiel aber Voraussetzung ist, muß die Wintergartenhülle aus Isolier- bzw. Doppelverglasung oder einer Acrylstegplatte mit $k_F \leq 3{,}1$ W/m^{2}K bestehen. Die Feststellung, daß bei Einfachverglasung der Wärmeschutz nicht dem eines Aufenthaltsraumes entspricht, es sich folglich nicht um einen Aufenthaltsraum handelt und somit keine wärmeschutztechnischen Anforderungen zu erfüllen seien, ist unlogisch und unzutreffend.

5. Temporäre Wärmeschutzmaßnahmen

Die Wärmeverluste von Wintergärten sind bei fehlender Sonneneinstrahlung, also nachts, am höchsten. Es ist deshalb sinnvoll, zu diesen Zeiten mit Hilfe eines temporären Wärmeschutzes die Transmissionswärmeverluste zu reduzieren. Je wärmedämmender ein solches System wirkt und je schlechter der permanente Wärmeschutz der Verglasung ist, desto positiver wird hierdurch der Heizwärmeverbrauch des gesamten Gebäudes beeinflußt. Die Wirkung des temporären Wärmeschutzes hängt deshalb von dem Verhältnis des Wärmedurchgangskoeffizienten der Verglasung inklusive temporärem Wärmeschutz k_{V+tW} zum Wärmedurchgangskoeffizienten der Verglasung k_V ab. Mit fallenden k_{V+tW}/k_V-Werten steigt seine energetische Bedeutung. Sonnenschutzvorrichtungen können zum Teil auch als temporärer Wärmeschutz ausgebildet und genutzt werden. Dabei ergeben sich jedoch häufig Konflikte hinsichtlich der Lüftungsöffnungen in der Wintergartenhülle zur Wärmeabfuhr im Sommer. Als Fazit ist deshalb meist einer hochwertigen Verglasung als Permanentwärmeschutz gegenüber einem bedienungsaufwendigen und eventuell störanfälligen temporären Wärmeschutz der Vorzug zu geben.

6. Einfluß der Wärmespeicherfähigkeit

Im Gegensatz zu beheizten Gebäuden, wo sich eine hohe Wärmespeicherfähigkeit auch negativ auf den Heizwärmeverbrauch auswirken kann, ist bei unbeheizten Wintergärten eine hohe Wärmespeicherfähigkeit prinzipiell positiv bezüglich des Wärmeverbrauchs des Gebäudes einzustufen. Die Möglichkeit, wärmespeichernde Massen einzubringen, ist jedoch sehr begrenzt. Im Mehrgeschoßbau kommen praktisch nur die Geschoßdecken und kleine Brüstungsbereiche in Frage. Bei Wintergärten im Erdgeschoß kann zusätzlich das Erdreich zur Wärmeaufnahme und -abgabe herangezogen werden, wobei die Wirkung vernachlässigbar gering ist. Nur großdimensionierte, mechanisch be- und entladbare Speicher können eine wesentliche Verbrauchssenkung bewirken. Die Nutzbarmachung von Speichermassen des Gebäudes selbst, zum Beispiel der Geschoßdecken durch Luftdurchströmung, erscheint demgegenüber wesentlich effektiver, jedoch auch aufwendiger.

7. Geometrie des Wintergartens

Die Geometrie des Wintergartens beeinflußt die Menge der *eingefangenen* Sonneneinstrahlung sowie die abgeführte Transmissionswärme. Zur Beurteilung der wärmeschutztechnischen Wirkung genügt das in der Wärmeschutzverordnung benutzte Verhältnis der wärmetauschenden Hüllfläche A zum umbauten Volumen V nicht, da die einzelnen Flächen je nach Neigung und Orientierung unterschiedlich wirken. Es zeigt sich, daß die Wintergartengeometrie den Heizwärmeverbrauch des gesamten Hauses in der Größenordnung von zwei Prozent beeinflussen kann.

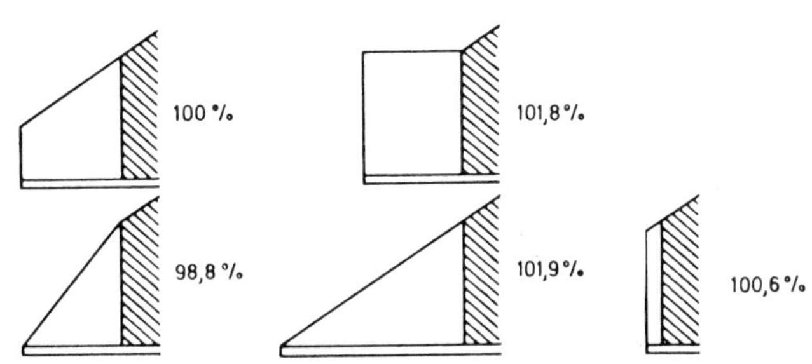

Bild 20.1 Einfluß der Wintergartengeometrie auf den Heizwärmeverbrauch eines Einfamilienhauses

20.4 Feuchte

Im Fassadenbereich des Wintergartens wird von der Wintergartenhülle die Funktion des Regenschutzes übernommen. Diese ist selbst bei Nutzung des Glasanbaus als Gewächshaus regendicht auszubilden. Dabei ist besonders darauf zu achten, daß im Bereich des Anschlusses des Vorbaus an das eigentliche Gebäude meist unterschiedliche Baumaterialien mit entsprechend unterschiedlichen thermi-

22 Chemischer Holzschutz beim Hausbau – eine Notwendigkeit?

Holz unterliegt nicht einer Alterung in der Form, daß sich ohne äußere Einwirkungen, also nur unter dem Einfluß der Zeit, die Materialeigenschaften so wesentlich ändern, daß die Brauchbarkeit der aus Holz hergestellten Bauteile zu irgendeinem Zeitpunkt nicht mehr gewährleistet ist. Das beweisen jahrhunderte-, in einigen Fällen sogar jahrtausendealte Holzbauten. Chemische Veränderungen der zahlreichen und zum Teil sehr kompliziert aufgebauten Bestandteile des Holzes finden zwar statt, doch sind sie ohne Einfluß auf die technischen Eigenschaften. Veränderungen des Eiweißes führten sogar zur Herabsetzung der Anfälligkeit gegen tierische Schädlinge.

Unter dem Einfluß der UV-Strahlung, also einer äußeren Einwirkung, erfolgt ein Abbau des Lignins und auch der Zellulose, was vor allem in Verbindung mit Regenbeanspruchung zu der bekannten Vergrauung der Holzoberflächen führt, doch erfolgt dieser Abbau, der sich nur im Oberflächenbereich abspielt, sehr langsam und praktisch ohne Einfluß auf die bestimmungsgemäße Lebensdauer der Gebäude, was man besonders eindrucksvoll an alten Blockhäusern im Gebirge erkennen kann, wo übrigens der mechanische Abrieb durch Hagel und Eiskristalle besonders stark ist.

Bauholz in dem Zustand, in dem es beim Bauen verarbeitet wird, ist übrigens kein *lebender Stoff*, wie oft behauptet wird, sondern ein totes Material. Biologische Vorgänge im Zusammenhang mit einem Stoffwechsel finden nicht mehr statt.

22.1 Holzzerstörende Organismen

Eine schnelle Zerstörung von Holz kann – abgesehen vom Feuer – durch Organismen erfolgen, und zwar durch holzzerstörende Pilze und Insekten, doch gibt es zuverlässige Möglichkeiten, das Holz dauerhaft dagegen zu schützen, und zwar sowohl durch *bauliche*, also konstruktive, wie auch durch *chemische* Holzschutzmaßnahmen. Den baulichen Maßnahmen kommt dabei die grundlegende Bedeutung zu. Chemische Holzschutzmaßnahmen können lediglich zusätzliche Sicherheit bieten. Auf keinen Fall können sie notwendige bauliche Maßnahmen ersetzen. Insbesondere kann der chemische Holzschutz nicht bauliche Mängel aufgrund von Planungs- oder Ausführungsfehlern auf die Dauer kompensieren.

Der chemische Holzschutz macht es allerdings möglich, Holz im Hochbau in Bereichen einzusetzen, für die aufgrund der Wetterbeanspruchung der bauliche Holzschutz allein nicht ausreicht. Dadurch sind neue Möglichkeiten für die Gestaltung von Holzhäusern erschlossen worden.

22.2 Grundsätze des baulichen Holzschutzes

Bei allen Holzschutzmaßnahmen muß unterschieden werden zwischen der Gefährdung durch holzzerstörende Pilze und durch Insekten.

Alle Maßnahmen gegen den Angriff holzzerstörender Pilze dienen einem Zweck: Die Holzfeuchte darf über einen Zeitraum von mehr als zwei Monaten einen Wert von 20% nicht überschreiten. Dann ist für diese Pilze keine Wachstumsmöglichkeit und damit auch nicht die Möglichkeit einer Zerstörung gegeben.

Es muß also dafür gesorgt werden, daß Niederschlagswasser schnell ablaufen kann. Horizontale oder schräge Holzoberflächen, in denen sich infolge Rißbildung Wassernester bilden können, sind zu vermeiden oder abzudecken. Das Eindringen von Feuchtigkeit aus anderen Bauteilen muß verhindert werden. Schließlich müssen Außenbauteile bauphysikalisch so aufgebaut werden, daß keine unzulässig hohe Holzfeuchte infolge Wasserdampfkondensation auftritt.

Das erfordert auch den Einbau von *trockenem* Bauholz nach DIN 4074, das maximal 20% Feuchte haben darf. Wird – was zulässig ist – *halbtrockenes* Holz mit 30–35% Feuchte eingebaut, so muß es nach dem Einbau ungehindert austrocknen können. Das ist seit langem in allen maßgebenden Normen festgelegt.

Die Erfüllung dieser Anforderungen ist immer eine Frage der Konstruktion. Auf Einzelheiten braucht deshalb hier nicht eingegangen zu werden.

Überlegungen zu baulichen Maßnahmen gegen Insekten sind neu. Sie wurden angeregt durch die Diskussion um denkbare gesundheitliche und ökologische Auswirkungen chemischer Holzschutzmittel. Sie haben – unter dem Gesichtspunkt *so viel chemischen Holzschutz wie nötig, aber so wenig wie möglich* – bereits den neuen Entwurf zur Holzschutznorm (1986) beeinflußt.

Bei den neu gefaßten Vorschriften dieser Norm geht man davon aus, *Bauschäden* durch holzzerstörende Insekten auszuschließen. Die Möglichkeit eines *Befalls* wird dadurch nicht ausgeschlossen, doch muß das Befallsrisiko so gering sein, daß keine Schäden auftreten, die die Standsicherheit des Gebäudes gefährden oder erhebliche Sachschäden zur Folge haben. Im Klartext: Wenn ein Befall nicht mit Sicherheit auszuschließen ist, muß er rechtzeitig erkennbar sein, um Bekämpfungsmaßnahmen einzuleiten und den hierfür erforderlichen Aufwand in Grenzen zu halten.

Daraus ergeben sich folgende Regeln: Ein vorbeugender chemischer Schutz gegen Insekten ist nicht erforderlich, wenn die Holzbauteile so eingebaut sind, daß ein Befall (d.h. die Eiablage) nicht möglich ist oder wenn die Bauteile mindestens dreiseitig im beheizten Raum sichtbar bleiben. Das gilt beispielsweise für tragende Teile von Außenwänden oder von Dächern und selbstverständlich für alle Innenbauteile. Für nichttragende Innenbauteile ist ein chemischer Holzschutz ohnehin weder vorgeschrieben noch erforderlich.

22.3 Gesichtspunkte der Wohngesundheit und der Ökologie

Der chemische Holzschutz ist überall da nach wie vor notwendig und vorgeschrieben, wo bauliche Maßnahmen nicht ausreichen, um einen Befall durch holzzerstörende Pilze oder Bauschäden durch Insekten zu verhindern. Er ist also notwendig für alle wetterbeanspruchten Außenbauteile und für tragende Bauteile innerhalb von Außenbauteilen, die zum Beispiel durch Schäden in der Außenhaut durchfeuchtet oder von Insekten befallen werden können, ohne daß dies kurzfristig erkennbar ist.

Unter diesem Aspekt ist auch bei nichttragenden, aber wetterbeanspruchten Außenbauteilen, etwa bei Brettbekleidungen, ein chemischer Holzschutz sinnvoll, auch wenn er bauaufsichtlich nicht vorgeschrieben ist. Er ist aber nicht unbedingt notwendig, wenn das gelegentliche Auftreten von Fäulnis und die in der Regel mit geringem Aufwand mögliche Beseitigung solcher Schäden in Kauf genommen werden.

Aus den vorstehenden Überlegungen ergibt sich – in Übereinstimmung mit den vorgesehenen Vorschriften der überarbeiteten Norm – folgendes:

1. Es geht mit viel weniger Chemie, als es bisher für notwendig gehalten wurde.
2. Es geht nicht überall ohne Chemie und nicht ohne Gift, wenn dauerhaft und wirtschaftlich gebaut werden soll.
3. Es geht aber im gesamten Innenbereich von Häusern, in denen sich Menschen aufhalten, ohne jeden chemischen Holzschutz. Das ist insofern neu, als die alte, bauaufsichtlich eingeführte Holzschutznorm den chemischen Holzschutz tragender Bauteile, also auch tragender Innenbauteile, noch ohne Einschränkung vorgeschrieben hat.

Danach kann man im Holzbau künftig ohne Verstoß gegen gesetzliche Vorschriften so planen und bauen, daß eine Belastung der Raumluft durch Wirkstoffe von Holzschutzmitteln ausgeschlossen wird. Damit erübrigen sich alle Diskussionen um eine mögliche Beeinträchtigung der Gesundheit in Holzbauten. Bedenken gegen die Holzschutzbehandlung tragender Teile im Innern von Außenbauteilen sind aufgrund folgender Überlegungen gegenstandslos:

Aus bauphysikalischen Gründen ist es bei Außenbauteilen aus Holz immer sinnvoll, hinter der Innenverkleidung eine Dampfsperre, zum Beispiel in Form einer überlappt genagelten Polyäthylenfolie, anzubringen. Das dient der Verhütung von Wasserdampfkondensation innerhalb der Konstruktion und ist ein einfaches, wirtschaftliches Mittel zur Erzielung der notwendigen Winddichtigkeit des Bauteils. Die Dampfsperre verhindert gleichzeitig die Abgabe nennenswerter Mengen von Holzschutzwirkstoffen an die Innenraumluft, die ohnehin durch ausreichende Lüftung der Räume ständig erneuert werden muß. Mit dieser notwendigen Lüftung sind auch Bedenken gegen die Beeinträchtigung der *Atmungsaktivität* der Außenbauteile gegenstandslos. Ein nennenswerter Sauerstoffaustausch ist auch bei Außenbauteilen mit geringem Dampfdiffusionswiderstand ausgeschlossen.

Ökologische Gesichtspunkte betreffen eine mögliche Beeinflussung der Außenluft und der gesamten Umwelt durch Holzschutzmittel. Es ist nicht zu bezweifeln, daß die an die Außenluft abgegebenen Anteile von Wirkstoffen außerordentlich gering gegenüber der gesamten Schadstoffbelastung der Luft sind. Problematisch ist dagegen die Gefahr einer Belastung des Bodens und des Grundwassers bei der *Durchführung* der chemischen Holzschutzmaßnahmen. Hierüber gibt es aber seit Jahren strenge Vorschriften, deren Einhaltung durch die zuständigen Behörden überwacht wird. Es handelt sich damit um eine Frage, auf die weder der Entwurfsverfasser noch der Bauherr einen nennenswerten Einfluß hat.

22.4 Gesichtspunkte für die Auswahl der Holzschutzmittel und Holzschutzverfahren

Für den verantwortungsbewußten Entwurfsverfasser werden die Gesichtspunkte der notwendigen Schutzwirkung, der Wohngesundheit und auch der denkbaren Umweltbelastung maßgebend sein. Hierzu können folgende Hinweise gegeben werden:

Die Wirksamkeit der Holzschutzmittel ist für tragende Bauteile nur gewährleistet durch ein Prüfzeichen des Instituts für Bautechnik (IFB), Berlin. Für Holzschutzmittel mit Prüfzeichen ist gleichzeitig durch Einschaltung des Bundesgesundheitsamtes die gesundheitliche Unbedenklichkeit bestätigt. Die Prüfbescheide enthalten gegebenenfalls Anwendungseinschränkungen, zum Beispiel für Aufenthaltsräume, für Räume zur Lagerung von Lebensmitteln oder für Ställe.

Für nichttragende Teile (beispielsweise Außenbekleidungen) dürfen im Prinzip auch Holzschutzmittel ohne Prüfzeichen verwendet werden. Diese Mittel unterliegen keinen bauaufsichtlichen Vorschriften, sondern lediglich den Gifthandelsverordnungen der Länder. Seit neuestem gibt es jedoch für diese Mittel die Möglichkeit einer Güteüberwachung nach RAL-GZ-830. Im Rahmen dieser Güteüberwachung ist das Bundesgesundheitsamt genauso eingeschaltet wie bei prüfzeichenpflichtigen Mitteln. Da solche Mittel sowohl innen wie auch außen verwendet werden dürfen, ist es aus wohngesundheitlicher und ökologischer Sicht zu empfehlen, bei der Ausschreibung Fabrikate vorzuschreiben, die das *RAL-Gütezeichen Holzschutzmittel* tragen.

Bei den Holzschutzmitteln mit Prüfzeichen wird grundsätzlich unterschieden zwischen öligen und wasserlöslichen Mitteln, wobei in der letzteren Gruppe noch unterschieden wird zwischen fixierenden Mitteln, also solchen Mitteln, die nach Abschluß der Behandlung nicht mehr wasserlöslich sind, und Mitteln, die wasserlöslich bleiben. Für den Entwurfsverfasser und Bauherrn wichtig sind unter diesen beiden Gruppen die sogenannten CK-Salze und die B-Salze (Borate).

CK-Salze, erkennbar an der typischen grünen Farbe, z.B. von Leitungsmasten, haben den Vorzug, daß sie nach Ausfixierung wasserunlöslich sind und außerdem keine nennenswerten Mengen von Bestandteilen an die Luft abgeben.

Wasserlösliche B-Salze zeichnen sich dadurch aus, daß sie praktisch auch bei der Verarbeitung ungiftig sind (sie gehören keiner Giftklasse an). Ihr erheblicher Nachteil liegt aber darin, daß sie wasserlöslich bleiben und die mit ihnen behandelten Holzbauteile unverzüglich nach dem Einbau abgedeckt werden müssen. Andernfalls geht durch Regeneinwirkung einerseits die Holzschutzwirkung verloren und andererseits landen die Bestandteile im Grundwasser, wo sie unbeschadet ihrer wenn auch geringen Giftigkeit nicht hingehören.

Ölige Holzschutzmittel enthalten holzschützende Wirkstoffe, wie z.B. Lindan. (Pentachlorphenol wird als Folge der jahrelangen, bis heute ungeklärten Diskussionen um eine mögliche Gesundheitsgefährdung nicht mehr verwendet.) Die Verwendung von Wirkstoffen wie Lindan ist nach den vorangegangenen Ausführungen im Außenbereich mit hoher Wahrscheinlichkeit unbedenklich, im Innenbereich nicht notwendig. Die öligen Holzschutzmittel können insoweit aus der Diskussion um Fragen der Wohngesundheit ausgeklammert werden.

Maßgebend für die Entscheidung, welches Holzschutzmittel ausgeschrieben wird, ist im wesentlichen die Holzfeuchte zum Zeitpunkt der Behandlung. Wasserlösliche Mittel können nur bei einer Holzfeuchte von mindestens 20 Prozent zum Einsatz kommen, während für Holz mit weniger als 20 Prozent Feuchte ausschließlich ölige Mittel in Frage kommen, die aber auch für Holz mit bis zu 35 Prozent Feuchte geeignet sind. Daraus ergeben sich folgende Notwendigkeiten bzw. Empfehlungen:

1. Für technisch getrocknetes Holz, beispielsweise brettschichtverleimtes Holz, aber auch technisch getrocknetes, gehobeltes Vollholz kommen nur ölige Holzschutzmittel in Frage. Eine Verwendung im Innenbereich von Wohnhäusern und Gebäuden ähnlicher Nutzung, etwa Bürohäusern, ist nicht erforderlich; gesundheitliche Bedenken sind daher gegenstandslos.
2. Für Schnittholz, das in der Regel mit einer Feuchte von nicht unter 20 Prozent abgebunden und einer Holzschutzbehandlung unterzogen wird, sind fixierende Salze (CK-Salze) zu empfehlen. Sie bieten, wenn sie in den vorgeschriebenen Mengen eingebracht werden, einen zuverlässigen Schutz auch für das Dachgebälk, das möglicherweise längere Zeit dem Regen ausgesetzt ist. Gesundheitliche Bedenken bestehen auch bei Verwendung im Innenbereich nicht, da diese Mittel praktisch keine völlig flüchtigen Bestandteile enthalten, die an die Raumluft abgegeben werden.
3. Bauherren, die – aus welchen Gründen auch immer – ganz auf Gifte verzichten wollen, können die praktisch ungiftigen B-Salze verwenden, müssen dann aber sehr sorgfältig darauf achten, daß die behandelten Bauteile nicht dem Regen ausgesetzt sind. Schließlich besteht für diese Bauherren noch die Alternative, sogenannte natürlich-dauerhafte Holzarten zu verwenden. Hierzu gehören zum Beispiel das Kernholz der Eiche und unter den Nadelhölzern das Kernholz der Kiefer und der Lärche.

   Abzuraten ist aber überall dort, wo es wirklich auf den Holzschutz ankommt, von sogenannten biologischen Mitteln, ganz gleich, ob es sich um Produkte aus Bienenwachs, Leinöl oder anderen Naturstoffen handelt. Das können sehr schöne Anstrichmittel sein; als Holzschutzmittel sind sie aber unwirksam. Das gilt auch für das oft empfohlene Borax, das auch nicht annähernd in den Mengen eingebracht werden kann, die für einen wirksamen Holzschutz nötig wären.

22.5 Wahl des Holzschutzverfahrens

Da bei Holzhäusern im Gegensatz zum Landschaftsbau und Wasserbau kein Holz im direkten Erdkontakt verbaut wird, sollte die Wahl des Holzschutzverfahrens in der Ausschreibung nicht festgelegt werden.

Ölige Holzschutzmittel können in jedem zugelassenen Verfahren, also auch im Streichverfahren, ordnungsgemäß und auch in den vorgeschriebenen Mengen eingebracht werden.

Für fixierende Salze kommt in aller Regel entweder die Kesseldrucktränkung oder die Trogtränkung in Frage. Zahlreiche Zimmereibetriebe verfügen heute über eine Trogtränkanlage; andernfalls können Sie das Holz auch in einem Imprägnierwerk im Kesseldruckverfahren behandeln lassen.

22.6 Chemischer Holzschutz im Do-it-yourself-Verfahren

Für die Mehrzahl der Bauherren von Einfamilienhäusern ist die Finanzierung nur möglich, wenn ein nennenswerter Anteil der Arbeiten in Eigenleistung ausgeführt werden kann. Da hierfür vor allem aber Arbeiten in Frage kommen, die keine besonderen handwerklichen Fähigkeiten erfordern, ist der Gedanke naheliegend, die Holzschutzarbeiten selbst auszuführen. Das ist aber nur in begrenztem Umfange möglich.

Im Prinzip können ölige Holzschutzmittel, die im Handel verfügbar sind, in Eigenleistung eingebracht werden. Die notwendigen Einbringmengen machen zwei bis drei Arbeitsgänge notwendig. Außerdem muß das Holz ausreichend trocken sein.

Bei nichttragenden Bauteilen, zum Beispiel Außenbekleidungen, bestehen keine Bedenken gegen die Behandlung in Eigenleistung mit öligen Holzschutzmitteln bzw. Holzschutz-Lasuren. Aus Gründen des Umweltschutzes sollten diese Mittel aber auf keinen Fall im Sprühverfahren, sondern ausschließlich im Streichverfahren verarbeitet werden.

Fixierende Salze scheiden im Do-it-your-self-Verfahren wegen der Giftproblematik bei der Verarbeitung aus. Sie sind deshalb im Handel auch nicht verfügbar.

Die praktisch ungiftigen B-Salze sind dagegen erhältlich. Wer sie in Eigenleistung verarbeiten will, muß allerdings darauf achten, daß das behandelte Holz nicht – auch nicht ganz kurzfristig – dem Regen ausgesetzt wird.

23 Objekt: Wohndorf mit 17 Häusern in Bad Hofgastein/Österreich

Bild 23.1

Bild 23.2

Bild 23.3

Bild 23.4

Bild 23.5

Bild 23.6

Bild 23.7

Bild 23.8

Bild 23.9

Bild 23.1 – 23.20: Siedlung Hofgastein

Elemente alpenländischer Bautradition wie auch postmoderne Stilformen prägen das Bild der »Arche Noah«. Unterschiedlich gestaltete Sprossenfenster (Rundfenster, Halbrund- und Viertelrundbögen, ovale sowie eckige Formen), Wintergärten, Loggien, Balkone, Terrassen, Vordächer, Pergolen und Außentreppen ergeben eine spannungsreiche Baukörpergliederung. Und eine spannungsreiche Fassadengestaltung, die durch wechselnde Holzbekleidungen (senkrechte Boden-Deckel-Schalung und waagerechte Stülpschalung) sowie durch die Farbgebung (blaugraues, graues, gelbliches Holz) noch gesteigert wird.

Das vielbeachtete Wohndorf findet allerdings – so die Aussage eines der ersten Bewohner – recht wenig Anklang unter der heimischen Bevölkerung, die von Neubauten hier die hinlänglich bekannten, austauschbaren Alpenhäuser mit ein paar rustikal-folkloristischen Schnörkeln erwartet.

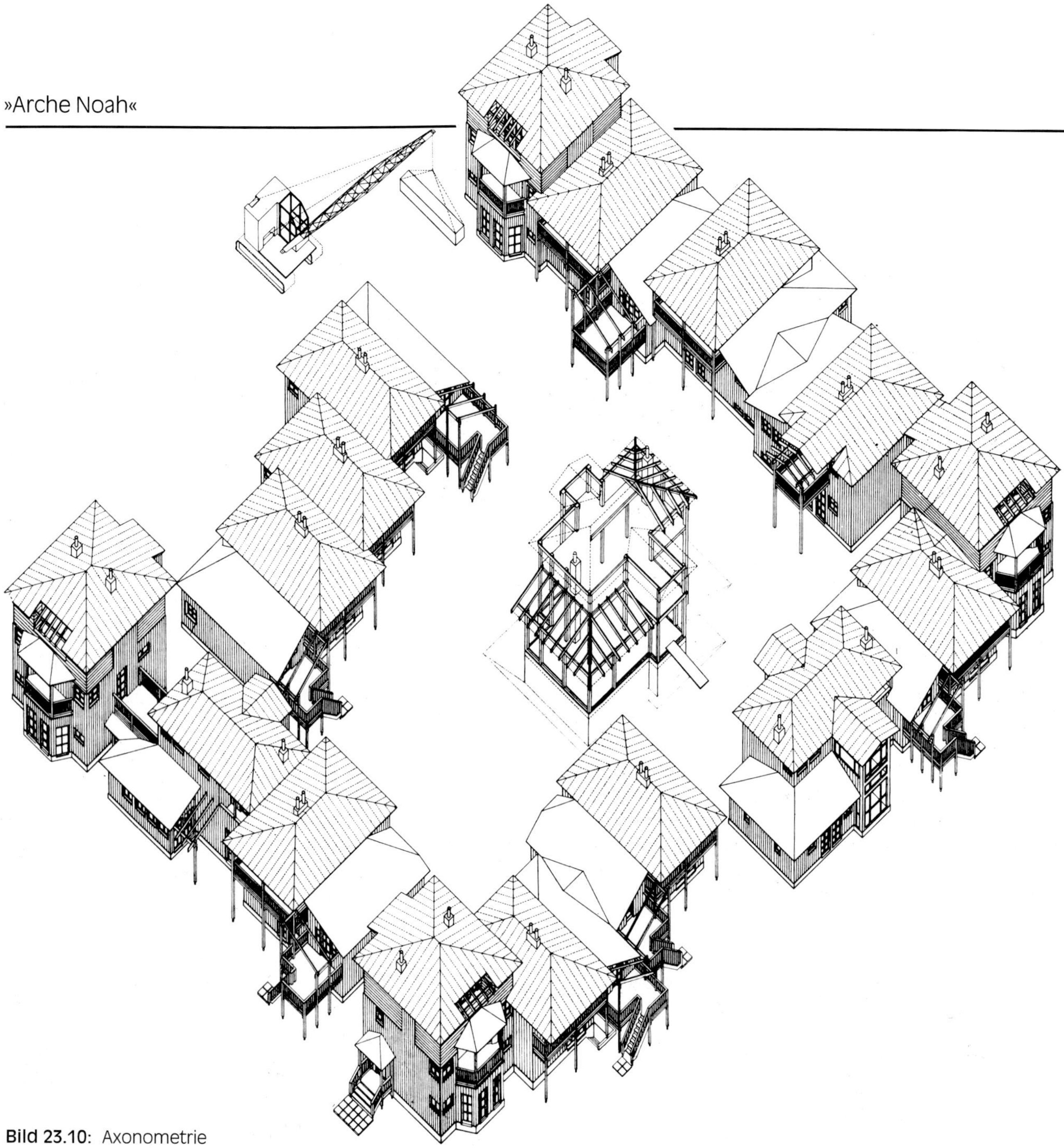

Bild 23.10: Axonometrie

Steckbrief

Objekt:	Wohndorf mit 17 Häusern
Standort:	Bad Hofgastein/ Österreich
Bauherr:	Salzburger Siedlungswerk
Baujahr:	1984 – 1985
Gesamtbaukosten:	4,67 Mio DM; Durchschnitt pro Haus 275.000 DM
Architekt:	Dipl.-Ing. Friedrich Brandstätter, Salzburg
Statik:	Ing. Helmut Aigner, Hallwang
Ausführung Holzbau:	Dipl.-Ing. Hartmut Spiluttini, Schwarzach
Gesamtwohn-/ Nutzfläche:	1737 + 155 m^2

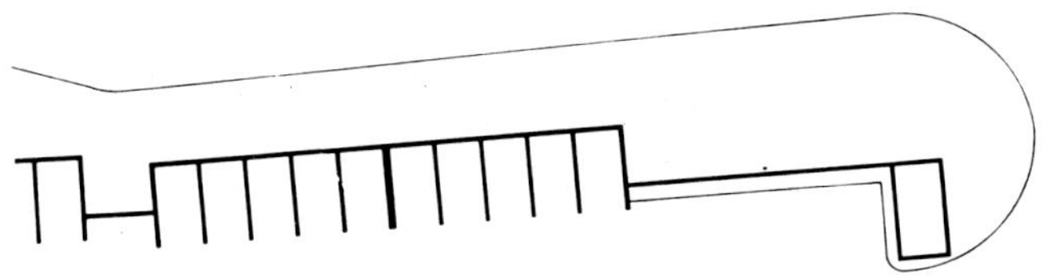

Bild 23.11: Grundriß Erdgeschoß

Als Kontrapunkt zum praktizierten Unsinn des sogenannten alpinen Bauens, aber auch zum üblichen *sozialen Wohnungsbau* wollte der Architekt gerade in einem Fremdenverkehrsort ein Wohnmodell erarbeiten, das ein möglichst großes Spektrum an Wünschen und Vorstellungen der künftigen Bewohner erfüllt. Der Charakter und die Architektur des Wohndorfes – unter gleichzeitiger größtmöglicher Flexibilität, vor allem im Inneren der Häuser – wurden dabei aufrechterhalten. So entstand ein Wohndorf aus 17 Häusern, das sowohl vom Gesamtkonzept wie in der Gesamtausformung überzeugt. Die Planung des Wohndorfes erfolgte in engagierter Zusammenarbeit mit den künftigen Bewohnern und dem Architekten. Die 17 Eigenheime sind um einen Hof angeordnet, in dessen Mitte ein weiteres Gebäude steht. Dieses war ursprünglich als Pavillon für Kinder und ältere Leute vorgesehen, wurde aber aufgrund der großen Nachfrage das 17. Haus. Vier quadratische Häuser mit drei Geschossen bilden die Dorfecken. Dazwischen sind zweigeschossige Baukörper mit teilweise niedrigeren Verbindungs- und Anbauten aneinandergereiht. Das Angebot der Haustypen gliedert sich in Haus A als zweigeschossiger *Split-level-Typus* mit Galerie, Haus C als *veränderbares Haus* – Haupthaus mit wachsendem bzw. schrumpfendem Nebenhaus; eine zweigeschossige Veranda kann verglast und somit als Wintergar-

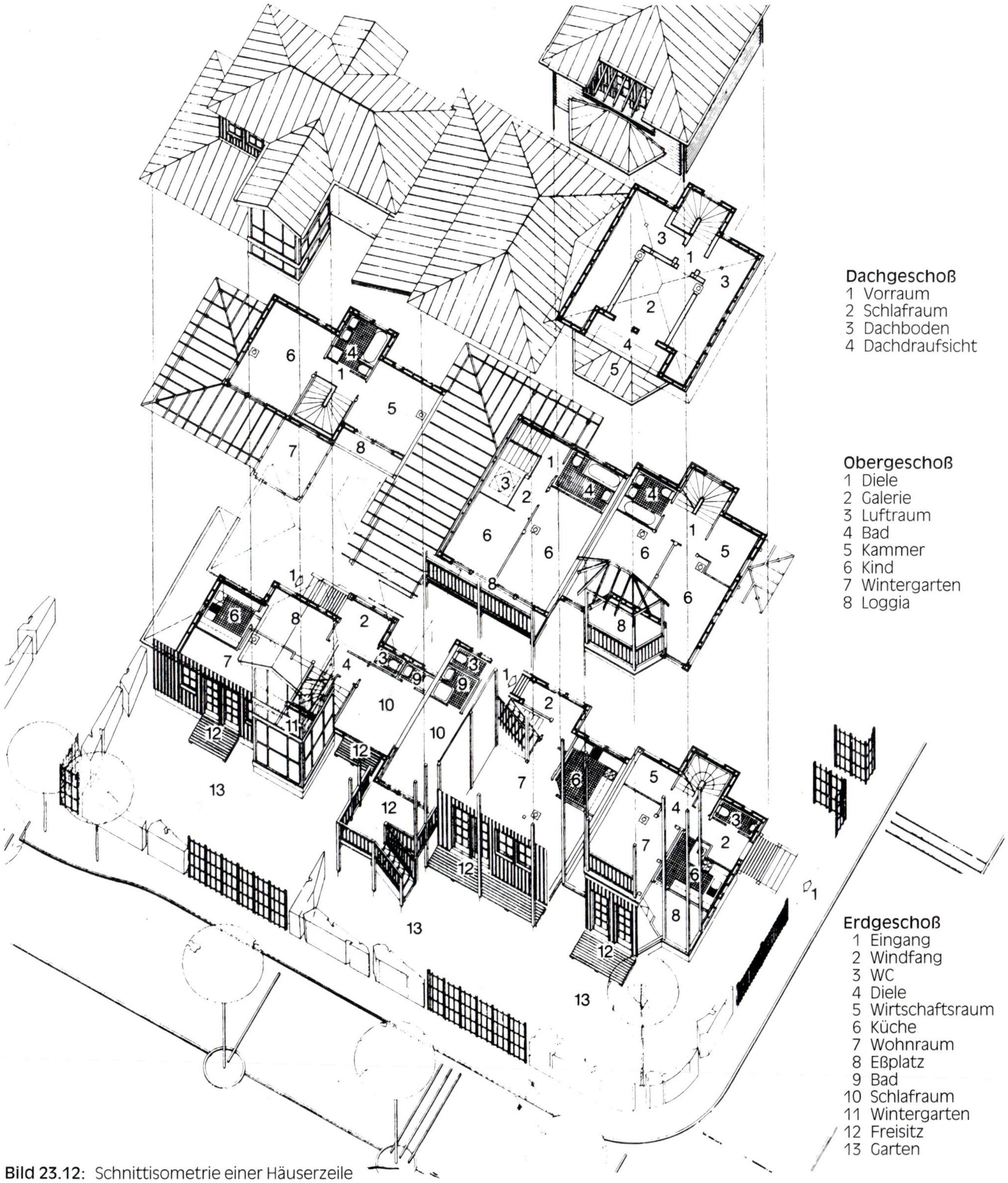

Dachgeschoß
1 Vorraum
2 Schlafraum
3 Dachboden
4 Dachdraufsicht

Obergeschoß
1 Diele
2 Galerie
3 Luftraum
4 Bad
5 Kammer
6 Kind
7 Wintergarten
8 Loggia

Erdgeschoß
1 Eingang
2 Windfang
3 WC
4 Diele
5 Wirtschaftsraum
6 Küche
7 Wohnraum
8 Eßplatz
9 Bad
10 Schlafraum
11 Wintergarten
12 Freisitz
13 Garten

Bild 23.12: Schnittisometrie einer Häuserzeile

Bild 23.13: . . . im Hintergrund die Alpen . . .

Bild 23.14: Im Innenraum unbehandeltes Fichtenholz

ten genutzt werden. Alle Häuser sind ausschließlich aus Holz errichtet. Wandaufbau als Ständer-Riegel-Bauweise mit dazwischenliegender Dämmung; außen Holzschalung, horizontal und vertikal verlegt. Die Decken sind als sichtbare Holzbalkendecken ausgebildet mit Trittschalldämmung als Schüttung.

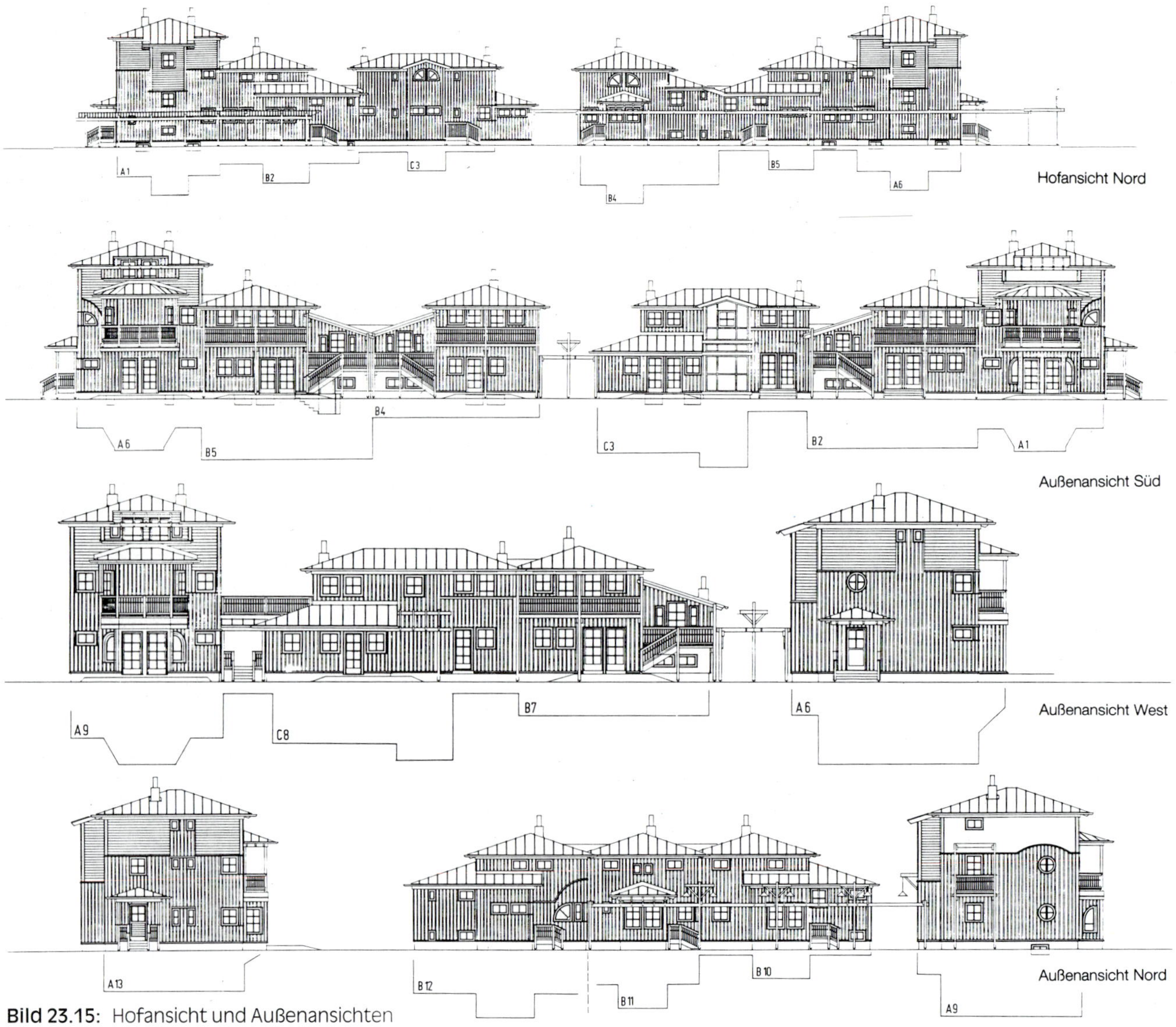

Bild 23.15: Hofansicht und Außenansichten

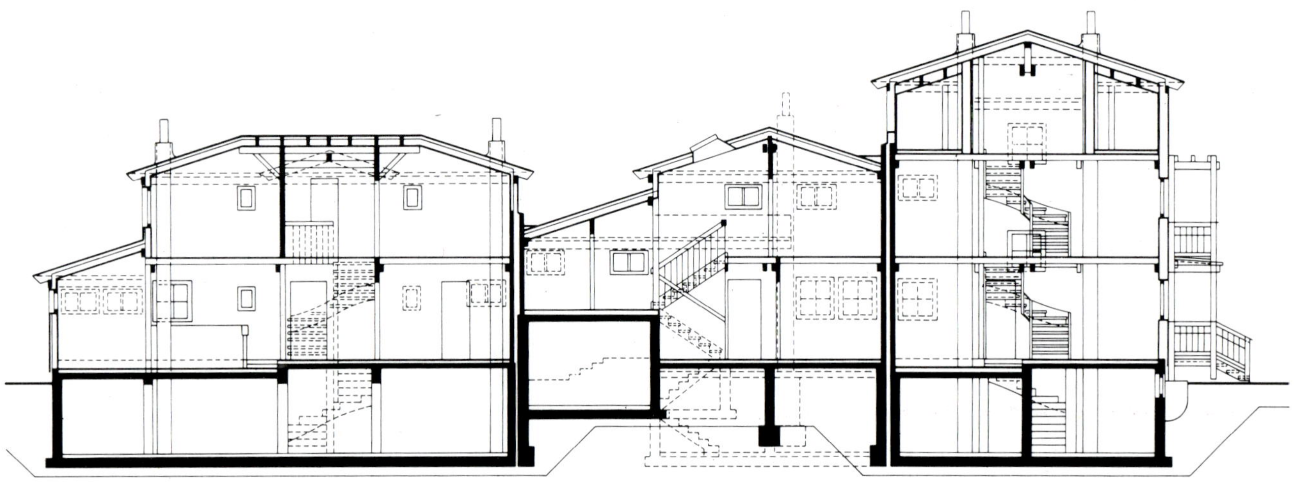

Bild 23.16: Schnitt, M 1:200

Bild 23.17: Eine Außentreppe führt auf die hochgelegte Terrasse; darunter ein Verschlag für Fahrräder

Bild 23.18: Terrasse mit Außentreppe und Pergolen, die V-förmig aufeinander zulaufen

Bild 23.19: Versetzt angeordnete Balkone

Bild 23.20: Flach geneigte Dächer auf verschiedenen Ebenen

Bild 23.21: Verspieltere Formen wechseln mit streng gegliederten Baukörpern

Bild 23.22: Balkone als Laubengang unter dem Dach

Bild 23.23: Übereinander angeordnet: Erdgeschoß-Erker mit zwei Außentüren, überdachter Balkon und Loggia im Dach

Bild 23.24: Die Fassade »lebt« durch die Struktur des gebeizten, sägerauhen Holzes

Bild 23.25: Eingangssituation mit Holztreppe, Vordach und schlichter Holztür

Bild 23.26: Das »Auge« des Hauses

24 Verdichtete Baustrukturen als Beitrag zum kosten- und flächensparenden Wohnbau

Die heutige Situation in der Bauwirtschaft, insbesondere im Wohnungsbau, ist durch das Zusammentreffen von Kriterien gekennzeichnet, die auf verdichtete Bauformen als machbare Lösungen für den individuellen Wohnbau im Stadtgebiet und im Einzugsbereich der Städte hinzielen:

1. Hohe Energiekosten, steigende Produktionskosten und eine überdurchschnittliche Arbeitslosigkeit haben eine erhebliche Auswirkung auf die Finanzierbarkeit privater Bauvorhaben und auf die Bauwilligkeit schlechthin.
2. Eine verschärfte Bodenmarktsituation durch Baulandverknappung und -verteuerung im Einzugsbereich der Städte und in den Städten selbst wirkt sich erschwerend aus.
3. Städte und Gemeinden bemühen sich zunehmend um die Verbesserung der Wohnqualität, des Wohnumfelds in innerstädtischen Bereichen, so daß das Wohnen und Leben in der Stadt (vor allem für die jüngere Generation) wieder attraktiver wird.
4. Hohe Kraftfahrzeugkosten führen gleichfalls *zurück zur Stadt*, wo kein Zweitwagen mehr notwendig ist und lange Anfahrtswege zur Arbeit entfallen.
5. Die jüngere Generation potentieller Bauherren hat eine neue Einstellung zum Bauen, Wohnen und Leben in der Gemeinschaft; Nachbarschaftskontakte werden gesucht und gepflegt.
6. Das steigende Umwelt- und Gesundheitsbewußtsein bedingt geänderte Anforderungen an ökologische und wohnhygienische Aspekte von Baustoffen und Bautechniken.

Städtebaulich verdichtete Wohnhausgruppierungen – Reihenbebauung, Teppichsiedlungen, Gartenhofhäuser, niedrige Wohnquartiere, Stadthäuser – bieten sowohl gegenüber Hochhausbebauungen als auch gegenüber dem frei stehenden Einfamilienhaus wesentliche Vorteile. Seit langem ist bekannt, daß verdichteter Einfamilienhausbau (in der Stadt) nicht mehr Grundfläche beansprucht als üblicher Geschoßwohnbau. In der Wiederaufbauphase nach dem Krieg wurde die Chance verpaßt, durch verdichtete Wohnformen den Bedürfnissen der Bürger eher entsprechende Häuser zu bauen, statt Hochhäuser zu erstellen, denen der menschliche Maßstab fehlt. Unmittelbar nach dem zweiten Weltkrieg forderte der in den 20er Jahren bekanntgewordene Hamburger Stadtbaumeister Fritz Schuhmacher in einer Grundsatzrede vor Politikern, Wohnviertel »nicht nur oft fragwürdig genug wiederherzustellen, sondern zu verbessern«. In Zukunft müsse das ein- oder zweigeschossige Reihenhaus mit bescheidenem Garten nicht die Ausnahme, sondern die Regel werden. Erforderlich sei dazu eine neue Kunst städtebaulicher Anordnung, eine neue Taktik der Straßengestaltung, eine Nutzbarmachung vernachlässigter Gruppenformen. Dazu gehöre der Wohnhof, das *überschaubare kleine Wohngebiet*. Notwendig sei auch eine Rationalisierung der Methoden des Bauens, die Ökonomie der Zusammenfassung der technischen Anlagen, die schon beim Straßenbau beginnen müsse, so SCHUHMACHER.

Wohngruppen können unterschiedliche Eigentums- und Wohnformen beinhalten, familienspezifisches Leben und die Eingliederung älterer Menschen und Alleinstehender ermöglichen, Kontakte und Kommunikation fördern. In Neubaugebieten können Siedlungen entstehen, die in kurzer Zeit einen städtischen Charakter entfalten.

Geschickte Ausnutzung der Grundstücke und ein Höchstmaß an Individualität und persönlicher Gestaltungsfreiheit sind kennzeichnend für die meisten Projekte, welche – so erhoffen sich Politiker und Stadtplaner – die mittlerweile mehr und mehr entvölkerten Stadtkerne wieder attraktiv gestalten und damit die Stadtflucht bremsen sollen. Der Begriff des *Stadthauses* ist zum Schlagwort geworden. Dabei ist das Stadthaus keineswegs eine Erfindung unserer Tage. Historische Vorbilder gehen Jahrhunderte zurück und stammen aus aller Welt.

Die Ausweisung von Bebauungsgebieten für kosten- und flächensparenden Wohnbau muß nach Gesichtspunkten erfolgen, die zu einer Marktfähigkeit der geplanten Bauvorhaben führen. Das heißt, ein solcher Standort muß stadtnah gelegen, mit dem Netz des öffentlichen Personennahverkehrs gut erreichbar sein und über soziale Infrastruktureinrichtungen in unmittelbarer Nähe verfügen. In schlecht erschlossenen ländlichen Gebieten mit niedrigeren Grundstückspreisen haben verdichtete Baumaßnahmen zugunsten des konventionellen Einfamilienhauses meist wenig Erfolg.

Die Frage der Wohnqualität bzw. des Gebrauchswertes des Hauses ist differenziert zu betrachten. Es gibt zahlreiche Beispiele preiswerter Wohnhäuser mit normalem Wohnkomfort, die nicht die in den Nachbarländern Holland und Dänemark akzeptierte Billigausstattung aufweisen. Kosteneinsparungen beginnen bereits bei der Grundrißplanung, der Raumfolge, Größe und Anordnung von Nebennutzflächen (z.B. Keller, ja oder nein?), der Standardausstattung, auch der verwendeten Baustoffe (im Hinblick auf Eigenleistung). Die bautechnische und bauphysikalische Ausführung sollte nicht in Überlegungen zur Kosteneinsparung einbezogen werden. Zur Wohnqualität zählt auch der kleine Wohngarten oder Innenhof, vor allem für die junge Familie als potentielle Bauherren.

Es ist sicher, daß der Wert eines eigenen Hauses nicht nur in der Schaffung von Eigentum und den finanziellen Vorteilen in späteren Lebensabschnitten liegt, sondern auch in einer Selbstbestimmung und Selbstgestaltung des Wohnbereichs, wie sie im traditionellen Mieter-Vermieter-Verhältnis nicht möglich sind. Aus dieser Überlegung heraus sind Wahlmöglichkeiten auf der Basis kostengünstiger Bauweisen zu schaffen, die fertiggestellte Wohneinheiten und ausbaufähige Wohneinheiten vorsehen, die aber auch Wahlmöglichkeiten in der Besitzstruktur ermöglichen – individuelles Eigentum, Gemeinschaftseigentum oder das Mietverhältnis mit individuellen Entscheidungsspielräumen in der Gestaltung des privaten Wohnbereichs.

Viele der in diesem Buch gezeigten Beispiele sind unter dem Zwang zur Kosteneinsparung entstanden.

Potentielle Bauherren für verdichtete Wohnhäuser in Stadtnähe werden in der Regel so beschrieben: zwei Erwachsene, ein oder zwei Kinder. Junge Familien, die hier angesprochen sind, haben im freien Wohnungs-/Häusermarkt zweifellos Schwierigkeiten, ein adäquates Objekt zu annehmbaren Kosten zu finden. Dennoch sollte man auch die Möglichkeit der Eingliederung von *Singles*, Wohngemeinschaften, älteren Alleinstehenden und Einzelpersonen mit Kind prüfen.

Einsparungsbemühungen müssen sich auch auf die Erschließung solcher Bebauungen erstrecken. Hier sind vor allem die Kommunen angesprochen, durch Kooperation aller Beteiligten, bessere Koordinierung der Arbeiten, Zusammenlegung der Versorgungsstrassen, bodenständigere Begrünung etc. zu einer kostensparenden Lösung für eine dennoch optimale Erschließung zu finden. Kosten- und flächensparendes Bauen kann als ein Beitrag zur Stadterneuerung der Zukunft angesehen werden – nicht nur im Hinblick auf Randzonen, sondern auch auf die Möglichkeit der Schließung von Baulücken im innerstädtischen Bereich.

25 Objekt: Reihenhausbebebauung mit 6 Häusern in Aachen-Steppenberg

Bild 25.1: Nordseite/Straßenseite Haus 2 mit Carport

Bild 25.2: Südansicht mit Wintergärten

Bild 25.3: Ostansicht mit vorgesetztem Balkon

Steckbrief

Objekt:	Reihenhausbebauung mit 6 Häusern
Standort:	Aachen-Steppenberg
Baujahr:	1984 – 1985
Baukosten:	zwischen 250.000 und 290.000 DM
Planung:	Dipl.-Inge. Architekten Prof. Jochen Karrenbrock, Manfred Hammers und Dipl.-Ing. Helmut Strang, Aachen
Statik:	Arbeitsgemeinschaft Prof. Dipl.-Ing. K. Cappel, Aachen, und Prof. Dr. H.-L. Mistler, Stolberg
Ausführung Holzbau:	W. u. J. Derix, Niederkrüchten
Wohnfläche:	Hauptwohnung 85 bis 102 m² Einliegerwohnung 28 bis 33 mm² Nutzfläche 140 bis 160 m²

25.1 Situation

Eine Gruppe privater *Bauherren-Familien* erwarb von der Stadt Aachen im Neubaugebiet *Steppenberg* eine aus sechs Reihenhausparzellen bestehende Grundstückszeile innerhalb eines bestehenden Bebauungsplanes mit der Vorstellung aller Beteiligten, ein Holzhaus in der Reihe zu bauen. Wesentliche Festsetzungen des Bebauungsplanes waren die zweigeschossige Bauweise und geneigte Dächer mit Firsten parallel zur Erschließungsstraße.

25.2 Entwurf

Die über alle Geschosse durchgehende Haustiefe beträgt 10 m, die Hausbreite 6,0 m. Die hausinnere Erschließung erfolgte nach dem Split-level-Prinzip mit jeweils 1/3 zu 2/3 geschoßversetzten Wohnebenen; dabei liegen die Geschoßebenen der Südseite 90 cm tiefer als die der Nordseite. Dies ermöglicht eine offene Verbindung der Ebenen mit räumlich einbezogenen Treppen und entsprechend wirtschaftlicher Erschließung der Geschosse. Straßenseitig wurde zusätzlich ein erkerartiger Vorbau entwickelt, der einen überdeckten Eingang und ein an der Außenwand liegendes Gäste-WC im Erdgeschoß sowie ein Bad im Obergeschoß ermöglicht.

Vor dem Wohnzimmer im Süden liegt ein schräg verglaster Wintergarten, der bis in das Obergeschoß reicht. Dieser *Zwischentemperaturbereich* erweitert den Lebensraum in den gemäßigten Jahreszeiten und stellt bei Sonneneinstrahlung im Winter einen zusätzlichen Wärmegewinn für das Haus dar.

25.3 Konstruktion und Gestaltung

Das Tragwerk über dem Massivkeller besteht aus einer Holzskelettkonstruktion im Raster von 1,09 m in der Hausbreite und 1,20 m in der Haustiefe. Die im Inneren der Häuser überall sichtbaren Tragwerkselemente bestehen im wesentlichen aus durchlaufenden Stützen 14/14 cm². Hierdurch wird eine variable Raumnutzung (z.B. eine offene Galerie über dem Wohnraum oder abgeschlossene Individualräume) ermöglicht.

Zwischen den einzelnen Reihenhäusern wurden zweischalige Haustrennwände aus KS-Sichtmauerwerk erstellt, welche den Brand- und Schallschutz übernehmen und die Häuser außerdem in Längsrichtung aussteifen. Diese Wände wurden nach Errichten des Holzskelettes gemauert und über auf die Außenstützen genagelte Ankerschienen und Maueranker an die Holztragwerke angeschlossen.

Die Queraussteifung der Häuser übernehmen im Geschoßvorsprung im Erdgeschoß zwischen Eßplatz und Wohnzimmer stählerne Doppelstabdiagonalen, in den Obergeschossen kochfest verleimte, 12,5 mm dicke Sperrholztafeln. Alle Innen-

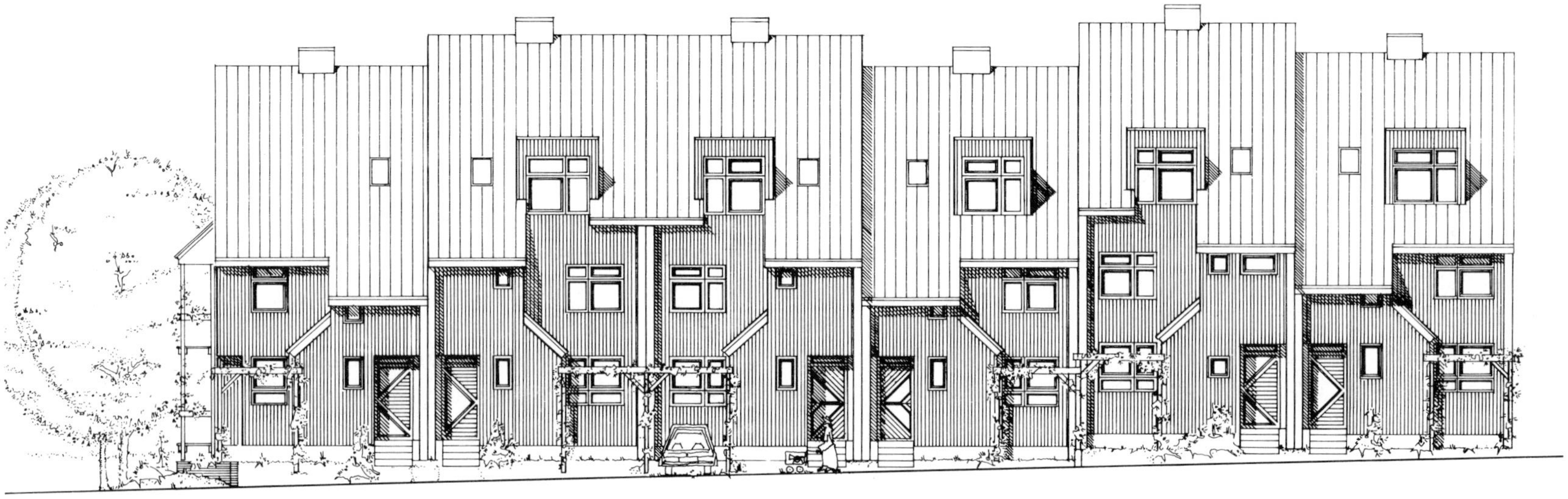

Bild 25.4: Nordansicht, M 1:200

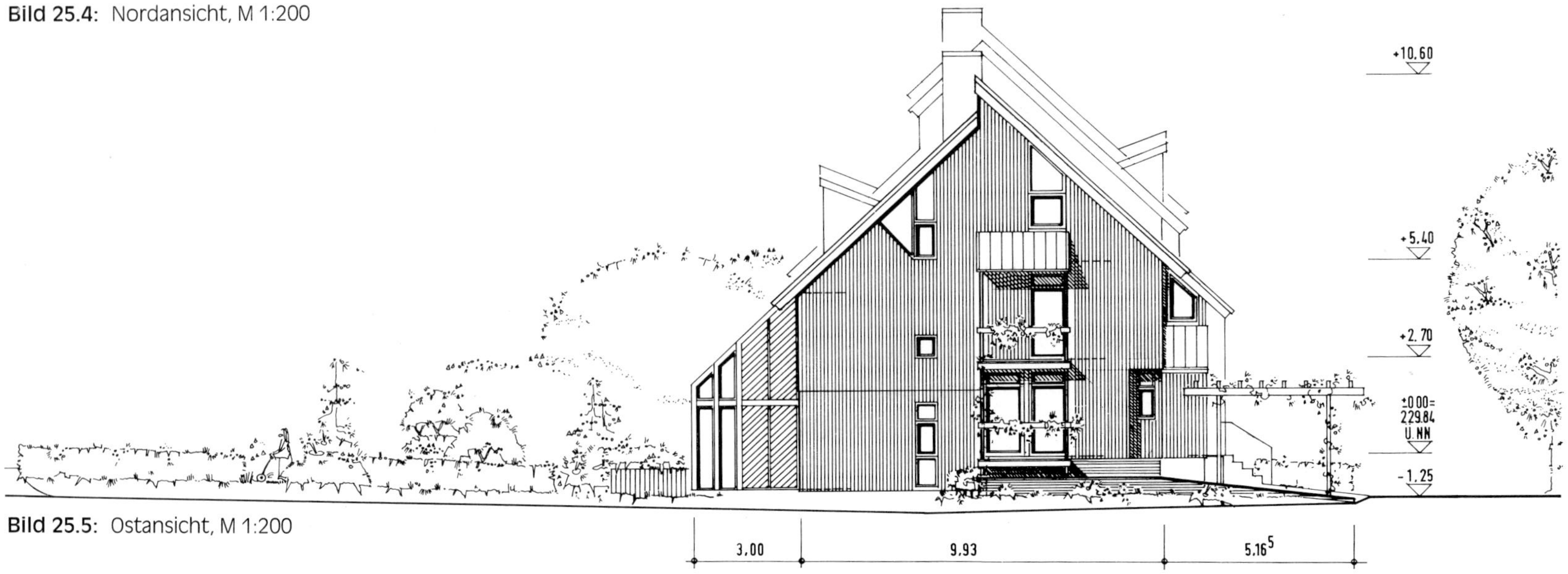

Bild 25.5: Ostansicht, M 1:200

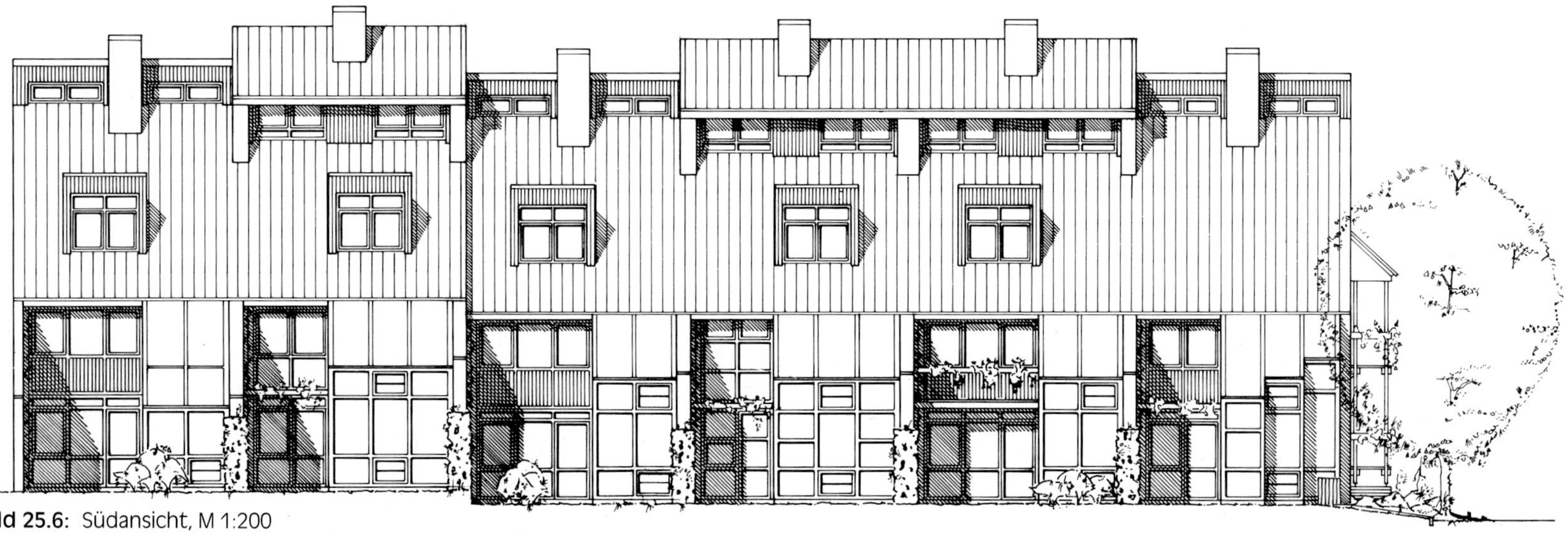

Bild 25.6: Südansicht, M 1:200

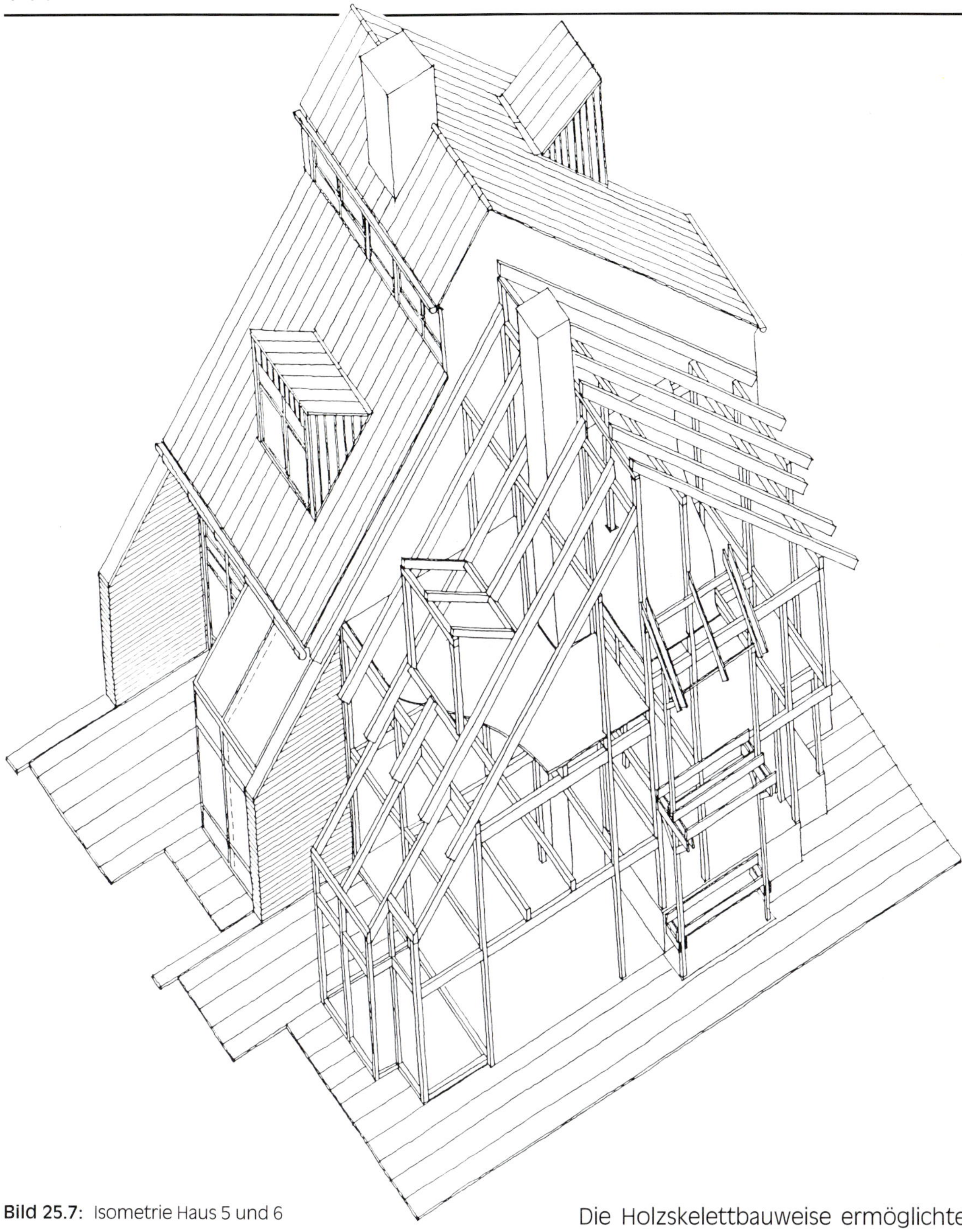

Bild 25.7: Isometrie Haus 5 und 6

wände wurden als leichte Trennwände mit weiß gestrichenen Oberflächen oder mit Profilholz aus Fichte ausgeführt.

Die geschlossenen Wandflächen der Nordfassaden und der Dachgauben wurden mit einer Außenbekleidung aus kesseldruckimprägniertem Lärchenholz ausgeführt.

Die Holzskelettbauweise ermöglichte es den Bauherren, beim Ausbau ein hohes Maß an Eigenleistung zu erbringen und somit Baukosten einzusparen. Trotz eines einheitlichen Entwurfs-, Konstruktions- und Gestaltungskonzeptes wurden im gegebenen Rahmen des Bebauungsplanes die Häuser auf die unterschiedlichen persönlichen Raum- und Wohnvorstellungen der Bauherren abgestimmt, eine Hausreihe mit individuellem Charakter entstand.

Bild 25.8: Teilansicht von Norden

Bild 25.9: Blick vom Wintergarten ins Obergeschoß

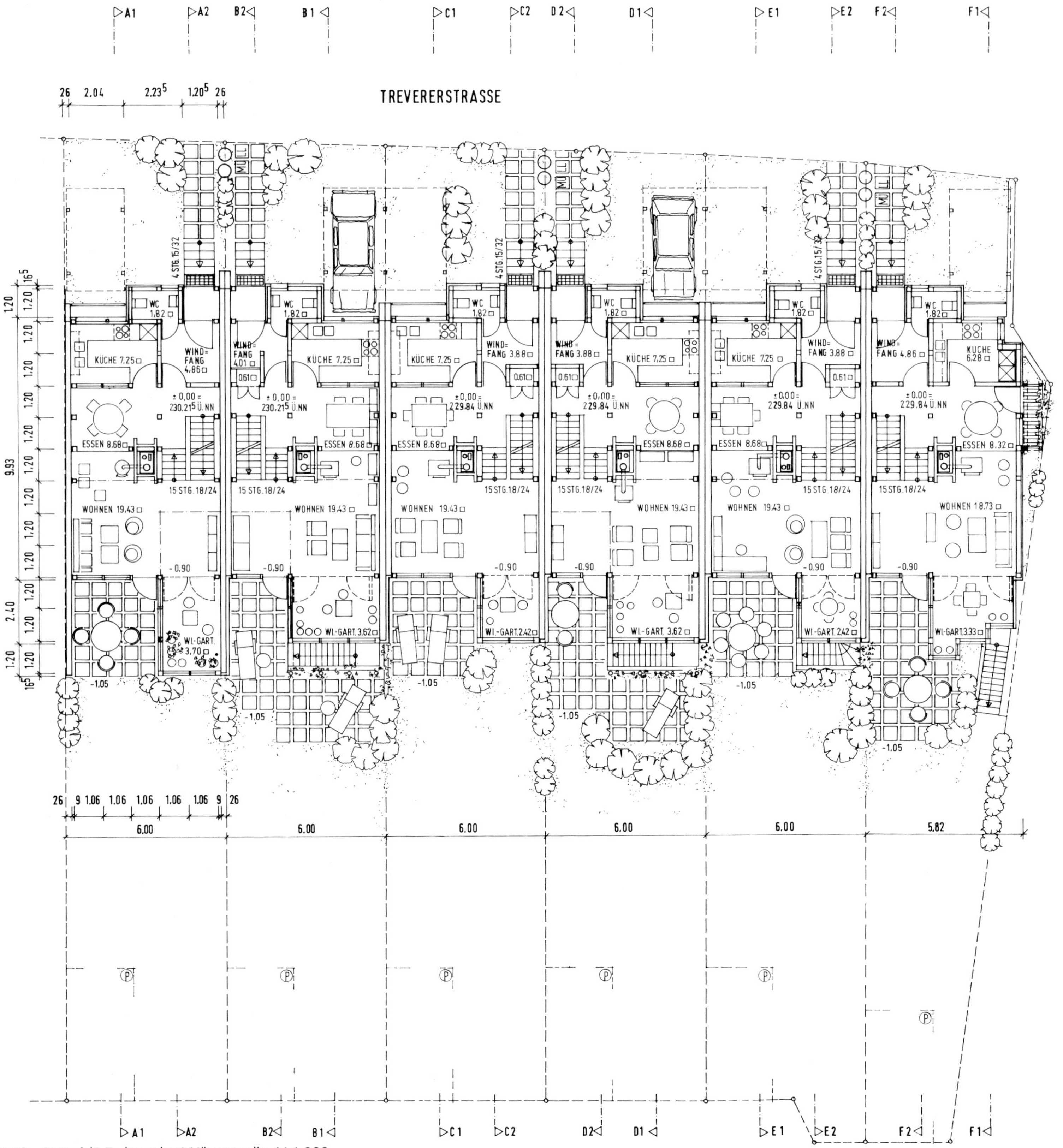

Bild 25.10: Grundriß Erdgeschoß Häuserzeile, M 1:200

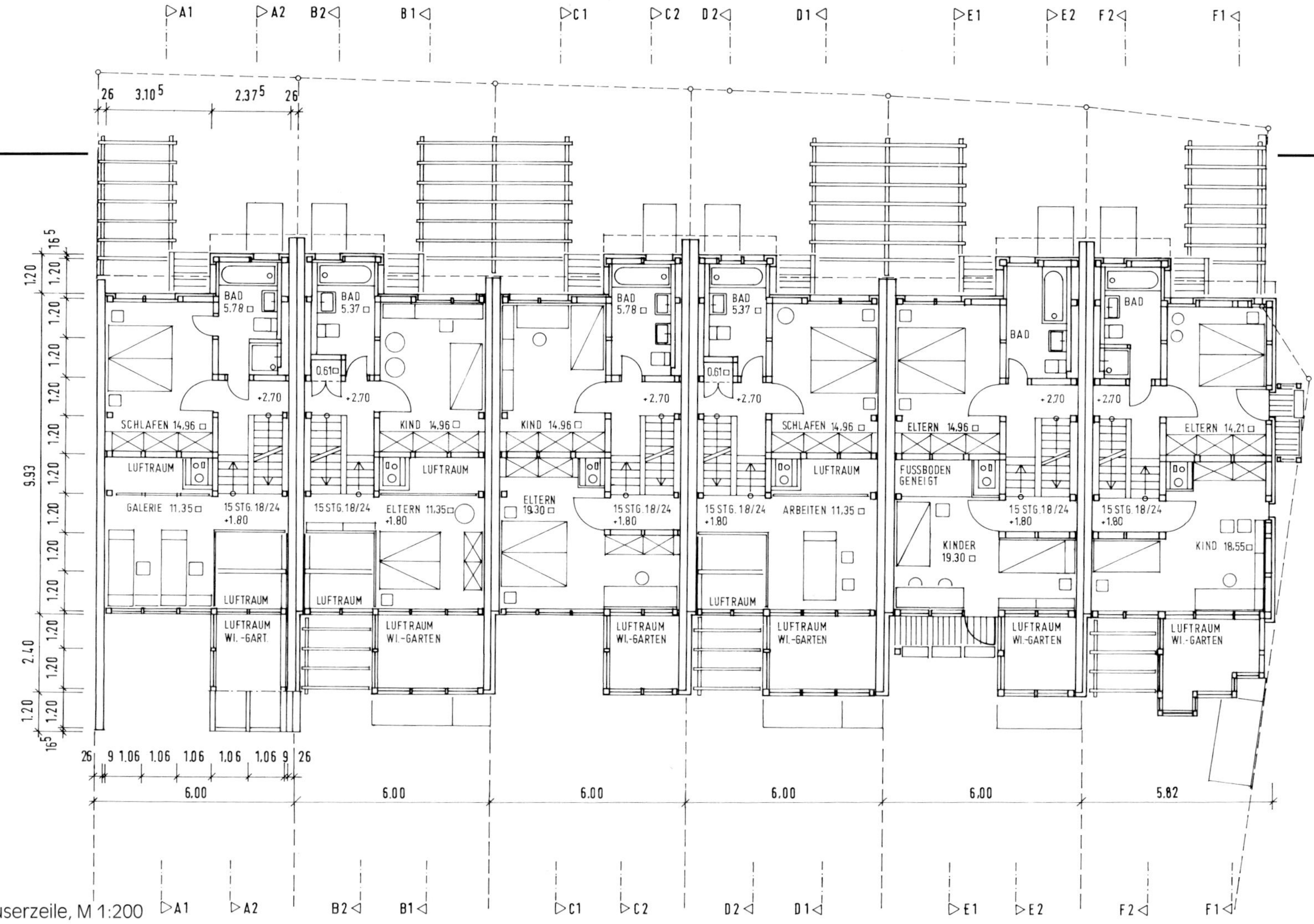

Bild 25.11: Grundriß Obergeschoß Häuserzeile, M 1:200

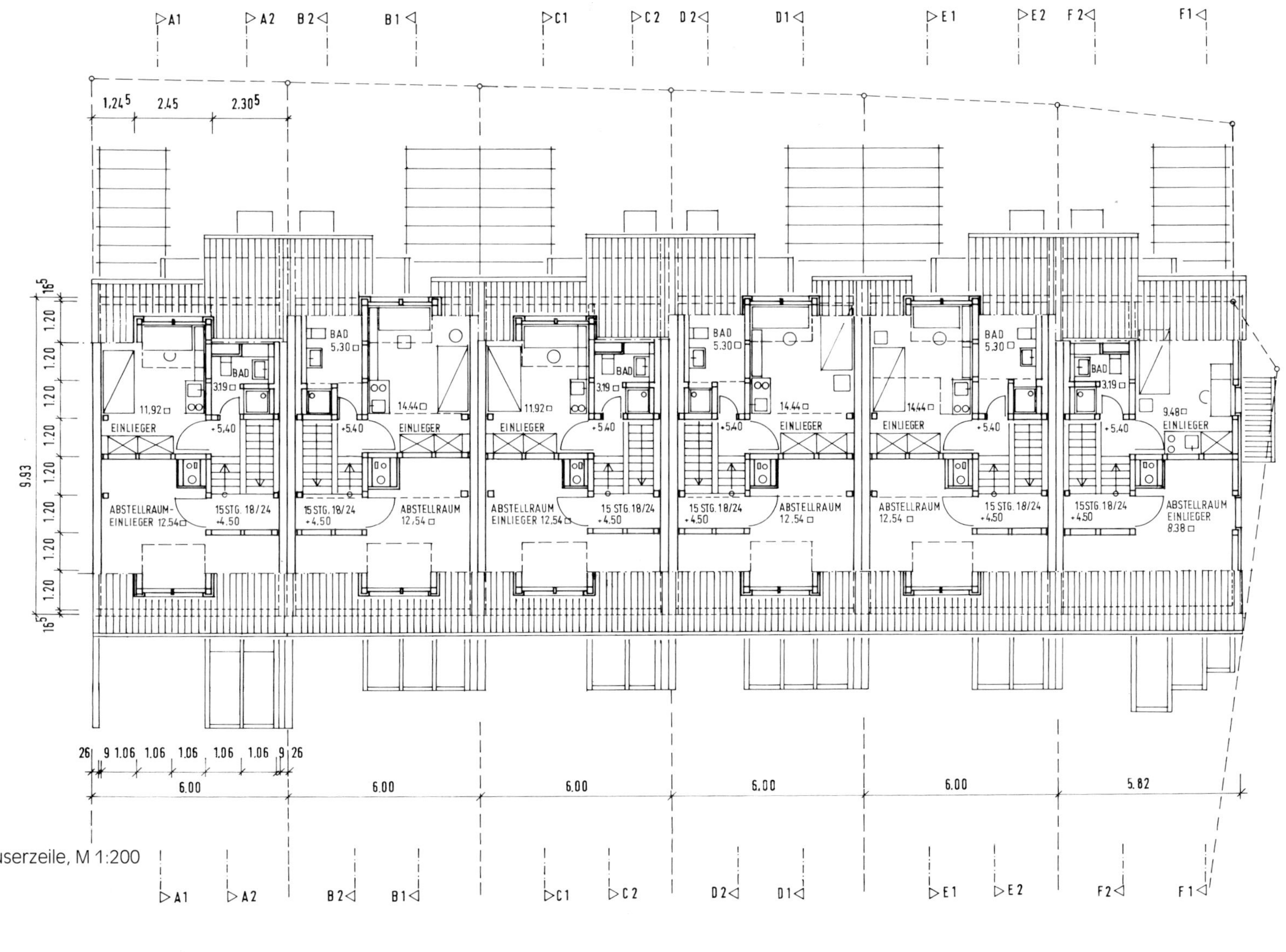

Bild 25.12: Grundriß Dachgeschoß Häuserzeile, M 1:200

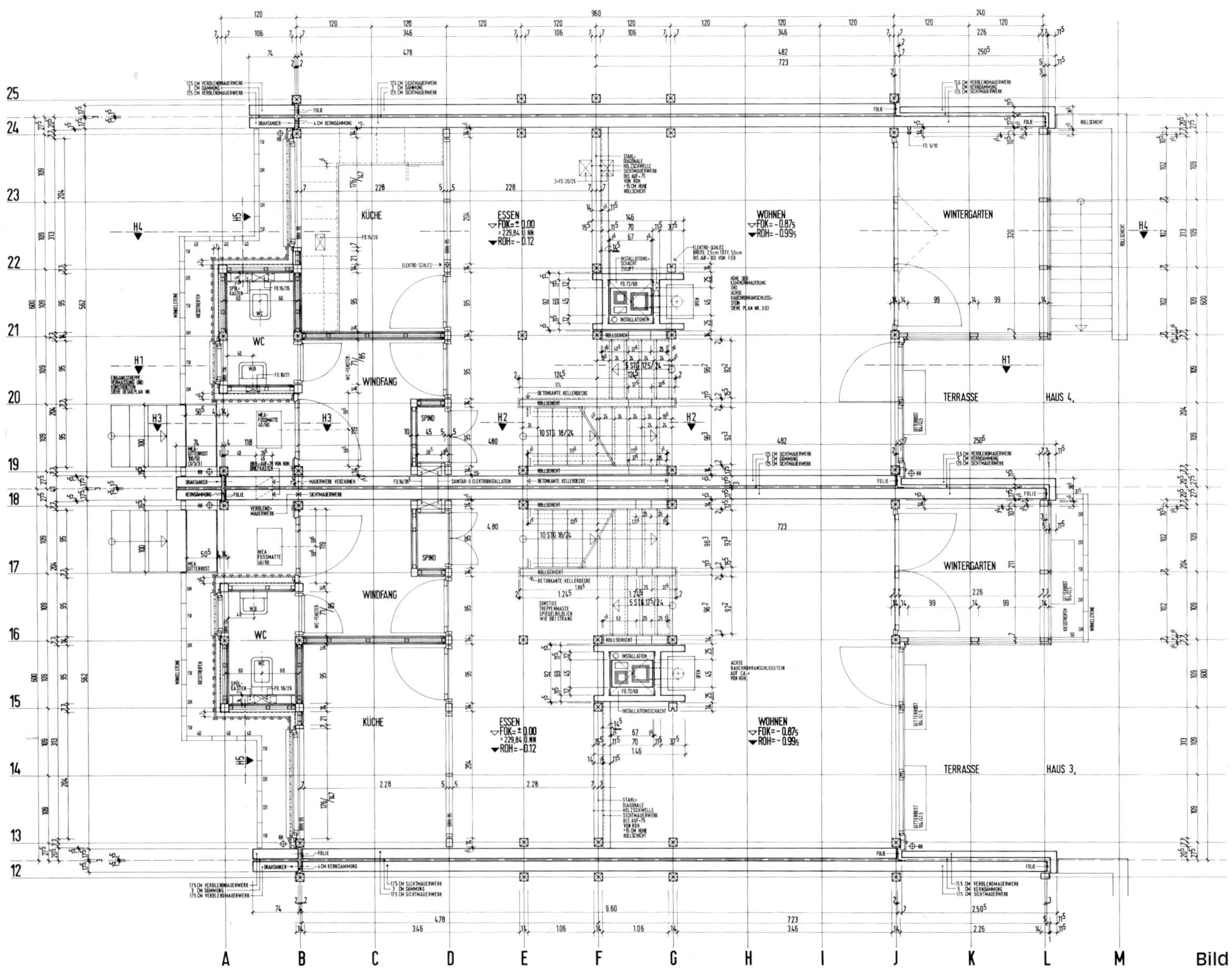

Bild 25.13: Schnitt Erdgeschoß Haus 3 und 4, M 1:100

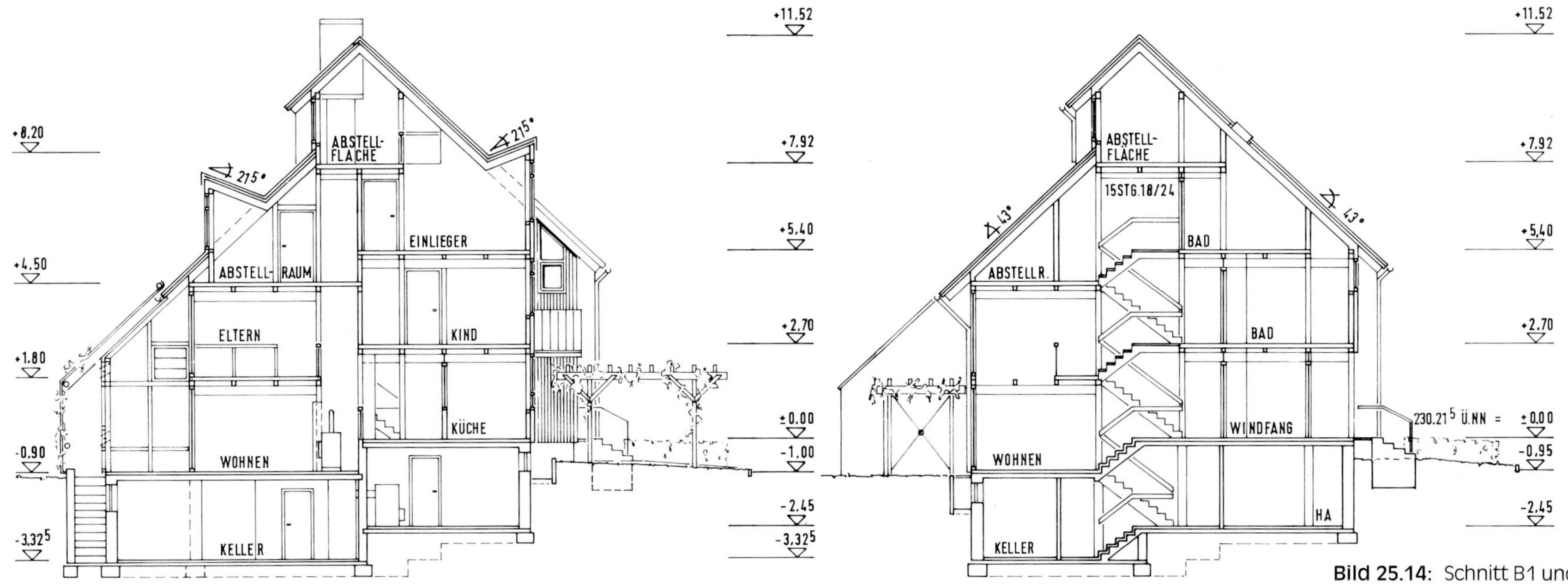

Bild 25.14: Schnitt B1 und B2 Haus 2, M 1:200

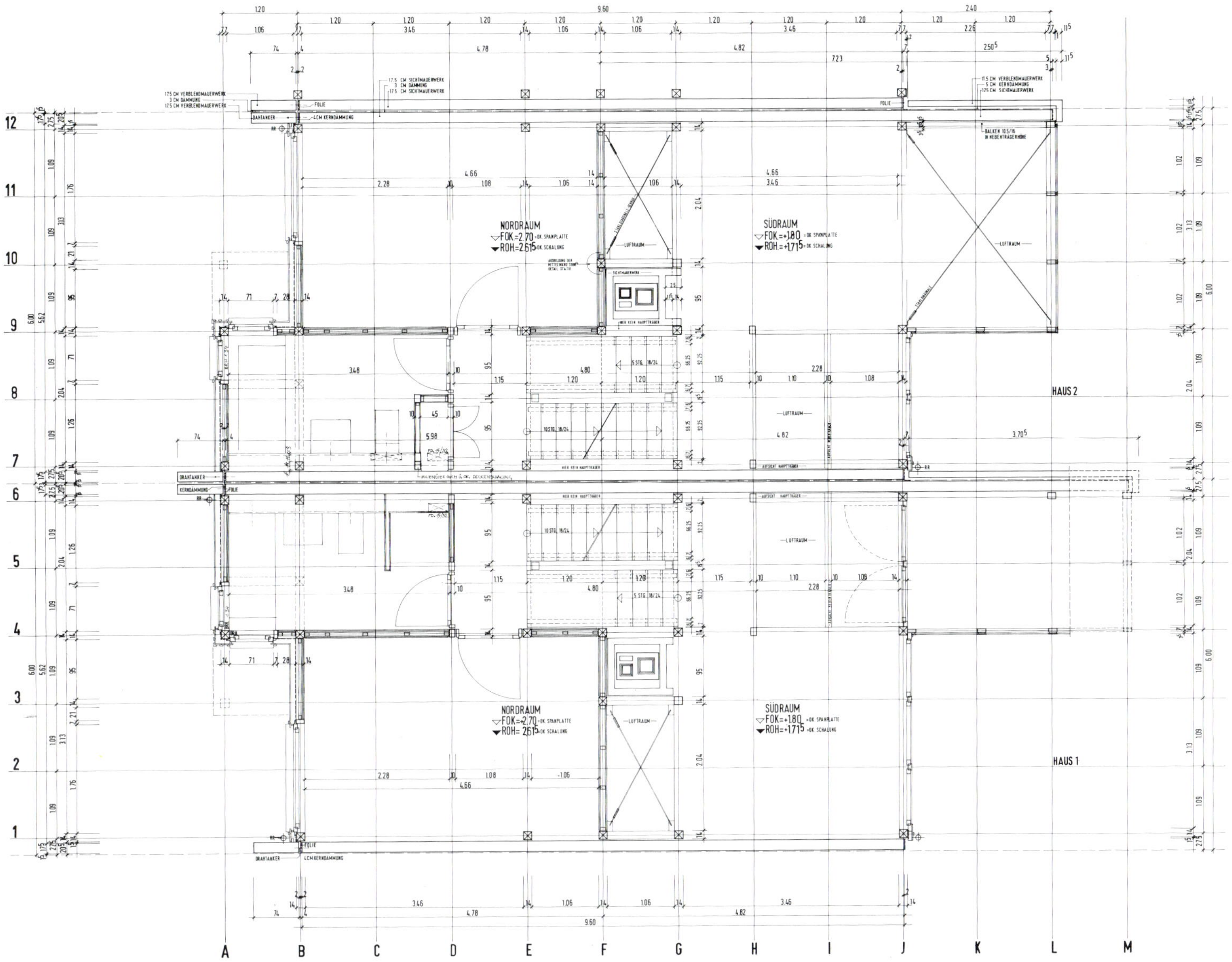

Bild 25.15: Schnitt Obergeschoß Haus 1 und 2, M 1:100

Bild 25.17: Versetzte Wohnebenen

Bild 25.18: Blick von der Empore in den Wintergarten

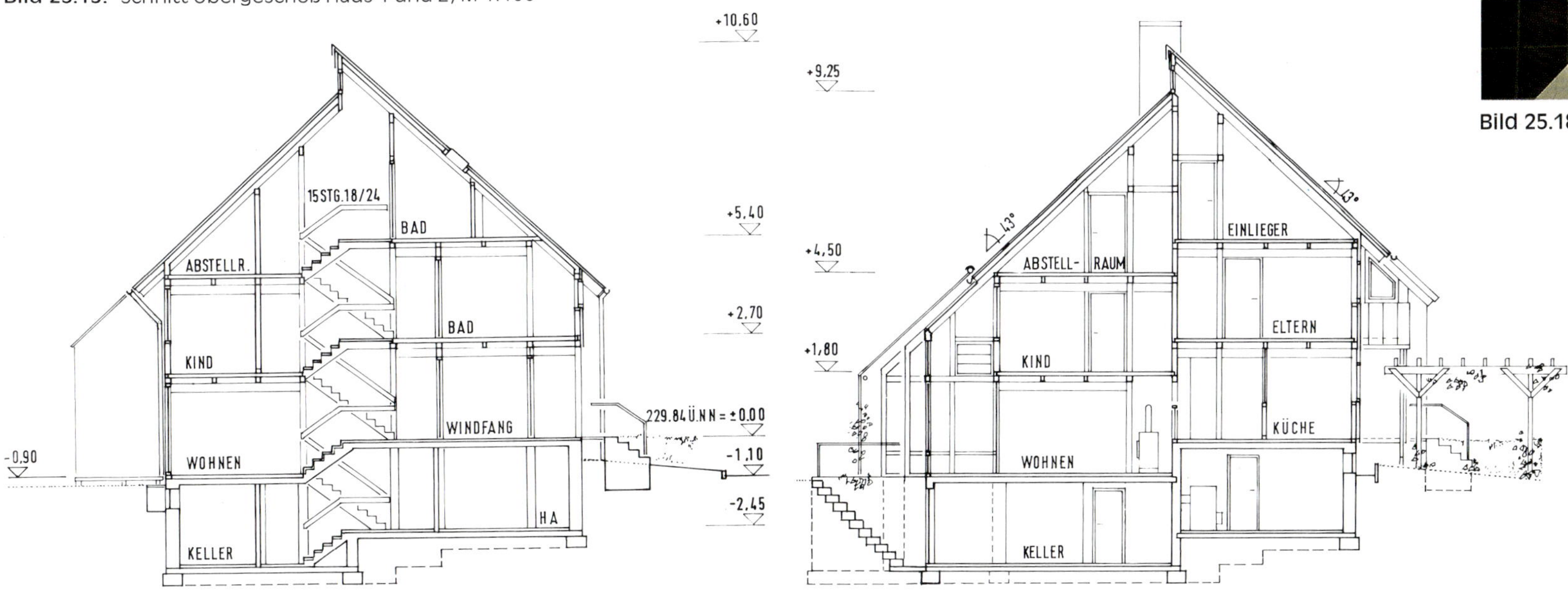

Bild 25.16: Schnitt F1 und F2 Haus 6, M 1:200

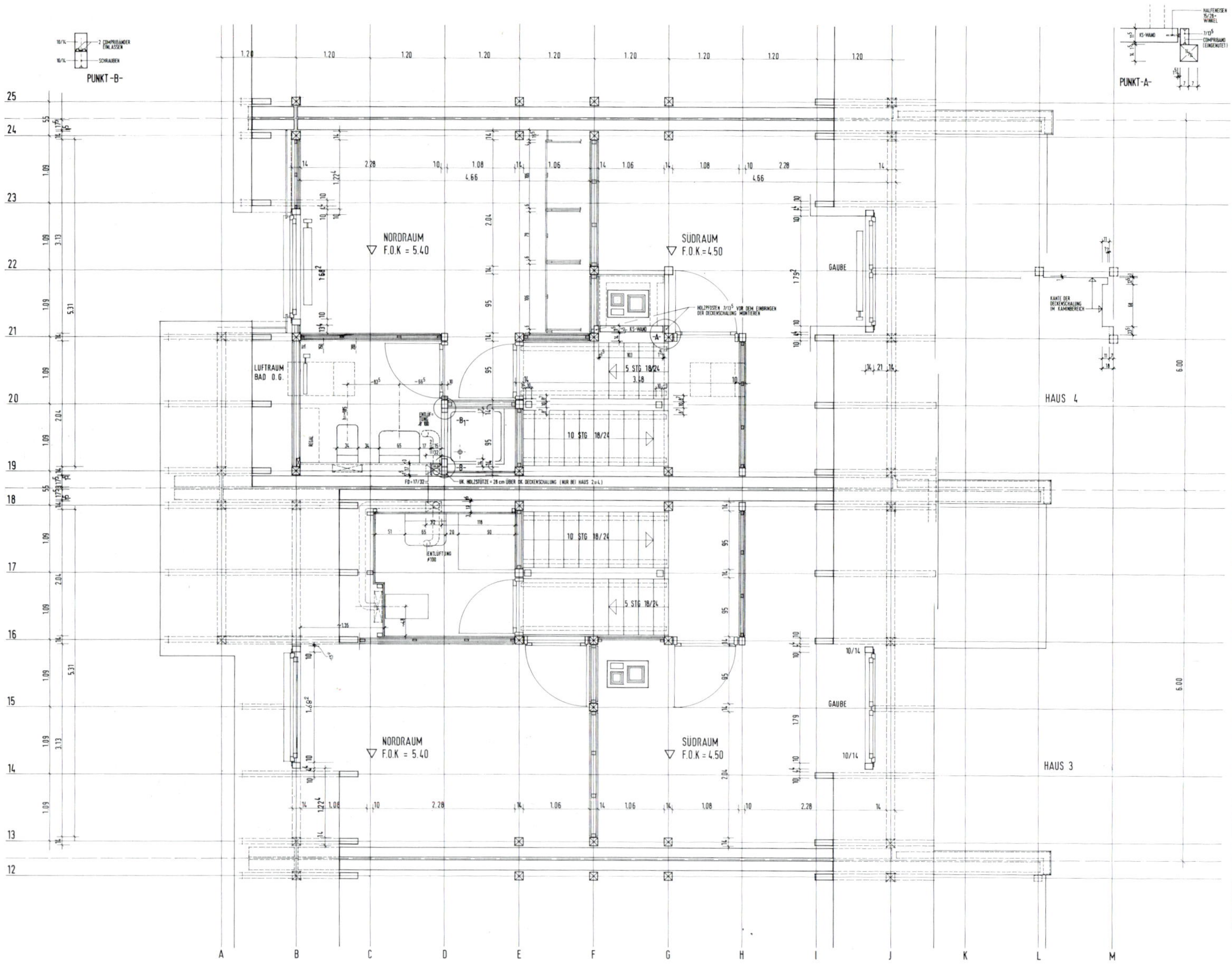

Bild 25.19: Schnitt Dachgeschoß Haus 3 und 4, M 1:100

Bild 25.21: Blick in die Holzkonstruktion während der Rohbauphase

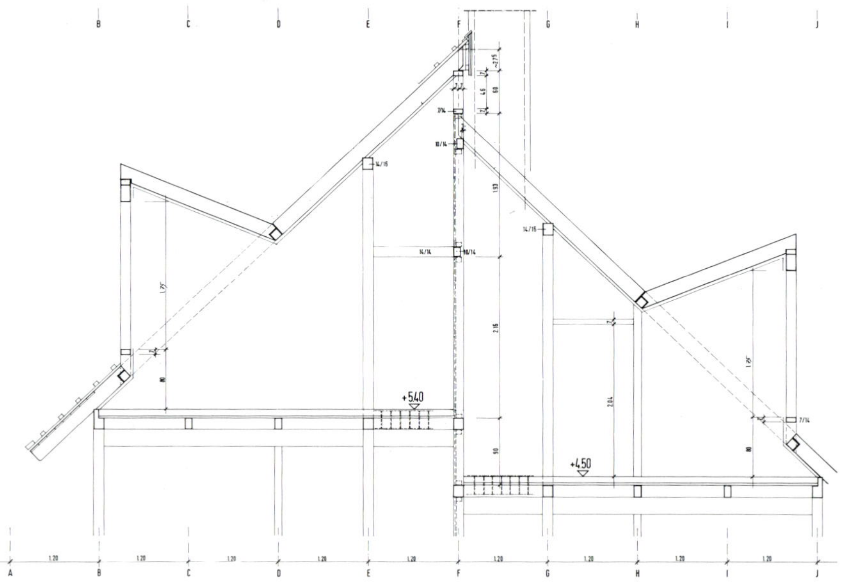

Bild 25.20: Schnitt Dachgeschoß Haus 1 und 3, M 1:100

Bild 25.22: Rohbau, Südansicht mit Wintergärten

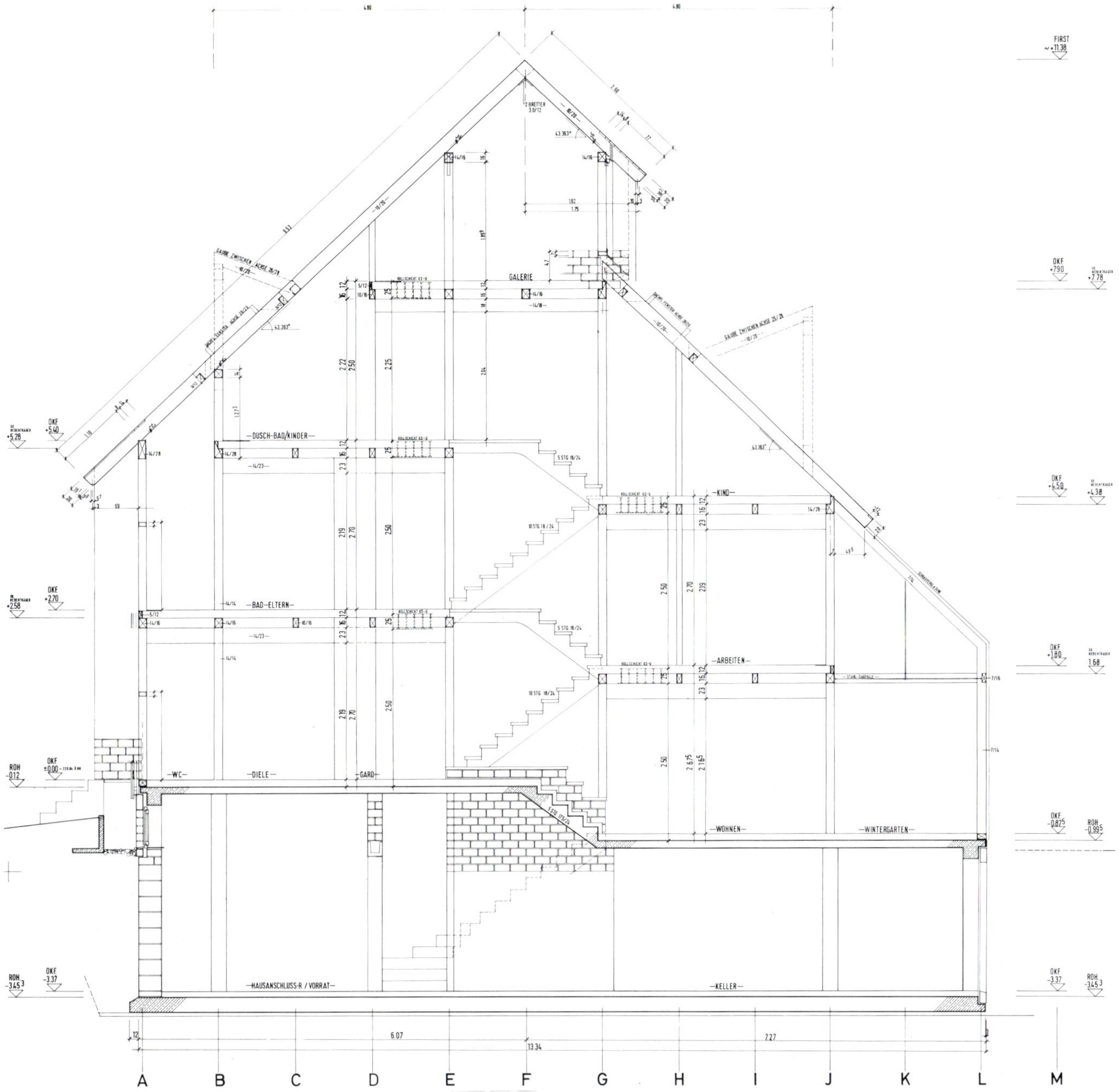

Bild 25.23: Schnitt Haus 5, M 1:100

Bild 25.24: Holzskelett einer Hauseinheit

Bild 25.25: Nordansicht des Holzskeletts zweier Wohneinheiten

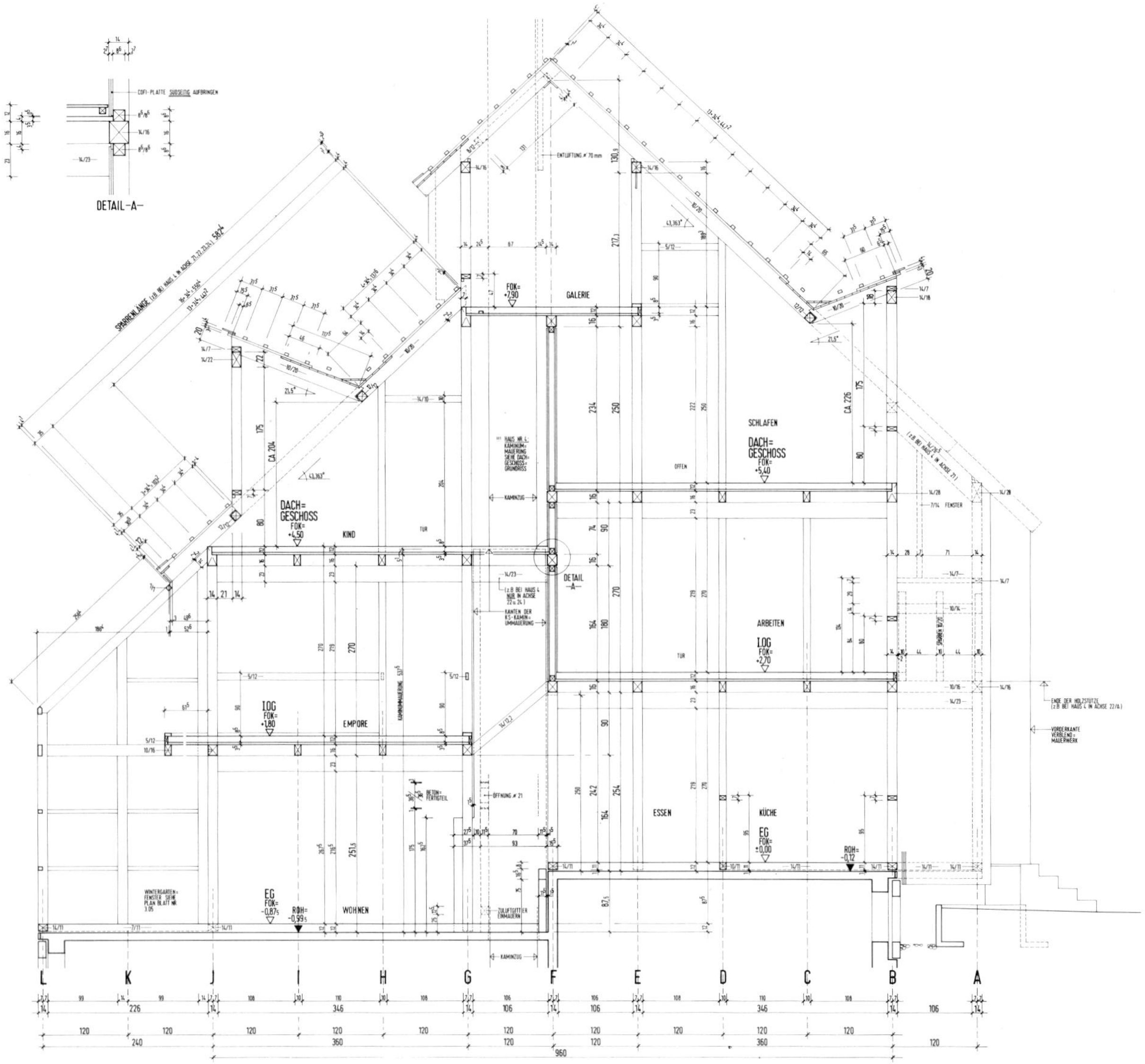

Bild 25.26 Schnitt Haus 2 und 4, M 1:100

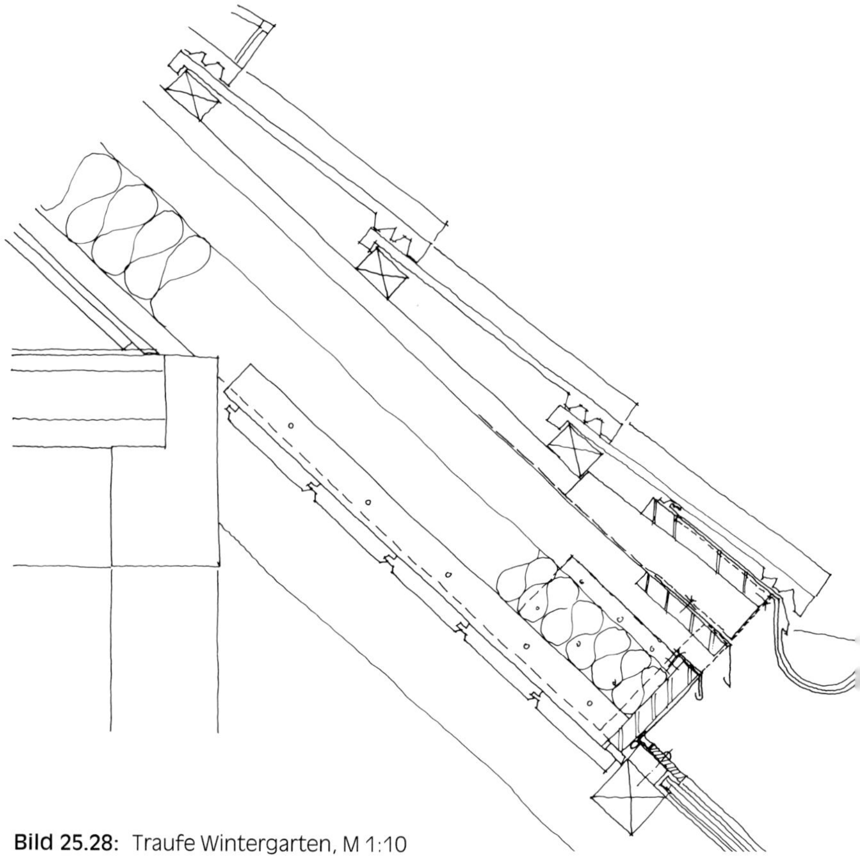

Bild 25.28: Traufe Wintergarten, M 1:10

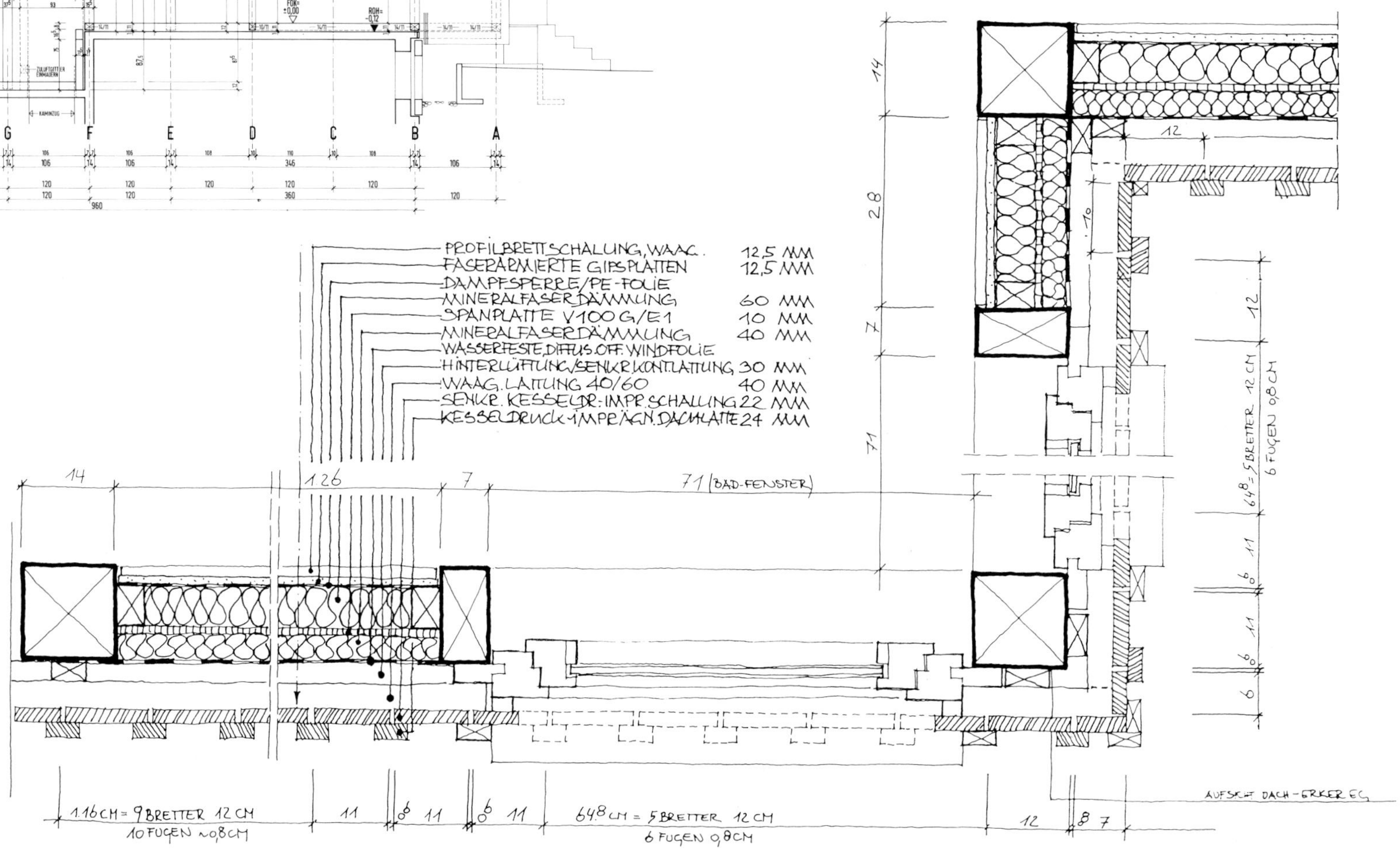

Bild 25.27:
Außenwand-Konstruktion Nordfassade
Obergeschoß Haus 1, 3, 5
(Haus 2 und 4 spiegelbildlich),
Bereich Erker – Badezimmer, M 1:10

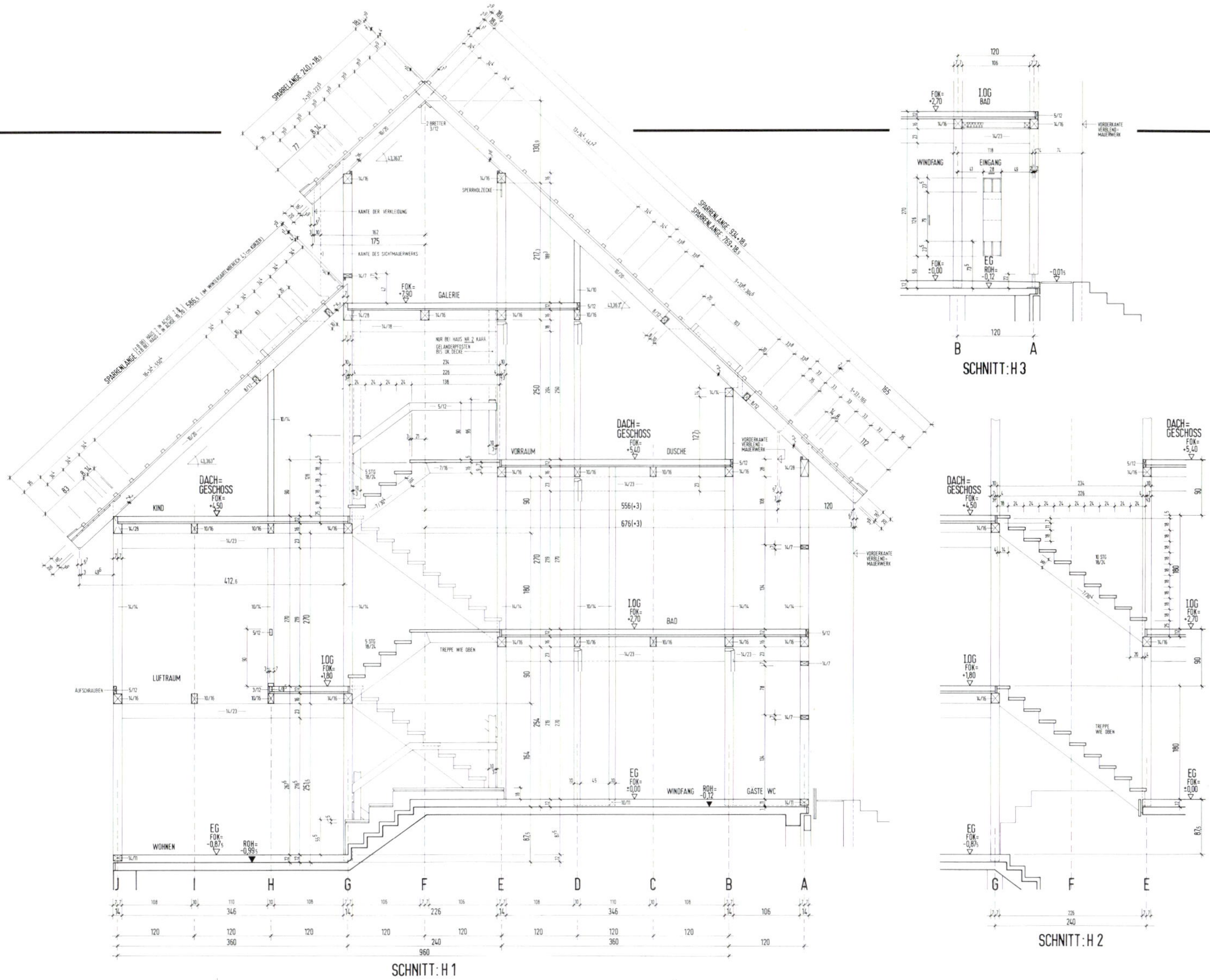

Bild 25.29: Schnitt durch Tragwerk, Treppe und Eingang von Haus 2 und 4, M 1:100

Bild 25.30: Vorgesetzter Balkon mit Dach

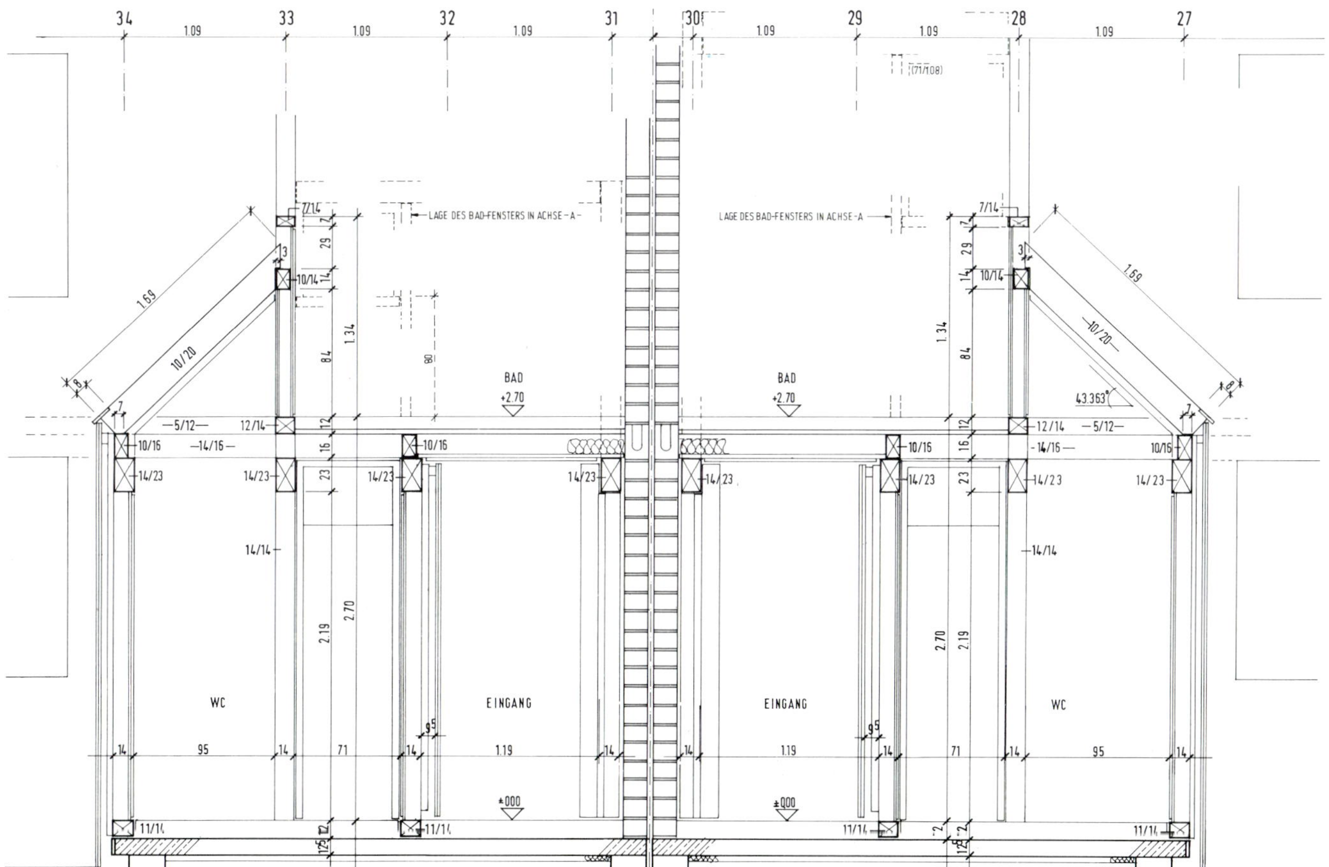

Bild 25.31: Schnitt Erker Haus 5 und 6, M 1:50

Bild 25.32: Die Wintergärten auf der Südseite. Je nach Haustyp haben sie eine Breite von 2 oder 3 Feldern.

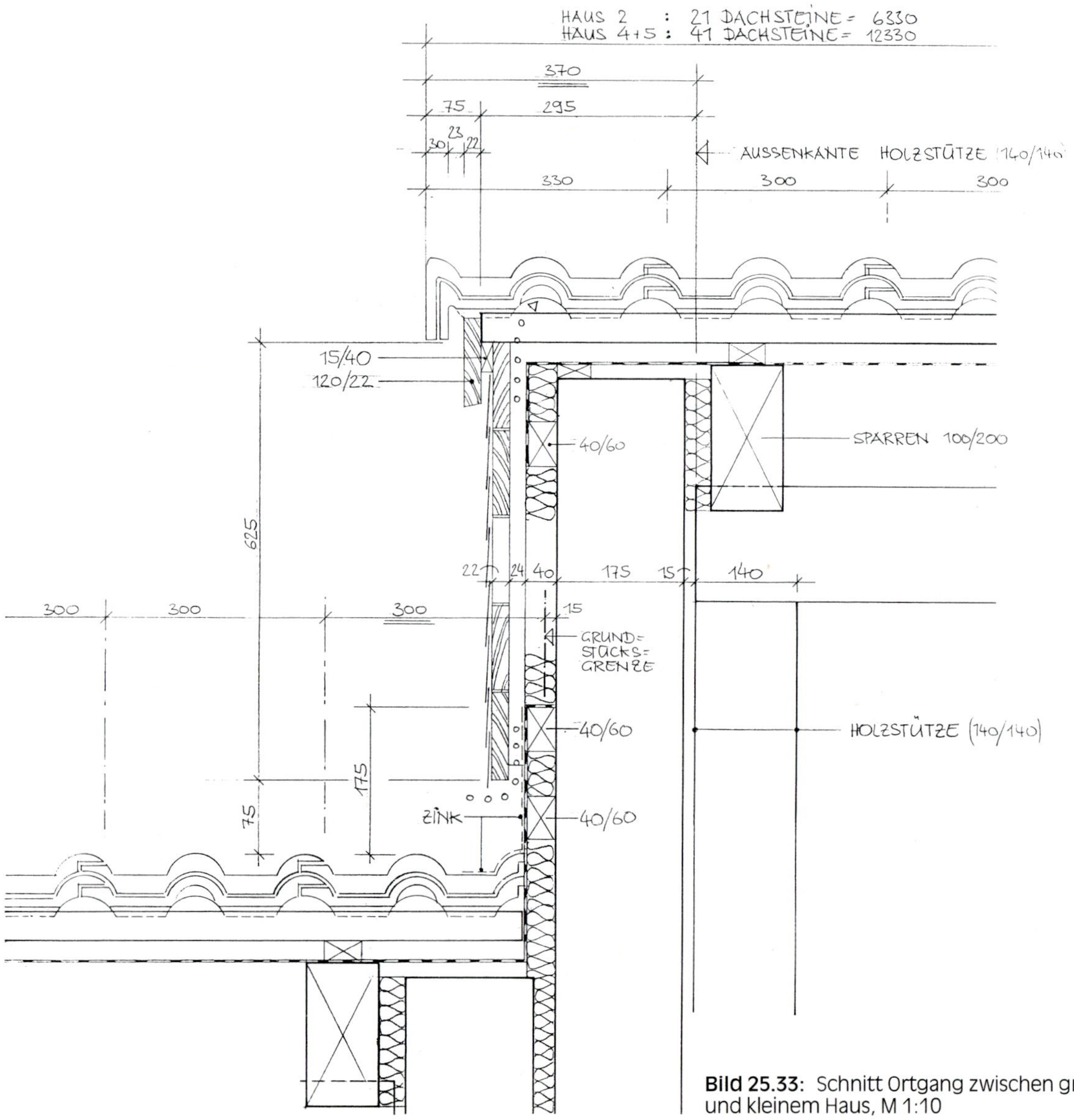

Bild 25.33: Schnitt Ortgang zwischen großem und kleinem Haus, M 1:10

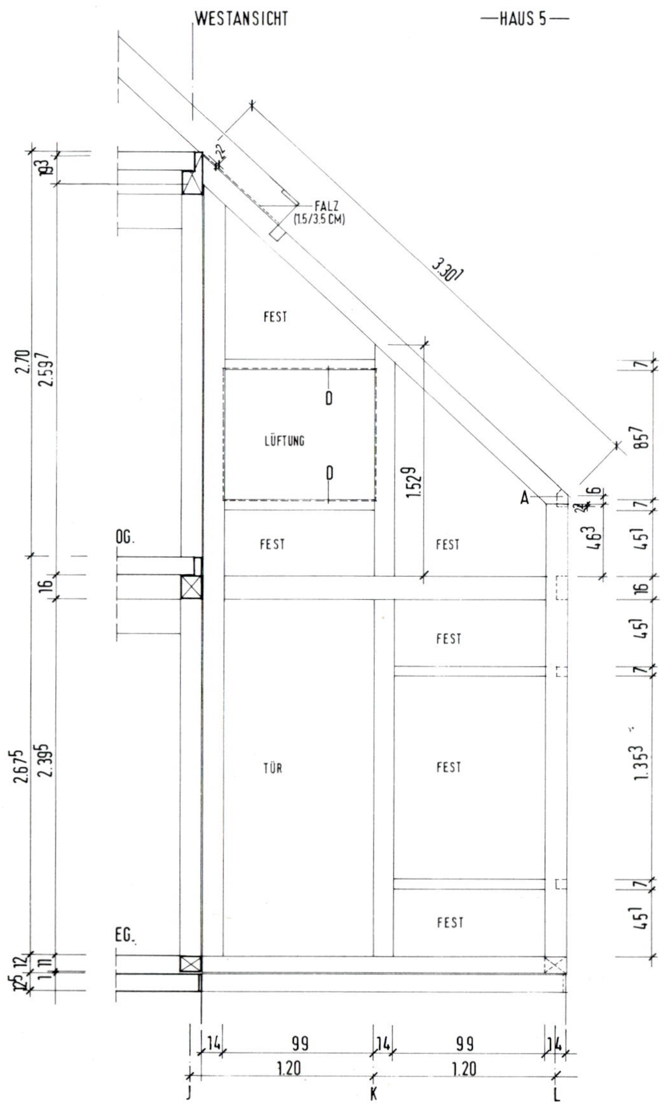

Bild 25.34: Tragkonstruktion Wintergarten Haus 5, M 1:50

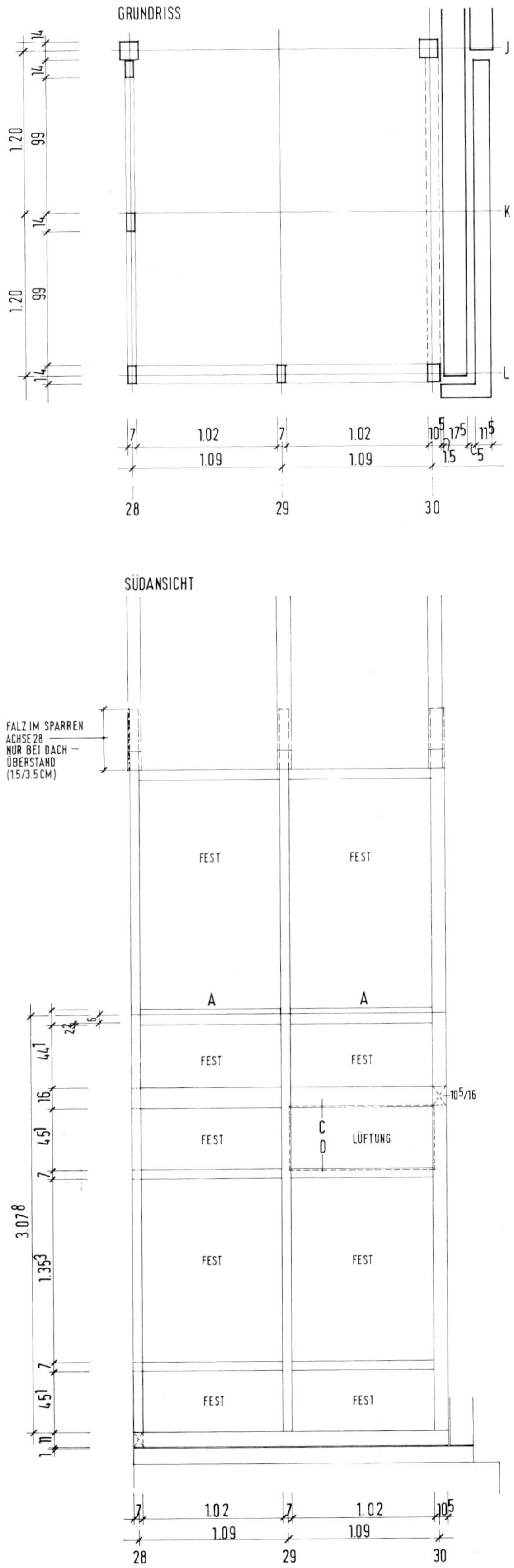

Bild 25.35: Tragkonstruktion Wintergarten Haus 5, M 1:50

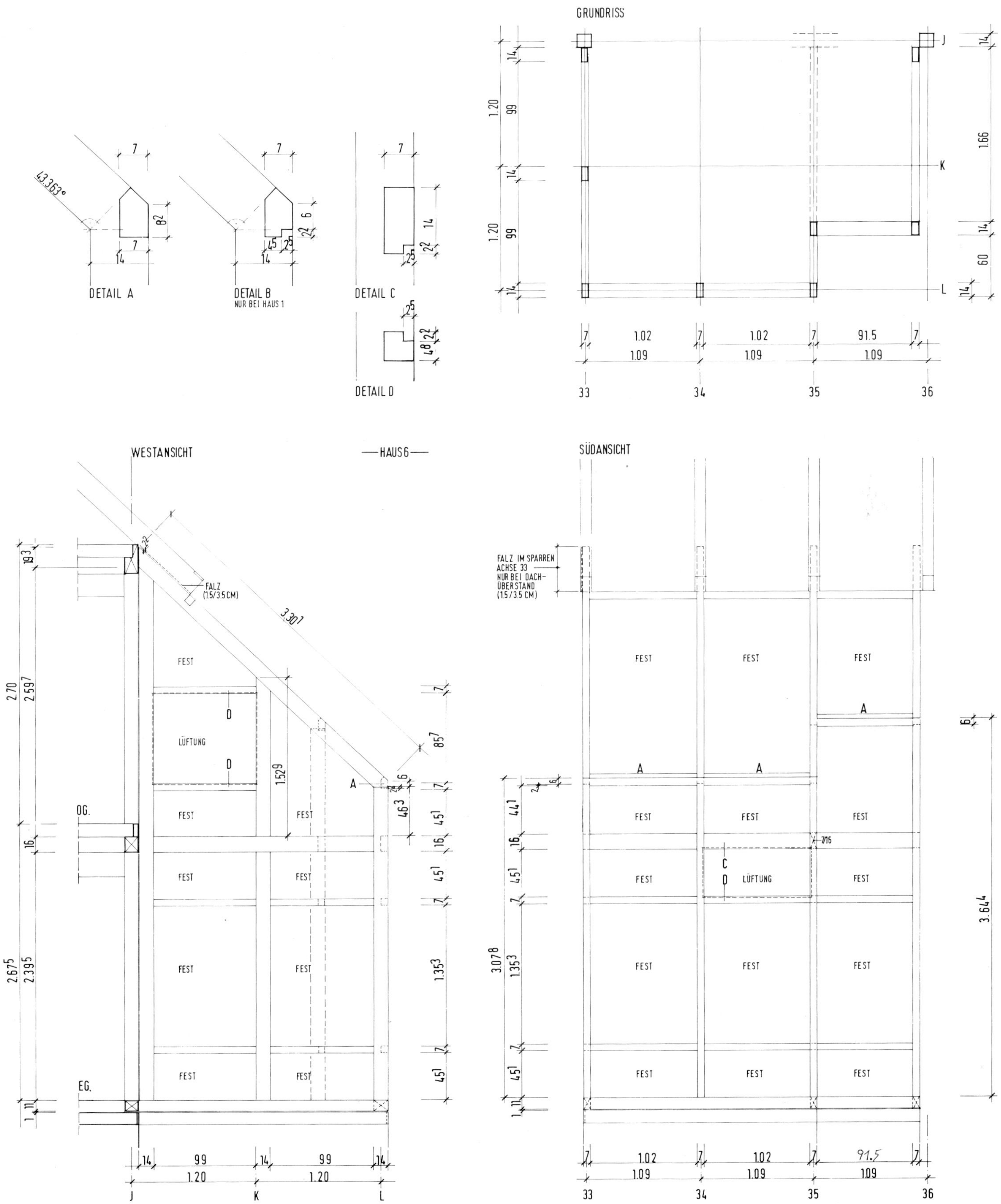

Bild 25.36: Tragkonstruktion Wintergarten Haus 6, M 1:50

Bild 25.37: Wintergarten Haus 6 mit negativer Eckausbildung wegen des Grundstücksverlaufs

Bild 25.39: Tragwerk Wintergarten

Bild 25.41: Carport auf der Straßenseite

Bild 25.38: Arbeitszimmer

Bild 25.40: Wohnbereich in der 3. Ebene

Bild 25.42: Gebäudeecke

26 6 Reihenhäuser in Aachen-Steppenberg – Erfahrungsbericht

26.1 Erfahrungen mit den Bauherren

Wenn für eine Bauherren-Gemeinschaft und die planenden Architekten für die Verwirklichung ihres gemeinsamen Projektes von Anfang an Voraussetzung ist, keinen – wie auch immer organisierten – Bauträger einzuschalten, folgt hieraus vor allem zweierlei:

Zum einen lassen sich zwar die für einen meist überdimensionierten Verwaltungsapparat anfallenden Kosten fast vollständig einsparen, zum anderen legt diese individuelle Planungs- und Entscheidungsfreiheit den Bauherren größere Verantwortung auf. Diese *Freiheit des Planungsprozesses* erfordert damit vom Bauwilligen und Architekten eine intensivere und bewußtere Beteiligung am gesamten Bauprozeß, als sie beim Reihenhaus *von der Stange* üblich ist.

Individualität beim gemeinsamen Hausbauen darf sich aber nur innerhalb gemeinsam festgelegter und akzeptierter *Spielregeln* vollziehen, damit Planen und Bauen für den Architekten noch machbar bleiben und angestrebte architektonische Gestaltqualität mit einheitlichen, aufeinander abgestimmten Material- und Konstruktionskonzepten erreicht werden kann. Deshalb wurde in einem frühen Planungsstadium eine schriftliche Übereinkunft zwischen allen Beteiligten getroffen, daß insbesondere bei Fragen über die äußere Gestalt mehrheitlich entschieden werden sollte. In Gruppengesprächen mit unterschiedlichen Zeitabständen entsprechend Bedarf wurden das Planungskonzept, die Ausführung mit ihren Qualitätsstandards, die Vergabe und die Kosten erörtert; ferner wurden in vielen Einzelgesprächen mit den Bauherren deren persönliche Wünsche und Wohnvorstellungen besprochen. Zum Beispiel erhielt das Zeilen-Endhaus im Erdgeschoß auf Wunsch seiner Bauherren eine Hausecke mit einer in ihren Maßen auf eine vorhandene Hochschrank-Kühl-Gefrier-Kombination abgestimmten Nische. Oder aber es entstanden bei der Deckenausbildung des Geschoßversprungs vom Eßplatz zum Wohnzimmer drei verschiedene bauliche Lösungen:

Erstens – durch Verzicht auf das erste, an den Geschoßversprung in der Mittelachse des Hauses anschließende Deckenfeld wird der Eßplatz im Erdgeschoß mit der Arbeitsgalerie im Obergeschoß (Südseite) räumlich verbunden; es ist ein Durchblick von der Küche über den Eßplatz und die Galerie bis durch die Schrägverglasung des Wintergartens in den zumeist wolkigen Aachener Himmel gegeben: eine Transparenz, die sicherlich für ein Sechs-Meter-Reihenhaus ungewöhnlich ist und insbesondere bei dieser Lösung die Sinnlichkeit fließend auf verschiedenen Ebenen miteinander verbundener Räume erleben läßt.

Zweitens – ein Lehrer-Ehepaar wollte sein Arbeitszimmer über dem Wohnraum zum Eßplatz optisch und akustisch abschirmen, gleichzeitig aber auf den großzügigen Blick vom gemeinschaftlichen Eß-, Spiel-, Diskussions- und Lernplatz hinab ins Wohnzimmer nicht verzichten. Also wurde das Feld, welches geometrisch als *schiefe Ebene* die Decken von Sitzplatz und Wohnzimmer miteinander verbindet, nicht (wie im ersten Fall) zur Horizontallastübertragung mit Zugstab-Stahldiagonalen ausgekreuzt, sondern im mehrschichtigen Aufbau der sonstigen Holzbalkendecken schräg geschlossen.

Drittens – hier wurden als eigentliche *Normallösung* die beiden versetzten Erdgeschoßdecken bis an die Achse des Geschoßversprunges herangeführt, so daß über dem Wohnzimmer ein geschlossener Raum mit durchgehend waagerechter Decke entstand.

Während insgesamt die Zusammenarbeit zwischen Bauherren und Architekten positiv beurteilt werden kann und damit auch nützliche Vorschläge der Bauherren von den Planern aufgegriffen werden konnten, zeigten sich – eigentlich erwartungsgemäß – auch gegensätzliche Standpunkte, die vor allem – aus der Sicht der Architekten! – in den konventionellen Raum- und Wohnerfahrungen der üblich-durchschnittlichen Massivbauten begründet waren. Nur durch kategorischen Hinweis auf die sonst notwendige Aufgabe und damit Undurchführbarkeit des für alle Häuser gemeinsamen Tragsystems von durchlaufenden Stützen und dazwischengesetzten Riegeln konnte ein Bauherr von der konstruktiven Logik einer frei im Raum zwischen Eßplatz und Treppenpodest stehenden Holzstütze *überzeugt* werden.

Auch an die im Erdgeschoß in der Achse des Geschoßversatzes zur Queraussteifung des Hauses eingebauten Stahldiagonalen als Doppel-Zugstäbe (mit rechnerisch maximal 14 t Zugkraft-Aufnahme pro Diagonalenpaar) konnten sich einige Mitglieder der Baugemeinschaft trotz Modelluntersuchung im M 1:1 anfänglich schwer gewöhnen. Inzwischen sind wohl alle von der ausgeführten Lösung überzeugt (oder nur daran gewöhnt?), zumal die Stahlstäbe die größtmögliche räumliche Transparenz ermöglichen. Sie stellen die konstruktiv-logische Fortsetzung des Standard-Knotens mit in Stütze und Riegel eingeschlitzten Stahlplatten mit Stabdübeln dar und bieten hier – im Rahmen der Be- und Durchgrünung der Häuser – weniger lichthungrigen Kletterpflanzen eine willkommene Rankhilfe.

Wie variantenreich – und damit aber auch arbeitsintensiv – ein derartiges Bauvorhaben sein kann, verdeutlichen beispielhaft auch die an der Südseite angeordneten sechs zweigeschossigen Wintergärten, deren grundsätzliche Qualitäten, zum Beispiel hinsichtlich Steigerung des Wohnwertes und Energieausnutzung der Sonnenstrahlung, ja hinlänglich bekannt sind. Daß aber tatsächlich alle sechs Anbauten untereinander verschieden sind, ist beim flüchtigen Hinschauen kaum erkennbar: Zuerst ergaben sich aufgrund der gespiegelten Hausgrundrisse bei konstanter Anordnung der Wintergärten an der Ostseite der Grundstücke jeweils zwei und drei entwurfsachsenbreite Typen; ferner besitzt das Zeilen-Endgrundstück einen schiefwinkeligen Zuschnitt in der Tiefe, so daß hier eine zurückspringende Sonderlösung entwickelt wurde, um die Baugrenze einzuhalten. Zu diesen drei Varianten wurden auf Wunsch weitere Sonderlösungen geplant, die sich beispielsweise in der größeren Tiefe des Wintergartens, in zusätzlichen Türen nach draußen oder anderen Lüftungsflügeln darstellen. Es empfiehlt sich hier unbedingt, bei Planungsbeginn für Sonderleistungen in der Planung (und Bauleitung) sowie für Beratung und Koordination von Eigenleistungen zwischen Bauherren und Architekten eine Vertragsvereinbarung zu treffen, damit das von viel Idealismus für die Architektur getragene Engagement des Architekten nicht vom finanziellen Fiasko für ihn erdrückt wird.

Wie bei vielen gerade in den letzten Jahren entstandenen Holzhäusern gewann auch bei dieser Reihenhauszeile der überdurchschnittlich hohe Anteil am Selbstbau doppelte Bedeutung: Er vermindert einerseits die Baukosten, andererseits regt er aber auch zu gemeinschaftlicher Betätigung an; gemeinsamer Materialeinkauf (mit entsprechenden Nachlässen!), Ausleihen von Spezialwerkzeugen, Diskussion mit und Anschauung bei Nachbarn, die beim Ausbau schon einen Schritt weiter waren als man selbst. So wurden von den Bauherren je nach zeitlichem und handwerklichem Vermögen außer den gängigen Innenausbauarbeiten wie Anstreichen, Teppich- und Fliesenverlegen auch die Holzfußböden, die Innenwände, die Ausfachungen und inneren Bekleidungen der Außenwände und in einem Fall sogar die gesamte Heizungsanlage als ein auf dem Markt angebotener Selbstbausatz in Eigenleistung hergestellt. Dabei haben die Architekten oft Lösungen mit sinnvoll machbaren Varianten angeboten, aber auch – und wieder – erfahren müssen, daß das Handeln zwischen Durchsetzung des architektonischen Gesamtkonzeptes und Willfährigkeit einer Gratwanderung gleichkommt. Doch haben hier schließlich alle Beteiligten, wenn auch mit etwas Muskelkater, glücklich und mit großer Befriedigung (und viel Lob und Anerkennung von Außenstehenden) ihr Ziel erreicht.

26.2 Erfahrungen mit den Behörden

Der oft zitierte, fast schon obligatorische Kampf um die Genehmigung des Bauvorhabens mit den zuständigen Behörden fand *nicht* statt. Dies lag einerseits an der positiven Einstellung der städtischen Ämter zum Vorhaben, in einer privaten Bauherrengemeinschaft eine Holzhausgruppe als Reihenhauszeile zu errichten; andererseits entwickelten die Architekten ein Konzept, das im Rahmen des bestehenden Bebauungsplanes auch genehmigungsfähig war. Insbesondere mußten die einschlägigen Brandschutzbestimmungen berücksichtigt werden. Hierzu war auch ein Tragwerks-Strukturmodell im Maßstab 1:20 mit den Varianten der großen und kleinen Dachlösung sehr hilfreich, an dem zum Beispiel bei der städtischen Feuerwehr ein Anleiterversuch als zusätzliche Rettungsmöglichkeit aus dem Dachgeschoß im Brandfall mit positivem Ergebnis simuliert wurde.

26.3 Erfahrungen mit den Handwerkern

Außer dem fast üblichen Problem, eine auch für den Massivteil sorgfältige Werk- und Detailplanung von einer qualitativ mäßigen Rohbaufirma *mit Anstand* verwirklicht zu bekommen, waren zwei weitere Aspekte für die Objektüberwachung der Architekten recht arbeits- und damit zeitaufwendig. Der erste lag in der Koordination der Herstellung von tragenden Geschoßdeckenschalungen mit den zweischaligen Sichtmauerwerkswänden der Haustrennwände, nachdem die Stabteile der Holztragwerke aufgestellt waren. Da die Mauerscheiben quer zu ihrer aussteifenden Längsachse in Deckenhöhe über einen KSU-Schalen-Balken und einbetonierten, abgewinkelten Lochblechen mit der Dekkenschalung geschoßweise verbunden wurden, mußten sowohl Schalung als auch Haustrennwände geschoßweise im Takt hergestellt werden. Dabei wurden Stützen und Balken zum Schutz gegen Verschmutzung mit Folien abgeklebt. An das Arbeiten zwischen den Teilen des Holztragwerks mußten sich die Maurer anfänglich sicherlich gewöhnen; andererseits wurde mit der eingebauten Deckenschalung jeweils geschoßweise eine Arbeitsebene geschaffen, von der aus weiter gemauert werden konnte.

Ein besonderes Lob verdient die Holzbaufirma, welche dank eines erfahrenen, umsichtigen Zimmermanns als Montageleiter Holztragwerke errichtet hat, die aufgrund ihrer Qualität entscheidend das positive Raum- und Wohnerlebnis der Häuser mitbestimmen.

26.4 Wohnerfahrungen

Die Ausgewogenheit zwischen *offenem Wohnen* und *abgeschlossenen Räumen* fördert die hausinterne Kommunikation, läßt aber auch Rückzugsmöglichkeiten offen: Unterschiedliche Grade von Transparenz und Durchgängigkeit der Montage-Trennwände (verglast, verschalt, Oberlichtbänder zwischen den Deckenbalken, zusätzliche Türen usw.) ließen sich leicht – als ein im Holz-Skelettbau immanenter Vorteil – verwirklichen; dabei wurden viele Entscheidungen hierüber von den jeweiligen Bauherren individuell und erst in der letzten Ausbauphase getroffen, weil nun die sich abzeichnende Raumstruktur den Nutzern eine Vorstellung von der ihnen erwünschten räumlichen Offenheit ermöglichte.

Die verglaste Südfassade mit ihren Wintergärten bietet im Zusammenspiel mit den Strukturen des Holzskeletts ein intensives Licht- und Schattenerlebnis, vor allem auf den weißen Mauerwänden. Alle Wintergärten wurden nach außen isolierverglast und die Schrägverglasung am unteren Punkt als Stufenfalzscheibe mit großem Überstand ohne Regenrinne ausgebildet. So entstand eine gute Abtropfkante für Regenwasser, dessen Tropfen im Gegenlicht am Glasrand wie Perlen einer Kette aufgereiht erscheinen. Bewährt hat sich auch die gemauerte zweischalige Haustrennwand, durch die ein sehr guter Schallschutz zu den Nachbarn gegeben ist. Innerhalb des Hauses ist der Schallschutz zwischen den Individualräumen ausreichend und im übrigen aufgrund des offenen Wohnkonzeptes vernachlässigbar.

Alle konstruktiv erforderlichen Tragwerksteile wie Stützen, Unterzüge, Decken-Balken, -Schalungen sowie Längs- und Queraussteifungen aus Stahl oder Mauerwerk sind Teil des Gestaltkonzeptes: Es ist auch für den Laien in seinen Hauptstrukturen erkennbar und somit nachvollziehbar. Dabei entwikkelt sich der räumliche Eindruck vor allem in der vertikalen Abfolge der sechs aus Holz konstruierten Ebenen. Material- und Gestaltkonzept sind so angelegt, daß man den Häusern – wie uns – ein würdiges Altern wünscht: gesund bleiben, hier und da ein paar *Falten* zulegen, ohne daß ein *Face-Lifting* notwendig wird; und im übrigen sind auch diese Häuser nicht für die Ewigkeit gebaut.

Inzwischen hat im Wintergarten – bereits im Februar – der erste Oleander geblüht, und Efeu und Knöterich ranken sich an Pergolen und Wänden hoch. Auch diese *Zeile aus Holz* betrifft, was Manfred Sack in seinem Buch *Einfache Paradiese* bildlich umschrieben hat: »Sie (die Architekten) konstruieren schöne Gedichte, deren Versmaß, deren strenger oder freier Reim, deren Zeilenfall keine Schlamperei duldet.«

27 Diplomarbeit: Wohnhaus mit privater Schwimmhalle

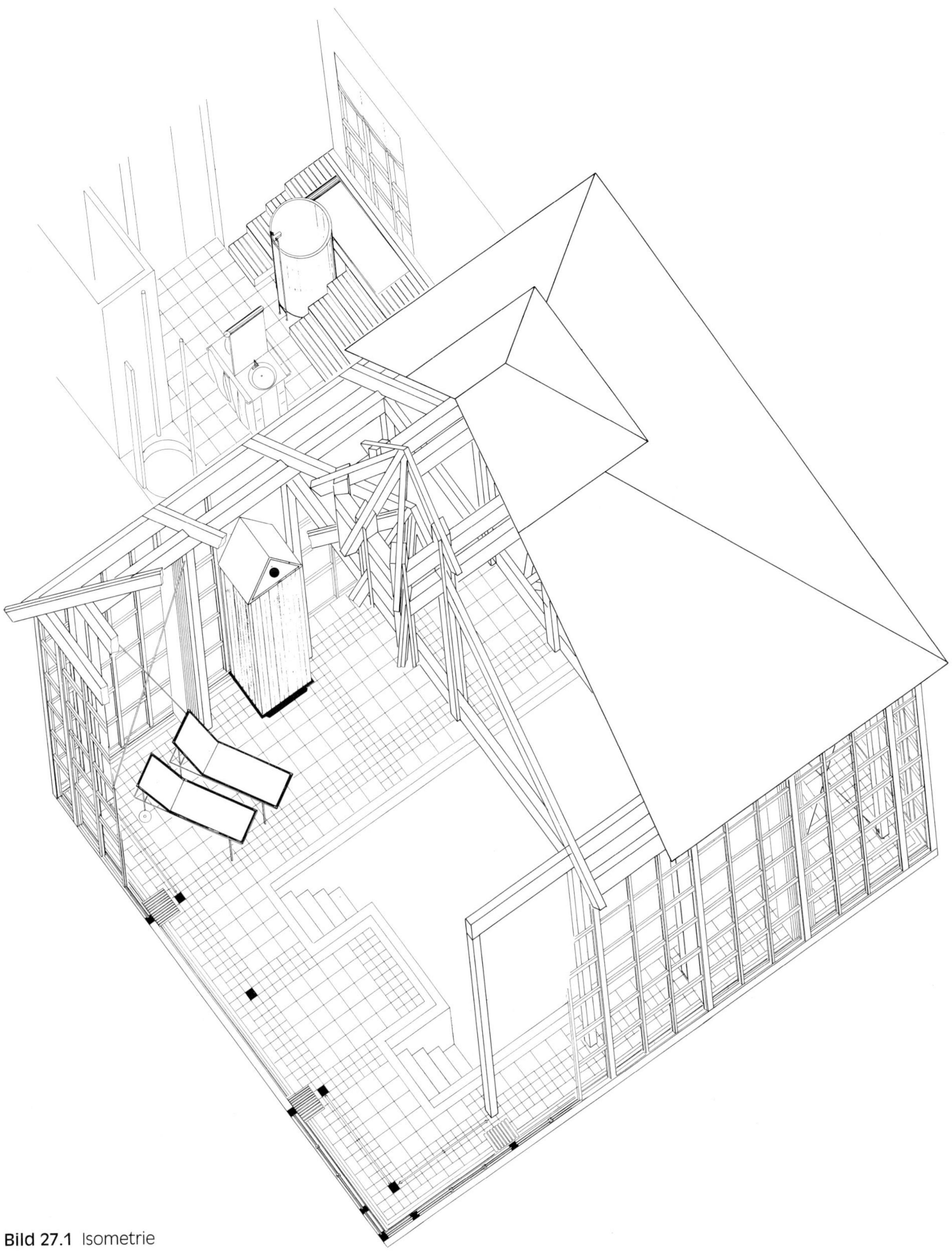

Bild 27.1 Isometrie

Steckbrief

Objekt:	Wohnhaus mit privater Schwimmhalle
Entwurf:	Diplom-Arbeit von Margret Richebächer, Frankfurt
Betreuer:	Fachhochschule Wiesbaden, Prof. Till Behrens, Karlheinz Henn
Jahr:	1985
Reine Baukosten:	(geschätzt) 550.000 DM
Wärmebedarfs-berechnung:	14.349 W
Wohn-/Nutzfläche:	Wohnhaus: 293 m^2, davon reine Wohnfläche 210 m^2, Schwimmhalle 105,5 m^2
Umbauter Raum:	508,2 m^3

Die Aufgabe bestand darin, ein Privathallenbad zu konzipieren, das einerseits den Wünschen des Bauherrn entspricht, andererseits aber auch die kostenlose Sonnenenergie durch bauliche Maßnahmen nutzt.

27.1 Entwurfsüberlegungen

Planungsgrundlage für das Hallenbad war ein vorhandenes Gebäude in Königstein im Taunus. Das nach Süden ausgerichtete Grundstück in leichter Hanglage umfaßt 1350 m^2. Es liegt in einer ruhigen Wohngegend mit überwiegender Einfamilienhausbebauung. Das zum größten Teil frei stehende Einfamilienhaus grenzt mit seinem Garagentrakt an das Nachbargrundstück. Das Haus in seiner heutigen Form ist nicht der ursprüngliche Baukörper, sondern besteht aus einem durch Anbauten (1969) erweiterten Wochenendhaus. Dies zeigt sich besonders im Dachaufbau (Flach- und Walmdach). Das Haus wird von einer Familie mit zwei Kindern bewohnt.

Aufgrund der örtlichen Gegebenheiten und baulichen Möglichkeiten und nach Rücksprache mit dem Bauherrn entwickelten sich im Vorentwurfsstadium folgende Alternativen:

- die gesonderte Badehalle im Garten,
- die integrierte Badehalle im Keller,
- die an das Wohnhaus angebundene Badehalle.

Die Planung als gesonderte Halle findet meist bei bestehenden Bauten Anwendung. Um die Endwärme zu nutzen und den Garten nicht zu sehr zu verkleinern, ist die Halle teilweise in das Erdreich eingelassen. Die Planung der gesonderten Badehalle im Garten ist architektonisch großzügig, aber technisch aufwendig.

Ein großer Nachteil allein stehender Hallen ohne direkte Verbindung zum Wohnhaus liegt in der Schockwirkung der Außentemperatur (Temperaturdifferenz 6–8 °C) beim Verlassen der Halle an kühlen Tagen. Aus diesem Grund ist ein Anpassungsraum (Umkleideraum) vorgesehen. Getrennt von der Nutzung der Schwimmhalle liegen Sauna, Duschbereich und WC. Die optische Verbindung nach außen erfolgt über eine Lichtkuppel, die, solange es die Witterung erlaubt, geöffnet werden kann.

Bei dem zweiten Vorentwurf (integrierte Badehalle im Keller) besteht das Problem der großzügigen Verbindung mit dem Garten. Deshalb müssen Geräteraum, Umkleideraum, WC, Duschen und Sauna in den rückwärtigen Bereich gelegt werden. Das Becken wird bewußt nahe an die großflächige Fensterfront gelegt.

Um den Eindruck einer dunklen Höhle zu vermeiden, ist jeweils eine zweiseitige Belichtung vorgesehen durch Oberlichter in der Hallendecke und die Fensterfront zum Garten. Vorteilhaft bei einem Kellerbad ist die zusätzliche Verwendung des Hallendaches als Terrasse und Grünfläche.

Im Zusammenhang mit einer Untersuchung über die Zuordnung des Einfamilienhauses zur Schwimmhalle erwies sich die angebundene Badehalle auf der südlichen Grundstückseite als günstigste Lösung. Hierbei ist die Schwimmhalle an den Schlaf- und Badezimmertrakt angebunden.

Die Zuordnung der Schwimmhalle wird von der Nutzung bestimmt, wobei im Gegensatz zum Freibad das Hallenbad auch in den frühen Morgenstunden,

Bild 27.2: Modellaufnahme Wohnhaus mit angebundener Badehalle

direkt nach dem Aufstehen, benutzt wird. Die direkte, d.h. durch einen beheizten Innenraum hergestellte Verbindung zwischen Badehalle und Schlaftrakt ist nicht nur wegen der Verwendung des Schlafraums als Umkleideraum notwendig, sondern auch, um direkt nach dem Erwachen, nur mit einem Bademantel bekleidet, schwimmen gehen zu können.

Ebenso wichtig für die Nutzung ist ein Sitzplatz in der Halle, der das Aufstellen von Liegestühlen usw. gestattet. Auf diese Weise ist die Halle auch während der kalten Jahreszeit für einen längeren Aufenthalt geeignet.

Das Becken mit 720 cm × 430 cm Größe ist weit nach außen versetzt, dadurch kann die einstrahlende Sonne möglichst viel Wasser erwärmen.

27.2 Konstruktion

Die Entscheidung fiel für eine Halle in Holzskelettbauweise, die von einer Glashülle umschlossen wird.

Warum Holz im Schwimmbad?
Bei feuchten Räumen denkt man gewöhnlich an glasierte, keramische Oberflächen, hygienisch, pflegeleicht und praktisch. Ein Schwimmbad, vor allem ein privates, soll aber nicht nur praktisch sein. Es dient heute in erster Linie der Entspannung. Eine sterile Umgebung kann dazu kaum beitragen.

Der Baustoff Holz ist das Material, wenn es um die Architektur für die Freizeit geht. Im Schwimmbadbau gibt es schwierige bauphysikalische Anforderungen, die kaum ein einziger Baustoff zu erfüllen vermag. Holz hat hier überraschende Eigenschaf-

Bild 27.3 und 27.4: Modellfotos Holzskelett

ten, wie sie nur ein organischer Baustoff haben kann. Holz kann Wasser aufnehmen und abgeben, es ist leicht und gut wärmedämmend. Man kann sichtbare Konstruktionen, ohne Wärmebrücken befürchten zu müssen, von innen nach außen durchgehend ausführen. Außerdem ist es in hohem Maße zug- und druckfest und dazu noch relativ preiswert. Die Korrosion spielt in Feuchträumen eine große Rolle und erfordert üblicherweise aufwendige Schutzmaßnahmen. Holz korrodiert nicht. Die Luftfeuchte, die üblicherweise in einer Schwimmhalle auftritt (max. 70% bei 30 °C), erzeugt eine Holzfeuchte zwischen 12 und 13%.

Diese Holzfeuchte ist beim Einbau weitaus leichter zu halten als die extrem geringe Holzfeuchte, die sich in zentral beheizten Wohnräumen einstellt (9 ± 3%).

Das architektonische Erscheinungsbild der

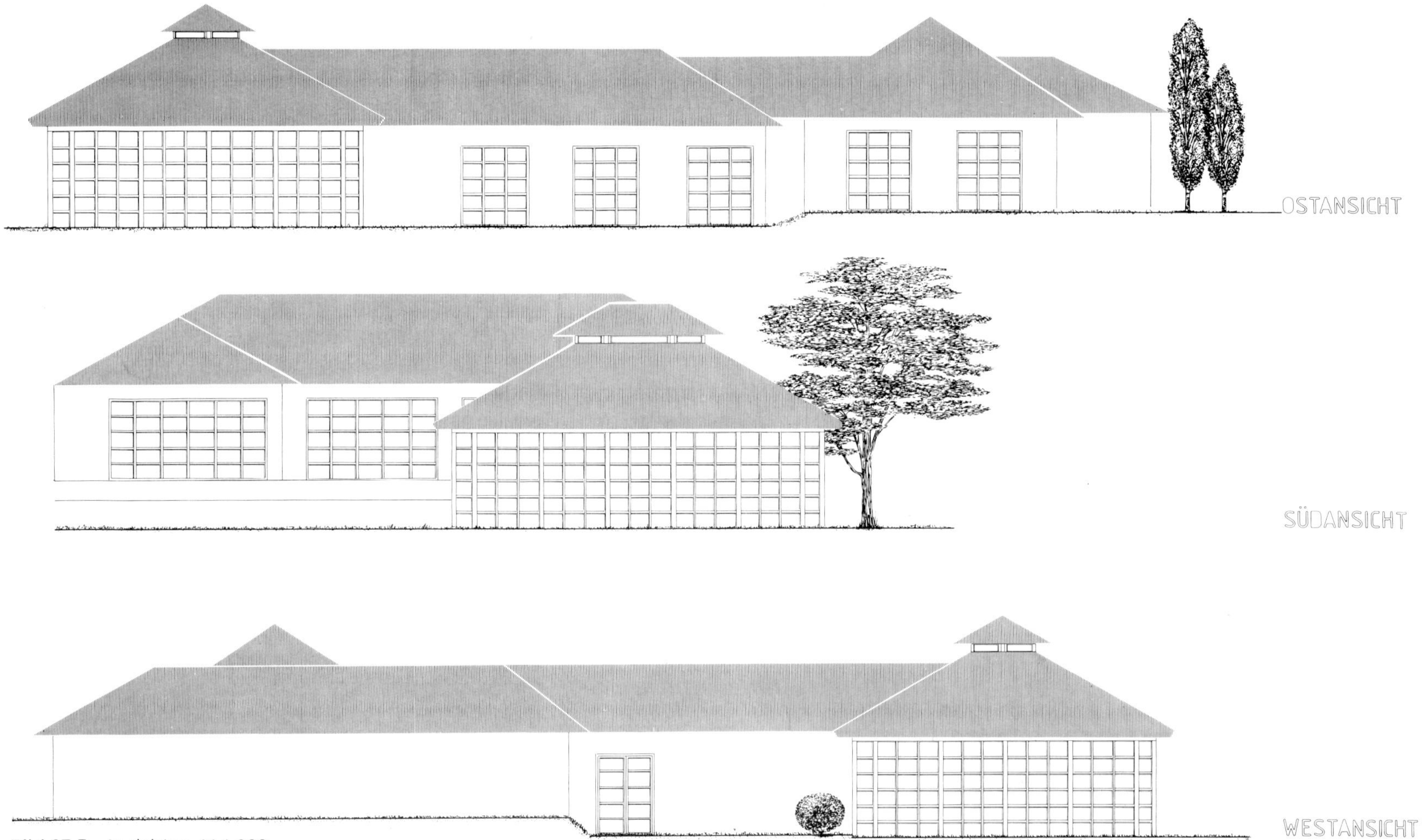

Bild 27.5: Ansichten, M 1:200

Schwimmhalle wird geprägt durch ein primäres und sekundäres Stützensystem und die sichtbare Dachstruktur. Das primäre innere Stützensystem des eingeschossigen Holzskeletts übernimmt die tragende und aussteifende Funktion. Die Pfosten (16/16 cm) stehen in einem Raster von 2,00 Metern und sind, vor Bodenfeuchtigkeit geschützt, 10 cm über dem Fußboden auf korrosionsgeschützten Stahlfüßen aufgelagert und im Betonfundament verankert.

27.2.1 Fensterelemente

Die Außenstützen vom Querschnitt 12/12 cm stehen in einem Konstruktionsraster von 2,04 m und 0,60 m im Eckbereich. Sie dienen zur Aufnahme der Holzsprossenfenster mit 3fach-Isolierverglasung, die in einjähriger, faserfrei geschliffener Fichte mit Lasuranstrich ausgeführt werden. Der Anschluß der Festverglasung geschieht in einer Nut unmittelbar an den Trägern und Stützen. Das Glas muß in einem dauerelastischen Kittbett liegen und innen und außen versiegelt sein.

Um einen ausreichenden Wärmeschutz zu gewährleisten, sind an der Innenseite Dämmelemente in Form von Schiebe-Faltläden aus Sperrholz mit innenliegenden Hartschaumplatten beweglich montiert. Sie erhöhen zum einen den Wärmeschutz aufgrund ihres Eigendämmwertes (k-Wert 1,5 W/m^{2}K), zum anderen schaffen sie einen beruhigten Luftraum. Es entsteht praktisch eine kleine wärmedämmende Pufferzone. An der Außenseite angebrachte, elektrisch betriebene Vertikal-Markisen können durch eine eingebaute Wind- und Sonnenautomatik vollautomatisch gesteuert oder manuell bedient werden. Der Sonnenschutz soll weniger die Aufheizung der Halle verhindern, sondern vor allem durch Lichtentzug das Algenwachstum verlangsamen.

27.2.2 Dachtragewerk

Grundgedanke und Entwurfsprinzip bei der Konstruktion des Dachtragwerks in Walmausbildung war die Vorstellung eines großen offenen Dachraums mit sichtbarem Tragwerk und Schalung. Ein zweites gestaffeltes Dach mit eingebautem Fensterband (Lamellenfenster) soll eine zusätzliche Entlüftung gewährleisten.

Die Lasten aus dem Dach werden über die tragenden Innenstützen in die Fundamente abgeleitet. Zangen ermöglichen ein einfaches Einspannen sowohl der Längs- und Querriegel als auch der Spar-

29 Umbau: Atelier in Mönchengladbach

Bild 29.1: Zustand vorher: verfallener Teil

Bild 29.2: Zustand vorher: Hundezwinger

Steckbrief

Objekt:	Atelier (Umbau)
Standort:	Mönchengladbach-Herrath
Baujahr:	1982
Reine Baukosten:	47.000 DM
Planung:	Dipl.-Ing. Wolfgang Ruske, Mönchengladbach
Statik:	Dipl.-Ing. Hans Schmidt, Stade
Ausführung Holzbau:	Eigenleistung
Nutzfläche:	110 m²
Umbauter Raum:	298 m³

29.1 Lage und Ausgangssituation

Eckgrundstück mit zweigeschossigem Wohnhaus und Nebengebäuden in Dorfmitte.

Flaches Nebengebäude mit schiefen, zum Teil morschen Wänden, eingestürzte Deckenteile, teilweise von Pilzen befallenes Holz, im Grundriß kaum ein rechter Winkel, grenzt an ein Landwirtschaftsgebäude. Nutzung durch den Vorbesitzer als Hundezwinger, Schweinestall und Schuppen.

29.2 Planung

Ausbau zu Atelier mit Wintergarten, Archiv und Bar. Das unauffällige, an die Nachbarbebauung angepaßte äußere Erscheinungsbild sollte beibehalten werden, gleichfalls weitgehend der bestehende Grundriß, die Umgrenzungsmauern und der Rohbetonboden.

29.3 Tragwerk und Dach

Die Abtragung der Lasten des asymmetrischen Daches mit 8 und 17° Neigung erfolgt über ein innen sichtbares Holzständerwerk aus Vollholz (Fichte). Die Stützen stehen innen vor den vorhandenen Außenmauern und sind an ihnen sowie auf der Rohbetonplatte mit Stahlverbindern verankert.

Querschnitte:
Stützen 14/14 cm, Wandrähm 14/18 cm, Dachunterzug 14/32 cm.

Dachaufbau:
Sparren 6/14 cm, darauf Nut-und-Feder-Schalung Fichte 2,5 cm, Dampfsperre, Dämmung 10 cm, Luftzwischenraum, Wellasbestzementplatten.

29.4 Außenwände

Aufbau von außen nach innen: Außenputz, Bims-Hohlblocksteine, Luftraum, Gipsfaser-Verbundelemente mit 40 mm Dämmung auf Holzunterkonstruktion, Gipsputz und Anstrich.

29.5 Fußboden

Aufbau von unten nach oben: Rohbeton, Feuchtigkeitsisolierung (PE-Folie), Kanthölzer 6/8 cm auf Dämmstreifen, Abstand der Kanthölzer 50 cm, dazwischen 8 cm Dämmung, Fußbodenbelag 2,4 cm Holzpflaster-Fertigparkett in Lärche, versiegelt, auf den Kanthölzern verdeckt genagelt.
Wichtig:
rundumlaufende Dehnungsfuge von 15 … 20 mm, die mit einer Hohlkehlleiste abgedeckt wurde.

29.6 Wintergarten

Nach Süden orientiert. Dachverglasung aus Plexiglas-Doppelstegplatten auf Holzleimbindern 8,5/14 cm. Befestigung der Doppelstegplatten mit Klemmset-System, Aluminium-Abdeckung.

Bild 29.3

Bild 29.6

Bild 29.9

Bild 29.4

Bild 29.7

Bild 29.10

Bild 29.5

Bild 29.8

Bild 29.11

Bild 29.3: Besprechungstisch, Sprossenfenster zum Garten

Bild 29.4: Die Schiebetüren zum Wintergarten, Fichtenholz weiß lasiert (Entwurf Wolfgang Ruske)

Bild 29.5: Hausbar im Eingangsbereich

Bild 29.6: Blick vom Schreibtisch zum Eingangsbereich

Bild 29.7: Abendliche Beleuchtung; die Beleuchtung mit Scheinwerfern (ERCO) unterschiedlicher Lichtqualitäten auf Stromschienen in Kombination mit antiken Lampen, alle mit Dimmerschaltung, ermöglicht die Schaffung von Lichtinseln und Lichtstimmungen für verschiedene Nutzungen, z.B. für Feste

Bild 29.8: Hausbar, Recycling-Bauteile

Bild 29.9: Rückwärtiger Teil des Ateliers mit zwei Schreibtischen

Bild 29.10: Wintergarten mit Sitzgruppe

Bild 29.11: Dachverglasung mit Markisen als Beschattung

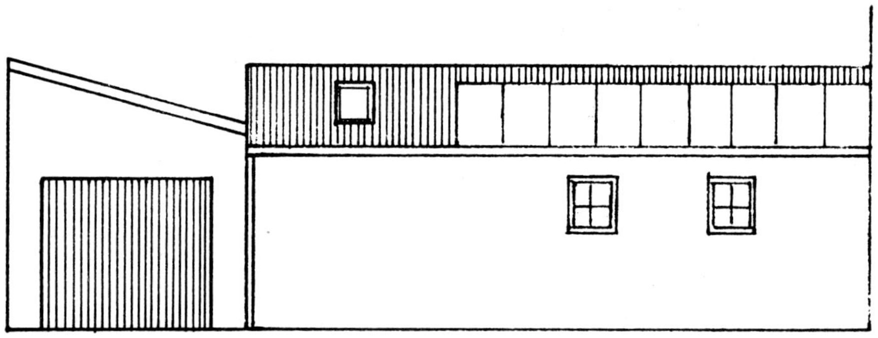

Bild 29.12: Ansicht von Süden (Straßenseite), M 1:100

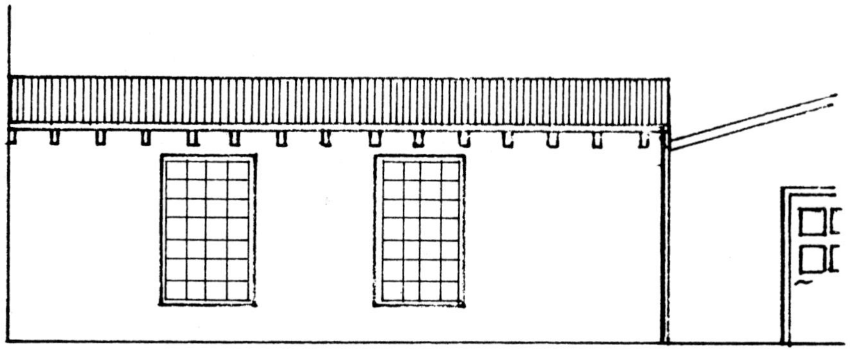

Bild 29.14: Ansicht von Norden (Gartenseite), M 1:100

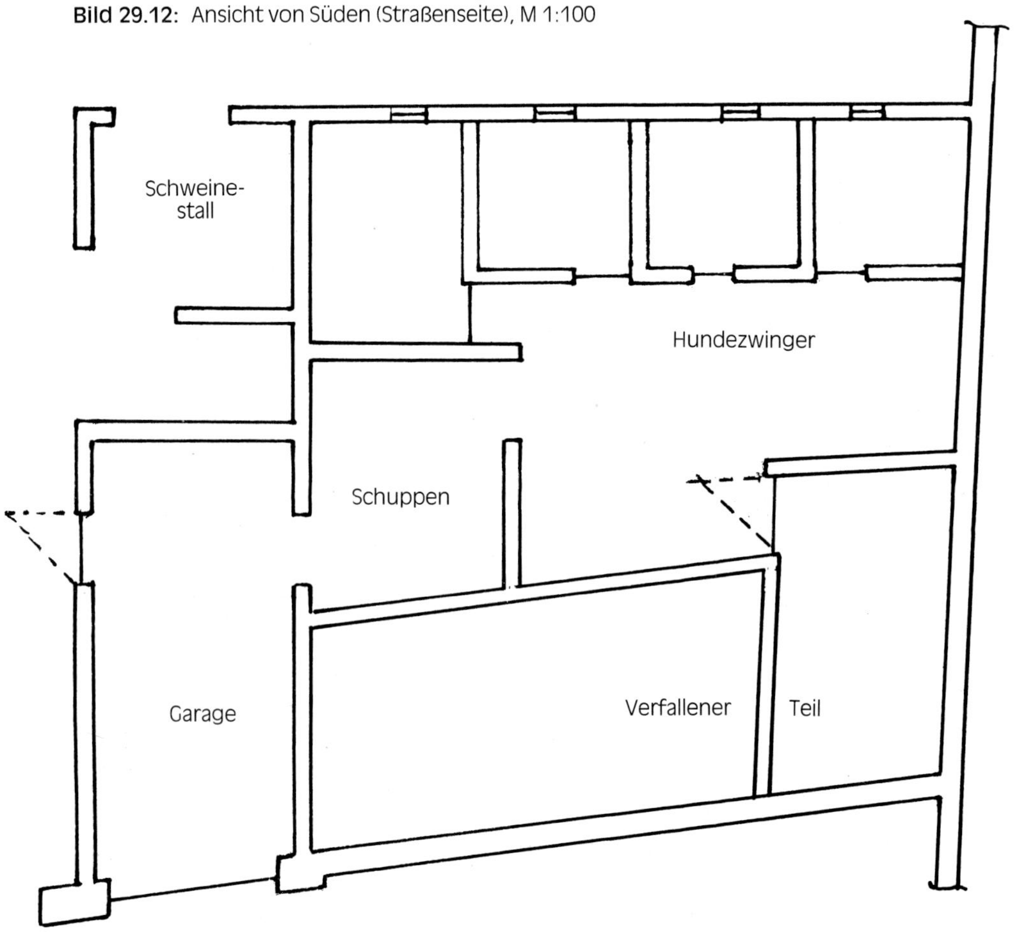

Bild 29.13: Zustand und Nutzung vorher, Grundriß, M 1:100

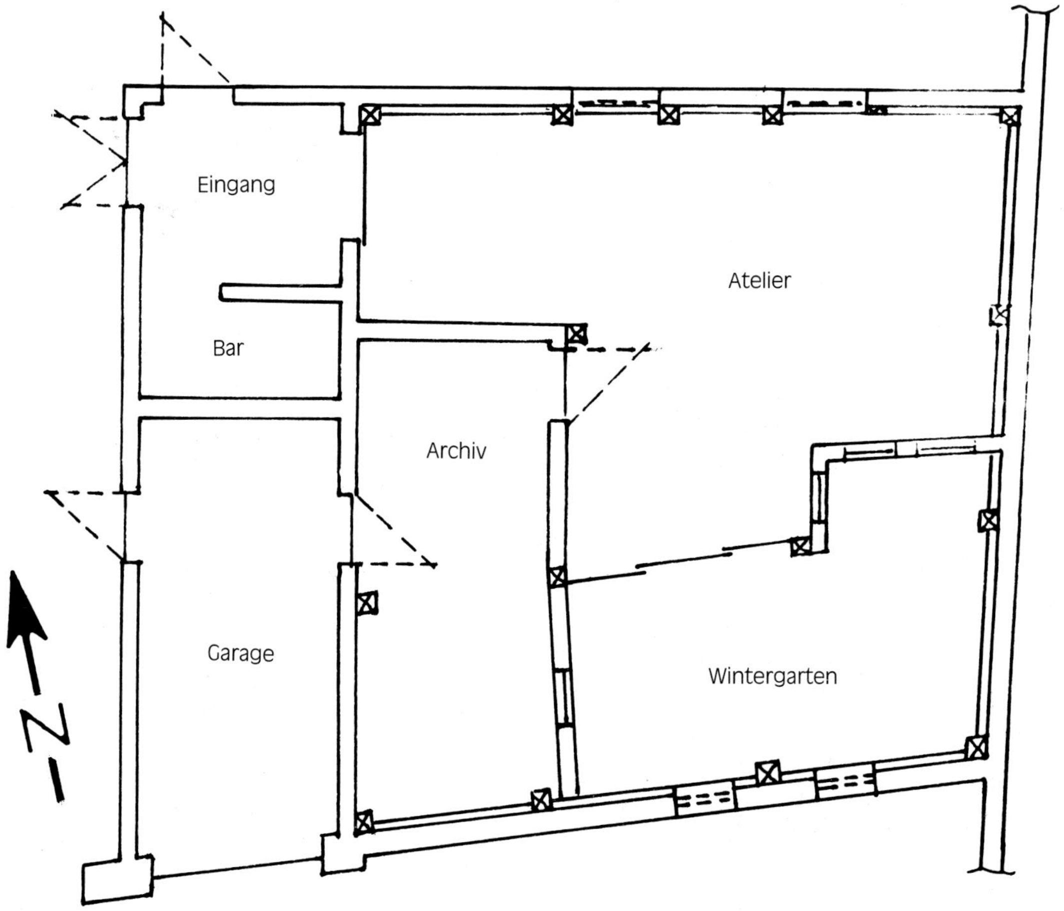

Bild 29.15: Nutzung heute, Grundriß, M 1:100

Fußboden Zementestrich mit Kunststoffbeschichtung, Gefälle zum Pflanzbeet (Dränage), auf dem Estrich kesseldruckimprägnierte Holzroste; Leitungs- und Regenwasseranschluß.

29.7 Baustoffe und Bauelemente

Verwendet wurden nur einfache Materialien wie Fichtenholz, Kalk- und Gipsputz als Wandoberflächen, wobei großer Wert auf überlieferte ländliche Handwerkstechniken gelegt wurde (z.B. Auftrag des Putzes ohne Richtlatte freihändig, gerundete Kanten, Glätten mit Kelle und Quast). Diese Forderung ergab erhebliche Schwierigkeiten mit den Handwerkern.
Fenster und Türen konsequent mit Sprossen, Sprossen-Schiebetüren zwischen Bar/Eingang und Atelier sowie zwischen Atelier und Wintergarten nach eigenem Entwurf.

29.8 Recycling-Bauteile

Eingangstür, Tür zum Archiv und Sprossenfenster zum Garten, Rundbogenfenster aus Eisen zum Wintergarten, Bartresen sowie Bauteile im Außenbereich (Arkadenkonstruktion, Holzpflaster und Schwellen) wurden bei Abbruchunternehmen in der Umgebung gesucht und aufgearbeitet.

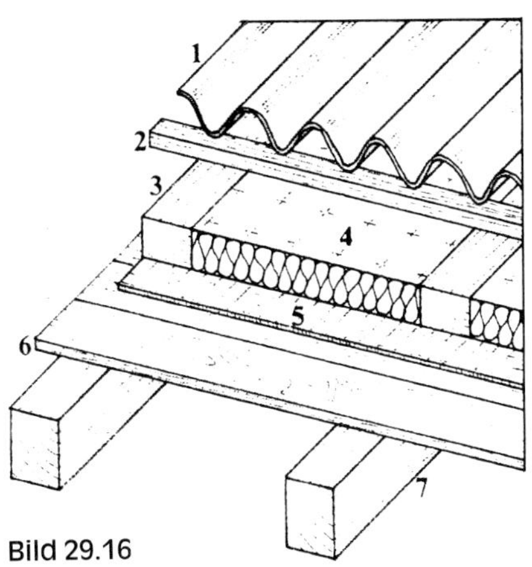

Bild 29.16

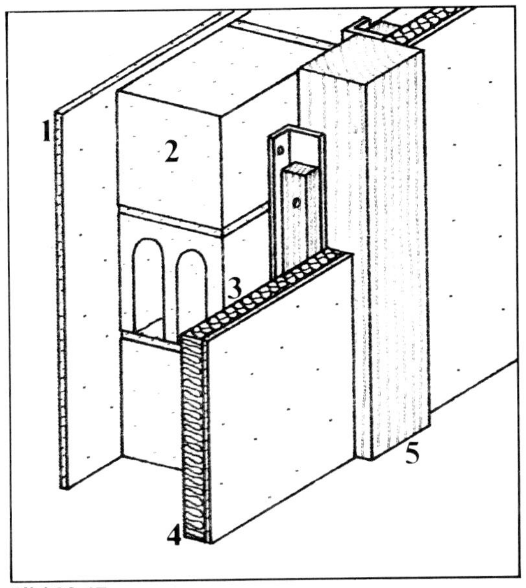

Bild 29.17

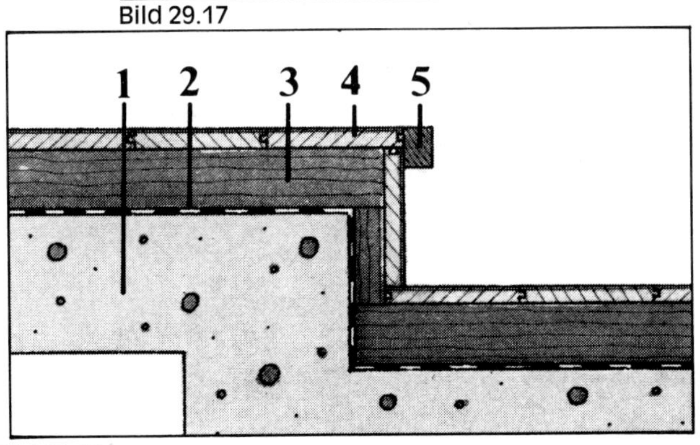

Bild 29.18

Bild 29.16: Dachaufbau:
1 Wellasbestzementplatten Profil 5
2 kesseldruckimprägnierte Latten 4/6 cm
3 Abstandshölzer 10/10 cm
4 Dämmung 100 mm
5 Dampfsperre
6 Nut- und Federschalung 25 mm
7 Sparren 6/14 cm

Bild 29.17: Wandaufbau
1 Außenputz
2 Bims-Hohlblocksteine
3 Luft
4 Gipsfaser-Verbundelemente mit Dämmung 40 mm
5 Holzstütze 14/14 cm

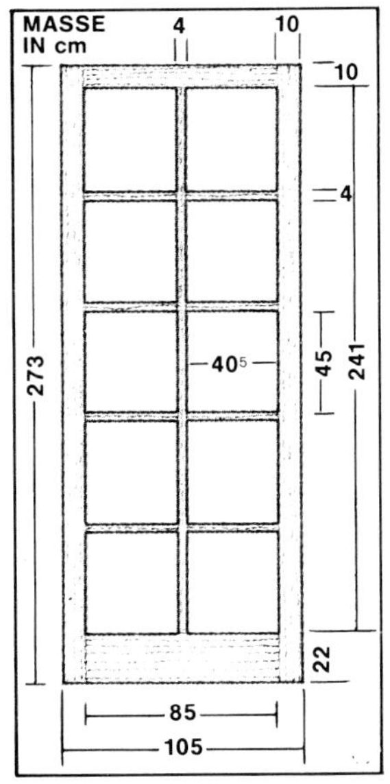

Bild 29.19

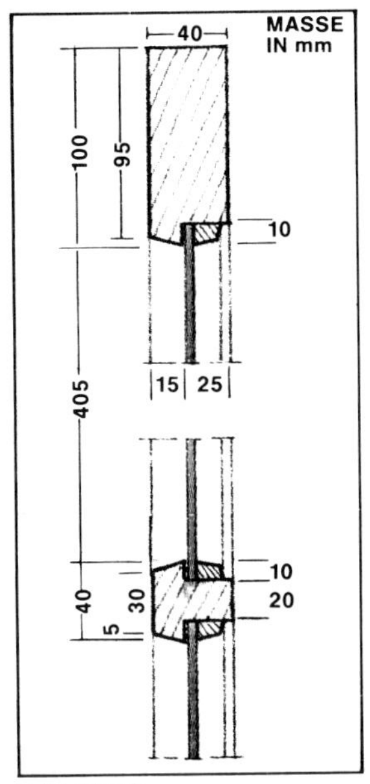

Bild 29.20

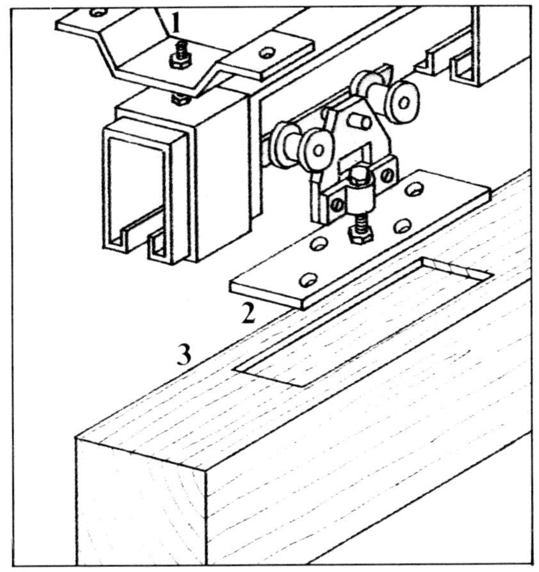

Bild 29.21

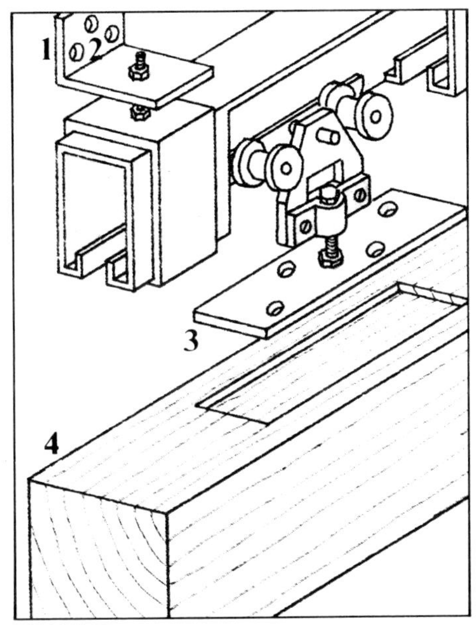

Bild 29.22

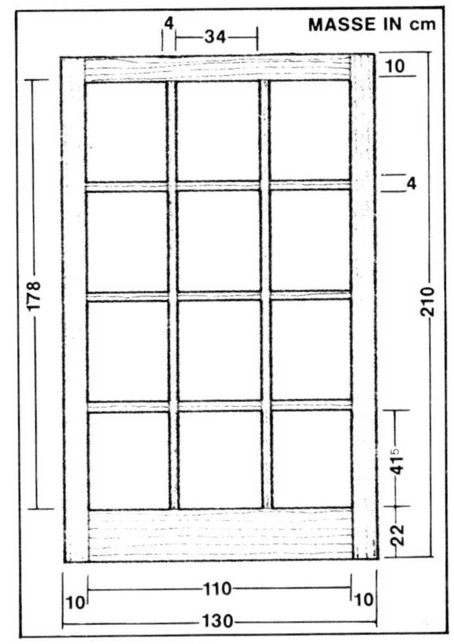

Bild 29.23

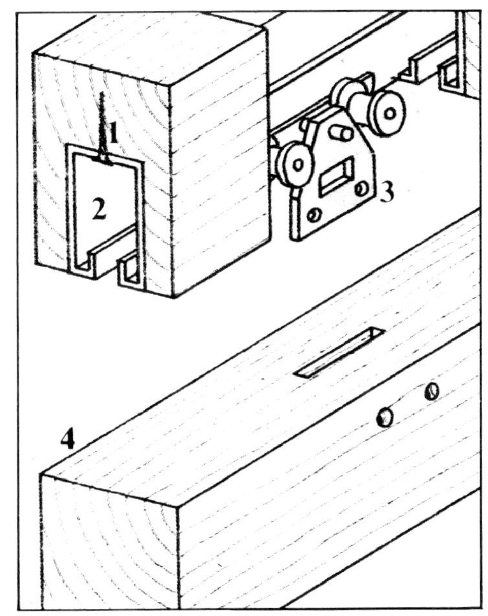

Bild 29.24

Bild 29.18: Fußbodenaufbau und Stufenausbildung
1 Rohbeton
2 Feuchtigkeitsisolierung
3 Kanthölzer 6/8 cm, dazwischen Dämmung 80 mm
4 Holzpflaster-Parkettelemente 23 mm (HARO)
5 Anleimer

Bild 29.19: Drei Schiebetüren zwischen Atelier und Wintergarten

Bild 29.20: Querschnitt der Schiebetüren mit Sprossen

Bild 29.21: Industrie-Schiebetürbeschlag der Türen zwischen Atelier/Wintergarten
1 Befestigung am Holzträger
2 Einlaßplatten
3 Rahmen

Bild 29.22: Beschlag der Schiebetür zwischen Eingangsbereich und Atelier
1 Befestigung am Holzträger
2 Befestigungswinkel
3 Einlaßwinkel
4 Rahmen

29.23: Schiebetür zwischen Bar/Eingang und Atelier

Bild 29.24: Durch Reduzierung von Aufhängern und Befestigungsteilen konnte der Schiebetürenbeschlag auch für das Schiebefenster zum Garten verwendet werden. Es läuft zwischen Stützen und Querträgern
1 Holzträger
2 Laufschiene, ins Holz eingelassen
3 reduzierte Aufhängung, in den Fensterrahmen eingelassen
4 Fensterrahmen

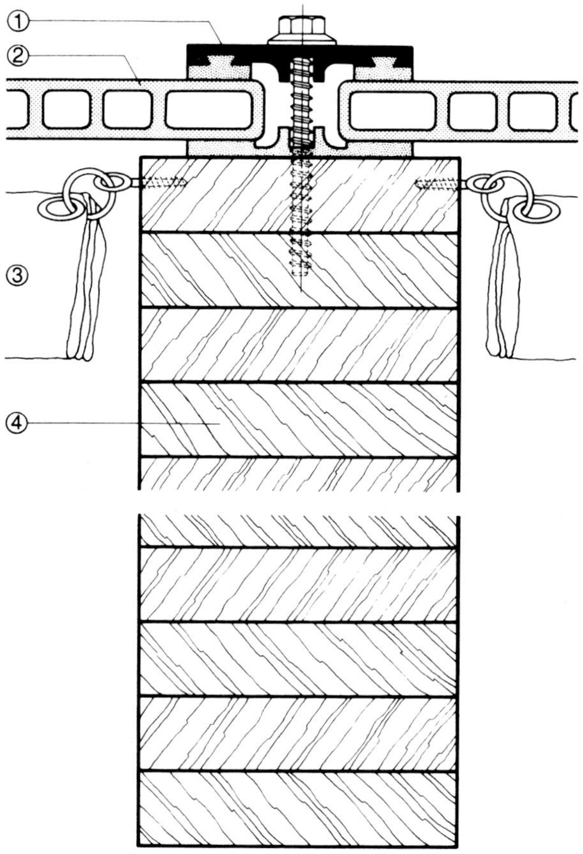

Bild 29.25: Schnitt Dachverglasung
1 Umiversal-Klemmset mit Alu-Abdeckprofile (Röhm)
2 Plexiglas-Doppelstegplatten 16 mm
3 Markisen, geführt in zwei kunststoffummantelten Spanndrähten
4 Holzleimbinder 8,5/14 cm

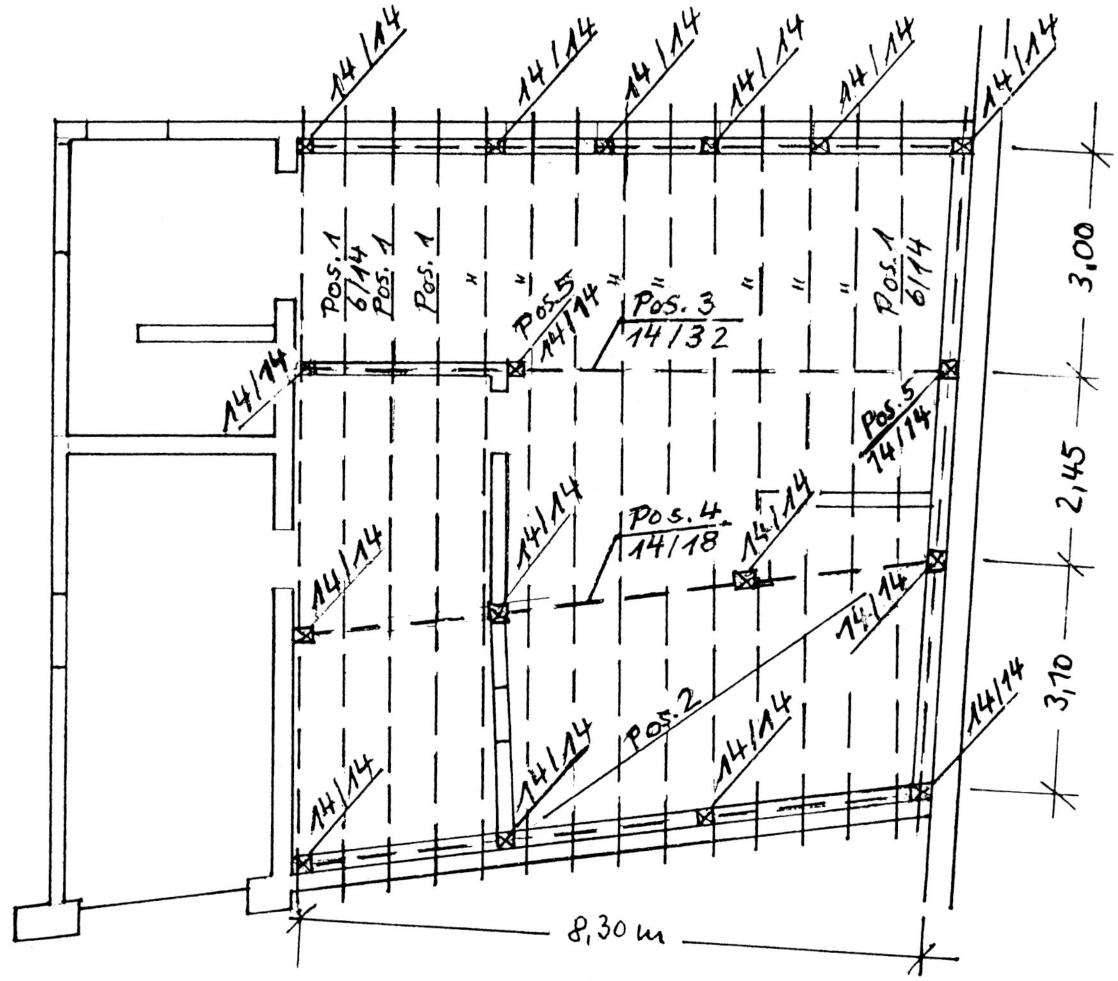

Bild 29.26: Positionsplan für die statische Berechnung des Holztragwerkes

29.9 Farbgebung

Behandlung der Holzbauteile mit Holzwachs rehbraun (Stützen, Binder, Sparren, Außenfenster, alte Türen, Bartresen) bzw. mit weißer Lasur (Deckenschalung, Sprossen-Schiebetüren), Rundbogenfenster zum Wintergarten, weiß lackiert, Heizkörper rehbraun lackiert, Wände weiß gestrichen.

29.10 Heizung

Gastherme mit Radiatoren, Ausnutzung des Glashauseffekts.

29.11 Statische Berechnung

Pos. 1 Dachsparren
max. $l = 3{,}20$ m, $\alpha = 8°$ und 17°
Belastung:

Wellasbestplatte + Latte	0,25 kN/m²
Dämmung 100 mm	0,10 kN/m²
Dampfsperre	0,10 kN/m²
Schalung 25 mm	0,15 kN/m²
	0,60 kN/m²
Sparren	0,10 kN/m²
g =	0,70 kN/m²
Schnee s =	0,75 kN/m²
g + s =	1,45 kN/m²

$M = 1{,}45 \times 3{,}20^2/8 = 1{,}86$ kNm
erf Jx (300) $= 312 \times 1{,}9 \times 3{,}2 / \cos 8°$
$= 1915$ cm⁴/m

7/16	NH II e ≦ 1,00 m
	vorh Jx = 2385 cm⁴

vorh $\sigma = 1{,}86 \times 10^3 / 299 = 6{,}2$ N/mm² (< 10,0)

Verankerung auf Wandrähm durch Winkelverbinder aus verzinktem Stahlblech 50/50/40 x 3 mm.
Variante: Sparrenabstand 0,62 m
$M = 0{,}62 \times 1{,}86 = 1{,}15$ kNm
erf Jx (300) $= 0{,}62 \times 1915 = 1187$ cm⁴

6/14

NH II e = 0,62 m
vorh Jx = 1372 cm^4
$\sigma = 1{,}15 \times 10^3 / 196 = 5{,}9\ N/mm^2\ (< 10{,}0)$

Pos. 2 Wintergartenverglasung
Stegdoppelplatte Plexiglas sdp 16 mm
Auflagerung erfolgt bei 62 cm Sparrenabstand parallel zur Stegrichtung. Zul. Biegemoment lt. Firmenangabe 40 Nm
vorh $M = (0{,}05 + 0{,}75) \times 0{,}58^2 / 8 = 0{,}034$ kNm
$\triangleq$ 34 Nm

Pos. 3 Dachunterzug
l = 5,65 m
Belastung:
Pos. 1: $1{,}45 \times 5{,}70 \times 0{,}5 \times 1{,}25 = 5{,}2$ kN/m
$A = B = 5{,}2 \times 5{,}65 / 2 = 14{,}7$ kN
$M = 5{,}2 \times 5{,}65^2/8 = 20{,}7$ kN
erf Jx (300) = $312 \times 20{,}7 \times 5{,}65 = 36490\ cm^4$

14/32

BSH II vorh Jx = 38230 cm^4

$\sigma = 20{,}7 \times 10^3 \times 6 / 14 \times 32^2 = 8{,}7\ N/mm^2\ (< 11{,}0)$
$\sigma = 14{,}7 \times 10 / 14 \times 14 = 0{,}7\ N/mm^2\ (< 2{,}0)$

Pos. 4 Wandrähm
l = 3,20 m
Belastung:
Pos. 1: $1{,}45 \times (3{,}00 + 3{,}20) / 2 = 4{,}5$ kN/m
$M = 4{,}5 \times 3{,}20^2 / 8 = 5{,}8$ kNm
erf Jx (300) = $312 \times 5{,}8 \times 3{,}20 = 5790\ cm^4$

14/18

NH II vorh Jx = 6801 cm^4

$\sigma = 5{,}8 \times 10^3 / 756 = 7{,}7\ N/mm^2\ (< 10)$

Pos. 5 Wandstützen
Belastung:

Pos. 3:	A = 14,7 kN
Eigengewicht	= 0,3 kN
	15,0 kN

14/14

NH II

$\lambda = 275 / 4{,}04 = 68 \rightarrow \omega = 1{,}82$
$\sigma_W = 1{,}82 \times 15{,}0 \times 10 / 14 \times 14 = 1{,}4\ N/mm\ (< 8{,}5)$

Alle anderen Stützen werden gleich ausgeführt. Die Verbindung Stütze – Unterzug bzw. Stütze – Rähm erfolgt mit Winkelverbindern aus verzinktem Stahlblech 50/50/40/3 mm mit je 2 × 4 Stahlnägeln SN 40/50.

Pos. 6 Aussteifung
Die Aussteifung des Holzskeletts erfolgt durch Verankerung an die vorhandenen massiven Mauerwerksteile. Ein weiterer Nachweis ist nicht erforderlich.

Pos. 7 Gründung
Die Gründung wird nicht verändert. Die Holzkonstruktion wird auf den Rohbeton der Grundplatte gestellt und darin konstruktiv verankert.

29.12 Berechnung der Wärmedämmdicke nach der Wärmeschutzverordnung

Gebäudemaße:
Länge = 12,00 m,
Breite = 9,20 m,
Höhe = 2,70 m

Fensterfläche:	4,72 m^2
	k-Wert = 3500 W/m^2K
Wandfläche:	109,77 m^2
Ständerwerk:	10,00 m^2
Ausfachungen:	99,77 m^2

Ermittlung des k-Wertes der Wandkonstruktion:

1. Bereich der Holzunterkonstruktion

Aufbau	Dicke (m)	Wärmeleitfähigkeit (W/mK)	Wärmedurchlaßwiderstand (m^2K/W)
Gipsverbundelemente	0,040	0,045	0,89
Fichtenholz	0,040	0,140	0,29
Bimshohlblocksteine	0,180	0,330	0,55
Außenputz	0,020	0,870	0,02
		Übergänge	0,17
		1/k =	1,92

k-Wert = 0,524 W/m^2K

2. Bereich der Lufthohlräume

Aufbau	Dicke (m)	Wärmeleitfähigkeit (W/mK)	Wärmedurchlaßwiderstand (m^2K/W)
Gipsverbundelemente	0,040	0,045	0,89
Lufthohlraum	0,040	0,220	0,18
Bimshohlblocksteine	0,180	0,330	0,55
Außenputz	0,020	0,870	0,02
		Übergänge	0,17
		1/k =	1,81

k-Wert = 0,554 W/m^2K

3. Durchschnittlicher k-Wert der Wandkonstruktion:

$$k_W = \frac{10{,}00 \times 0{,}52 + 99{,}77 \times 0{,}55}{109{,}77} = 0{,}55\ W/m^2K$$

4. Berechnung des mittleren Wärmedurchgangskoeffizienten der Außenwände:

$$k_{m,\,W+F} = \frac{0{,}55 \times 109{,}77 + 3{,}50 \times 4{,}72}{109{,}77 + 4{,}72} = 0{,}673\ W/m^2K$$

Berechnung des Wärmedurchgangskoeffizienten der Dachkonstruktion:
Fläche der Dachverglasung: 13,75 m^2
k-Wert = 2,900 W/m^2K
Dachfläche: 96,65 m^2

Aufbau	Dicke (m)	Wärmeleitfähigkeit (W/mK)	Wärmedurchlaßwiderstand (m^2K/W)
Holz	0,025	0,140	0,18
Dämmung mit Dampfsperre	0,100	0,040	2,50
		Übergänge	0,17
		1/k =	2,85

k-Wert = 0,352 W/m^2K

5. Durchschnittlicher k-Wert der Dachkonstruktion:

$$k_D = \frac{13{,}75 \times 2{,}90 + 96{,}65 \times 0{,}35}{110{,}40} = 0{,}67\ W/m^2K$$

Berechnung des Wärmedurchgangskoeffizienten des Fußbodens:

Fläche Holzunterkonstruktion: 22,08 m^2
Fläche Dämmung: 88,32 m^2

1. Ermittlung des k-Wertes im Bereich der Holzunterkonstruktion:

Aufbau	Dicke (m)	Wärmeleitfähigkeit (W/mK)	Wärmedurchlaßwiderstand (m^2K/W)
Fertigparkett	0,030	0,140	0,21
Fichtenholz	0,080	0,140	0,57
Rohbeton	0,150	2,030	0,07
		Übergänge	0,17
		1/k =	1,02

k-Wert = 0,98 W/m^2K

2. Bereich der Dämmung:

Aufbau	Dicke (m)	Wärmeleitfähigkeit (W/mK)	Wärmedurchlaßwiderstand (m^2K/W)
Fertigparkett	0,030	0,140	0,21
Dämmung	0,080	0,040	2,00
Rohbeton	0,150	2,030	0,07
		Übergänge	0,17
		1/k =	2,45

k-Wert = 0,406 W/m^2K

3. Durchschnittlicher k-Wert des Fußbodens:

$$k_B = \frac{22{,}08 \times 0{,}98 + 88{,}32 \times 0{,}41}{110{,}40} = 0{,}52\ W/m^2K$$

Berechnung des maximalen mittleren Wärmedurchgangskoeffizienten:

Grundfläche:	110,40 m^2
Wandfläche:	109,77 m^2
Fensterfläche:	4,72 m^2 (nur Atelier)
Dachfläche:	110,40 m^2
Volumen:	298,08 m^3

$$k_m = \frac{k_W \times F_W + k_F \times F_F + 0{,}8 \times k_D \times F_D + 0{,}5 \times K_B \times F_B}{F_W + F_F + F_D + F_B}$$

$$k_m = \frac{0{,}55 \times 109{,}77 + 3{,}50 \times 4{,}72 + 0{,}54 \times 110{,}40 + 0{,}26 \times 110{,}40}{109{,}77 + 4{,}72 + 110{,}40 + 110{,}40}$$

$$k_m = 0{,}49\ W/m^2K$$

Ergebnis:
Es wurden wesentlich bessere k-Werte erreicht, als von der Wärmeschutzverordnung gefordert. Damit sind die Anforderungen erfüllt.

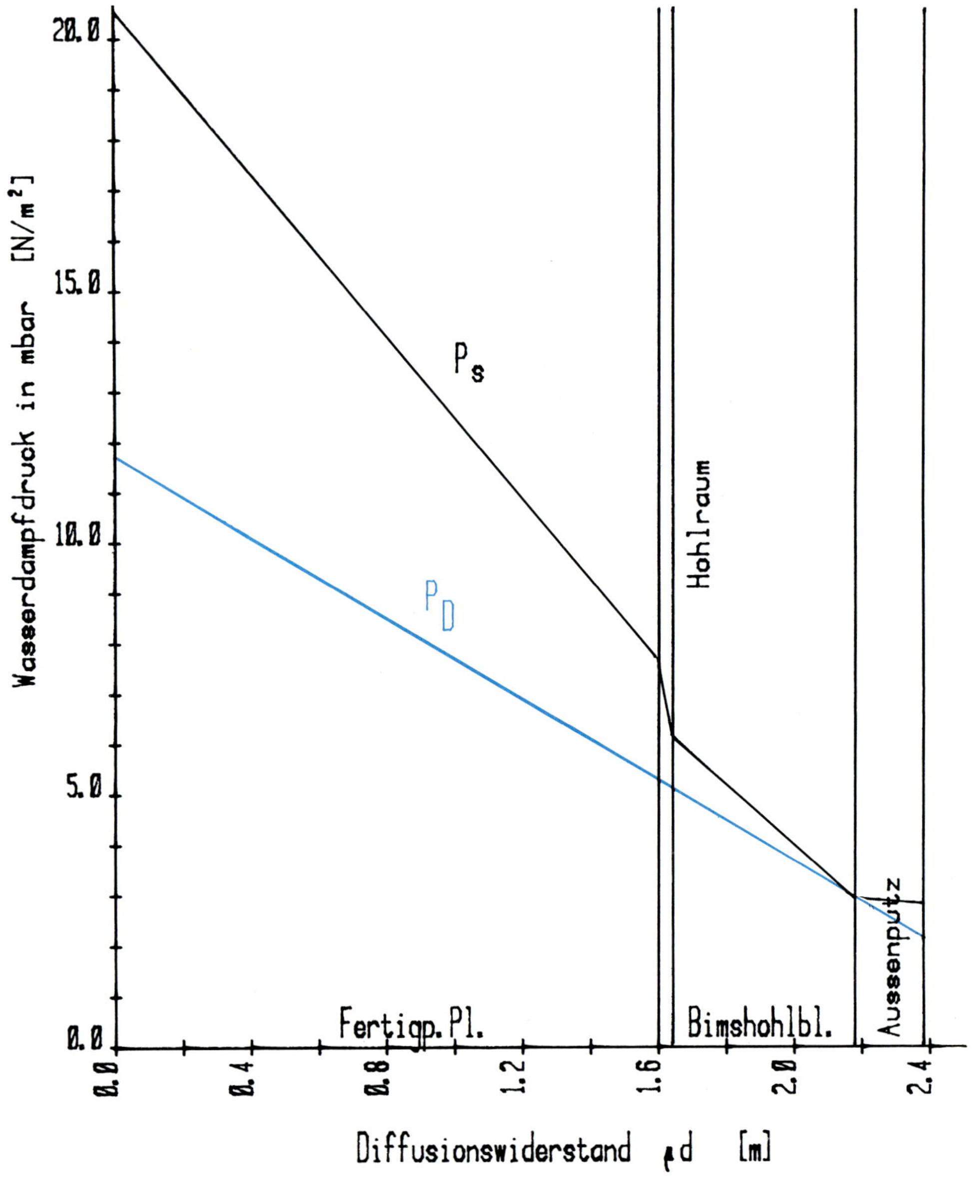

Bild 29.27: Diffusionsdiagramm Wandaufbau mit Lufthohlraum

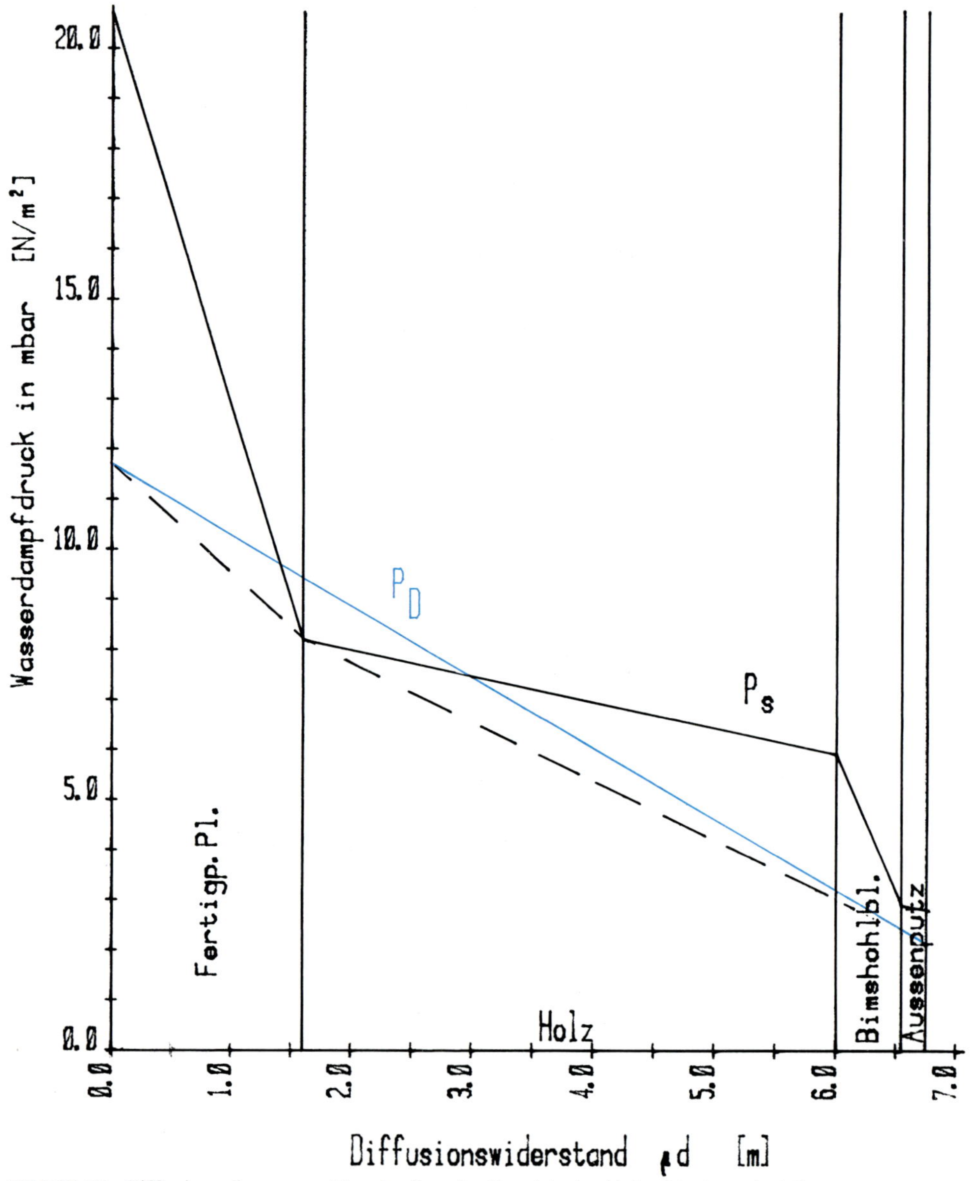

Bild 29.28: Diffusionsdiagramm Wandaufbau im Bereich der Holzunterkonstruktion

29.13 Diffusionsberechnung Außenwand

1. Bereich der Holzunterkonstruktion

Innentemperatur = 20 °C
Rel. Luftfeuchtigkeit innen = 50%

Außentemperatur = – 10 °C
Rel. Luftfeuchtigkeit außen = 80%

Aufbau	Dicke (m)	Wärmeleitfähigkeit (W/mK)	Wärmedurchlaßwiderstand (m^2K/W)	Temperaturunterschied (K)	Temperatur (°C)	Sättigungsdruck des Wasserdampfes (N/m^2)	Diffusionswiderstandszahl	(m)
		8,100	0,12	1,94	18,1	20,70		
Gipsverbundelemente	0,040	0,045	0,89	13,97	4,1	8,18	40,00	1,60
Holz	0,040	0,140	0,29	4,49	–0,4	5,92	110,00	4,40
Bimshohlblocksteine	0,180	0,330	0,55	8,57	–9,0	2,92	3,00	0,54
Außenputz	0,020	0,870	0,02	0,36	–9,3	2,83	10,00	0,20
		23,300	0,04	0,67	–10,0	2,66		

Wärmedurchgangskoeffizient = 0.524 W/m^2K (k-Wert)

Kondensatmenge im Winter = 97 g/m^2, 2 Monate

Sommer: mögliche Austrocknung = 501 g/m^2, 3 Monate

2. Bereich des Lufthohlraums:

Innentemperatur = 20 °C
Rel. Luftfeuchtigkeit innen = 50%

Außentemperatur = – 10 °C
Rel. Luftfeuchtigkeit außen = 80%

Aufbau	Dicke (m)	Wärmeleitfähigkeit (W/mK)	Wärmedurchlaßwiderstand (m^2K/W)	Temperaturunterschied (K)	Temperatur (°C)	Sättigungsdruck des Wasserdampfes (N/m^2)	Diffusionswiderstandszahl	(m)
		8,100	0,12	2,05	17,9	20,56		
Gipsverbundelemente	0,040	0,045	0,89	14,77	3,2	7,67	40,00	1,60
Hohlraum	0,040	0,220	0,18	3,02	0,2	6,18	1,00	0,04
Bimshohlblocksteine	0.180	0.330	0.55	9.06	–8.9	2.93	3.00	0,54
Außenputz	0,020	0,870	0,02	0,38	–9,3	2,84	10,00	0,20
		23,300	0,04	0,71	–10,0	2,66		

Wärmedurchgangskoeffizient = 0.554 W/m^2K (k-Wert)

Kondensatmenge im Winter = 1 g/m^2, 2 Monate

Sommer: mögliche Austrocknung = 3336 g/m^2, 3 Monate

Ergebnis:
Die Diffusionsberechnungen zeigen, daß der Wandaufbau in Ordnung ist. Zwar kann sich zwischen den Gipsverbundelementen und der Holzunterkonstruktion in strengen Wintern etwas Kondsensat bilden, doch trocknet es im Sommer aus. Im Bereich der Hohlräume ist der Wandaufbau kondensatfrei.

Bildnachweis

Kapitel	Urheber
Umschlag	Wolfgang Ruske
1 Holzhäuser zwischen Naturverbundenheit und Extravaganz	Archiv Arbeitsgemeinschaft Holz: 1.1
2 Objekt: Einfamilienhaus in Roetgen bei Aachen	Bernd Matthiesen: 2.3 Büro Matthiesen/Wirtz: 2.10–2.27 Frank Taeger/Red. Zuhause: 2.1, 2.2, 2.4–2.9
3 Holzbausystem mit integrierter Verglasung	Till Behrens: 3.1–3.8 Behrens/Red. Detail: 3.9–3.13
4 Objekt: Einfamilienhaus mit abtrennbarer Einliegerwohnung in Homburg	Till Behrens: 4.1, 4.2, 4.4 Behrens/Red. Bauhandwerk: 4.3–4.7
5 Objekt: Ökologischer Energiespar-Bungalow in Mommenheim	Till Behrens: 5.1–5.3, 5.6, 5.7 Behrens/Red. Detail: 5.4, 5.5, 5.8–5.10
7 Objekt: Einraumhaus/Gästehaus/Gerätehaus in Nordburg bei Celle	Archiv Arbeitsgemeinschaft Holz/Waltraud Krase: 7.1–7.8 Peter Stürzebecher/Red. Detail: 7.9–7.20
8 Objekt: »Stadtvillen« in Berlin	Archiv Arbeitsgemeinschaft Holz/Waltraud Krase: 8.3, 8.11, 8.16 Peter Latz: 8.36 Wolfgang Ruske: 8.2, 8.4–8.7, 8.12, 8.13 Peter Stürzebecher: 8.1, 8.7–8.10, 8.14, 8.15, 8.17–8.35
9 Objekt: Sozialer Wohnungsbau mit 12 Wohnungen auf 7 Geschossen	Waltraud Krase: 9.13, 9.35–9.39 Jonas Stürzebecher: 9.14 Peter Stürzebecher: 9.1–9.12, 9.15–9.34
10 Holzbau und Brandschutz im mehrgeschossigen Wohnungsbau	Peter Stürzebecher: 10.1–10.3
11 Objekt: Einfamilienhaus mit Treppenturm in Aachen	Wolfgang von Gliszczynski: 11.1–11.4, 11.7, 11.8, 11.12 Büro Heyers, Flender, Meier: 11.9, 11.13–11.29 Wolfgang Ruske: 11.5, 11.6
12 Objekt: Haus in der Reihe in Aachen	Wolfgang von Gliszczynski: 12.1, 12.2, 12.4, 12.6 Büro Heyers, Flender, Meier: 12.7–12.14
14 Objekt: Hausgruppe mit 9 Wohneinheiten, »Grüne Häuser« in Berlin	Archiv Arbeitsgemeinschaft Holz: 14.3, 14.4 Reinhard Görner: 14.16 Hans Kohl: 14.15, 14.17 Peter Latz: 14.2 Wolfgang Ruske: 14.5, 14.6 Büro Steidle/Kohl: 14.1, 14.7–14.14
15 Objekt: Einfamilienhaus in Neuried bei München	Hans Kohl: 15.1, 15.3–15.7, 15.12 Büro Steidle/Kohl: 15.2, 15.8–15.11, 15.13
16 Objekt: Wohnhaus mit Einliegerwohnung in Daisendorf am Bodensee	Hans Kohl: 16.1–16.4, 16.11 Büro Steidle/Kohl: 16.5–16.10, 16.12–16.18
17 Objekt: Haus mit drei Wohneinheiten in München	Hans Kohl: 17.3, 17.5–17.7, 17.14–17.18 Büro Steidle/Kohl: 17.1, 17.2, 17.4, 17.8–17.13 Büro/Steidle/Kohl/Red. Detail: 17.19
18 Schallschutz: Möglichkeiten im Holzbau	Karl Gösele: 18.1–18.9, 18.I Gösele/Informationsdienst Holz: 18.II–18.V
19 Objekt: Doppelhaus in Aachen	Architekturwerkstatt AC: 19.1–19.26
20 Bauphysikalische Aspekte bei Wintergärten	Gerd Hauser: 20.1
21 Objekt: Angewandte Baubiologie – Einfamilienhaus in Coesfeld	Klaus-Dieter Luckmann: 21.4–21.9, 21.12–21.17 Friedhelm Thomas: 21.1.–21.3, 21.10, 21.11
23 Objekt: Wohndorf mit 17 Häusern in Bad Hofgastein/Österreich	Friedrich Brandstätter: 23.10–23.12, 23.15, 23.16 Wolfgang Ruske: 23.1–23.9, 23.13, 23.14, 23.17–23.26
25 Objekt: Reihenhausbebauung mit 6 Häusern in Aachen-Steppenberg	Archiv Arbeitsgemeinschaft Holz/Thomas: 25.2, 25.9, 25.17, 25.18, 25.38, 25.40 Jochen Karrenbrock: 25.1, 25.3, 25.8, 25.21, 25.22, 25.24, 25.25, 25.30, 25.39 Büro Karrenbrock/Hammers/Strang: 25.4–25.7, 25.10–25.16, 25.19, 25.20, 25.23, 25.26–25.29, 25.31, 25.33–25.36 Wolfgang Ruske: 25.32, 25.37, 25.41, 25.42
27 Diplomarbeit: Wohnhaus mit privater Schwimmhalle	Margret Richebächer: 27.1–27.13
28 Bausysteme für Holzhäuser	BDZ/Bruderverlag: 28.8, 28.10 COFI: 28.9 Informationsdienst Holz: 28.1, 28.4–28.7 Lignum: 28.2, 28.3
29 Umbau: Atelier in Mönchengladbach	Wolfgang Ruske: 29.1–29.15, 29.25–29.28 Ruske/Red. Althaus-Modernisierung: 29.16–29.24

Planerverzeichnis